•项目管理核心资源库

有效的项目管理
面向传统、敏捷、极限、混合项目
（第8版）

［美］罗伯特·K. 威索基　著
（Robert K. Wysocki）

杨爱华　胡庆江　王颖　译

EFFECTIVE
PROJECT MANAGEMENT
Traditional, Agile, Extreme, Hybrid,
8th Edition

電子工業出版社
Publishing House of Electronics Industry
北京·BEIJING

Effective Project Management: Traditional, Agile, Extreme, Hybrid, 8th Edition by Robert K. Wysocki
ISBN: 9781119562801
Copyright © 2019 by John Wiley & Sons, Inc.
Simplified Chinese translation edition copyright © 2021 by Publishing House of Electronics Industry.
All rights reserved. This translation published under license.
Copies of this book sold without a Wiley sticker on the cover are unauthorized and illegal.

本书简体中文字版经由 John Wiley & Sons, Inc.授权电子工业出版社独家出版发行。未经书面许可，不得以任何方式抄袭、复制或节录本书中的任何内容。

本书封底贴有 Wiley 防伪标签，无标签者不得销售。

版权贸易合同登记号　图字：01-2020-0959

图书在版编目（CIP）数据

有效的项目管理：面向传统、敏捷、极限、混合项目：第 8 版 /（美）罗伯特·K.威索基（Robert K. Wysocki）著；杨爱华，胡庆江，王颖译. —北京：电子工业出版社，2021.1
书名原文：Effective Project Management: Traditional, Agile, Extreme, Hybrid, 8th Edition
ISBN 978-7-121-40088-9

Ⅰ.①有… Ⅱ.①罗… ②杨… ③胡… ④王… Ⅲ.①项目管理 Ⅳ.①F224.5

中国版本图书馆 CIP 数据核字(2020)第 238689 号

责任编辑：刘淑敏
印　　刷：北京天宇星印刷厂
装　　订：北京天宇星印刷厂
出版发行：电子工业出版社
　　　　　北京市海淀区万寿路 173 信箱　邮编 100036
开　　本：787×1092　1/16　印张：25.5　字数：605 千字
版　　次：2002 年 4 月第 1 版（原著第 2 版）
　　　　　2021 年 1 月第 6 版（原著第 8 版）
印　　次：2024 年 5 月第 2 次印刷
定　　价：108.00 元

凡所购买电子工业出版社图书有缺损问题，请向购买书店调换。若书店售缺，请与本社发行部联系，联系及邮购电话：（010）88254888，88258888。
质量投诉请发邮件至 zlts@phei.com.cn，盗版侵权举报请发邮件至 dbqq@phei.com.cn。
本书咨询联系方式：（010）88254199，sjb@phei.com.cn。

译者序

《有效的项目管理》（第8版）在第7版的基础上做了很大的调整。

第一，由原来的四部分调整成三部分，由18章调整成15章。尽管在章节上进行了压缩，但在内容上有了很大的扩展。除保持这本书由简到繁的传统外，作者在第1部分新增加了两章，把掌握战略项目管理和协作型项目团队，看作管好项目的基本知识。

第二，作者在第3部分，系统地讨论了复杂项目管理，并对复杂项目管理的三种主要类型进行了专门的展开。这三种主要类型是敏捷项目管理（Agile Project Management，APM）、极限项目管理（Extreme Project Management，xPM）或极度项目管理（Emertxe Project Management，MPx）和混合项目管理（Hybrid Project Management，HPM）。他把适应性项目管理框架升级为有效项目管理框架，并将它作为这三类复杂项目的通用工具。

第三，作者进一步明确了本书的读者市场，即教育市场、培训市场、咨询市场和专业市场。作者是一位有几十年经验的培训师，但他更是一位实战型的项目管理专家。他把自己的知识和经验有机地结合到本书中，为专业人士提供了很好的参考案例。

第四，在这一版中，作者系统地讨论了混合项目管理框架，也许是作者在近年的思考中发现，现代社会的项目很难用唯一的一种项目管理模式去管理。在项目展开的过程中，总是在各种模式中转换。即使复杂项目，在它具体分项分步实施中，还是会应用传统项目管理的方法。即使传统项目管理，也可能在应急变更时用到敏捷方法。所以，他既把混合项目管理当作传统、敏捷和极限项目管理的衍生物形态，又用混合项目管理框架糅合传统、敏捷和极限三种项目管理模式。也许每一个项目都有其独特的混合管理方法。

第五，作者在书中的例证以IT行业为主。第8版中提供的5种不同的项目管理生命周期模型（线性、增量、迭代、适应性和极限）也是基于IT行业的。但作者一以贯之的思想没变。他把项目管理当作艺术，认为适应性项目管理框架是适用于所有类型项目的，而不仅是软件开发项目。在本书的第15章中，他通过对传统项目管理与复杂项目管理的比较，进一步阐明了项目管理生命周期在各类项目中的适应性。

第六，作者在第8版的重要贡献还有，他设计并进一步阐明了联席经理模型，从项目组织的角度，为多方合作管理项目提供了一种新的组织形式。他把合作环境当作有效的客户参与的重要基石。由此，他不仅用专章来讨论协作型团队，且在本书中反复提及并应用联席经理模型。他认为这种模型在混合项目管理中颇为重要。他的范围三角形与一般项目管理中的铁三角不同。他把质量置于核心，更强调资源的可用性。他设计这个范围三角形还向读者阐明，项目处处充满着风险（因为这个三角形的四周被风险包围着）。

第七，作者已经越来越从哲学和艺术的高度来研究项目管理。也许很多读者已经注意到，十多年来，一些项目管理大师更多地在关注项目管理的哲学思维和艺术特征。克利兰在他的《项目管理：战略设计与实施》中，一直在倡导项目哲学；科兹纳在《项目管理：计划、进度和控制的系统方法》（第 12 版）（本书已由电子工业出版社出版。——译者注）中说："我认为它（项目管理）更大程度上是一门行为艺术，而不是一般的定量（分析）。"他近年来更多关注的是项目管理成熟度模型和企业级的项目管理。他们都试图从更高的角度给已经从事项目管理的专业人员提供一种方法论。威索基博士说："有效的项目经理就好比主厨。你不是仅仅盲从现有食谱，知道如何扔掉菜谱、开发食谱，用你自己的美妙创意，把各种作料相互搭配，做出你想要的美味来。"所以，威索基博士建议使用本书的唯一原则就是：不要在管理项目时遵循"菜谱"和按部就班的程序清单。相反，要基于项目自身的特点、环境、商业氛围、团队技能和其他特征，来建立最适项目管理方法（Best-Fit Project Management Approach）。这与他反复强调用"自己解决问题"的混合管理框架及《项目管理知识体系指南》《PMBOK®指南》强调的知识剪裁是一致的。这也是当代项目管理的真谛！

至于如何使用本书，各种读者如何来读此书，怎样去寻找更多的与本书相关的学习资料，作者在本书的导论中有具体的说明。

本书的主要术语尽量与《PMBOK®指南》（第 6 版）（此书由电子工业出版社出版。——译者注）的术语相统一。

第 8 版的翻译工作由北京航空航天大学公共管理学院的杨爱华、胡庆江和中国铁道科学研究院集团有限公司的王颖共同完成，胡庆江承担了第 4 章初稿的翻译，王颖承担了第 14 章初稿的翻译，其余章节由杨爱华完成并统校全书。

巧合的是，第 8 版是作者退休后的第一个修订版，也是我退休后译的第一本书，翻译本书过程中的体会与过往几十年的译书已经大不同了。心静了，不把译书当作任何任务。如果出版社没有时间要求，我可能一天只译几页，把译书和休闲糅合成一种退休老师的生活方式，并取乐于每天译完的几页稿子，慰藉尚在跳动的心。第 8 版交稿时，正好赶上新冠肺炎疫情，防疫和抗疫工作让我们的生活大变样。但地球还在转，生活、生产仍在继续，项目还在实施，党和国家还在用项目管理的方式抗击疫情，社会对项目管理的需要还在。于是，在全世界复工复产的浪潮下，匆忙补上了这个序言，以示我也要复工的决心！

杨爱华

yangah@buaa.edu.cn

前　　言

修订出版《有效的项目管理》对我来说是勇敢的一步，我也期望你们继续加入我的这个激动人心的旅程。当我有机会再次来完善一部名著时，感到无限荣耀。我与你们中的很多人建立了一种超过25年的学术关系，在将来，我也将继续为你们服务，请与我一起来度过这些快乐时光吧。

以前对我产生的少量约束现在已经不存在了，我退休了，可以自己选择做什么了。在第8版中，我终于为高校教师、职业培训师、学生和项目管理实操人员提炼出一个意义非凡且实用的工具。我觉得，本书的一个主要贡献是可以满足不同市场的各种不同的需要。我很庆幸能够编写出这样一本在高教市场和专业市场中均很畅销的书。感谢所有和我一起在知识的海洋中遨游的读者，你们的支持和建议给我提供了巨大的帮助。我非常希望本书的修订能够让读者满意。

《有效的项目管理》前面7版的出版获得了成功，并且本书的价值也因为读者的积极反馈获得了提升。感谢全球同行使用本书作为教材，也感谢在咨询和培训实践中使用本书的从业者。我们注册了"有效的项目管理"的商标。高教市场和专业市场都非常支持本书实用易懂的形式，你们中的许多人都与我一起，为前7个版本的出版做出了努力。《有效的项目管理》第8版仍坚持前7版的特色，继续满足这两个市场的需求。

在第8版出版之后，我仍会继续从事有效的项目管理方面的研究。读者和我更进一步的使用体验，以及用户、培训师、高校教师和项目管理专业人士的意见，将提升本书的质量。《有效的项目管理》（第8版）和随后的版本其实就是一个敏捷项目。该项目的目标是探索出一套具有直觉性和常识性的完美的项目管理方法。

《有效的项目管理》（第8版）包含了两项重大变更。

第一项变更是引入了最新的热点论题：混合项目管理。我们将专门用第14章来讨论它。近期的研究发现，人们不再热衷于传统的常规项目管理模型，而越来越倾向于用"自己解决问题"的方法。这些方法似乎与下面三个因素紧密相关：

- 项目的物理和行为特征。
- 项目实施的组织环境。
- 项目实施所在地的市场动态。

混合项目管理是以传统、敏捷和极限项目管理的衍生物形态出现的，这是我多年来构建本书的基石。随着混合项目管理的增加，今后也许有更多的项目管理模式出现。虽然项目管理知识体系中还没有给混合项目管理下定义，但研究表明，它在实际项目管理工作中比先前定义的过程更有效。本书将在研究这些新术语上做些尝试。

第二个变更也是一个新的主题：协作型项目团队。本书将把它带上一个新的台阶，讨论它怎样促进协作型项目管理的过程和实践。

  培训和高教市场是有效的项目管理的强有力的市场。为了满足培训师和高校教师对于PPT展示的需要,我延续了以前的做法,继续在网站(eiipubs.com)上发布相关内容。这些PPT是本书内容的缩影,与我教学和培训"有效的项目管理(第8版)"时使用的PPT完全相同。你可以直接使用它们来进行有效的项目管理的教学,也可以根据具体的需要进行修改。

  专业参考书市场同等壮观。为了满足专业人士的需要,我扩展了当代项目管理的方法。

  读者是我编书动力的源泉,他们的指导对我来说是无价的。从他们那里,我汲取了实施经验,对于如何展示当代项目管理的过程和实践,我也学到了提升展示水平的诸多方法。

  再次感谢你选择本书。如果你有任何问题或者建议,请发送邮件至 rkw@eiicorp.com,我保证尽可能快地亲自回复。

  祝学习愉快!

罗伯特·K.威索基博士

目 录

导论 1
  0.1 我为什么写这本书 1
  0.2 本书的结构 4
  0.3 本书的独特贡献 4
  0.4 本书编排顺序的说明 10
  0.5 如何使用本书 11
  0.6 谁应该使用本书 12
  0.7 小结 13

第 1 部分　理解项目蓝图

第 1 章　什么是项目 16
  1.1 项目的定义 17
  1.2 项目蓝图的直观认识 19
  1.3 项目集 21
  1.4 项目组合 21
  1.5 解读项目范围三角形 21
  1.6 项目分类的重要性 25
  1.7 当代项目环境 28

第 2 章　什么是项目管理 31
  2.1 项目管理的基本原理 32
  2.2 有效项目管理的挑战 34
  2.3 管理偏离 36
  2.4 需求是什么？是真需求吗？ 38
  2.5 项目管理生命周期介绍 41
  2.6 选择最适 PMLC 模型 56

第 3 章　什么是战略项目管理 59
  3.1 战略项目管理定义 60
  3.2 高层视角下的商业环境 60
  3.3 小结 77

第 4 章　协作型项目团队 79
  4.1 概述 80
  4.2 复杂项目团队 81
  4.3 联席经理模型的应用 87
  4.4 建立有效的客户参与 88
  4.5 有效的客户参与面临的难题 88
  4.6 如何实现和维护有效的
       客户参与 94

第 5 章　项目管理过程组 97
  5.1 10 大知识领域概述 97
  5.2 5 个项目过程组 116
  5.3 知识领域与项目过程组的
       关系图 118

第 2 部分　传统项目管理

第 6 章　确定 TPM 项目范围 122
  6.1 使用工具、模板和过程定义
       项目范围 123
  6.2 管理客户期望 123

第 7 章　制订 TPM 项目计划 147
  7.1 项目计划中所使用的工具、
       模板和过程 148
  7.2 项目计划的重要性 149
  7.3 使用应用软件进行项目计划 ... 150
  7.4 筹备并召开项目计划联席会议 152
  7.5 创建工作分解结构 158
  7.6 估算 171
  7.7 创建项目网络图 181

第 3 部分　复杂项目管理

- 7.8 编写有效的项目建议书 195
- 7.9 获得批准以便实施项目 196

第 8 章　启动 TPM 项目 199
- 8.1 启动项目所用的工具、模板和过程 200
- 8.2 组建项目团队 200
- 8.3 召开项目开工会 205
- 8.4 制定团队运作规则 208
- 8.5 范围变更管理 215
- 8.6 管理团队沟通 218
- 8.7 分配资源 222
- 8.8 资源平衡策略 224
- 8.9 确定项目计划 227
- 8.10 编制工作包 228

第 9 章　实施 TPM 项目 232
- 9.1 监控项目所用的工具、模板和过程 233
- 9.2 建立你的进展报告体系 233
- 9.3 应用图形报告工具 238
- 9.4 管理范围库 248
- 9.5 建立并维护问题日志 248
- 9.6 管理项目状态会议 248
- 9.7 定义问题升级策略 251
- 9.8 获得项目收尾的批准 253

第 10 章　TPM 项目收尾 254
- 10.1 用于 TPM 项目收尾的工具、模板和过程 255
- 10.2 制定并维护客户验收程序 255
- 10.3 TPM 项目收尾 255
- 10.4 客户验收 256
- 10.5 安装项目可交付成果 256
- 10.6 项目文件归档 257
- 10.7 项目实施后审计 258
- 10.8 编写最终报告 259
- 10.9 庆祝成功 260

第 11 章　项目蓝图的复杂性和不确定性 262
- 11.1 什么是复杂项目管理 263
- 11.2 什么是精益敏捷项目管理 266
- 11.3 了解项目的复杂性/不确定性领域 266
- 11.4 与项目复杂性/不确定性领域有关的因素 268

第 12 章　敏捷复杂项目管理模型 279
- 12.1 迭代项目管理生命周期 280
- 12.2 应用和整合 APM 工具箱 283

第 13 章　极限复杂项目管理模型 288
- 13.1 复杂项目蓝图 289
- 13.2 什么是极限项目管理 289
- 13.3 使用工具、模板和过程最大限度地提高极限 PMLC 模型的效率 ... 291
- 13.4 使用工具、模板和过程最大限度地提高 xPM 和 MPx 效率 293

第 14 章　混合项目管理框架 296
- 14.1 什么是混合项目 297
- 14.2 什么是混合项目经理 299
- 14.3 有效的复杂项目管理框架的缘起 303

第 15 章　比较 TPM 和 CPM 模型 327
- 15.1 线性 PMLC 模型 328
- 15.2 增量 PMLC 模型 334
- 15.3 迭代 PMLC 模型 341
- 15.4 适应性 PMLC 模型 353
- 15.5 极限 PMLC 模型 369
- 15.6 项目建立阶段和执行阶段中的挑战 381

附录 A 案例研究：劳动力和商务发展中心 385	附录 B 案例研究：比萨快递业务（PDQ） 395
A.1 假说 385	B.1 比萨饼工厂定位子系统 395
A.2 概要 385	B.2 订单输入子系统 396
A.3 需求 385	B.3 后勤子系统 396
A.4 问题 386	B.4 订单提交子系统 396
A.5 解决方案 388	B.5 库存管理子系统 396
A.6 WBDC 模型联动 391	B.6 路径子系统 397
A.7 WBDC 企业解决方案实例 391	
A.8 WBDC 模型部署的基本步骤 393	
A.9 小结 394	

导论

《有效的项目管理》(第8版)在第7版的基础上做了很大的调整。所有第7版讲解上和编排上的优点,都在第8版中予以保留,并且有所扩展。第8版不仅仅提供了5种不同的项目管理生命周期(Project Management Life Cycle,PMLC)模型(线性、增量、迭代、适应性和极限的)来进行项目管理,还增加了一种全新的模型——混合项目管理框架。最适PMLC模型的选择取决于项目本身的特点和项目实施的商业和组织环境。这些方法考虑了项目之间的主要差别,并且为这些不同差别项目的顺利实施提供了各自相适应的管理方法。通过分析需求分解结构(Requirements Breakdown Structure,RBS),这些差异就会显现出来。

我们通常将项目定义为一组独特的事件——在相同环境中,以前,从未发生过;以后,也不可能发生。那么,我们为什么不以相同的方式定义项目管理呢?因为当项目展开后,条件发生变化时,影响PMLC模型选择和调整的因素有很多。多年来我一直采用这种方法(5种项目管理生命周期模型。——译者注),并获得了成功;我的失败率远低于我们都熟悉的项目失败统计数据。通过本书,我希望使你们确信,这种观点能带来诸多好处。从事各种类型项目管理50年的经验,让我得出了这个结论。我想和你们分享我的思想,同时,引导你们接受这种思想。《有效的项目管理》(第8版)介绍了混合项目管理。新近的研究表明,混合项目管理已经在某些时候以某种形式存在着,但并没有引起我们的重视。本书第14章是第一次试图为这些已经大量存在的非正式的混合项目管理实践建立一个正式的框架。

有效的项目管理整套丛书,都基于强健的项目管理过程的需求,这些强健的过程反映了项目的独特性和它们应当如何被管理。从这个层面上来说,这套丛书是特殊的。

0.1 我为什么写这本书

想到本书能够帮助你从一个学生成长为项目管理的一名新兵,并进而炼成专业老手,进入项目管理共同体的殿堂,我感到无比激动。本书的目的是为学生提供管理项目所需要的技能训练,通过掌握这些技能去应聘项目管理岗位并管理好实际的项目。也就是说,相当于提供一套实用的项目管理模型,让项目管理从业人员用这些模型去分析项目,去考虑每一个项目的唯一性,去理解和适应项目的组织文化和环境,最后还要考虑将要完成的交付物的市场情况。分析了所有这些因素后再去选择最适合的项目管理方法,才是唯一的挑战。我们声称项目是唯一的,每一个项目都有不同的环境和条件,所以,我们就应该期望它们的管理方法也是唯一的吗?如果是的话,那么,你应该使用那些工具、模板、过程和技能调整它们，以便你能够去有效地管理这些唯一性，并最终通过项目交付物实现项目的商业价值。这是我的呐喊，本书就是要致力于给出这些问题的解决方案。

我相信许多专业人士和从业者都在寻求某种帮助。我试图通过本书满足他们的需要。当无法参加固定时间的培训时，我的书可以提供帮助。本书的编写目的就在于此。它可以为你学习和实践有效的项目管理提供指导，它可以成为自定进度的学习资源。最重要的是，它可作为管理任何项目的百宝箱。就让它陪伴着你在整个项目生命周期一起工作吧。

从更好地服务读者的层面说，我编写第 8 版共有 4 个理由。

（1）自 2013 年《有效的项目管理》（第 7 版）出版后，我又学到了很多复杂项目管理的知识。读者的反馈让我重新思考，我们应该怎样解释不断变化的项目管理专业知识，以及我们应该如何教育和培训项目经理。第 7 版在这方面做得不错，但仍有不足。第 8 版将填补这些不足。

（2）拯救项目管理专业知识。我确信当前的项目管理专业知识严重地脱离我们的业务需要。项目经理已陷入了困境，他们需要选择一些其他的项目管理方式，以及使用这些方式的实用知识。项目的高失败率就是这种"严重脱离需要"的表现。问题是，如果把项目管理当作锤子，那么，所有的项目都将被视为钉子。这种项目管理方法似乎无所不能，却完全不实用。一个项目用什么方式进行管理是由该项目的特性决定的。否则，终将失败。正如我前面所说的，项目已经发生了根本性的变化，但是我们管理项目的方法变化不大。我们需要一种更强健的方法来进行项目管理，这种方法能够分辨和适应不同的项目环境。

（3）进一步阐明适应性项目管理框架（Adaptive Project Framework，APF）。APF 其实是一种混合方法，它融合了 TPM（传统项目管理）和 xPM（极限项目管理）的最佳成分。APF 作为一种敏捷方法，适用于所有类型的项目。而大多数其他敏捷方法，仅仅适用于软件开发项目。APF 既适用于目标清晰且解决方案清晰的项目，也适用于项目目标和解决方案模糊的项目。我在此讨论的就是已经发生在我们身边的事。APF 已经升级为有效项目管理框架和第 14 章中的混合项目管理框架，实际上它已经用于多家大型和小型公司的敏捷模型。将这个框架展示给我的同行们，我期望各位能够为该框架的进一步成熟和应用做出贡献。

（4）为项目经理管理各类项目提供实用的行动指南，这一直是我需要面对的挑战。我的风格是面向应用。因此，尽管本书的基础是严谨的项目管理观念和准则，但它绝不是一本理论专著。它是站在实践型项目经理——我的角度进行编写的。我希望它能陪伴你们，并对你们有所帮助。

《有效的项目管理》（第 8 版）和它之前的所有版本一样，面向 4 个不同的市场：教育市场、培训市场、咨询市场和专业市场。它在这 4 个市场都获得了成功，也因此，它在项目管理文献中占有了独特的位置。

0.1.1 教育市场

对于所有使用本书的院系和机构，我和他们保持着联系，并建立了一个数据库，数据库组成者超过 300 人。许多教师和我分享了他们的经验，我非常感激他们。我尽最大的努力吸收他们的建议。最终的成书因为他们的付出更加完善了。在本书第 8 版的网站（eiipubs.com）上，有各章节的 PPT，以及可供课堂、团队和个人使用的练习，这些练习我正在使用，在此也推荐给大家。这些 PPT 和练习都是综合性的，可以通过修改满足你们的特殊需求。我鼓励你们使用这些材料，并进行适当调整以适应你们的培训和教育环境。如果你在项目管理的实际工作中或商务分析的课程中还需要什么资料，请通过邮箱 rkw@eiicorp.com 及时与我联系。

0.1.2 培训市场

除了在教育市场被广泛地使用，第 7 版也被众多的培训项目和企业大学所采用。本书将继续为这个市场服务。所有对教师开放的教学材料也对培训师开放。选取我提供的本书相应的内容，可以满足不同时长和不同内容的各类培训课程的需要。如果你们有任何相关的研讨活动，可及时联系我，我很高兴到会与你们分享我的经验。

0.1.3 咨询市场

本书是独特的，它是少有的几本能同时满足教育、培训、咨询和专业四个市场的代表作之一。这些市场差别很大，教育/培训市场的商业模型比咨询/专业市场要大得多，所以，我还明显地偏爱在第 7 版中提到的主要满足教育和培训市场的方法。

本书寻求保持教育/培训和咨询/专业两大市场的平衡，这是本书增加混合项目管理框架的最初原因，它用来满足有效管理任何复杂项目的挑战。这些复杂项目已经占据当代世界项目总量的 80%，但在本书之前，还没有出现一种为复杂项目最适 PMLC 服务的有效过程。

0.1.4 专业市场

第 1 版是写给一线专业人士的，当时我对正要开始的这趟旅行并没有足够的认识。过去的 20 多年里，我努力保持对各位专业人士的忠诚，他们正试图掌控复杂和不断变化的项目世界。尽管在这趟旅行中有教育和培训市场的读者加入其中，但在第 8 版中，你们依然可以发现它在专业市场的价值。

一个你无法拒绝的提议：这四个市场都需要答案，第 8 版继承了第 1 版的传统，提供了这些答案。在你们面对客户挑战或授课挑战时，如果还需要我的帮助，请通过我的电子邮箱联系我。

0.2 本书的结构

本书被分成 3 个部分，共 15 章。

0.2.1 第 1 部分：理解项目蓝图

第 1 部分的目的是介绍组成有效的项目经理工具箱的工具、模板和过程。因为我的许多读者将来都要去熟悉 PMI 的 PMBOK®标准文档，所以我决定在 5 个过程组的基础上将工具箱分组，它们分别是范围界定、计划、实施、监控、收尾。

第 1 部分由下列 5 章组成：

第 1 章，什么是项目；第 2 章，什么是项目管理；第 3 章，什么是战略项目管理；第 4 章，协作型项目团队；第 5 章，项目管理过程组。

0.2.2 第 2 部分：传统项目管理

第 2 部分讨论了传统项目管理，介绍了大多数人从日常交流和经验中，就能得知的项目管理基本原理。本部分开始于第 6 章 "确定 TPM 项目范围"，随后的第 7～10 章，分别介绍了 TPM 项目的计划、启动、实施和收尾。其中介绍了许多应用于更加复杂情境中的工具、模板和过程。对于那些想要准备 PMP 证书考试的人，这部分将是学习的良好开端。

第 2 部分由下列 5 章组成：

第 6 章，确定 TPM 项目范围；第 7 章，制订 TPM 项目计划；第 8 章，启动 TPM 项目；第 9 章，实施 TPM 项目；第 10 章，TPM 项目收尾。

0.2.3 第 3 部分：复杂项目管理

第 3 部分讨论了当代项目管理世界中的深层次问题，不仅讨论了五种 PMLC 模型，也讨论了一个新的热点论题：混合项目管理。最后一章还讨论了所有复杂项目管理的表现形式，且对每一个复杂项目的 PMLC 与 TPM 的 PMLC 做了比较。

第 3 部分由下列 5 章组成：

第 11 章，项目蓝图的复杂性和不确定性；第 12 章，敏捷复杂项目管理模型；第 13 章，极限复杂项目管理模型；第 14 章，混合项目管理框架；第 15 章，比较 TPM 和 CPM 模型。

0.3 本书的独特贡献

第 8 版的独特贡献（Unique Value Proposition，UVP）就是它的全新面貌。参与现实的咨询商务项目的一大好处就是让我伴随着项目一起成长，或至少比我咨询的客户成长得快一点。近些年我在不断变动的复杂项目世界中发现了许多项目管理的有效方法。我将在本书中与你们分享这些方法。这些独特贡献是你们在别处无法学到的，它们是客户期望的、土生土长的、实战检验的秘诀。我不仅发现了这些秘诀在服务客户中的价值，而且发现了它们在教育和培训市场的价值。因为它们是新方法，可能在实际应用中会有些困难，但你们可以从团队练习和章后讨论题中得到帮助。我希望你们像我一样能发现这些秘诀的真正价值。

下面我对这 9 个独特贡献做个简单总结，具体细节会融进本书的各章内容中。

0.3.1 联席经理模型

几年前，Standish Group 咨询公司的调研就已经表明，缺少客户参与是项目失败的一个主要原因。直到现在，要想项目成功，解决问题的正确办法，依然是重视客户参与。本书贡献和设计的项目成功的合作模型是以联席经理模型为基础的（见图 0-1）。

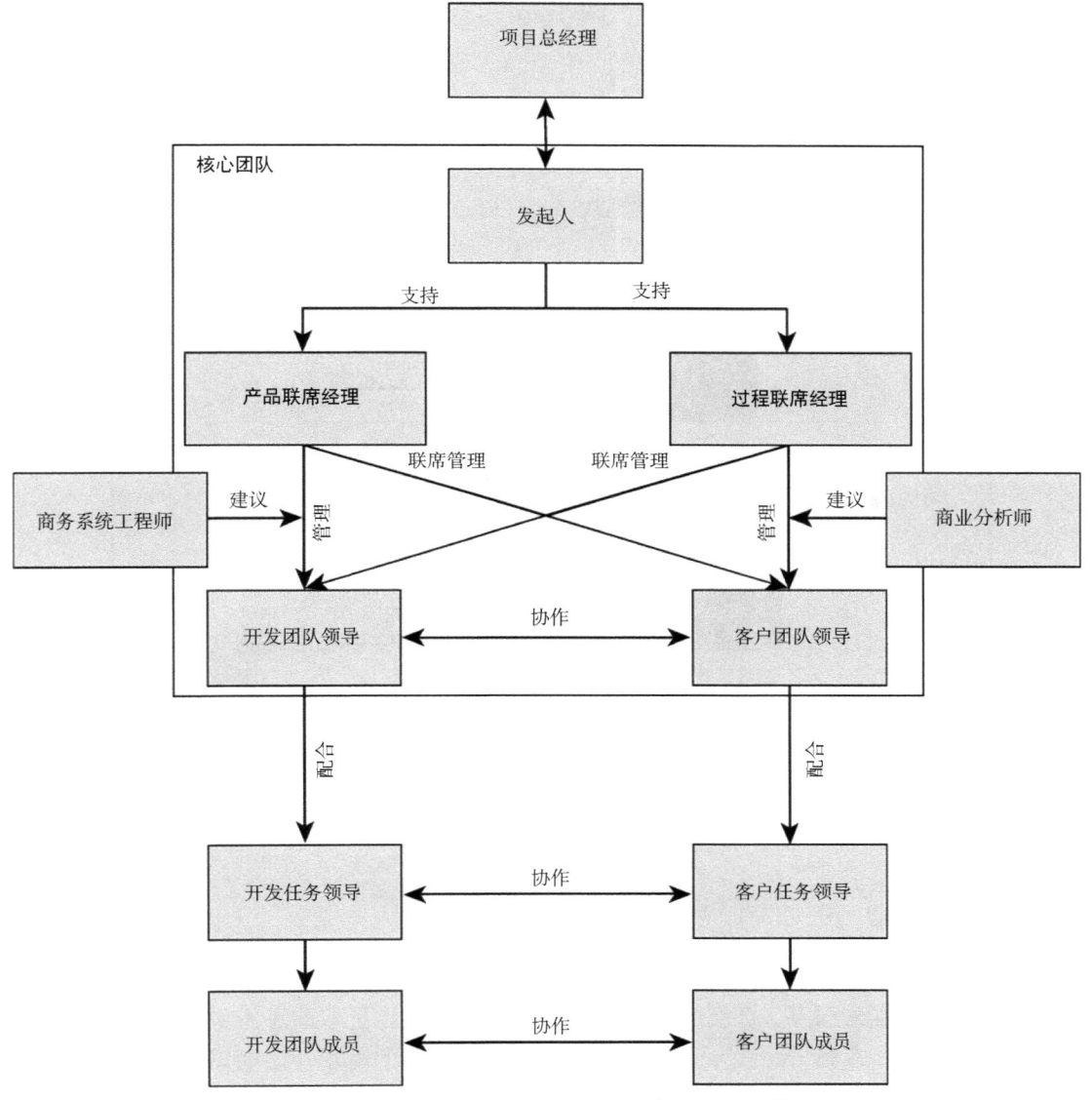

图 0-1　有效的复杂项目管理框架下的联席经理模型

联席经理中的一方经理是过程专家（项目经理，也就是乙方经理），而另一方经理就是客户方的产品专家（像迭代增量软件开发项目中的用户方代表），他们平等地分享项目决策权、任务分配权和责任。这是合作环境下有效的客户参与的重要基石。具体细节可进一步参见第 4 章。

0.3.2 整合持续的改进过程

因为复杂项目有高风险，而且为此类项目管理过程设计的解决方案也是唯一的，所以产品和过程双方都要做很大的改进。这个调整，就是建立一个在现实中发挥作用的改进流程。所以，建议被设计成与项目平等的一种运作流程。图 0-2 就是我创建的一个最好的设计。

它有如下几个好处：
- 它是可靠又灵活的。
- 它可以作为项目组合来管理。
- 它不占用项目团队的资源。
- 它可以整合到任何基于阶段的模型中去。
- 它可以快速提供反馈。

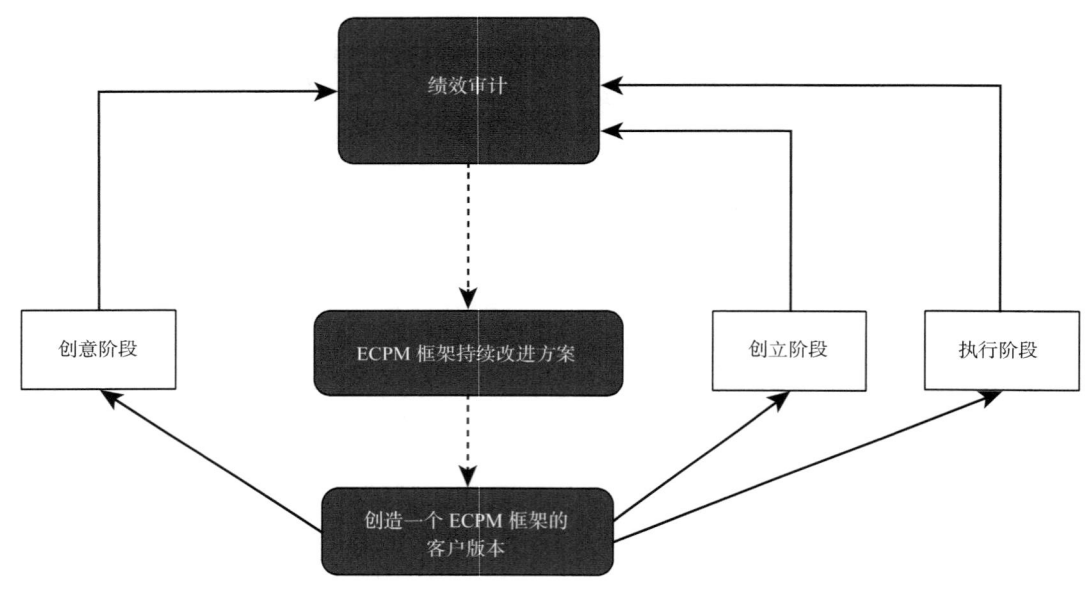

图 0-2　整合持续的改进过程

0.3.3 需求获取

在复杂项目蓝图中，完整的需求在项目开始前几乎是不可知的，但必须加以考虑，可通过几种迭代过程去探寻。在这种高风险项目中，瞎猜是不可取的。本书介绍了一种二阶段需求探寻方法。在第一阶段，去定义一系列必要且充分的需求，这些需求必定会出现在任何可接受的解决方案中。在第二阶段，通过迭代，构建需求分解结构。详细内容可参见第 6 章和第 14 章。

0.3.4 范围三角形

多年来，项目铁三角在传统项目管理应用中很管用，在复杂项目蓝图中却缺少广度和深度。本书设计了一个六变量范围三角形（见图 0-3）。

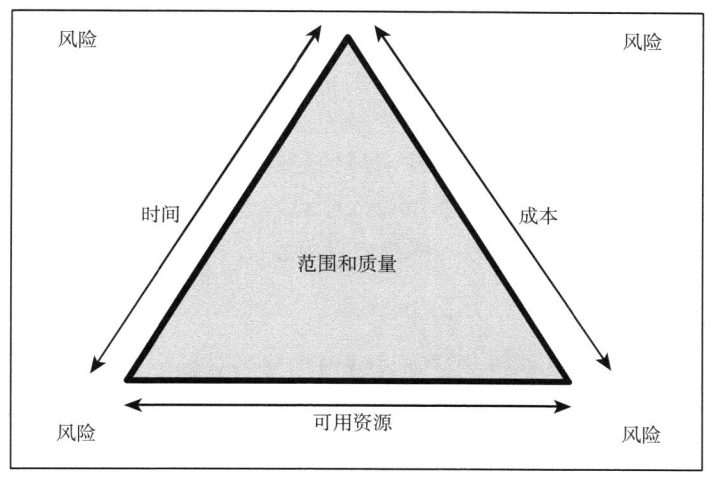

图 0-3　范围三角形

风险变量影响着其他五个变量，必须加强管理。这五个变量构成了一个相互依靠的系统，维持着系统的平衡。变量中有一个或多个变化，就一定会引起其他变量中的一个或多个变化，以便去恢复范围三角形的平衡。这也可作为管理复杂项目的一个决策模型或问题解决工具。具体细节可参见第 6 章。

0.3.5 项目创立阶段

独特的项目需要独特的管理模式。为了创立独特的管理模式，本书设计了一个项目的创立阶段。这个设计是基于以下条件的：
- 项目的物理和行为特征。
- 项目的组织文化和环境。
- 供需市场的动态状况。
- 用经过验证的工具、模板和过程组合，去满足项目管理方法设计的特定需要。

0.3.6 项目范围库

范围库是改进解决方案思路的唯一源泉。它保存了还没整合到解决方案中的旧的 RBS、新的功能、过程或特征。解决方案包含的所有未来要考虑的和进入优先级排序的创意都会保存在这个范围库中。在任何时候，范围库都要保存下列材料：
- 从以前的项目生命周期学习和发现的资料。
- 还没有被考虑的变更请求。
- 当前的优先级需求。
- 已知的 RBS 资料。

- 还没有使用的优先级探索泳道。
- 还没有使用的优先级整合泳道。

这是所有生命周期计划制订的基础知识。详细内容可参见第 9 章、第 12 章和第 13 章。

0.3.7 探索泳道

本书合并了几个精益过程和最佳实践。在复杂项目蓝图中的高风险象限，无论目标和解决方案是否可清晰定义，这种过程和实践经验都可实际应用。我用这些精益过程和实践经验的目的，是期望项目在走到死胡同前消耗的资源最少。所以这种战略就是不为一个妄想花冤枉钱。如果你同意某个想法，那就投入一点成本，继续深入下去，直到找出解决方案的所有组成部分，要么你就别同意。详细内容可参见第 12 章和第 14 章。

0.3.8 捆绑式变更管理

在复杂项目蓝图中的频繁变更，是项目管理模型的最强处。从正面看，这是能形成最后解决方案的唯一方法。从反面看，过程的频繁变更，会导致资源紧张，因为它要求项目团队成员从已经着手的工作中抽时间去分析和批准这些变更请求。捆绑式变更管理是一个可靠的过程，它防止了团队资源的误用（见图 0-4）。详细内容可参见第 8 章和第 14 章。

0.3.9 验证项目组合

经过验证的工具、模板和过程的组合，可以满足复杂项目管理的特定需要。如果我们把这种组合看作主厨的食品储藏室，那么下面就是这种项目管理储藏室的食品清单：

- 各种知识体系（PMBOK、IIBA、IPMA 等）。
- PMLC 模型的各种模板的特殊组合。
- 常规报告。
- 商务过程模型。
- 挣值分析。
- 过程改进流程。
- 专业设计流程。
- 问题解决和决策过程。
- 冲突解决和授权模型。
- 组织的工具、模板和过程。

请注意，这个清单中包括了已经出版的标准、常用的过程和由组织自身定义的术语。

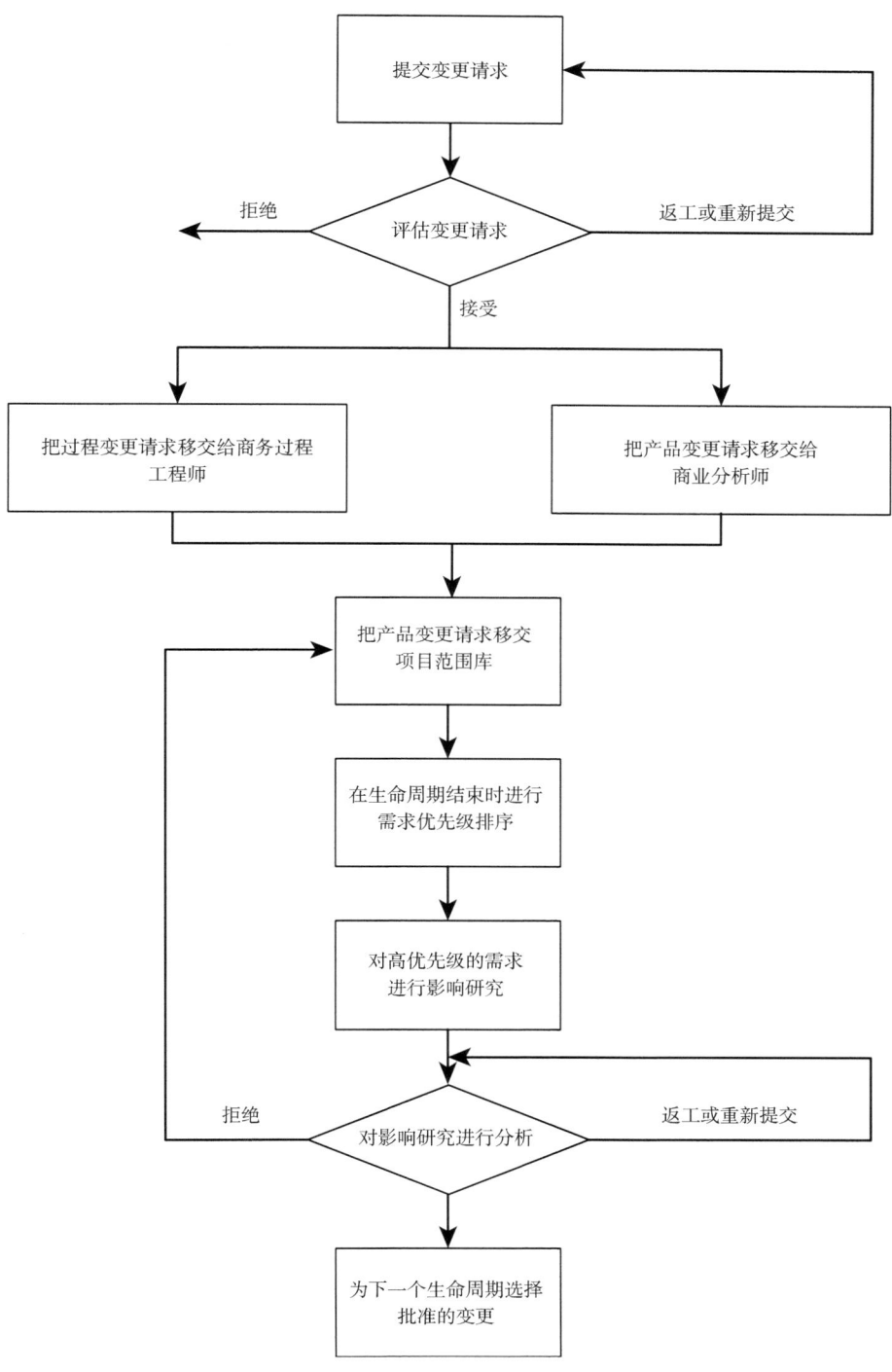

图 0-4 捆绑式变更管理

0.4 本书编排顺序的说明

本书并不提倡在管理项目时遵循"菜谱"和按部就班的程序清单。相反，本书鼓励基于项目自身的特点、环境、商业氛围、团队技能和其他特征，来建立最适项目管理方法。

0.4.1 自下而上的学习经验

在开始学习之前，我先介绍 6 个问题，它们组成了任何一种有效项目管理方法的架构。
- 项目将要处理的商业情景是什么？
- 处理这种商业情景需要做什么？
- 你将做什么？
- 你将如何去做？
- 你如何知道目标是否实现？
- 你做得怎么样？

只要你选择的方案解决了这 6 个问题，你就定义了一种有效的方法。

0.4.2 学习项目管理过程组

美国项目管理协会提供了项目管理方法论各种基本构件的全面定义，使用这些构件，你可以定义任何一种项目管理方法论。你先学习这些构件，随后将它们应用在本书的具体项目管理方法论和模型中。

0.4.3 学习过程组如何组成生命周期过程

PMI 定义了 5 个基本过程组，它们可以用来构成项目管理生命周期中的诸过程。每一个有效项目管理生命周期都包含这 5 个过程组。在一些生命周期中，这些过程组只出现一次，而在另一些生命周期中，它们会出现好几次。

0.4.4 学习制定有效生命周期管理的策略

在本书中，项目的特征和项目需求被详细说明与记录的程度，形成了定义最适项目管理生命周期的策略。当项目开始之后，项目特点和需求定义可能发生变化，这些都会提示需要改变策略。始终保持项目管理方法与不断变化的项目特征相匹配，是我的项目管理方法的独有特色。

0.4.5 学习怎样去应用项目资产

在本书的第 3 部分，你将学习到支持项目的基础框架。从某种意义上说，第 3 部分是很多企业未来的一个掠影。对本书来说，这是一个合适的结尾。项目、项目集、项目组合及支持它们的项目管理过程都会影响企业的业务。

0.4.6 学习成长为一位有思想的项目经理

如果你想找一本菜谱，去别处找吧！

> **观察** 我一直坚持这样的观点，项目管理就是条理化的公共常识。

厨师只能利用他人编成的菜谱，这种情况在复杂项目管理中也很普遍。复杂项目蓝图中的项目是不确定的、高风险的。无论是从内部还是从外部来看，它们都在一种动态和变更的环境中实施。如果你认为存在一种适合解决方案的现成的项目管理模型，那是一种愚蠢的想法，那只能做厨师。主厨不会这样想，他们会去创新和调整菜谱。

我用厨师与主厨的比喻来进一步解释我的颠覆性观察。厨师是这样的一个人，他抱着一本菜谱，根据食料清单去做菜。在某种程度上，如果这样做，菜谱中总有某一道菜能满足客户的口味，他们这样做是安全的。但如果需求升级，要脱离菜谱去满足一个特别的需求，厨师就没办法了。

脱离菜谱，让厨师走出自己的舒适区，做个主厨吧！扔掉菜谱，用你自己的美妙创意，把各种作料相互搭配，做出你想要的美味来。

我有一段真实的生活经验能够说明主厨与厨师究竟有什么不同。希瑟（Heather）是我的灵魂伴侣（夫人），她像任何优秀的主厨一样，用自己独特的方法打理我们家的厨房。上周六的晚上，她问我是否要吃奶酪蛋糕（奶酪蛋糕是她最拿手的），我说"是的"。几分钟后，我听到厨房传来一声叹息。"怎么啦？"我问。她说家里没香草精了。香草精是她做奶酪蛋糕的关键调料，而此时所有商店都关门了。我感谢她为我做奶酪蛋糕的好意，说"那就明天再做吧"。大约30分钟后，我闻到了从烤箱中传来的奶酪蛋糕味。我问她："怎么又做成奶酪蛋糕了？"她说，家里食品储藏室有一些香草糖，它可以替代香草精。她就估算了一下，用多少香草糖可替代香草精。因此我们吃到了她最拿手的奶酪蛋糕。她调整和创造了菜谱，而不仅仅是生搬硬套。

对你来说，我这本书的目标就是帮助你成长为一位主厨——一位合格的项目经理——尽管机会渺茫，也能够为复杂且独特解决方案找到出路的经理。

0.5 如何使用本书

正如我在前面部分提到的，本书同时适用于教育、培训、咨询和专业市场。

0.5.1 初级（第1～10章）

第1～10章可以作为很好的3学分的本科入门课程或者3天的培训入门课程。这10章介绍了当代项目经理使用的工具、模板和过程。同时这些章节是按照《PMBOK®指南》（第6版）定义的5个过程组来进行编排的。

0.5.2 中级（第6～15章）

第6～15章可以作为很好的高年级本科生课程或者研究生入门课程，或者3天中级培训课程。在此之前应该学习过项目管理的初级课程。根据我的培训经验，也可以直接进行学习。我建议第 1~15 章可以作为一个为期 5 天的培训课程的教材。

0.5.3 高级（第 11~15 章）

第 11~15 章可以作为很好的研究生课程。根据教学时间或关注议题，可以从第 11~15 章做选择性学习。可以从这些章节中抽取相应内容，作为深度阅读补充材料和课程中的专题。

0.6 谁应该使用本书

EPM 最初的目标读者是一线的项目经理。然而，我发现很多第 2 版和第 3 版的购买者是高校教师。我当然希望鼓励他们使用我的书，所以以后的每个版本我都将目标市场扩展为一线的项目经理和教师。我为每章都增加了讨论题，并且为了帮助教师备课，我将所有的图形和表格放在了网站上。本版为教师提供了更多的附加内容。

0.6.1 一线专业人士

无论你目前的项目管理知识水平如何，或者项目管理经验是否丰富，本书都适用。
- 如果你不熟悉项目管理，那么只需通过阅读和仔细思考，就可以掌握基础知识；
- 如果你期望提升到更高级的水平，我通过案例演练提供了更丰富的实战机会；
- 如果你经验丰富，我提供了若干更深入的议题，包括第 3 部分的 TPM、APM 和 xPM。

总之，阅读本书的最佳方式是从前至后。如果你是有经验的项目经理，可以随意跳读来温习相关知识。

资深的职业项目经理也能够从本书中获益。在第 1 版中，我就收集了许多工具和技术。项目计划联席会议、使用便利贴和白板建立项目网络图、工作分解结构的完成标准、使用工作包来促进员工发展和里程碑趋势图等，都是值得注意的，也是原创性贡献的工具和技术。

我在咨询服务时，用第 7 版作为培训教材。我的客户需要营造一种项目管理环境，以满足组织的特定需要。我把企业的这些变化整合到了第 8 版中，并进一步增强了这种培训作用。你们可使用本书中的团队训练的 PPT 资料，去满足特定客户的解决方案和需求，为他们营造一种属于他们的项目管理环境。

0.6.2 本科生、研究生和助教

第 1~7 版有相当数量的读者源自教育市场。相比之前几版，本版向这个市场的读者提供了更加丰富的内容。每个章节完整的 PPT 文件，是支持教师和培训师工作的补充材料，本书进一步扩展了这些 PPT 文件。PPT 文件中包含了所有课堂中应当讲授的内容。教师可以添加、删除或者修改这些文件来适应自己每堂课的特别目的和风格。我也增加了练习用

的 PPT 文件，可以用于个人、团队或者课堂练习。

 注意 PPT 和练习文档可以在本书网站（eiipubs.com）下载。

0.6.3 企业培训师

本书考虑了企业培训师的需要。通过补充高校课程的教学材料，本书还可以用于不同的培训课程。这些培训可短为 3 天的课程，也可长至 13～24 次培训课。如果你有这方面的需求，请联系我：rkw@eiicorp.com。我将很高兴为你提供帮助。

0.7 小 结

本书值得每一位想成为有效的项目经理的专业人士拥有。我的目的是帮助项目经理学会像有效的项目经理那样思考。在我看来，有效的项目经理就好比主厨。他们知道如何开发菜谱，而不是仅仅盲从现有菜谱。我在本导论中已经提到，项目管理不过是有条理的常识，而本书正是要帮助你唤醒已有的常识，并将其转换为有效的项目管理。

客户是每个项目的核心构成。他们既是提供项目管理资源的支持组织的一员，也是项目管理咨询组织的消费者。咨询机构既为客户提供项目管理服务，也为他们提供培训。

第 1 部分

理解项目蓝图

第 1 部分介绍了项目的复杂性和不确定性，以及项目的有效管理。如果你期望学习一种对所有项目都适用的方法，那只是一种远离现实的妄想。因为每一个项目都是不同的。成长为一位有效的项目经理是一个积累挑战性和创造性经历的过程。

第 1 章介绍什么是项目，也就是给项目下了一个定义。本章对项目所包含的内容和如何识别项目进行了简单的定义。然而，下定义是件复杂的事，因为项目蓝图是由许多不同类型的项目组成的。正是有了这种项目的复杂性，才产生了有效管理的真正挑战。

第 2 章介绍什么是项目管理。项目管理不是饼干-黄油那样的简单经历，而是富有挑战性和创造性的经历。相比单一方法，你现在拥有了基于项目特征的多种方法。本章的目的是建立能够划分项目类型，并且为每种类型的项目定义项目管理生命周期（Project Management Life Cycle，PMLC）模型的蓝图。

第 3 章介绍什么是战略项目管理。本章说明战略项目管理是一个识别和规划项目的从上到下的模型，它与企业的战略计划相一致。所有的项目都要与企业的战略计划、授权和资源安排相一致。

第 4 章介绍什么是协作型项目团队。本章讨论了当今社会，什么是协作。项目团队成员的选派不再仅仅考虑有什么专长，专长已经不是唯一的技能表现，只是表明你能做什么。协作已经成为项目团队成功的基本要求。随后，也讨论了协作型团队中的联席经理。这不是传统的矩阵组织，在联席经理之间，所有的决策权都是平等的。

第 5 章介绍什么是项目管理过程组。本章介绍了项目管理协会（Project Management Institute，PMI）《项目管理知识体系指南》（第 6 版）涉及的 10 个知识领域、5 个过程组和 49 个过程要素。然而，不要把《PMBOK®指南》当成良方。相反，《PMBOK®指南》描述的是过程而非方法论。你的管理必须是可以用来管理项目、项目集和项目组合的一个或多个方法论。

第 1 章
什么是项目

> 事情并不总像它们看起来的那样。
> ——菲德洛斯（Phaedrus），罗马作家和寓言家

 本章学习目标

通过学习本章内容，你应该能够：
- 表达有关问题或者机会的商业需求。
- 明白如何使用目标和解决方案定义项目类型。
- 接受各类复杂项目管理的挑战。
- 定义一个项目、项目集和项目组合。
- 定义一个复杂项目。
- 理解项目的范围三角。
- 设想范围三角中的平衡系统。
- 为改善变更管理设置范围三角的优先级。
- 明白项目分类的重要性。
- 理解项目蓝图并知道如何应用它。

为了对项目有一个透彻的了解，你需要知道项目的定义。这通常是开始点。一般而言，人们把自己进行的任何工作都叫作项目，而事实上，项目有其特殊的定义。如果将要完成的一组任务或者工作不符合这一严格定义，那么它就不能被叫作项目。为了应用本书中所展示的项目管理技巧，你必须先有一个项目。

独特的价值命题

无论你关于项目目标和解决方案的陈述是否清晰，项目分类都是学习和研究有效项目管理的基础。每一个项目都在特定的时间归入自己唯一的象限（在四象限矩阵中），都要寻找解决方案去支持项目的创意概念和商业机会。

一个基于范围三角形定义的新系统创造了一种独特的工具，有助于理解范围包括风险等可变因素间的关系，也有助于我们选择解决方案和进行决策。

本章介绍了不同的项目定义，但这些项目都把创造商业价值作为项目成功的唯一标准。因此，我在第一节的最后也从商业角度重新给项目下了一个定义。

1.1 项目的定义

项目起源于满足某种需求。一些项目在相同的条件下可能做过几次,这些项目相对而言也可能是零风险的。另一些项目因为各种不同的原因可能是十分复杂的。这些未满足的需求可能是找出先前努力均未果的关键业务问题的解决方案,或者是利用未开发的商业机会。在这两种情况下,发起人或用户可以准备一个商业论证,倡议批准启动一个合适的项目。伴随着这些项目的开始,究竟什么项目应该应用什么样的项目管理方法才能与项目的环境相匹配,这将成为并将继续成为困扰项目管理者的难题,即使拥有最好技能和最具有创造力的团队也不例外。本书的主要目的是为你们找到这种最适合的项目管理方法。项目的正式定义如下所述。

> **项目的定义**
> 项目是一系列独特的、复杂的、相互关联的活动,这些活动有着一个明确目标或目的,并且必须在特定的时间和预算内依据规范完成。

关于项目,这一被广泛接受的定义提供了相当多的信息。要想正确认识项目的组成要素,就必须仔细分析项目定义的各个部分。

1.1.1 活动序列

项目包含许多必须按特定顺序或序列完成的活动。一项活动是定义好的工作包。我在第 7 章中对此进行了形式化的定义。

活动的顺序是基于技术要求而非管理特权而确定的。决定这一顺序时,按照输入和输出的概念考虑是有益的。一个或者一些活动的输出会变成另一个或者另一些活动的输入。

应该避免像"Pete 将在完成活动 A 后立即开始活动 B"这样的资源限制或者陈述来确定活动顺序,因为这种做法在活动之间建立了一种人为的约束关系。如果 Pete 压根儿就没有时间,那么应该怎么办?我们实际安排活动时,资源约束不可被忽略。决定使用哪些资源及何时使用,将在后续的项目计划中介绍。

1.1.2 独特的活动

项目中的活动必须是独特的。每次重复项目的活动时总有一些不同。通常,这种差异在自然状态下是随机发生的。例如,一部分工作被延迟了、有些人生病了、发生了电力事故等,这些随机变化对项目经理而言意味着挑战,也会导致项目特征发生变化。

1.1.3 复杂的活动

组成项目的活动并不是像割草、油漆房屋、洗车或者装货等简单的重复性动作,它们是复杂的。例如,为一个应用系统设计直观的用户界面就是一项复杂的活动。尽管简单活动依然存在,但在当代项目中的大多数活动都是复杂的。

1.1.4 关联的活动

关联意味着两个活动间存在着逻辑或者技术关系。在完成项目必须完成的活动间有着一定的顺序要求，它们被视为关联的，这是因为一项活动的输出是另一项活动的输入。例如，我们在开始编写计算机程序之前，必须先对它们进行设计。

为了完成项目，可能有一系列并不相关的活动也必须完成。例如，油漆房子内部的房间时，除特殊情况外，房间可以按任意顺序油漆，直到所有房间都被油漆过，房子的油漆工作才算完成，但它们可以按任意顺序进行。油漆房子是一个活动的集合，但是按照定义，我们并不认为它是一个项目。

1.1.5 一个目标

项目必须有一个目标，如为抚养未成年子女家庭援助计划（Aid to Families with Dependent Children，AFDC）的家庭设计一个市内运动场。大型或者极为复杂的项目可以分为几个子项目，每一个子项目本身就是一个项目，这种划分是为了更好地进行管理控制。例如，子项目可以按部门、区域或者地域的水平来划分。将复杂项目人为地分解为子项目常常可以简化资源计划，减少在进行某项具体活动时多部门间沟通的麻烦；不利的一面是由于这些项目之间的相互关联而增加了另一层的复杂性和沟通需要，但它们是可以处理的。

1.1.6 时间期限

项目的工期是有限的，有特定的开始和结束时间，而项目过程是持续的，并在不断地重复。项目有着给定的完成日期。这一日期可能是管理层自行设定的，也可能是由客户或者政府机关指定的。项目的最后完成期限是项目团队中任何人都无法控制的，即在此期限之后，无论项目的工作是否做完，项目都将终止。

给项目一个固定完成日期的前提是项目开始日期已知。缺乏项目开始日期，项目经理只能做如下陈述："我将于项目开始 6 个月后完成项目。"换言之，项目经理只能给出项目的工期。但是高层管理者需要一个完成日期。

1.1.7 在预算之内

项目还会受到资源约束，如分给项目使用的人员数量的限定及资金或机器设备的约束等。尽管这些资源可以通过管理进行调整，但对项目经理而言，它们是固定资源。例如，某公司当时只有一位网站设计师，这就是项目经理可以获取的固定资源。如果这位网站设计师的工作日程已经排满，项目经理就面临着无法解决的资源冲突。

当有限资源需要在多个项目间调配时，资源约束就出现了。因为有限资源的约束限制，不是所有的项目都能分配到资源。这对管理层进行项目审批提出了挑战。

1.1.8 按照规格说明书执行

客户或项目可交付成果的接收者，期望从项目中得到一定水平的功能和质量。这种期望可以是自加的（如项目完成日期规定），也可能是客户要求的（如提交每周销售业绩报告）。

虽然项目经理认为规格说明书是固定的，但实际情况是很多因素都可能引起规格说明书的改变，如用户在项目初期可能还没有完全定义他们的需求，或者商业环境已经发生变化（在长期项目中出现）。因此，在项目生命周期中要求规格说明书固定不变是不现实的，系统规格说明书可能而且会发生变化，这给项目经理带来一定的挑战。（我们会在第6章和第7章告诉你如何有效地处理客户需求。）

规格满意度已经成为项目经理面临的持续性问题，它在项目失败原因中占很大比例。项目经理交付了自己认为正确的规格，结果却发现客户并不满意。这是因为某些期望或沟通出现了断裂。满意条件（Conditions of Satisfaction，COS）过程是一种管理潜在断裂的方法。

1.1.9 关注商业价值的项目定义

上述项目定义的主要缺陷在于它并没有重点关注项目目的，而这个目的将向组织和客户传递商业价值。许多项目案例表明，满足了上述定义中的所有约束和条件的项目，其成果并不会使客户满意。关于客户不满意原因的讨论贯穿本书的始终。所以，我提供了一个更好的项目定义以供参考。

> **关注商业价值的项目定义**
> 项目是有限的、具有依赖性的一系列活动，这些活动的成功完成就是所期望的商业价值的实现，由此证实实施该项目的价值。

每一个项目的核心就是：通过创造所期望的商业价值来达到客户需求的满足。这也是评估项目绩效和过程的基本标准。

1.2 项目蓝图的直观认识

项目并不是孤立的。企业会把很多并行的、分享相同有限资源的各类项目归并在一起管理，所以你需要提供一种描述项目蓝图和制定管理决策依据的方法。

我喜欢简单直观的模型，所以基于目标和解决方案两个指标，我定义了项目蓝图。每个项目必须有一个目标和一种解决方案。你可以使用多个矩阵来衡量这些指标，但是最简单和最直观的指标值是明确且完整或者不明确且不完整的。每个指标的两个值构成了四象限矩阵，如图1-1所示。

我不知道明确与不明确之间的分界线在哪里，不过这点对于蓝图来说并不重要。这些指标值是概念性的，而不是数量性的，对于它们的理解也更加主观一些。一个给定的项目能够展示出不同的明确程度。蓝图所要展示的信息就是一个象限向另一个象限的转化是持续多变的。为了更好地区分这些项目，传统项目在第1象限，敏捷项目在第2象限，极限项目在第3象限，极度项目在第4象限。传统项目将在第2部分定义和讨论。复杂项目（敏捷项目、极限项目、极度项目）将在第3部分定义和讨论。

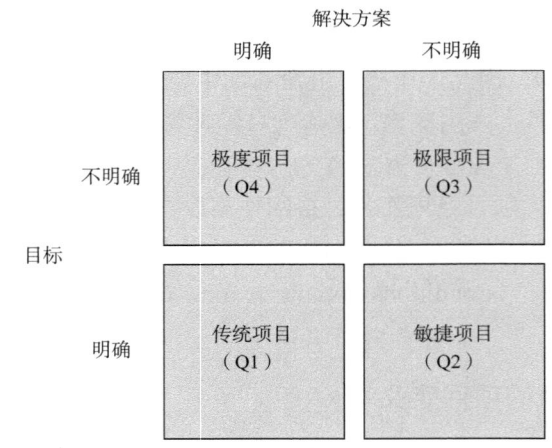

图 1-1　项目蓝图的 4 个象限

举例说明，一个项目的目标是消除常见的感冒。这个目标的说明是明确且完整的吗？当然不是。"消除"这个词容易引起歧义。消除可以有多种解释：

- 出生前，胎儿就被注射修改 DNA 药物来预防感冒。
- 作为饮食的一部分，每天饮用一次生长在喜马拉雅山上某一高度的树的汁液。这种汁液能够预防常见的感冒。
- 一旦某人患了感冒，他只要饮用只在中国中部生长的稀有树种的树根制成的大量的茶，感冒就会在 12 小时内被治愈。

"消除"究竟是什么意思？再举一个例子，试想肯尼迪总统在 1961 年 5 月 25 日针对紧急的国家需要致国会的特别信息中说"在 60 年代结束前，将一个人送到月球并且安全返回"，你觉得这个目标陈述是否明确与完整呢？项目结束时，你是否在心里对能不能达到这个目标有所怀疑？

所有的项目都已经或将会在某个时间点落在这 4 个象限之中。这个蓝图不会受任何外部因素变动的影响。这是一种随时可用的蓝图。项目落在蓝图的哪个象限，就给了我们一个初始的指导，告诉我们哪个 PMLC 模型是最适合这个项目的，哪些项目管理的工具、模板和过程是可以满足这个项目特征的。随着项目的开展，目标和解决方案也变得更明确，项目所在象限可能变化，PMLC 也会随之变化。但是项目通常是在一个象限中的。变更正在进行的项目的 PMLC 模型是一项很重大的变化，需要谨慎地加以考虑。在项目执行中变更 PMLC 模型要考虑随之带来的成本、收益、优点、缺点等各项因素。我们会提供一些相关建议。

除了目标和解决方案的明确性和完整性，在选择最佳 PMLC 模型时还要考虑其他的几个因素，根据这些因素可能做出更好的调整。例如，这些因素包括客户的有效参与度。如果最佳 PMLC 模型要求客户深入并有效地参与其中，正如很多复杂的项目那样，而你又无法得到这样的参与，你就要寻找一种客户参与度要求不高或者要求其他准备工作的方法。例如，你可能想要实施一个项目来鼓励客户参与，从而为使用最佳 PMLC 模型做准备。这

1.3　项目集

项目集是项目的集合。依次按顺序完成所有的项目才标志着项目集的完成。因为项目集包含若干项目，所以在范围上大于单个项目。例如，美国政府有一个这样的项目集，它是一个包含若干诸如挑战者号航天飞机项目的空间计划。又如，一家建筑公司承包包含几个独立项目的建设工业科技园的项目集。

和项目不同，项目集可以有多个目标。例如，美国国家航空航天局空间计划的每次航天飞行都包括许多科学实验项目。这些实验项目除搭乘同一航天飞行器之外，它们是独立的且共同定义了这一项目集。

1.4　项目组合

项目组合就是一些彼此间具有共同联系的项目的集合。这是最简单的定义，这个定义中最有意义的词组是"彼此间具有共同联系"。这种联系可以以任何形式出现。在企业层次上，这种联系可能不过是所有项目都属于同一公司。尽管这是正确的，但是它不太可能是你所寻找的联系。这种联系太过普通而不会被管理层所使用。一些更加有用和特别的常见联系可能是以下情况的任何一种：

- 所有项目可能都来自同一个业务部门，如信息技术部。
- 所有项目可能都是新产品开发项目。
- 所有项目可能都是研发项目。
- 所有项目可能都来自同一业务部门的基础结构维护项目。
- 所有项目可能都来自同一业务部门的过程提升项目。
- 所有项目可能都享用同一个人力资源库。
- 所有项目可能都共享一个预算。

每个项目组合都需要资源分配（时间、金钱和人力）来完成其中的各个项目。更多的资源分配通常说明该项目组合更大程度的重要性和与战略计划更强的关联性。有一件事是肯定的：无论你获得什么资源来完成项目组合中的项目，这些资源都不能够满足所有的需求。不是所有项目组合所建议的项目都能获得资金支持，也不是所有的项目都能获得100%的资金支持。当你必须做出艰难的抉择时，就需要用到公平决策模型。

你的组织可能有几种项目组合。基于在战略计划中的优先程度，资源会被分配至各个项目组合中，这时资源就会成为某个特殊组合下的每个项目的约束条件。

1.5　解读项目范围三角形

你也许听说过项目"铁三角"这个词或三重约束条件。它指的是时间、成本和范围之间的关系。这3个变量组成了一个三角形的三条边，并且形成了互相依赖的集合。它们当中的任意一个发生变化，其余两个中至少一个也会随之变化来重新建立平衡。这样固然很好，但是这里还有更多因素需要解释。

考虑执行项目中遇到的下列约束条件：
- 范围。
- 质量。
- 成本。
- 时间。
- 资源。
- 风险。

除了风险，上述约束因素构成了相互依赖的集合——一个约束条件发生变化，其余的一个或多个约束条件就会随之变化以恢复项目平衡。由此，5个约束因素的集合构成了一个为了项目平衡而必须保持平衡的系统。它们是事关项目成败的关键因素，下面我们将逐一讨论。

1.5.1 范围

范围是划定项目界限的陈述文档。它不仅定义了要求做什么，也规定了不能做什么。在信息系统业界，范围通常被叫作功能规格说明书；在工程领域，范围通常被叫作工作说明书。范围还被叫作谅解文档、范围说明书、项目启动文档、项目需求表等。不管叫什么名字，这份文档是所有后续项目工作的基础。范围的正确与否非常关键，在6个因素中是最重要的。如果在项目生命周期中范围发生变化，必将引起项目计划的重大调整。我们将会以相当的篇幅在第6章中讨论在"满意的条件"中怎样做到这一点。

正确地启动一个项目非常重要，同样正确地保持下去也非常重要。范围会改变，这早已不是什么秘密。虽然我们并不知道范围何时及怎样变化，但它确实会变化。检测到这些变化并在项目计划中决定如何调整是项目经理需要面对的主要挑战。

1.5.2 质量

每个项目中都包含两种质量：

一种是产品质量。这是指项目的可交付成果的质量。这里的产品包括有形产品（如硬件和软件），同样也包括商业流程。第5章所讨论的传统质量控制工具可以用于保证产品质量。

另一种是过程质量。这是项目管理过程本身的质量，重点在于项目管理过程进行得如何及如何改进。持续质量改进和过程质量管理是用来衡量过程质量的两个工具。

建立一个伴随持续改进的有效的质量管理体系来监督项目工作是非常有价值的。它不仅会使客户满意，还能通过减少浪费和返工帮助组织有效地使用资源。这是一个不应该被忽视的领域。这样做所得到的回报是提高了成功完成项目和满足客户需求的可能性。

1.5.3　成本

可用于项目的费用是定义项目的另一个变量。我们最好将其视为预先确定的项目预算，这对于那些将其可交付成果用于商业销售或交付给外部客户的项目而言格外重要。

在项目管理的生命周期中，成本是一个需要考虑的主要因素。最早的考虑时间应在项目生命周期的早期和非正式阶段。此时，客户只是简单地提供其预估的项目花费的数字。这一数字是和项目的实际花费非常接近还是相距甚远，取决于客户花了多少精力进行考虑。咨询师常遇到的情况是客户只愿意为将要做的工作花一定数目的钱，此时你就只能尽你所能，知道自己有什么资源，自己能够做什么。在稍微正式的情况下，项目经理会为项目工作做一份项目建议书，建议书中将包含项目成本的总估算甚至报价。尽管项目经理提供的可能只是一些粗略的数值，但项目建议书可以使客户依据这些估算值更好地决定做或者不做这个项目。

1.5.4　时间

客户通常会给出一个项目必须完成的时间框架或者最后期限。一定程度上，成本和时间成反比。完成项目的时间可以减少，但作为结果，项目的成本将会增加。

时间是一种有意思的资源，它不能被存起来备用。无论我们使用与否，它都会自行流逝。项目经理的目的是尽量有效及高效率地使用分配给项目的将来时间。将来时间（还未到来的时间）是可以在项目中或者项目间进行交换的资源。一旦项目启动，对项目经理而言，用于保证项目按进度或者使其重新回到计划中来的主要资源就是时间。好的项目经理会意识到这一点，并会保护将来的时间资源。

1.5.5　资源

资源是诸如人、设备、物质设施或者存货之类的资产。资源数量有限，可以被规划，或者可以从外部租用。有些资源是固定的，有些资源从长期来看是可变的。无论哪种情况，它们都是计划项目活动及有序地完成项目的核心。

对于系统研发项目，人是主要资源。另一个对系统项目有价值的资源是计算机处理时间（通常是为测试目的），项目经理可以通过它看到制订项目计划时的许多重要问题。

1.5.6　风险

风险并不是范围三角的一个单独的组成部分，但是它会出现和延伸到内、外部项目的各个部分，因此它确实会影响其他 5 项约束条件的管理。

1.5.7　预构作为平衡系统的范围三角形

这里将讨论使用图 0-3 所示的范围三角代替 3 个变量的铁三角的好处。项目是必须保持平衡的动态系统。我们将看到这并非易事。图 0-3 展示了这种动态情形。

三角形中的几何面积代表项目的范围和质量。三角形的边分别代表约束范围和质量的时间、成本和可用资源。时间是项目必须完成的时间期限；成本是完成项目的可用资金预算；可用资源是项目中使用的任何消费品，如人力、可用设备和设施。

> **注意** 财务人员会告诉我们，每一项资源都可以用钱表示。他们是对的。我们将按照这里的定义区分资源。它们是项目经理可以控制的，因此需要分别确定。

项目计划将确定完成规定的范围和质量所需要的时间、成本和可用资源。换言之，计划编制完成了，资源和资金获得了批准，这时项目是平衡的；但这种平衡不会持续很久，变化就在眼前。

范围三角形提供了许多洞察项目生命周期中可能发生变化的机会。例如，三角形告诉我们，在任何工作都没开始时，系统是平衡的。这时各边长都足够长，可以覆盖由范围和质量说明所定义的区域。在工作开始后不久，系统就一定会发生变化。这些变化也许是客户要求追加一项在计划阶段未曾预想的功能特性，也许是市场机会已经发生变化而需要重新调整项目进度计划以早日交付成果，也许是关键项目团队成员离开了公司却又无人能替代。以上任意一项变化都将使系统失去平衡。

本书第 3 部分将讨论直到项目快要结束时才知道最终范围的项目。这对于客户和项目经理都意味着一些有趣的管理挑战。这些挑战在最终解决方案和最终目标所要传递的商业价值上反复出现。

项目经理控制着资源的使用和工作的进度，管理层控制着成本和资源的水平，客户控制着范围、质量和交付日期。范围、质量和交付日期意味着一种层级结构，而项目经理需要寻找解决方案以调整这些变化。

1.5.8 为改进变更管理设置范围三角形变量的优先级

有效项目管理方法的重要组成部分是范围管理过程。范围三角形定义的 5 个变量必须被排序，这样项目计划的修正方案才能被排序（见图1-2）。

变量	优先级				
	重要（1）	（2）	（3）	（4）	不重要（5）
范围				×	
质量			×		
时间	×				
成本					×
可用资源			×		

图1-2 范围三角形变量排序

范围三角形变量排序常见的应用发生在范围变更需求出现时。变更需求分析被记录在项目影响说明（Project Impact Statement，PIS）中。如果变更被批准，那么将会有实施变更的备选方案。这些备选方案将根据图1-2 中的数据进行排序。

1.5.9　范围三角形的应用

我认为大家应该牢记几种图形，因为它们的价值贯穿整个项目生命周期。范围三角形就是其中之一。它在范围变更阶段主要有两种应用：问题升级策略和项目影响说明（作为范围变更过程的组织部分，也叫范围变更影响分析）。

1．问题升级策略

范围三角形能够让你提出这样的问题："谁，负责什么？"答案会让你对项目团队——从资源经理到客户到发起人——有一个逐级上报的路径。客户和高级管理层掌握时间、预算和资源，项目团队掌握时间、预算和资源是如何被使用的。在企业的方针和实践中，这类问题发生时都要在项目中解决。在解决问题的过程中，项目经理要在时间、预算和资源使用约束条件中寻找解决方案，而不能超出约束条件。

问题升级策略的第二步是项目经理要从资源经理那里获得问题解决方案。资源经理掌握着资源的分配，也了解资源分配所发生的变化。

问题升级策略的最后一步是将增加的资源提交给客户或者发起人。他们控制着项目的时间要求，也控制着项目大部分的经费，还控制着项目的范围。无论何时，项目经理一旦与客户进行交涉，就意味着要增加时间或经费，以及通过缩小或放弃一些内容来减轻项目范围的压力。

2．项目影响说明

范围三角形的第二个主要应用在于准备项目影响说明。这份说明中包含了协调客户进行具体的范围变更的各种方法。这种协调通过重新评估范围三角形，沿着前段的相同线路进行处理。第 8 章将对范围变更过程及项目影响说明进行更深入的讨论。

1.6　项目分类的重要性

项目分类的方法有很多种：
- 按大小（成本、工期、团队、商业价值、受影响的部门数量等）分类。
- 按类型（新建、维修、升级、战略、战术、操作）分类。
- 按应用（软件研发、新产品开发、设备安装等）分类。
- 按复杂性和不确定性（见第 11 章）分类。

项目是独特的，而且有些项目必须用最适用的模式加以管理。本书第 3 部分会对 5 种最适用模型及何时使用它们进行说明。现在，大家只要了解没有通用性的方法进行项目管理就行了。基于项目的共同点进行分类，并且对每种项目类型设计不同的项目管理方法是更加有效的方法。这就是本节的主题。

1.6.1　建立项目分类原则

根据本章的议题，这里要定义两种不同的原则。第一种是基于项目特征的原则，第二种是基于项目类型的原则。

1.6.2 按项目特征分类

许多组织都基于以下项目特征来对项目进行分类：

- 风险——建立风险级别（高、中、低）。
- 商业价值——建立级别（高、中、低）。
- 时间跨度——建立不同类型（如3个月、3~6个月、6~12个月等）。
- 复杂度——建立级别（高、中、低）。
- 所用技术——建立不同类型（如成熟的、已经过时的、较少使用的、从未使用过的等）。
- 受影响的部门数——建立不同类型（如单部门、少数部门、多数部门、所有部门）。
- 成本。

项目的整体情况决定了项目的类型，项目的类型决定了在哪种程度上使用项目管理的方法。在第3部分，你要使用这些特征和其他一些要素来判断项目的最适管理方法。

我们之所以极力提倡这种方法，是因为它使项目管理方法适应项目的需要。"一把尺子量天下"对项目管理并不合适。在最终的分析中，我们尊重项目经理的判断。无须多言，除组织所要求的项目管理方法之外，项目经理应当采用任何自己觉得能提高成功管理项目能力的方法。

项目类型包括以下几种。

1）A类项目。A类项目是具有极高商业价值并且非常复杂的项目，这是对组织而言最具挑战性的项目。A类项目需要使用最新的技术，加之高度的复杂性，导致了这类项目的高风险性。为了使它成功的可能性最大化，组织会要求在这样的项目中使用所有可用的方法和工具。向公司现有的高利润产品中引入新技术就是一个A类项目的例子。

2）B类项目。B类项目是短期的但对组织有重要意义的项目。项目管理过程中可能用到所有的方法和工具。这类项目通常很有商业价值，而且有一定的技术难度。许多新产品研发项目都属于此类项目。

3）C类项目。C类项目是组织中最常见的项目。相对而言，这类项目时间跨度小，技术成熟，多数用于组织的基础设施建设。一个典型的C类项目的团队可能包括5个人，时间持续6个月左右，项目的范围说明也不太充分。这里不需要太多项目管理的方法和工具。如果项目经理认为一些工具有价值，则可以自行选择使用。

4）D类项目。D类项目刚刚满足项目的定义，并且只需要一个范围说明和一些进度计划信息就可以。对现有的过程或阶段进行一些小改动，或者对培训课程进行改动，都属于D类项目。

表1-1给出了一个项目分类规则的例子。

表 1-1 项目类型和定义举例

类别	持续时间	风险	复杂性	技术	出问题的可能性
A 类项目	>18 个月	高	高	突破性技术	确定
B 类项目	9~18 个月	中	中	现行技术	可能
C 类项目	3~9 个月	低	低	熟练技术	有一些
D 类项目	<3 个月	很低	很低	实践	几乎没有

这 4 类项目可能用到图 1-3 所示的部分方法。图 1-3 中列出了给定项目类型的必选或可选的方法和工具。

项目管理过程	A	B	C	D
定义				
满意条件	R	R	O	O
项目总体陈述	R	R	R	R
需求批准	R	R	R	R
计划				
执行规划	R	R	O	O
准备项目建议书	R	R	R	R
项目建议书批准	R	R	R	R
实施				
动员会议	R	R	O	O
活动安排	R	R	R	R
资源分配	R	R	R	O
工作描述	R	O	O	O
监督/控制				
状态汇报	R	R	R	R
项目团队会议	R	R	O	O
可交付成果批准	R	R	R	R
收尾				
实施后审核	R	R	R	R
项目记录	R	R	O	O

注：R=必选的；O=可选的。

图 1-3 各类项目方法和工具的选用要求

1.6.3 按项目应用分类

组织在许多情况下重复进行着相同类型的项目。下面是一些项目类型的例子：
- 安装软件。
- 征求、评估和选择供应商。
- 招聘和雇用员工。

- 升级企业程序。
- 在外地办事处安装硬件。
- 开发应用软件系统。

以上项目也许每年重复几次,而且每一次可能都按照相似的步骤进行。

在第 7 章讨论工作分解结构时,你将看到这种重复的分支情况。

1.7 当代项目环境

当代项目环境具有速度快、变化快、成本低、复杂性增加和不确定性增强等特点。这意味着项目经理将面临巨大挑战。

1.7.1 速度快

产品和服务越快地走向市场,最终的商业价值就会越大。现有的竞争者都在观望和把握满足需求的机会,新的竞争者也在等待和把握任何可以给他们立足之地和帮助他们拓展市场的机会。任何的反应缺陷和延迟都会被他们加以利用。这种需要快速地转化为项目管理方法的需求,才不会浪费时间——花费很多的时间在没有价值的附加工作上将毁灭自己。你将学习的很多方法都建立在这个原理上。

机会之窗转瞬即逝。能够对机会做出快速反应的组织,就能够找到尽可能减少周期次数和消除非增值工作的方法。在开发新产品或者改良产品上花费太多的时间将使组织错失商业机会。项目经理必须知道怎样和何时引入多重许可战略和压缩项目进度来满足这些需求。更重要的是,项目管理方法必须支持积极的进度计划。这意味着这些过程必须通过消除非增值工作来保护项目进度。如果你的项目管理过程包含很多超前活动,却没有增加最终交付物的附加值,或者可能在你服务的市场上损害你的效率,那么你就不要选择这样的项目管理过程。

有效的项目管理不是每个项目都应当遵守固定步骤和过程,而是基于项目特征的尽职调查做出了项目管理方法的选择。这样选择的方法才是有意义的。我在下面的章节中会用较大的篇幅来阐述这些策略。

1.7.2 变化快

客户经常决定或者改变他们所想要的,客户需求变化是项目变更的首要因素,但环境引起的快速变化也是常见的项目变更因素。商业环境是动态变化的,它不会因为你在管理项目就保持静止。最适项目管理方法必须意识到频繁的变化,并且适应它、包容它。变化的预期程度将影响最适 PMLC 模型的选择。

变化是永恒的!我希望变化来临之时,你不要惊讶。变化总是跟随着你,并且看起来发生的频率增加了。你每天都将面临新的挑战和提升过去实践的需要,正如约翰·奈思比特在《第三次浪潮》中所说的"变化或死亡"。对于经验丰富的项目经理和想要成为项目经理的人来说，通往杰出绩效的道路上都充满了不确定性，需要勇气、创造性和灵活性。如果你仅仅依靠对别人的方法的日常运用，你肯定达不到目的。正如你将在下文看到的，我不怕走出框框、走出舒服的领域。没有什么比管理项目的方法更需要变更和调整。

1.7.3 成本低

随着管理层级的减少（很多组织中的常见实践），专业员工需要寻找更聪明而不是更辛苦的工作方法。项目管理包括很多工具和技术，可以帮助专家管理所增加的工作量。你的员工需要更多的办公空间（来添置管理工具），尽可能以最有效率的方式完成工作。把那些很难让员工看到价值的上层活动强压给员工，这样做注定要失败。

具有里程碑意义的论文《新组织的到来》，虽然写作于三十多年前，但是现在仍具有借鉴意义。在这篇文献中，德鲁克（1988）将中层管理者描述为：从上级接收信息，重新解释后，传递给下级；或者从下级接收信息，重新解释后，转达给上级。个人偏见和政治色彩会导致信息质量偏差，电脑却能够准确地将信息传递给每一位需要知晓的经理。给定这些因素，加上政治和权力斗争，德鲁克问："为什么要雇用中层管理者呢？"随着技术进步和这一想法被广泛地接受，我们可以看到中层管理者减少了。不要期望他们回来，他们一去不复返了。这对项目经理的影响是可预测的和巨大的。等级结构正在被更多依赖项目和项目团队的组织结构所取代，这将导致对项目经理的更大需求。

1.7.4 复杂性增加

所有简单的问题都已经被解决，剩下的问题将日益复杂化。同时，问题越复杂，对企业就越重要。我们别无选择，必须迎难而上。缺乏管理这类项目的简单方法不能成为借口。这类项目必须被管理，而且我们必须使用有效的方法管理它们。本书将向你展示，如何通过常用的工具、模板和过程，创造出常识性项目管理方法去管理项目，甚至管理最复杂的项目。

1.7.5 不确定性增强

复杂性的增加伴随着不确定性的增强，两者密不可分。通过调整项目管理方法来处理不确定性意味着这些方法不仅允许变化，而且能够主动应对变化，并且由于变化而变得更加有效。变化能够引导团队和客户到达一种确定状态，这种确定状态的基础，是通过主动应对变化所找到的对于复杂问题的一种可行的解决方案。换言之，我们必须拥有这样的项目管理方法，它们不仅期待变化，而且能够从变化中受益。

讨论题

1. 对比本章中所介绍的项目的两种定义。
2. 假设对范围三角形做以下更改：三角形中间是可用资源，三条边分别是范围、成本和进度。请将该三角形看作一个平衡的系统加以解释。如果项目中的一种特定资源被同时分配给其他更多的项目使用,则有可能出现什么情况?作为项目经理,你如何处理这些情况?请具体说明。

3. 作为管理项目集的经理,你在哪些方面能够为公司节约成本?请使用标准的项目约束条件进行讨论。

第2章
什么是项目管理
What Is Project Management?

项目管理生命周期及其模型的设计、调整和调度是基于项目不断变化的特征，是实践有效项目管理的指导原则。

不要使用扼杀团队和个人创造力的过程和程序！要营造和支持鼓励创造力行为的环境。

——罗伯特·K.威索基，博士，EII 出版有限公司董事长

本章学习目标

通过学习本章内容，你应该能够：
- 理解有效项目管理的挑战。
- 应用需求的商业价值定义。
- 理解需求分解结构在选择和调整最适 PMLC 模型中的关键作用。
- 了解传统项目管理、敏捷项目管理、极限项目管理和极度项目管理的特征。
- 了解复杂性和不确定性如何影响项目蓝图。
- 理解线性、增量、迭代、适应性和极限 PMLC 模型的异同。

我猜想，对于许多读者来说，本章将使你们第一次看到：项目管理的世界是多么深广。尽管从事项目管理实践超过 50 年，我还是无时无刻不被它震惊。现在，我仍然能遇到新的挑战，学习到有关原理的奇妙知识。你应该意识到，项目管理需要勇气、创造性和灵活性才能成功。

独特的价值命题

项目管理就是解答以下 6 个问题的过程。
1) 项目将要处理的商业情况是什么？
2) 处理这种商业情况需要做什么？
3) 你将要做什么？
4) 你将如何去做？
5) 你如何知道目标是否实现？
6) 你做得怎么样？

不是填表和提交报告之类的日常事务，而是一个充满挑战的世界，你在这里会被要求

成为一名有效率的领导、发挥你的创造力的极限、随时保持勇敢。在这个世界中，你将持续面临之前从未遇到的新情境，然后不得不从工具箱中找寻和编制可用的解决方案。

> **对上面 6 个问题的注释**
>
> 成为有效的项目经理就是对于创新的追求。
>
> 如果你还在期望获得一种可以管理任何项目的方法，这就太不现实了。如果你的组织中还存在这样的情形，请保持你的怀疑。你现在必须独立思考用什么方式管理你的项目。有效的项目经理乐于思考而不是常规的反应。项目管理原理变换到了一个新的状态，在本书开始写作的时候，这种状态还不够稳定。事实上，有效项目管理实践从来没有达到过稳定状态。商业世界的常态是不稳定和经常变动的，并且它总是保持这种状态。这也将持续影响管理项目的方法。对于给定的项目，其管理方法也是在不断变化的。这对奋斗的项目经理来说意味着什么呢？鼓足勇气：它没有看起来那么糟糕。

2.1 项目管理的基本原理

项目管理协会（PMI）给出了项目管理的正式定义：将知识、技能、工具与技术应用于项目活动，以满足项目的要求。

尽管该定义已经有了广泛而不同的理解，但是我丝毫不怀疑它，因为我更喜欢简单和直观的事物，这正是 PMI 所做的。细节是魔鬼。出于自身的目的，这里我将为 PMI 的定义添加一些内容。我提供的定义将会是工作定义。

不论你如何选择项目管理的构成定义，它都可以简化为上面已经提到的独特的价值命题中给出的 6 个问题。所以，如果你或者你的企业在设计项目管理过程，你们可以使用这 6 个问题检验设计方案的有效性。在我看来，这是非常简单和直观的项目管理定义，也很容易被商务人士所接受。

让我们快速地看一下这些问题的答案。

2.1.1 项目将要处理的商业情况是什么

商业情况可以是需要解决方案的问题，也可以是未开发的机会。如果它是问题，那么解决方案就需要被清晰地定义，这样解决方案的提交才能更为直接。如果解决方案并不是完全已知的，那么项目管理方法必须包含重复地了解和发现解决方案的过程。显然，虽然客户和项目团队付出了努力，但是仅仅因为交付物没有被清楚地定义而导致它可能不被发现，所以相比第一种情况，这些将是高风险项目。

2.1.2 处理这种商业情况需要做什么

答案很明确，那就是解决问题或者利用未开发的机会。这些设想很好，但是在给定的项目实施的商业环境中，这一点可能不具有可操作性。即使明确地知道解决方案，你可能也没有技术资源来成功地实施该项目；即使你有这些资源，在你需要的时候，它们可能也不具有可用性。为了交付最大化的商业价值，高层管理者必须考虑整个项目组合中的所有项目，在这些项目优先级的变动中安排或重新安排资源。这是一项等待应对的挑战，但不是本书此次要解决的问题。

当解决方案未知或者仅部分已知的时候，你可能无法成功地找出完整的解决方案，甚至你也找不到一个可接受的方案。许多高风险项目的成果是不确定的。无论什么情况，你都要为需要做的事情建档。你可以通过解决方案需求说明来完成这些工作。在本书中，我们提出了一个新的需求定义，并叙述了明晰需求的两步走过程。

如果解决方案已知，那么说明书就很好制定。如果解决方案未知或者部分已知，你需要做的事情将会随着时间的推移慢慢出现而不是在一开始就出现。

2.1.3　你将要做什么

这个问题的答案将出现在项目目标和目标说明中。或许你和其他人将提出问题的部分解决方案或者利用未开发机会的方法。无论什么情况，作为项目概要说明书（Project Overview Statement，POS）的一部分，项目目标和目标说明将清楚地陈述你的意图。

2.1.4　你将如何去做

这个问题的答案将记录你管理项目的方法，以及以满足POS中讨论的项目目标和目标说明的详细计划。这种方法可能在项目开始阶段就被完全记录，也有可能是在项目进行过程中一点一点地被记录，但是它将不断发展。

2.1.5　你如何知道目标是否实现

你的解决方案将向组织传递某种商业价值。期望的商业价值将被用作首次批准该项目的基础。成功的标准可能被表述为收入增加（Increased Revenue，IR）、成本降低（Avoided Costs，AC）或者服务提升（Improved Services，IS）。IRACIS是代表商业价值3个领域的缩写。无论成功标准采取哪种形式，它都要被表达为定量计算，所以你是否达到预期的商业价值是无可争议的。作为项目实施后审计（见第10章）的一部分，你将要对实际实现的商业价值和POS中预期的商业价值进行对比。

2.1.6　你做得怎么样

这个问题的答案是通过以下4个问题的回答决定的：

1）你的交付物在多大程度上满足了上述的成功标准？基于项目成功后组织可以得到增加的商业价值，项目会被出售给管理层。项目是否能或者在什么程度上交付这些成果呢？有时，这个答案在一段时间内将是未知的。

2）项目团队的表现如何？项目团队是跟随某个项目管理生命周期模型的。对于它们在多大程度上跟随这个模型，我们应当对此做出评估。

3）该项目使用的项目管理方法如何？除了正确地做事，团队还需要做正确的事。在可以使用多种方法的情况下，团队应当使用最适模型。

4）有哪些经验可以用于未来的项目？这个问题将通过项目实施后审计得到回答。

这 4 个问题的答案将在第 10 章的相关内容——项目实施后审计中给出。

前文讨论的 6 个原始问题的答案将项目管理简化为条理化的常识。在我看来，"有条理"意味着所使用的过程是被不断调整来满足变化的项目需要的。"常识"则是指管理过程不被要求去做非增值的工作。如果它不是条理化的常识，那么你需要问问自己为什么要做这个。所以，对于你的项目管理方法是否有效的很好的测试，是你如何回答前述的 6 个问题。在这个背景下，我们可以将项目管理的工作定义简洁地陈述如下：

> **项目管理的定义**
> 项目管理是具有条理化常识性质的方法，它要求客户的相应参与，它的目标是满足发起人的需求并且提供所预期的、新增加的商业价值。

这个定义和你之前所看到的任何一个都不一样。

首先，它是我见过的唯一一个明确地指出了商业价值的书面定义。通过需求说明传达商业价值是客户的责任。满足客户需求是项目经理的责任。满足需求是原因，增加商业价值是结果。

其次，同样重要的是定义中的"常识"暗示了有效的项目管理并不是"一把尺子量天下"的通用方法。因为它是"常识性方法"，所以它必须适应变化的项目条件。你将学习到有效管理项目的规则。在第 2.5 节中给出的 PMLC 模型的定义是成为有效的高级项目经理之旅的开端。你将成为开拓型领导，兼具创造性和适应性的领导品质。事实上，我相当于为食品储藏室准备了食材，你只要根据项目管理的需要编制食谱即可。至于如何编制及编制得如何，则要取决于你这位主厨。

最后，你需要清楚地了解需求。需求及其文件材料将阐明项目特点，成为你选择和调整所使用的项目管理方法的指南。我会根据自己的需求定义采取相当非常规的方法，但是我的方法成功地经受了时间的考验。

2.2 有效项目管理的挑战

正如在本书导论中所讨论的，当代项目环境意味着项目经理和客户面临着很多有效管理项目的挑战。最适 PMLC 模型的使用将迎接这些挑战，并在需要的时候进行调整。

2.2.1 灵活性和适应性

TPM 实践是在建筑工程领域被定义和成熟的。在这个领域，团队期望（获得或者认为）客户给出关于他们想要什么、什么时间要、愿意支付多少钱的清晰陈述。所有这些被整齐地发送给项目经理。所有细节部分都被一一照顾到，所有正确表格都被存档，所有的盒子中都放置了所要求的信息。每个人都对需求被很好地记录及交付物将按照要求交付感到满意。项目团队清楚地知道客户希望他们提供的解决方案，并能够为交付制订清晰的计划。直到 20 世纪 50 年代，这些依然是早期项目经理天真世界的描述。20 世纪 50 年代中期，电脑虽然逐渐成为一种可用的商业资源，但仍然只有工程师才能使用。项目管理也依然是工程师的管理职责。

项目经理发生变化的第一个标志出现在 20 世纪 60 年代早期。使用电脑来处理业务成为现实，我们开始看到程序员、程序分析师、系统分析师、数据架构师等职位名称。这些专家是真正的工程师扮演的，在某种程度上，他们被期望可以与商务和管理专家（完全不懂电脑和可以与其交流的神秘派）互动，以设计和执行商业应用系统，从而替代人工过程。这种变化代表商业世界和项目世界的质的改变，我们再也不能回头了。

面对向信息社会的转变，TPM 没有发生任何的转变。对于工程师来说，每个 IT 项目管理的问题都像颗钉子，而他们有锤子。换言之，他们有一种解决方案，并且认为这种方案可以解决所有问题。TPM 仍面临的一个主要问题是想要和需要之间的差异。如果你记得本书导论中的内容，你就会记得客户想要的和客户需要的可能不一样。如果项目经理盲目地接受客户想要的，并且以此为基础执行项目，那么项目经理之后必定后悔莫及。在建立解决方案的过程中，客户经常会发现他们需要的和他们之前要求的不一样。这样，你就有理由拖延截止日期、变更范围、不断地追踪变化和重复工作。毋庸置疑，超过 70%的项目都会失败。这种循环必须被停止。你需要一种基于变化建立的方法——一种在整个项目生命周期中包含了解和发现的方法。它必须有内置的过程来适应由了解和发现的方法所引起的变化。

在过去的 30 年中，我和很多项目经理谈论了缺乏清晰度的问题，以及他们是如何处理的。他们当中的绝大多数人说，他们按照原始需求交付，然后不止一次地改进解决方案，直到满足客户现在的需求。我问他们："如果你知道将要返工，那么为什么不使用内置该特征的方法？"直到最近，随着 APM 方法的出现，在该问题上的沉默才被打破。在实践中，所有的敏捷和极限项目管理方法都基于这样的假设：客户更好地关注他们的实际需要后会变更其需求。有时，这种需要会与他们之前想要的大相径庭。

很显然，这已不是父辈的项目管理了。网络和不断变化的一系列炫目的新技术为商业蓝图打上了永远的烙印。技术让大多数业务陷入困境。那么，公司应当如何利用网络并且提取最大的商业价值呢？公司也在问最基本的问题："我们处在什么行业中？""我们如何定位和服务我们的客户？""我们的客户期望的是什么？"网络时代快速开始，也快速消退。20 世纪 90 年代，许多公司站在风险投资家的肩膀上崛起，该世纪末的时候就走向破产，只有极少数存活下来。当下的流行词电子商业（e-Commerce）、电子商务（e-Business）和知识管理已经取代了 B2B 和 B2C，企业看起来也安定下来了。但是我们距离完全恢复还有很长的路要走。

现在的问题是："这对项目管理方法应当施加什么影响？"最主要的影响是项目管理方法应当与公司业务相联系。项目管理需要在组织战略表中找到自己的位置。项目经理应当首先想到整个组织的需要而不是他们自己所属的部门。这是今天成功的关键因素。商业分析师的出现增加了新的挑战，下一节将讨论这个问题。

2.2.2 深刻理解商业及其系统

最佳项目经理理解商业内容，即项目可交付物必须被定义、生产及发挥作用。这意味着他们不仅要理解内部系统及其交互作用，而且要明白供应商和客户的外部系统环境，即交付物必须发挥作用的环境。系统分析师和商业分析师是理解这些关键因素的。这为项目经理和商业分析师变身为具有必备技能和胜任力的专家提供了很好的论据。这个讨论超出了本书的讨论范围，但是确实值得讨论。

2.2.3 掌控项目及其管理

我喜欢简单，关于项目蓝图的定义也仅仅使用了两个变量——目标和解决方案，每个变量只有两个值——明确和不明确。这足够简单却包含了所有项目。这样划分的结果是将所有项目划分至 4 个象限，每个象限对应一种或多种项目管理过程：

- 目标和解决方案都明确，属 TPM 类。
- 目标明确、解决方案不明确，属 APM 类。
- 目标和解决方案都不明确，属 xPM 类。
- 目标不明确、解决方案明确，属 MPx 类（这个看起来可能没有意义，随后我会详细论述）。

每个项目都会落入且仅落入 4 个象限中的 1 个。每个象限对应 1 个或多个 PMLC 模型。4 个象限分类总共对应了 5 种 PMLC 模型。本书的目标就是识别和使用这些模型。

2.2.4 项目管理是条理化的常识

《PMBOK®指南》（第 6 版）对于项目管理的定义新鲜、简洁、清楚。它为定义强调所有项目管理的过程组和过程提供了牢固的基础。但是我认为有超过《PMBOK®指南》（第 6 段）的定义，可以更加综合地论述项目管理的内容。正如我所强调的，我将其定义为条理化的常识，它关注的是项目的商业价值。项目是独特的，与之前的每个项目都不一样。这种独特性可能仅仅是由新的工期要求、新的过程或新的技术引起的，它要求寻找能够不断适应项目出现的新特征的独特方法。这些特征能够并且会出现在项目生命周期的任何阶段。准备好应对它们和随时按需做出调整，意味着我们必须在给定的环境中做最有意义的事。谈到项目特征，必须考虑项目实施的环境对其产生的影响。从组织内部环境来看，组织文化和商务过程既会支持也会约束项目管理的结果。当然，外部动态的市场还是主要的影响。新技术的出现也能完全颠倒项目的方向，或者在项目还没启动前就将其淘汰。竞争者来自全球各地，甚至最后我们都不知道竞争者究竟是谁。因此，面对所有的这些影响因素，我们别无他法，只能把项目管理变成条理化的常识。

2.3 管理偏离

有时，管理某些团队成员对项目经理来说是很麻烦的事情，但是我这里的偏离管理不是指这方面的事情。本书中的偏离是指那些在项目中由于某些不明确的地方或持续不关注项目成员的工作所发生的微小变化。这些变化在项目出现问题前不易被察觉。下面我们将讨论 4 种偏离情形。

2.3.1　范围偏离

范围偏离是指原始计划中没有包含的项目可交付内容的任何变化。变化是永恒的，期望没有变化发生是不现实的。变化的发生有各种各样的原因，其中有些原因与客户、项目经理或者项目团队成员的能力和远见毫无关系。例如，市场条件是动态变化的，竞争可能引入新的产品，或者让原来的产品升级换代。你的管理层可能决定在竞争未开始之前就让新产品进入市场，这些都可能引起范围偏离。范围偏离不一定受进度调整的影响，也不一定是个人失误造成的，但它在项目管理中真实地存在着，你必须去应对。无论你和客户在项目计划时做得有多好，范围偏离总会发生。必须面对！

作为项目经理，你的工作是指出如何应对和适应这些变化。任务艰巨，但总得有人去做。无论范围如何变化，作为项目经理，你的工作就是找到适应这些变化的途径。

2.3.2　预期偏离

预期偏离的产生是由于项目团队成员落后于进度，却在进度报告中称按时完成进度，并期望在下一阶段的汇报中赶上进度。预期偏离对项目经理来说是一个大问题。你的项目团队中会有几个任务经理，他们负责很多的工作。他们不想给你坏消息，所以当工作并没有按进度完成时，他们倾向于汇报说一切正按进度顺利进行。当然，事实并不是这样的。他们期望在下一阶段的汇报中赶上进度，因此他们误导了你，使你认为项目进展顺利。任务经理都期望能提前完成一些工作以期赶上进度，弥补进度差异。项目经理要有能力验证从项目团队成员那里得到的状态报告的准确性，但这并不意味着项目经理需要检查每份报告的细节，随机检验就能见效。

2.3.3　成果偏离

成果偏离是指团队成员在工作，但工作成果和所花费的精力不成比例。参与项目工作的每个人，不管在项目工作中花了多少精力，似乎总是完成 95% 的工作。每周的进度报告都记录了进步，但剩余的工作似乎并不见少。除了随机检验，项目经理唯一能做的有效工作就是让那些遭受成果偏离困扰的团队成员增加他们进度报告的频率。

2.3.4　功能偏离

和范围偏离密切相关的是功能偏离。功能偏离的产生是由于团队成员武断地为可交付成果增加了一些他们认为客户愿意要的特性和功能，而这些功能和特性并不包含在项目需求说明书或范围说明书中。但问题是，客户可能并没有指定该功能的理由。如果团队成员觉得某些功能对用户非常关键，那么应该用正式的变更管理程序处理此事。

2.4 需求是什么？是真需求吗？

项目管理生命周期中的第一部分就是需求定义。该定义最初由投资者或客户提出，在客户的帮助下，通过需求启发，需要被进一步描述。需求定义了产品或服务满足投资者或客户的需要，以及交付期望的商业价值。国际商业分析学会（International Institute of Business Analysis，IIBA）在《商业分析知识体系指南》中给出了更正式的定义：

"需求是：①利益相关者需要的解决问题或者达到目标的条件或能力。②为了满足合同、标准、规格说明或者其他正式的文件，解决方案或者解决方案要素必须满足或者具有的条件或能力。③在①或②中条件或能力的文件记录。"（IIBA，2009）

这个定义很好，我也不打算挑战这个定义。我认为它做了我们期望它做的事情。但是我会提供给你一个不同的视角来思考和认识其实际应用。我相信我们实施了一个复杂的项目，以解决至今未解决的关键问题或者利用尚未开发的商业机会。以下两种情况把可交付物与需求联系了起来。

- 交付商业价值的需要——越多越好。
- 复杂性和不确定性——所有简单的项目都已经被完成。

复杂性和不确定性影响了需求的清晰表达。在一个典型的复杂项目中，完整且清晰的需求定义（像 IIBA 那样定义）在项目开始时是不太可能的。我之所以同意 IIBA 的定义，是因为产生一个可接受的商业价值，真的是衡量项目成功的唯一的标准。满足时间、成本和特征要求不是一个成功的商业定义。长期以来，我都认为将项目成功定义为在时间成本的约束中满足规格说明是一种误导。这个定义忽略了该公司、客户和组织满意度。我的标准是项目成功应当由传递期望的商业价值来衡量，仅此而已。毕竟，开始时，是期望的商业价值证实了实施该项目的需要。这里可能存在一些例外，如不考虑是否传递商业价值的委托或强制项目。下面是需求的工作定义：

> **需求**
>
> 需求是一种想要实现的最终状态，将它成功融入解决方案以满足一个或多个需求，并且向组织交付了具体的、可测量的和新增加的商业价值。
>
> 此外，一组高级需求是获得增加的商业价值的充分和必要条件。

换言之，需求描述的是解决方案必须做什么而不是怎么做，所以需求独立于解决方案。即使解决方案未知，也可以明晰解决方案的需求。这对于复杂项目来说很重要，因为我们可能知道需求，却不知道如何满足它们。

充分必要条件的陈述表明为了达到成功标准，所有的需求都是必要的，不存在多余的需求。这个很重要，因为项目的评判是基于通过成功标准描述的期望商业价值。把需求和成功标准联系起来为需求排序提供了基础。

这个需求定义与 IIBA 的定义截然不同，但是它的简洁性和独特性将需求和项目之间的联系置于更加直观的情景下。我并不认为 IIBA 的定义有问题，但是我觉得与商业价值相联系的工作定义是一个更好的选择。我将在整本书中使用我的定义。

需求是组成POS成功标准的常见因素。每项需求都与项目成功直接联系。这个定义只需在项目开始时找到几项（例如，8～12项）高层次需求就可以了，而IIBA的定义在项目开始时生成了成千上万个无法被完全考虑的需求。我最后一次使用IIBA的定义时，客户和我的团队生成了1 400多项需求。人类的大脑几乎不可能吸收和理解如此多的需求，做出一个完整的决策更加不可能。因为不断的研讨和发现总会找到若干其他的需求，但要在项目开始时被完整考虑的需求，只用我的高层次需求定义生成的列表就足够了。当然，这些高层次需求分解在项目开始时可能也不是完全已知的。我的需求定义相比IIBA更具有商业价值导向。源自完整项目周期的了解和发现可将这些需求分解成五个层次：功能、子功能、过程、活动和特性。需求的第一层分解是功能分解，可以等同于IIBA的需求。尽管在项目开始时识别出所有需求，但你无法在功能、子功能、过程、活动和特性等各个层次上描述需求细节。需求细节只能在组成项目的周期中被逐渐了解和发现。

在本书第3部分，我将会对需求获取、汇总、分解和完善做更多的讨论，你会学到怎样把需求完善与最适PMLC模型的选择相匹配。

我一直致力于让我使用的工具、模板和过程简单明了，我认为我的高层次需求定义满足了我的目标，这个定义也已经常识化了。我的客户也帮我验证了这个观点。

RBS是选择最适PMLC模型的关键输入。这个决策过程非常简单。通过创建RBS的工作，你和你的客户将能够评估你在RBS中所具有的胜任力和自信心。如果你在此类项目中已经有些经验，你应该对这个RBS的完整性有更高的自信。这在基础设施项目中很常见。

当然，不要以为这样就高枕无忧了，RBS也是变动的。记住，你所管理的项目处在一个变动的世界中！任何项目，特别是复杂项目，变更是不可避免的。变更可能来自组织内部，也可能来自客户，甚至来自项目团队，它的发生不可预期，但它一旦发生，你必须适时应对。变更也可能来自一些外部因素，如市场、竞争对手，或者一些新技术的突破。这些变更可能对你的项目没有影响，或者有点影响，或者影响较大。再强调一下，你必须适时做出应对。

在传统项目中，在项目计划制订之前必须清楚完整地定义客户需求。关于这个问题，多数当代学者认为，不可能在项目开始之前建立清楚完整的需求文档。无论你是否赞成这一点，绝大多数当代项目都存在这种情况，其原因有以下几个：
- 变动中的市场环境。
- 蠢蠢欲动的竞争者。
- 不断进步的技术。
- 欲壑难填的客户。
- 变更中的优先级。

这就是我之前自己定义需求的动机。在本书第3部分，你就会看到这种状况及怎样应对范围变更过程，并关注范围变更过程对项目管理过程的影响，通过这样的实践，你将学会选择适合的项目管理方法去处理这些难题，并保持客户在整个项目生命周期的积极参与。

> **警告** 将单一需求与可度量的商业价值联系起来是困难的，因为整个一组需求才是获得期望商业价值的充分必要条件。它们组成了一个相互依赖的集合，所以将某一商业价值归因于某个单独的需求就不太可能了。

所以，你可能想知道我的定义是否比 IIBA 的定义更好，以及在组织中使用我的定义是否有意义。接下来，我将提出 5 个理由供你和你的团队成员参考。

1）将需求的数量由成百上千个简化为 8～12 个。相比从业人员，我在更高的层次上思考需求。使用 IIBA 的定义，在项目开始时，所有需求不可能被完全列出。事实上，绝大多数从业人员都同意"项目开始时，完整的需求记录不可能生成"这一观点。它们只能在项目执行的过程中被一点点地了解和发现。这就是我在有效的复杂项目管理（Effective Complex Project Management，ECPM）框架（见第 14 章）中所采用的方法。另外，我希望使用更高层次的需求定义在项目开始时生成一份完整的需求列表。高层次的这些需求是最强烈的需求，我们先不关心怎样去满足这些需求（随着进一步的需求分解逐渐解决），但必须先关注在功能层次上找到一个可接受的解决方案。通过实践，我发现我的更高层次的需求定义能够为客户和项目团队提供一个更加全局的视角来看待项目，并且能够制定出影响解决方案的更好的决策。

2）只有通过迭代，才能识别出绝大多数需求的完整定义。使用我的更高层次的定义将形成完整的需求列表。我们尝试着识别每项需求的组成部分——形成需求分解结构：

```
需求
    功能
        子功能
            过程
                活动
                    特性
```

一种解释 RBS 的简单方法是，它是项目满足需求必须做的工作层级列表。许多细节只有在项目实施中才能完善。第 7 章将更加详细地讨论 RBS。

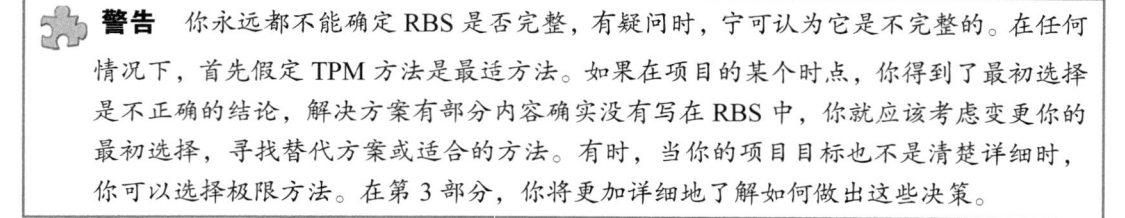

> **警告** 你永远都不能确定 RBS 是否完整，有疑问时，宁可认为它是不完整的。在任何情况下，首先假定 TPM 方法是最适方法。如果在项目的某个时点，你得到了最初选择是不正确的结论，解决方案有部分内容确实没有写在 RBS 中，你就应该考虑变更你的最初选择，寻找替代方案或适合的方法。有时，当你的项目目标也不是清楚详细时，你可以选择极限方法。在第 3 部分，你将更加详细地了解如何做出这些决策。

3）简化了备选解决方案的选择。当必须从备选方案中做出抉择时，商业价值是决定因素。我有过这样的经历，即一个组成部分在早期看起来并不能产生商业价值，因此未被包含在内，而不久之后，项目团队或客户发现它能够产生商业价值时就将其包含在内。所以，当你在构建解决方案细节时，"有疑问，随它去"是不错的实践。如果一个组成部分能够为商业价值做出贡献，那么它随后将在项目中被发现。

4）更好地利用稀有资源（金钱、时间和人力）。使用更高层次的需求定义，每一部分解决方案都有投资回报。复杂项目充满了不确定性和风险，知道你的方法有效地利用了可用资源，客户和你的管理层都会感到安心。

5）它是工作定义。它与成功项目的期望商业价值直接相关。这些需求将按照商业价值被排序。

2.5 项目管理生命周期介绍

项目管理生命周期定义：
一个项目管理生命周期由顺序展开的五个过程构成，包括：
- 范围界定。
- 计划。
- 实施。
- 监控。
- 收尾。

所有项目都会用到这五个过程。在一个项目中，所有的 5 个过程至少出现 1 次，或者按照某个逻辑顺序重复任意次。

为了计划你的旅行，你需要一个简单直观的项目蓝图，即使商业环境不断变化，它也能使你的旅行保持有效。项目蓝图将成为不变的地图，以指引你进一步分析和行动。几年里，项目管理从业者都在宣告"没有适用于所有项目的方法"。如果这样的方法存在，那么项目经理的生命将是无趣的，本书的厚度也不会超过 100 页。遗憾的是（对于那些具有冒险精神的人来说是幸运的），成为有效的项目经理需要调动和激发所有的创造性。"一把尺子量天下"已经过时，甚至可能从未出现过。

为了帮助你建立选择项目管理模型的决策模型，我首先定义了一般的项目蓝图。在本章中，我将深度探讨项目蓝图，并将其转换为具体的项目管理生命周期模型，然后讨论工具、模板和过程，以及它们对于具体项目特征的调整。你需要在一开始就明白良方是不存在的。项目管理不是按照食谱进行即可，而是需要创造和使用食谱的能力。我想让你成为主厨，而不仅仅是厨师。你将不得不努力工作，直到可以创造食谱。

第 5 章定义了这些过程组。这些过程组的逻辑顺序是项目特征的函数。本书定义了 5 种不同的 PMLC 模型，构建的每一种模型都是为了满足与其相对应的项目类型的具体需要。我为 4 个象限定义了 5 种模型：

- 象限 1：TPM——线性和增量模型。
- 象限 2：APM——迭代和适应性模型。
- 象限 3：xPM——极限模型。
- 象限 4：MPx——极限模型。

这 5 种模型形成了一个连续统一体，即从确定的解决方案（目标和解决方案都被明确地定义）到有点不确定的解决方案（目标被明确地定义，解决方案却没有被明确地定义），再到很不确定的解决方案（目标和解决方案都没有被明确地界定）。

在图 2-1 中，确定性是由需求和解决方案衡量的。你越不确定你明确地定义了需求和匹配的解决方案，你就越应该选择不确定性高的统一连续体的末端。一旦明白了实施项目的本质，你就可以自信地选择最有可能成功完成项目的模型。

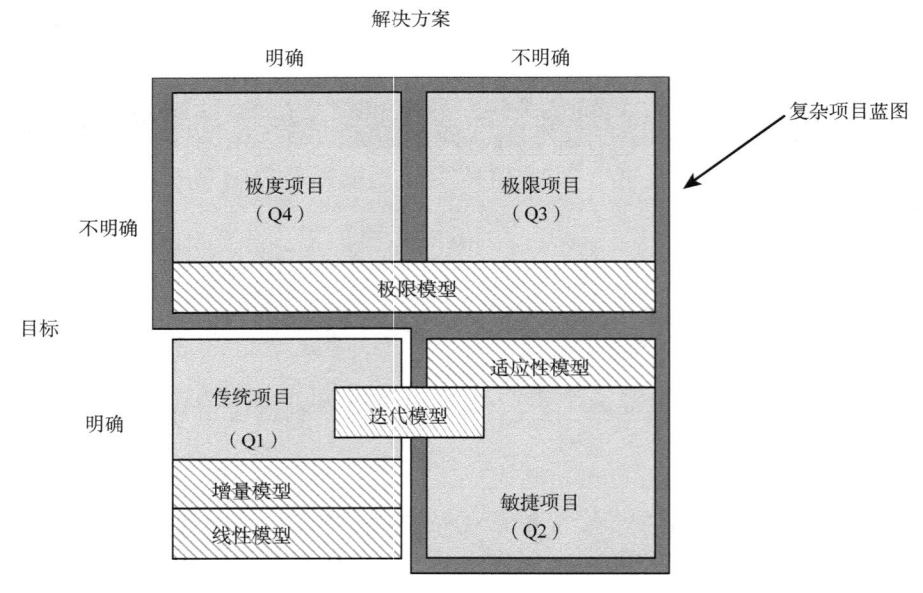

图 2-1　5 种 PMLC 模型

图 2-1 展示了 5 种 PMLC 模型在 4 个象限间的分布。要注意，这里会有些重叠。如果项目解决方案变得不那么明确，那么最适 PMLC 模型就可以从线性、增量、迭代、适应性或者极限中选择。实际上也是这种情况。5 种 PMLC 模型中的哪个最适合项目，取决于包括解决方案是否明确等众多因素。对处于 TPM 和 APM 交界处的项目来说，你总要去选择哪个 PMLC 模型是最适合模型。在第 15 章，我将介绍这些主观决策的区别。

我从 1963 年开始进行项目管理实践，比项目管理协会成立还早几年。这些年，我见证了项目管理的日趋成熟，即从简单的甘特图和关键路径方法到为各种类型项目定制的多学科的工具、模板和过程。现在，项目管理不再是工程师工具箱里的一件工具，它是一种生存方式，因为许多企业已经向某种形式的基于项目的组织转型。尽管旧的方法还可以继续使用，但是它们已经无法完全适应全新的项目。这种范式必须转变并且正在转变。以 APM 为例，它的正式出现是在 2001 年（Fowler and Highsmith, 2001）。它标志着与当时公认的传统实践正式分离。任何一个不包括此种转变的公司肯定会冒着项目管理战略资产流失和市场份额减少的风险。"改变或者死亡"从来没有比现在更加正确。2001 年的简单介绍已经衍生出完整的项目管理方法组合。本书第 2 和第 3 部分将对此进行详细介绍。

我们为什么需要管理项目的另一种方法？我们不是已经有足够多的选择了吗？是的，我们已经有了很多备选方案，但项目还是有着不可接受的高失败率。在过去，项目经理的工作不是很成功，而且失败的理由有很多。我相信理由之一就是我们还没有完整地定义项目管理，即在实践和有效性层面上，在当前的商业环境中，如何让我们的管理方法与各种类型的项目相匹配。太多的项目经理要把方的钉子插进圆的洞里，因为他们只有方的钉子。我们需要像科学和艺术一样的项目管理方法，也就是在本书第14章混合项目管理中讨论的方法，这也是我们多年来一直在寻找的答案。这意味着根据这种方法所建立的原则和概念是不容置疑的，而且必须根据这些原则和概念建立并产生科学定义的规则。

对于我来说，摆脱项目管理困难的答案是显而易见的。为了适应变化，避免浪费金钱、浪费时间，保护市场地位，项目经理必须以开放的心态来看待项目管理的基本原理。第12章和第13章中所讨论的精益实践可以处理这些难题。我记得，我已经提到适用于所有项目的方法是不存在的。项目特征是所要定义的项目管理方法的基础。这个观念必须深深地根植于你的项目管理方法中。你的思考也必须是这样的：根据手头项目的特点，选择最适PMLC模型，这是项目管理方法的开端。RBS是人工的选择，允许你这么做。然后，你可以选择如何调整模型来更有效地管理项目。

2.5.1 传统的项目管理方法

还有什么比清楚地知道目标和解决方案更好的事情呢？这是所有可能的项目状态中最简单的，但它也是当今快节奏且多变的商业世界中越来越少出现的状态。我从世界各地收集到的实验数据表明，约20%的项目会落在TPM象限中。对于TPM象限中的项目，企业都非常熟悉。很多建设项目都是处于TPM象限的。也许他们已经在此之前做了很多类似的项目，这不奇怪。客户已经明确定义了目标，项目团队也知道如何达到这个目标，项目几乎不会发生变动。有很多方法可以用于这类项目，你要学会选择最适合自己项目的方法。TPM计划驱动方法的局限在于它们对变化是无法容忍的。它们关注根据时间和预算约束来提交成果，过于依赖计划而不是交付商业价值。计划是神圣的，是项目团队成功的保证，但这被证明是误导。

由于我们所生活的时代，TPM象限的项目发生的频率在大幅下降。简单的项目已经做完了。仍然存在于TPM象限中的是之前做过很多次、可能已经建立良好模板的项目。TPM方法的使用频率渐渐降低，它们让位于一种全新的方法集。这种方法集更加关注客户和交付商业价值，而不是严格地遵守时间和预算。

除了被明确定义的目标和解决方案，落在TPM象限的项目还有几个可识别的特征，下面做简要介绍。

1. 低复杂性

实际上，低复杂性的项目确实很简单，这个特征经常被归因于对项目的熟悉。有些项目可能直接使用已有的商业规则，或者利用以往的设计和代码。因为这类项目已经做过多次，再做时可以使用相对完整的系列模板。对于项目团队来说，这也就是一个剪切—粘贴的过程。

2．范围变更请求很少

这是 TPM 方法的麻烦所在。假设是需求分解结构和工作分解结构是相对完整的，并且范围变更请求即使有也很少。每个范围变更请求都要进行以下工作：
- 有人来决定请求是否要让一个项目团队成员进行分析。
- 项目经理必须把请求分派给合适的团队成员。
- 接受任务的团队成员进行分析并编写项目影响说明书。
- 项目经理通知客户相关建议。
- 项目经理和客户必须决定是否要批准变更，以及如果批准将如何实施变更。
- 如果范围变更请求被批准，项目范围、成本、进度、资源需求和客户验收标准也要随之更新。

所有这些都会占用项目团队的时间。如果有太多的范围变更请求，你就会发现它们对项目进度的影响。在变更请求之前花费在项目计划上的时间就变成了非增值时间。

所以，应对频繁的范围变更请求的方法在于采用某种形式的管理监督和控制。其实，每个 TPM、APM、xPM 和 MPx 方法都有管理控制，但是对不同的项目类型来说要有所不同。

3．很好理解的技术架构

很好理解的技术架构非常稳定，并且是之前很多项目的基础。这意味着项目团队有着很好的基础，可以熟练掌握这些技术，完成工作。如果技术较新或项目团队不太熟悉这些新技术，就要有管理项目方法的备选策略。

4．低风险

如我们所知，TPM 项目要求项目环境是已知并可预测的。项目中所有的风险已经在过去发生过，并且有测试良好的应对机制可以使用。也就是说，经验已经根除了可能出现的错误。客户自信能够很好地定义需求、功能和特性，而且不会轻易改变。项目经理能够预见并准备好应对可能的事件（不包括自然灾害或其他不可抗力事件）。TPM 项目中很少有意外风险，这并不意味着你可以跳过这些项目中的风险管理过程。无论项目落在哪个象限，都不要这样做。但是不同象限中风险的程度、分析、监督、应对的策略是有所不同的。

5．有经验、有能力的开发团队

以往的项目已经锻炼了团队成员。通过执行项目的分配任务，他们有机会学习、提高技术和能力。这些技术和能力是所有项目成功的关键因素。如果交付物的特点发生变化，团队也要随之调整，以便能够最有效地开发交付物。TPM 项目团队可以包含经验不算丰富的团队成员和项目经理，他们可以在地域上分散，却仍然保持高效。

6. 计划驱动 TPM 项目

因为项目所有应该知道的信息都已经被成员知道，并且被认为是稳定的，适当的 PMLC 模型就是能够最快达到目标的那一种。根据需求、预期的功能和详述的特性，一个完整的项目计划被制订出来。它定义了所有为满足需求而做的工作，以及给这些工作安排进度，并根据工作计划安排所需的人力资源。TPM 项目是明显的计划驱动型项目。它们的成功是通过按计划完成和交付来衡量的。

知道这些，你可以使用 TPM 方法来管理这样的项目。例如，你可以建立一个完整的工作分解结构，并据此估算工期和资源需求，制定项目进度，编写项目建议书。这是一个很好的简单的包装，看上去简单又直观。看起来，项目经理的生活也很简单。但是事实不是这样的，你还会遇到真正的挑战。你将在随后看到在更复杂的项目条件下如何调整这个象限。我们将在第 3 部分讨论这个问题。

我从全球 10 000 多个项目经理处收集到的实验数据表明，需要某种形式的 TPM 方法的项目不超过 20%。下文我将介绍两种特殊的 TPM 模型。

（1）线性项目管理生命周期模型

线性 PMLC 模型是最简单的 TPM 方法，也是本部分中所介绍的其他模型的基础。线性项目管理生命周期模型如图 2-2 所示。

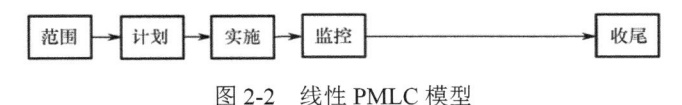

范围 → 计划 → 实施 → 监控 —————→ 收尾

图 2-2　线性 PMLC 模型

注意，图中的五个过程组，每个过程组都将按顺序执行一次。一个过程组完成之后，不能返回重做前面已经完成的过程组。这是所有线性 PMLC 模型的主要缺陷。比如，从一个实施过程组获得的知识，无法用于之前已经完成的范围过程组，以修改和改进可交付物。也就是说，交付物不能通过回环来改进。例如，在软件应用开发项目中，监控阶段包含了对系统开发生命周期的监控，该周期由设计、构建、测试和执行组组成。同样，该阶段完成之后就不能再回到系统开发生命周期的早期阶段，构建阶段发现的改进解决方案不能反映在修正和改进的设计中。这里也不能回环。

你可能认为回环和改进解决方案是为客户着想。你可能是对的，但如果你能够接受这一点，那么你为什么不在项目开始时就选择一个包含可重复过程组的 PMLC 模型呢？那时，你的可选项并不止一个。

来自客户的范围变更请求打破了线性 PMLC 模型进度平衡，还可能打破资源进度平衡。一个或多个项目团队成员必须分析需求并编制项目影响说明。这会让一个或多个团队成员偏离规定的项目工作，可能延迟项目进度。

你可以总是选择线性 PMLC，但是如果更好的选择是另一个 PMLC，你的处境就会变得艰难。

> **警告**　线性 PMLC 对变更是零容忍的。

（2）增量项目管理生命周期模型

从表面上看，线性型方法和增量型方法的唯一区别在于，增量型方法中的可交付成果是在项目过程中不断产生的。也就是说，开始时，解决方案并不完整，通过在后续的时间内及时补充其他内容，才能形成更加完整的解决方案，即随着项目进展的成果加入解决方案中，最终形成完整的解决方案。选择使用增量 PMLC 模型而不是线性 PMLC 模型是一个市场驱动的决策。在两种模型中，完整的解决方案在开始就已知。将部分解决方案引入市场进行评估是为了获得早期市场占有率，并因此创造能提高市场份额的某种杠杆。

所有的增量提交都以线性的方式完成，如图 2-3 所示，最终的解决方案与使用线性 PMLC 模型得到的解决方案是一样的。理想的话，项目将在几乎同样的时间内提交同样的交付成果。增量 PMLC 模型中会增加额外的管理工作，因此有的项目会比线性 PMLC 模型完成的时间晚。

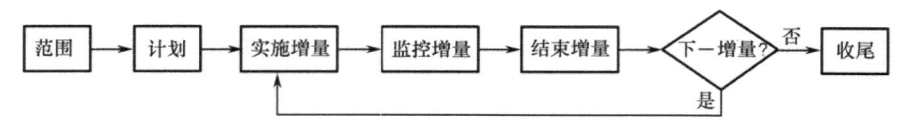

图 2-3　增量 PMLC 模型

随着时间的推移，增量实施序列将与下一个增量决策相联系。

更深入的研究表明，增量 PMLC 模型和线性 PMLC 模型之间有着更显著的差别。下面两点差别值得一提：

- 第一点差别是在处理范围变更请求方面。线性 PMLC 模型不支持也不鼓励变更。为了满足变更所需的时间，我们要把管理储备预留到进度的结尾处。而增量 PMLC 模型鼓励变更。变更用一种微妙的、心照不宣的方式发生。项目初期提交了不完整的解决方案，使客户和最终用户有机会用开发模式对其进行验证，并且发现需要改进的部分。这样就促进了变更的发生。当范围变更请求发生时，聪明的项目经理会编制一个临时性进度计划并将其补充到项目计划中去。
- 第二点差别在于完整的解决方案是如何分解到局部解决方案中的。局部解决方案的开发要通过持续的方式加以计划，并且以同样的顺序提交。各个部分解决方案的产生环环相扣，交付进度必须与之相一致。说得更清楚一点，就是如果某一个阶段的交付物依赖下一阶段的交付物的特性和功能，此时该怎么办？这就需要整合交付进度。交付进度的重大变更总是与扩展性的重新计划相伴。

> **警告**　增量 PMLC 模型鼓励不想要的范围变更。

2.5.2　敏捷项目管理方法

如果需求已被明确定义，但如何实现很模糊，此时应该怎么办？项目蓝图中存在大量处于传统和极限之间的复杂项目。很多项目经理发现他们的项目更适合 APM 方法而不是 TPM 或 xPM 方法。显然，当解决方案不明确时，TPM 方法不起作用。对于 TPM，你需要完整的需求和详细的计划。如果你连需要什么都不知道，又怎么能知道需求并编制出详细的计划呢？下文将简单介绍正确使用 APM 方法管理项目的几个特点。

1．没有已知解决方案的关键问题

这些项目必须做，你没有选择。因为没有已知的解决方案，TPM 方法要求完整的 RBS 和 WBS，所以不能使用。很多项目经理不顾这些现实情况，总是在要用螺丝刀的时候却使用锤子（也许他们只有锤子），非常好笑。只有在做项目时能确保让你发现可接受的解决方案的方法才有意义。这些项目和传统的项目管理实践完全不同。执行者对这种情形感到很不舒服，因为所有有效的敏捷方法都有不同的范围。他们不知道最终的交付产品是需要投入资源的，也不知道实施起来是否有足够的商业价值。

2．预计会有未开发的商业机会

在这些类型的项目中，公司正在丧失商业机会，它必须通过开发新产品或原产品换代或提供服务来获取新的机会。问题是商业机会是什么，以及如何利用它，几乎没有解决方案是已知的。

3．变化驱动的 APM 项目

TPM 项目是计划驱动的，而 APM 项目是变化驱动的。这是一个很重要的区别。TPM 项目对变化是零容忍的，因为变化需要修改计划，会造成时间和资源的浪费。如果没有变化，APM 项目就不能成功。APM 项目利用了即时计划模型，它不会浪费资源，并且某种程度上是在"精益"地使用资源。

4．APM 项目对组织非常关键

你已经猜到 APM 项目的风险性很高。如果前期解决问题的尝试已经失败，就意味着问题很复杂，还没有解决问题的可接受的解决方案。企业必须接受这个现实并且尽量加以改进。如果关注问题的一部分或采用分阶段改进项目的方法，项目在寻找模糊的解决方案时会更有效。

5．客户的有效参与是绝对必要的

客户和开发团队只有在一个开放和诚实的环境下通力合作，才能找到解决方案。对客户来说，这意味着与项目团队一起充分利用时间，并且有意愿去学习在这个动荡的世界中如何当客户。对于开发团队来说，这意味着有意愿去学习客户的业务及使用客户的语言进行交流。对项目经理来说，这意味着要准备好让客户团队和开发团队在开放和合作的环境中一起工作。这也意味着项目经理要和客户经理分享责任和领导工作。

我的项目治理模型是合作项目经理模型。我与客户代表分享项目管理。客户经理或者高级商业分析师可以参与到我们的项目管理部门来。我发现这样可以提升客户的业主地位，对成功地实施项目很重要。

6．APM 项目使用小型同地协作团队

如果项目需要超过 30 个人的团队，你就要将项目分解为范围更小的几个小项目，这样每个项目的范围就更有限。作为规则，APM 方法不适合大型项目。要管理 30 个人以上的团

队，就要将其分解为更小的团队，每个团队负责项目范围的一部分。你可以建立临时项目办公室管理并整合小型项目团队的工作。

有两种模型落入 APM 象限。一种是迭代 PMLC 模型。这个适用于一些特性丢失或者没有被明确定义的项目。当解决方案不够明确——功能和特性丢失或没有被明确地定义时，最合适的选择应该倾向于另一种模型：适应性 PMLC 模型。

有很多迭代型和适应性的方法，可以用于目标明确但解决方案不清晰的项目。所有的解决方案都被明确和完整地定义的情况与解决方案没有被明确和完整地定义的情况之间，也存在很多项目。这些范围内的项目都属于 APM 象限。判断项目属于哪个象限时，你应该知道，即使不能考虑它们当中的大多数项目，也要考虑到许多项目实际上是 APM 项目的可能性。如果是这样，那么你是考虑使用相应的管理方法以了解项目和解决方案的特性，还是强制地将通用项目设计的方法套用在这类项目的管理上？

我认为迭代型和适应性的 APM 项目的数量在持续增加。我曾经做过试验，调查参与者中有多少人遇到过 APM 项目。他们的回答区别不大，即至少 70% 的项目都是 APM 项目，20% 的项目是 TPM 项目，剩下的 10% 的项目散落在 xPM 和 MPx 项目中。遗憾的是，很多项目经理都试图将 TPM 方法（或许这是他们项目管理库中仅有的）用于 APM 项目，但是几乎没有人能够成功，结果从一般性的成功到彻底的失败。APM 项目有着不同的挑战，需要不同的方法来应对。TPM 方法不适用于 APM 项目。多年以来，我一直认为项目的管理方法必须由项目的特性来决定。我发现一个很令人迷惑的现象，即我们认为一个项目是一组独特的事件，在相同条件下，以前从未发生，以后也不会再次发生，但是我们又不认为适应这些独特项目的项目管理方法也是独特的。我要说的是，项目管理的方法在某种程度上是独特的，它的独特性受到所使用的由经验证明和认可的工具、模板和过程的限制。如果不建立这种管理项目的分界线，则会造成混乱。另外，使用项目管理过程和实践的企业不再是一个学习型的企业。

> **注意** 我要再次强调，我们认为一个项目是一组独特的事件，在相同条件下，以前从未发生，以后也不会再次发生，但是我们又不认为适应这些独特项目的项目管理方法也是独特的。我发现这很令人迷惑。

当解决方案从明确转到不明确的时候，你就需要应对不同的情况了。例如，解决方案只有几处不重要的方面尚未确定，如登录界面的背景和字体的颜色。此时，你会怎么做呢？你所选择的方法，要在顺利完成工作所需时间内完成已知解决方案。客户要来验证这个方法，即通过产品原型，知道解决方案所包含的内容，以及应该包含但尚未包含在解决方案中的内容。在 APM 象限的另一端，当对解决方案一无所知的时候，项目的风险要比知道大部分解决方案的项目高。这就先要明确项目解决方案，因此，寻找解决方案非常重要。此时，你会怎么做呢？你需要方法去了解和发现解决方案中的主要内容，虽然方法必须开始于所知道的东西并找出不知道的东西。我会在第 14 章分享我的寻找过程，通过这个过程，我开发了一个有效的复杂项目管理框架。ECPM 是唯一的 APM PMLC 模型，包括专门为发现而不是实施解决方案而设计的工作流程;我称这些工作流程为"探索泳道"。关于"探索泳道"的定义和详细说明将在后文进一步讨论。

APM 项目有多种方法。所有的方法都具有一个共同之处——只有通过猜测才能建立完整的 WBS。因为好的项目计划不允许进行猜测,所以你要选择能够在没有完整的 WBS 时也有效的方法。所有 APM 方法都是结构化的,这样你可以挖掘和发现解决方案中所缺少的内容。随着这些缺失内容被发现,完整的解决方案才能逐渐形成。这里有两种 PMLC 模型可以在 APM 项目中使用:迭代 PMLC 模型和适应性 PMLC 模型。对模型的选择取决于开始时解决方案不确定的程度。

(1) 迭代项目管理生命周期模型

当解决方案中的部分细节不清晰甚至被遗漏的时候,你应该转向某种迭代 PMLC 模型。软件开发项目最常用的是进化开发瀑布法、混合法、统一过程法(Rational Unified Process,RUP)及动态系统开发方法(Dynamic Systems Development Method, DSDM)。迭代 PMLC 模型如图 2-4 所示。

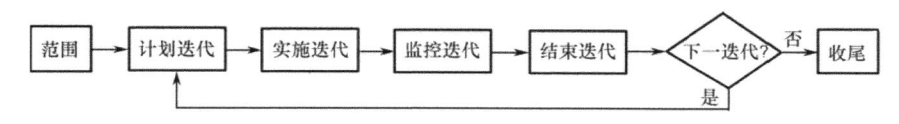

图 2-4 迭代 PMLC 模型

你会发现这个模型与产品原型十分相似。的确是这样的,每个迭代中都会提交一个有效解决方案。目的在于向客户展示一种半成熟的、可能并不完整的解决方案,让他们提出修改意见,并进行反馈。将这些变更整合到原型解决方案中,就形成了新的不完整的解决方案。这个过程不断地重复,直到客户满意,不再提出变更要求,或者直到耗尽预算或时间。这个方法和增量 PMLC 模型的不同之处在于其主动要求变更。实际上,变更是这个方法的重要组成部分。

迭代 PMLC 模型属于学习和发现类型。从图 2-4 中可以看到,学习和发现要在反馈循环中不断进行。随着每一次的迭代,解决方案越来越深入。这使客户有机会参与解决方案的制订,并且向项目团队反馈意见。在这一过程中,客户也许在当前迭代中了解并发现了解决方案的更多细节。在原型模型中,开发团队通常让客户输入并提供对下一个原型版本的修改意见。正如你所见,APM 方法中要有很强的合作环境,这在 TPM 方法中是不常出现的,通常也不需要。

(2) 适应性项目管理生命周期模型

离完整的解决方案更远时可采用的方法就是适应性 PMLC 模型。这里,解决方案所遗漏的不仅是部分内容,还扩展到功能的遗漏或不明确。这是 APM 模型的极限,这一部分的蓝图是解决方案未知的项目。换言之,你对解决方案知道得越少,就越应该使用适应性 PMLC 模型取代迭代 PMLC 模型。遗憾的是,当前所有的适应性模型都是针对软件开发项目而设计的。由于不是所有的项目都是软件开发项目,这就留下了适应性 PMLC 模型的空白。在我的咨询工作中,这是敏捷项目最严重的缺点,促使我开发了有效的复杂项目管理框架来应用于这类项目。ECPM 是一种 APM 方法，用于填补 TPM 和 xPM 方法之间的空白。我已经很成功地将 ECPM 用于产品开发、业务过程的设计及过程改进项目中。第 14 章将详细介绍 ECPM。

> **警告**　所有敏捷 PMLC 模型的范围都是不同的。

图 2-5 是对适应性 PMCL 模型结构的图形化描述。在过程组级别，它与迭代 PMLC 模型完全一样。但在每个过程组之间，差别就很明显了。第 12 章将详细介绍适应性 PMLC 模型。

图 2-5　适应性 PMLC 模型

2.5.3　极限项目管理方法

第 3 种模型类型用于当项目的解决方案和目标都未知或都不明确时，主要包括纯粹的研发项目、新产品开发和过程改进项目。这是高风险、多变动的项目。在多数情况下，这也是快速项目。这类项目的失败率通常很高。

当对目标和解决方案一无所知时，你要考虑如何管理这类项目，即在这些情况下要使用哪些工具、模板和过程，以及它们是否有效。项目时间非常紧张，需要最勇敢、最能承受风险、最灵活和最具创造力的项目团队。客户的高度参与也是必需的。在巨大的未知世界中探险时，你不会走得太远，除非专家（客户）就在你的旁边。

如果需求也不明确，你该做什么呢？如果需求完全没有被定义，你该怎么办呢？很多人试图强行使用传统方法来应对这种情况，但完全不管用。xPM 是专为处理目标只能被模糊地定义或的确无法定义的项目的。在没有明确说明的情况下建立一个企业对企业（Business-to-Business，B2B）的网站就是一个典型的例子。就像研发项目的早期阶段，建立 B2B 网站也开始于一种或几种猜想。项目开始后，客户会进行多种比较，向开发团队提出要求，这个过程一直在不断地自我重复。结果，要么半成品的解决方案汇总为一个令人满意的解决方案，要么这个项目被半路封杀。在大多数情况下，项目没有固定的预算或时间表。很显然，客户希望能够尽快地完成项目，并尽可能少地投入资源。缺乏清晰的目标和解决方案会使项目发生大量的变更。遗憾的是，这类项目的本质并不会给它带来固定的时间和成本约束。

第 13 章定义了 xPM 项目并提供了构成 xPM PMLC 模型的各阶段的详细说明。

1. xPM 项目是一种研发项目

研发项目的目标不过是对最终结果的猜测。通过实施项目才能回答目标是否能够达到，以及目标是什么样的这类问题。在 xPM 项目中，你要通过某些可能的解决方案来寻找未来状态。因为你不知道解决方案是什么，你也可能不知道目标是什么。希望在于目标能通过解决方案来实现，而两者都具有商业价值。

2. xPM 项目的风险很高

任何追寻未知领域的旅途都充满着风险。在 xPM 项目中，风险就是项目失败，而且风险非常高。项目目标也许不是期望的项目结果，也许在当前的技术条件下根本无法达到，也许与期望的项目结果相差悬殊。即使项目目标达到了，所花费的成本也可能是不被允许的。你所选择的寻找解决方案的方向可能是完全错误的，所以项目只能以失败告终。如果在项目管理过程中能早些觉察到这一点，就能节约时间和金钱。第 14 章我们尝试着发明一种早期预警的方法。

在 xPM 项目中，失败很难确定。例如，一个项目也许没有解决最初的问题，但它生产出了很有用的产品。3M 便利贴就是一个例子。在努力了 7 年之后，想要发明一种有临时黏性属性的黏合剂项目失败了（这是一个 xPM 项目），但一位工程师从中发现了作为便利贴产品的应用（这是一个 MPx 项目）。

xPM 扩展到了项目蓝图最边缘的部分。xPM 项目是目标和解决方案都没有被明确定义的项目。例如，研发项目就是 xPM 项目。几乎没有任何计划项目就开始了，项目将通过几个阶段进行推进，直到找到可接受的目标和解决方案。很明显，xPM 项目所需的 PMLC 要为项目团队提供最大的灵活性，这与要求遵循已定义过程的 TPM 项目的 PMLC 正好相反。如果不这样做，就不可能在目标和解决方案上有任何发现，客户则会随时中止工作并取消项目，把资源留给其他项目。

项目开始时不能明确目标，这种状态很像一个纯粹的研发项目。现在，你要怎样做呢？在这种情况下，你要使用同时能明确目标并找到解决方案的方法。这种方法必须能容纳大量并行的"探索泳道"。并行"探索泳道"最有可能同时明确项目目标和解决方案。根据时间、预算和人力资源，这些探索可能逐一或一并进行，或者探索会被取消，以及缩小目标或解决方案所对应的可行范围。很明显，xPM 项目是完全不同的项目类型，要求使用不同的方法才能成功。

目标经常是一种对预期结束状态的猜测，希望能够寻找达到目标的解决方案。在多数情况下，一些修订后的目标内容是可以完成的。换言之，目标和解决方案会汇聚成某些具有商业价值的东西。

除了目标和解决方案都没有被明确地定义，正确地落入 xPM 象限的项目还有几个可识别的特征，下面将进行简单的介绍。

3. 极限模型

极限 PMLC 模型如图 2-6 所示。根据它的本质，xPM 是非结构化的。它被用来处理"模糊目标"或目标由于极限项目的探索本质不能进行定义的项目。这些项目的主题在于，每个阶段中客户和项目团队之间反复地研讨和挖掘，由此推动项目前进。需要注意的是，APM 和 xPM PMLC 模型的主要差异在于范围过程组的使用。在 APM 项目中，范围管理只在项目开始时做一次。这个是基于项目目标被明确定义的事实的。在 xPM 项目中，范围在每个阶段都会被调整。这是由于目标发生变动而造成的。

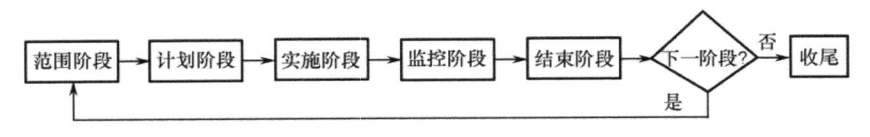

图 2-6　极限 PMLC 模型

类似于 APM PMLC 模型，极限 PMLC 模型是迭代的。它以数量不确定的短阶段（通常是 1~4 阶段）进行迭代来寻找解决方案（和目标）。它可能发现一个可接受的解决方案，或者在找到任何解决方案前被中止。和 APM 的不同之处在于，它的项目目标是未知的，或者说大多数情况是某些人有个模糊的、不具体的目标的想法。有的客户可能说："当我看到的时候才能知道目标是什么。"对于有经验的项目经理来说，这并不新鲜。因为在此之前，他们就听过很多次类似的话了。但是寻找解决方案仍然是项目经理的工作（当然是在客户的帮助下）。

xPM 与 APM 的另一个更大的差异在于，xPM 要求客户更加深入地参与阶段内和阶段之间的工作。在很多 xPM 项目中，客户处于领导地位；而在 APM 项目中，客户处于合作地位。药品研究就是一个很好的例子。假设项目的目标是找到一种天然食品添加剂，功能是能够消除感冒。这是一个完全开放的项目，对这样的项目设置固定的预算或时间表没有任何意义。很可能，项目团队首先选择某个或某些调查研究方向，并希望中途的发现和结果会完成以下两件事情：

1）使刚结束的阶段为下一个阶段和未来的阶段指出一个信息更明确、更有成效的方向。换言之，xPM 包括和 APM 一样的了解和发现过程。

2）使投资方看到这些了解和发现是值得的，并决定继续给项目以资金支持。这一点更加重要。

在 xPM 项目中，没有 TPM 项目和 APM 项目中的三角形约束。在 TPM 和 APM 中，时间和资金的约束是有意义的。"在 20 年内将一个人送到月球并且安全返回"就是一个很好的例子。它有一个内在的中止机制，即当金钱或时间用完的时候，项目就结束了。而 xPM 中也有中止机制，但是截然不同。xPM 中有两种中止机制：

1）找到解决方案和目标后，发现它们都具有商业价值，项目结束。成功！

2）当发起人不愿意再投入资金的时候，项目结束。发起人也许撤回资金，因为项目没有任何有意义的进展，或者没有找到一个可接受的解决方案。换言之，项目将被"封杀"。失败！但这并不意味着项目结束。管理者通常会重新启动一个项目，从另一个方向来寻找解决方案。

> **警告**　极限 PMLC 模型可能在完全错误的方向上寻找解决方案。

2.5.4　极度项目管理方法

解决方案已知，但目标未知。此时，不要受到号称能够为你的问题提供解决方案的专业服务公司的诱惑，而不考虑这个问题。你可能知道那些公司在哪里，也可能知道它们是谁。你能做的只是陈述你的问题，它们会带着适合所有项目的解决方案来救你。这不是我要讨论的议题。

MPx 项目是一种研发项目，不过是反过来的。当你想到研发项目时，你会预想某些理想的结果，项目则不得不指出是否及如何达到这个结果。在这样做的过程中，你可能需要修改最终状态。这对 MPx 项目来说，你就是修改了研发的方案。也就是说，你有某种类型的解决方案，但是你还没有发现这种解决方案的应用（未知目标）。通过对解决方案的修改，你希望发现这种应用是可行的。如果这种应用具有商业价值，你就成功了。

图 2-6 对 xPM 和 MPx 项目来说都成立。

这里要注意，每个阶段都独立地成为一个完整的项目。范围启动每个阶段，而开启另一个阶段就决定要结束当前阶段。在 MPx 项目中，阶段和项目基本是统一的。

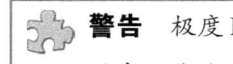

> **警告** 极度 PMLC 模型通常会找到一个目标，但是大部分情况下这个目标不具有可接受的商业价值。不要因为技术的诱惑就放弃良好的商业决策。

这些是用于明确和完整定义解决方案但目标不明确的 MPx 项目的方法。这听起来像胡说，但确实存在。（现在请信任我，我将在第 13 章继续讨论这种方法。）我发现最简单的方法是将这些项目作为极限项目的反向工程，因此将其命名为 Emertxe（发音为 ee-mert-see）。解决方案或它所使用的变量有助于发现它所支持的目标，并且该目标很有希望具有商业价值。所以，与其将它看作在 xPM 项目中寻找解决方案，不如看成在寻找目标。

有了解决方案，现在你所需要的是找到解决方案要解决的问题。这经常是学术文章的内容，但没有关系。这是研发项目的一种类型，不过是反过来的。公布你的解决方案，希望有人能反馈一个能被它解决的问题。这其实已经发生了。继续以 3M 公司的便利贴作为例子。在有人歪打正着产生这个应用之前，产品被研究了好多年，剩下的就是历史了。主要的药物研究公司经常遇到这类项目。

除目标不明确而解决方案是明确的之外，MPx 项目还具有其他特征，下面将简要介绍。

1. 没有已知应用的新技术

我提到过射频识别（Radio Frequency Identification，RFID）技术，即当物体在运输带上被卸载时，识别物体上的条码信息，并且通过对条码信息的解码把货物送到目的地。RFID 初次问世时，考虑了几种仓库应用。世界上最大的零售商之一组建了一个项目团队，目的是找到 RFID 在物流和供应链管理系统中的应用。这个技术在当时只有 70% 的正确率，团队发现如果大幅改进正确率，RFID 就会具有很好的商业价值。这就是后来发生的事情，RFID 现在是仓库管理分配业务中最普遍使用的技术。

2. 要寻找被解决问题的解决方案

通用的商业应用软件提供了这种情况的示例。例如，一个新的人力资源管理系统（Human Resource Management System, HRMS）或者人力资源信息系统（Human Resource

Information System，HRIS）刚刚由一家主要的软件厂商引入商业软件市场，你的项目是评估它是否有可能适用于由公司高级管理团队刚审批通过的新 HRMS/HRIS 设计。在所有的 MPx 项目中，这个例子是最简单的。因为你已经知道了应用领域，你所需要找出的只是它的适用程度和商业价值。另一个极端的情况是，根本不知道某些东西的作用。从一种奇怪的亚马逊树的树根里提取汁液就是一个更复杂情况的例子。但这种树汁开发项目具有很大的商业价值。

2.5.5 混合项目管理方法

大量的证据表明，专业学会正在提炼一种不同于我们曾经确信的项目管理知识。在近期的一项调研中，Mark Mulally（Mulally,2017）估计大约 2% 的被调查公司的实际项目管理在 CMMI 的第二级成熟度水平，高成熟度的很少。其他 98% 的公司的大多数还处在自己摸索着做项目管理。我估计它们大多数是不规范的，也许是自发的，但确实与我们已经验证的项目管理实践无关。图 2-7 是我通过人们的项目管理实践提炼的方法。这个混合 PMLC 是传统、敏捷和极限 PMLC 的升级版，是一系列项目管理模型的一个组成部分。如果它管用，那就用它去管项目！

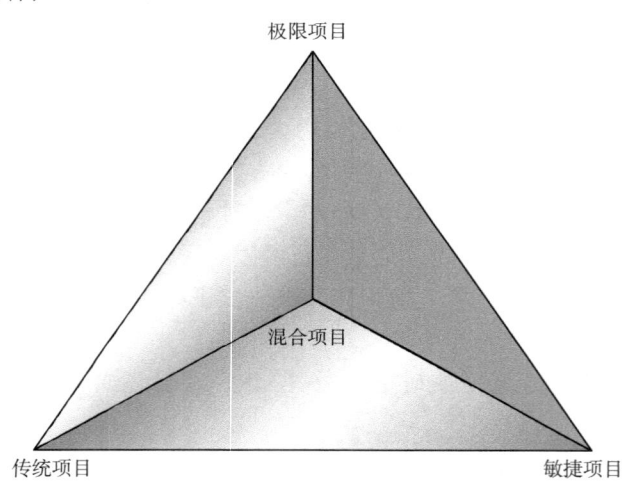

图 2-7 混合项目管理

2.5.6 PMLC 模型扼要重述

5 个 PMLC 模型禁得住进一步检查和比较。如果你已经数过，你会看到 6 个 PMLC 模型。因为 xPM PMLC 和 MPx PMLC 是相同的，这里只介绍 5 个独立的 PMLC 模型，如图 2-8 所示。

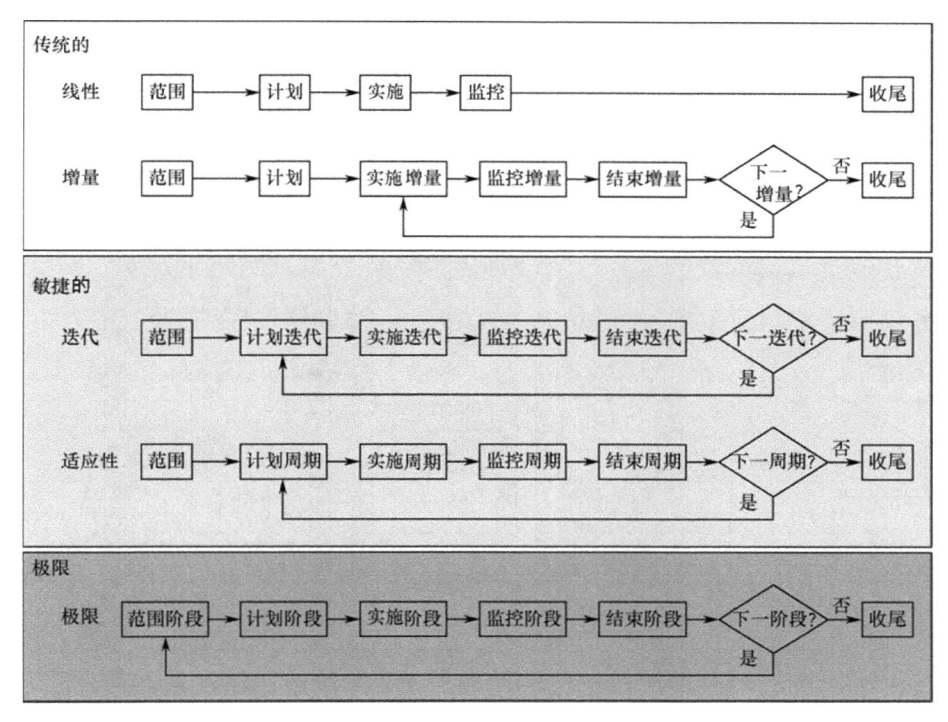

图 2-8　5 个 PMLC 模型

这是用非常简单和直观的样式反映过程组级别的生命周期。这里，解释一下我用过的术语。在 APM 和 xPM 方法中，我用了术语迭代、周期和阶段来区别迭代型、适应性和极限型。在后面的讨论中，我需要它们来说明我指的是什么。为加强大家对 PMLC 模型的理解，我要指出它们的相同与不同之处。

1. PMLC 模型的相同之处

1）每个 PMLC 模型都有 5 个过程组。
2）每个 PMLC 模型都开始于范围过程组。
3）每个 PMLC 模型都结束于项目收尾过程组。

2. PMLC 模型的不同之处

从解决方案的不确定性来看，它们的不同之处是很明显的：

1）模型按解决方案不确定性的程度排序（线性、增量、迭代型、适应性和极限型）。
2）按照自然顺序形成重复组的过程，识别出了增加的不确定性的影响。随着不确定性的增加，这些过程趋向于生命周期的开端。
3）随着不确定性的增加，完整的项目计划被即时项目计划取代。
4）风险管理随着解决方案不确定性的增加而变得更加重要。
5）对客户的有效参与的需要随着解决方案不确定性的增加而增加。

2.6 选择最适 PMLC 模型

选择和调整最适 PMLC 模型是基于几个变量的主观决策。图 2-9 展示了这个决策过程。

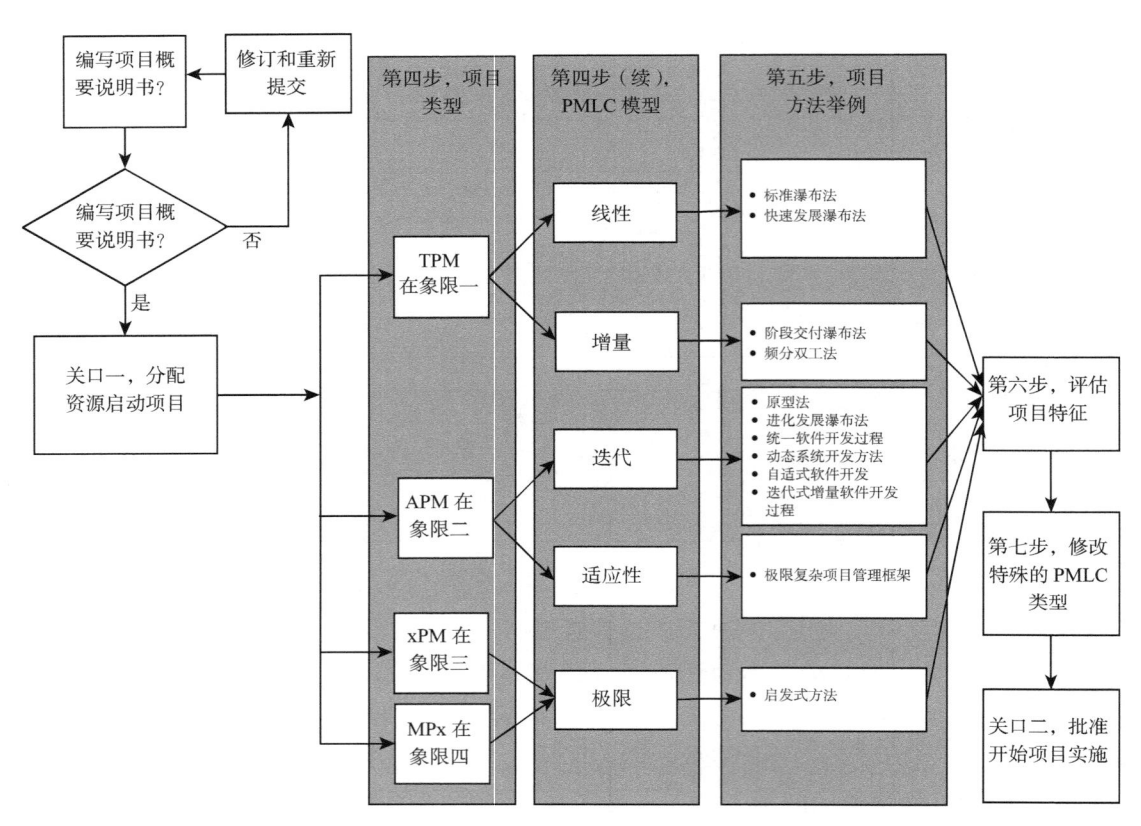

图 2-9　PMLC 模型选择过程

本书第 3 部分（特别是第 15 章）对此进行了更详细的讨论。现在，你只要明白选择好一种具体的项目管理方法后，你仍未准备好开始项目，这就足够了。因为你还要考虑特殊的内外部因素，并对该方法做最后的调整。这些都将在本书第 3 部分讨论。

虽然你能够根据 RBS 和 WBS 的完整性来选择最适合的方法和最适合的 PMLC 模型，但是在开始项目之前还有更多的工作要做。第一，你要评估诸多其他要素的影响（如果有的话）。这将在下文进行讨论。第二，你要对选定的 PMLC 模型进行必要的调整，以适应这种影响。这将会在第 14 章讨论。我所说的要素是指那些可能影响甚至改变你对最适 PMLC 模型选择的要素。例如，如果 PMLC 模型要求有效的客户参与，而你根本无法满足这一条件，你该怎么办？你会在第 3 部分后面的章节判断备选方案。现在，我要快速介绍一下这些要素，以及它们是如何影响 PMLC 模型的。

2.6.1　总体成本

当项目的总体成本增加时，它的商业价值和风险都在增加。无论你选择何种 PMLC 模型，你都要用比所选模型要求的更强的风险管理计划。如果没有团队成员负责管理风险，则要任命一个。损失与总成本成正相关关系，所以你要在应对工作上花费更多精力，而不是在降低项目成本上花费更多精力。

2.6.2 工期

如果项目工期很长，项目变更、员工流动和项目优先权调整的可能性更高。所有这些都对项目不利。你应该多注意自己的范围变更管理计划和范围库（见第 14 章）。范围库包括所有未执行的变更建议，以及将变更纳入解决方案的整体可用工作时间。你要确保客户明白范围库的含义，并知道如何管理自己的范围变更需求。员工流动是个很棘手的问题，你可以通过增强离职应对计划来处理员工流动问题。项目优先权变更不在你的掌控之中，你唯一可以掌控的是交付物进度，这需要尽量进行积极的进度安排。

2.6.3 市场稳定性

在多变的市场中冒险是很有风险的。你会推迟项目直到市场稳定，或者谨慎地继续推进。一种保护项目的方法是增量交付。按时间分解更短的增量可能比初始计划更合理。每个增量完成后，再决定是继续项目还是延迟项目。

2.6.4 技术

我们都知道，技术在快速更新。不仅跟上新技术很困难，让它带来最佳效益也很困难。如果当前技术还有效，就继续使用。如果新技术能为你带来市场，你可能会等，但要确保你能在需要的时候将其整合进来。不要忘了，竞争对手也在做同样的事情，快速响应是你的优势。

2.6.5 商业环境

商业环境越多变，项目周期就应该越短。对 APM 项目来说，某个周期时间要比常规计划的要短。相比在商业环境稳定的情况下，不完整的解决方案有更高的优先级。

2.6.6 受影响的部门数量

如果影响项目或受项目影响的部门数量增加，项目的变化也会增加。这些变更开始时需要收集。几个部门的需求都需要被考虑。下面是你应考虑的 3 个结果：

- 最可能产生的情况是在项目范围阶段出现范围蔓延。每个部门都有自己"必须有"和"最好别有"的清单。不是部门间的所有清单都能并存，但是有一件事可以肯定——这些差异会造成范围蔓延。你要考虑项目的内容，也就是说，你要把项目分为几个子项目。
- 第二种可能产生的情况就是"需求竞争"高发，即从两个或多个部门得到的需求相互冲突。你要解决这种矛盾，以作为验证需求的一部分。
- 第三种可能发生的情况会影响 PMLC 模型。当项目变成多公司协作的项目时，项目也很可能变成多团队项目。

2.6.7　企业环境

如果公司的高级管理层经常重组或职责经常变动，那你就有麻烦了。Standshi 集团的研究（来源于它们的网站，Standish 集团成立于 1985 年。这是一家有远见的企业，它主要收集现实中的 IT 企业自身组织环境导致项目失败的案例信息。）显示，项目失败的最主要原因在于得不到高级管理层的支持。这包括公司重组造成的丧失支持。例如，一位很热衷于你的项目且非常信任你的项目发起人被替换了，新的项目发起人会像前发起人一样支持你吗？如果是，你就躲过了危险；如果不是，你就有很严重的问题要面对，你需要修改风险清单，还要加上应对策略。

2.6.8　团队技术和资格

计划中需要的技术人员类型通常是得不到的。可用性是要作为一项技术对待的。我在编制资源需求计划的时候采用的一种原则就是在计划中设置 B 角，将计划建立在我将要得到的资源上。如果你强求 A 角，但只能得到 B 角或 C 角时就会感到失望。通常，TPM 项目能运用 B 角团队工作，他们甚至不需要同地协作。APM 项目就不同了。APM 项目可使用两个不同的 PMLC 模型，当你的解决方案只是缺少某些解决方案的特性时，B 角在稍加指导下就足以完成任务。你对解决方案知道得越少，你就越要让 A 角加入你的团队，至少是项目团队成员能够不用指导就可独立工作。

讨论题

1. 考虑一种能够回答本章"项目管理基本原理"部分提出的 6 个问题的项目管理方法。项目经理和客户需要做的就是提供这 6 个问题的答案。你认为这种方法能起作用吗？如果能，怎么起作用？如果不能，为什么？

2. 讨论你的项目发生范围蔓延的方式。项目经理能够逆转范围蔓延吗？逆转范围蔓延是可能的吗？请说明你同意或者不同意的理由。

3. 比较 PMI 的项目管理定义和商业价值的项目管理定义。请列出它们的优点和缺点。

4. 请分别说出 5 种 PMLC 模型所需客户参与的具体程度。作为项目经理，你会采取哪些措施确保这种参与？

5. 5 种 PMLC 模型中的哪种最可能失败？请说明理由。

6. 在 5 种 PMLC 模型中，你认为每种模型的风险最大的地方在哪里？你会采取哪种应对策略？请说明你的选择。

7. 从你曾做过的项目中分别选出非常适合这 5 种 PMLC 模型的项目。你认为在项目中使用 PMLC 模型对项目结果有帮助吗？为什么？

案例练习——比萨快递业务

在 PDQ 案例练习中，你会对 6 个子系统（订单录入、订单提交、物流、分派、库存管理和比萨工厂定位）分别选择哪个 PMLC 模型？请说明你的原因。

第3章
什么是战略项目管理
What Is Strategic Project Management

本章学习目标

通过学习本章内容，你应该能够：
- 理解复杂的商业环境，掌握如何在这种环境中承担复杂项目管理的角色和职责。
- 讨论目标/战略/战术模型，掌握复杂项目管理怎样与企业战略计划相联系。
- 掌握项目蓝图的工作知识，会用项目的四种类型构建项目蓝图，具备将项目划分到适当象限的能力。
- 能够解释企业项目组合模型（Enterprise Project Portfolio Model，EPPM）。
- 了解 EPPM 中管理决策的复杂性和不确定性。
- 理解项目之间的联系，利用有效的资源，获取最大的回报。
- 领会资源对项目、项目集和项目组合的范围和进度的影响。
- 定义 RASCI 矩阵，并将其视为理解 EPPM 实现的基础。

本章介绍企业项目组合管理（Enterprise Project Portfolio Management，EPPM）模型。项目型企业并不新鲜，但新鲜的是项目型企业的实用治理模型。本书首开先例，将在本章中介绍这种实用治理模型。

历史上的项目管理著述，都假设已经存在一个项目，却很少讨论该项目来自何处，有什么商业可行性，存在什么预期商业价值，为什么要做这个项目，如何在企业其他项目、项目集和项目组合的约束下管理它。实际上，这种项目总被看作一个孤岛，它独立于外部约束和外部因素。例如，项目管理方法讨论独立于被其他项目施加任何约束的项目规划。事实远非如此！如果一个人真的想在与其他项目竞争相同资源时评估一个项目的商业价值，那么企业环境中的项目整体观念是必不可少的。

当然，在某些情况下这样做是合适的，但是还需要考虑另一个世界——企业层面。将项目嵌入企业所处的环境中会引入一些影响项目生命周期的项目外部因素。其中许多因素涉及商业价值的产生、资源容量和资源可用性。

项目、项目集和项目组合的经理必须了解企业的战略计划，因为他们的所有职责都将与该计划保持一致。他们需要调整他们的过程和步骤以符合这种一致性。

3.1 战略项目管理定义

项目世界已经被称为 VUCA 世界（Johansen, 2012）。VUCA 代表易变性（Volatility）、不确定性（Uncertainty）、复杂性（Complexity）和模糊性（Ambiguity）。

要在当今复杂的项目世界中取得成功，需要发起人、项目经理、开发团队、客户经理和客户团队建立一种伙伴关系，这与 20 世纪 60 年代以项目管理模型为特征的伙伴关系非常不同。在本章中，我们将迎接商业形势多变性和动态性的挑战，去建造现代项目世界，为构建有效的项目管理方法提供基础。

项目不能再被视为孤岛。项目是与企业的战略计划保持一致的投资，并根据当时的环境条件立项批准和进行管理。站在项目、项目集和项目组合的整体视角上看，这些项目都是战略计划的推进器，为了实施战略计划，项目作为战略计划的战术被批准执行。由此可见，战略计划成为项目的决策环境。混合项目管理（Hybrid Project Management，HPM）框架使项目管理人员从战术层面到行动层面，再到战略层面都能够有效地发挥职能。这是混合项目管理框架独一无二的特征。项目管理一直贴着公司战略推进器的标签，然而，在复杂项目蓝图中，项目管理可以与商业管理协作一起制定战略。这就是战略项目管理的领域。有些人甚至将它称为战略项目业务管理（Bowles, 2007）。

因此，我们将从高层视角理解的商业环境中来开启我们的旅程，并继续深入了解该环境，直到我们到达单个项目层面。

在项目层面，我们将建立项目蓝图和项目管理类型，以及特定的 PMLC 模型模板。这是企业构建满足其特定需求的 HPM 框架版本的基础。

3.2 高层视角下的商业环境

当代项目环境的特点是高速度、高变化、低成本、复杂性、不确定性和许多其他因素。这对 C 级经理和他们的项目经理提出了严峻的挑战，他们是组成企业战略计划中战术的推动者。

图 3-1 展示了从最高层级开始分析项目的商业环境，逐步向下，直至项目层级。外部因素定义了影响公司运营环境的现实世界，但我们有工具和流程来评估这些外部因素。企业的能力由许多将企业置于外部环境中的内部因素所决定，我们也有工具和流程来评估这些内部因素。将这些评估结果与优势、劣势、机会、威胁分析相结合，公司可以构建其战略计划。战略计划是项目、项目集和项目组合的集合体，它由范围三角形描述的目标、战略和战术所定义。熟悉战略计划并为你所用，这是在企业适当的环境中讨论项目、项目集和项目组合的基础。由此，需要我们组建一支团队来有效地管理企业项目组合模型，并使它产生可持续的商业价值。如何组建这支团队，以及团队中的成员如何相互影响和依赖，对于 EPPM 的成功至关重要。

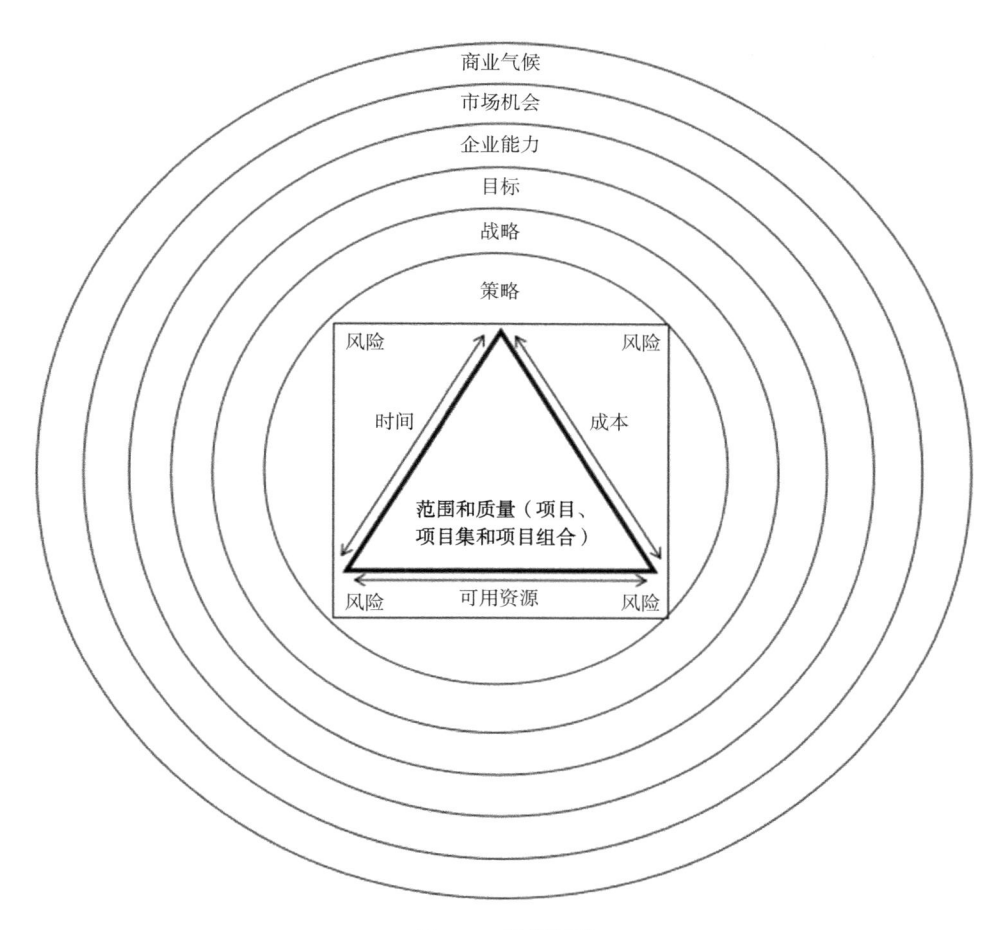

图 3-1　商业环境

熟悉战略计划并为你所用,这是在企业适当的环境中讨论项目、项目集和项目组合的基础。由此,需要我们组建一支团队来有效地管理一种有效的项目管理框架(Effective Project Management Framework, EPMF)并使它产生可持续的商业价值。如何组建这支团队,以及团队中的成员如何相互影响和依赖,对于适应性复杂项目框架的成功也至关重要。

当我们在为战略性项目管理做准备时,我们将进行几次内部及外部的优势和劣势的深入分析,并把它们与市场机会结合起来。我们可以使用一些工具和过程来实现这一点。这将使管理部门洞察到什么需要被包括在战略计划中。

3.2.1　商业气候

由于科技和互联网的持续进步而出现的激烈竞争已经对商业气候产生了一些破坏性的影响。这些影响是全球性的,而且不知不觉地将许多企业置于危险之中。互联网是任何人在任何地方创造和销售其产品和服务的门户!商业可持续性现在取决于一个企业如何有效地为新竞争者设置进入壁垒,以及该企业如何"创造并超越"竞争对手。任何人,无论他们身在何处,都可能成为竞争对手。即使你没有在国际市场上销售产品,但你的竞争对手可以这样做,所以你被拉进了全球市场,你甚至可能没有意识到这一点。你的业务决策必须考虑实际的和潜在的全球影响。

具体来说,我们的商业计划必须回答以下问题:
- 谁是我们市场上的潜在竞争对手?
- 谁是我们的供应商?
- 谁是我们的客户?
- 什么是替代产品和服务?

我们的目标是为进入我们的市场设置障碍。EPPM 对于实现这些目标是有帮助的。

企业环境是不可预测、时时变化的。在过去的 50 年里,技术不断进步,互联网和社交媒体进入经济社会生活的方方面面,而这也给企业环境带来巨大影响。创新和加速上市如今已经成为企业成功的代名词。在互联网的协助下,电商们使销售方式获得重大突破——不再受地域的限制,从而促使竞争进入全球化时代。

- 业务全球化。外包掌控着支持服务业(如呼叫中心和帮助台)及软件开发业。美国正成为一个知识经济体,同时损失了大量工作岗位,而且这些损失是不可挽回的。随着企业重新部署市场,失业人数也在持续上升。你或许并不在国际市场中销售产品,但你的竞争者在你所瞄准的市场中销售产品,那么你就不得不以国际视角来制定商业决策。
- 成功属于勇于创新的经理。那些设想新产品、新服务为公司实现增长的人是在铤而走险。尽早加入社交网络是成功的保证。但成功的秘诀不仅仅在于创新和勇气。商业概念里还必须包含准入壁垒,否则任何一个软件开发人员都能从他的客厅(不论其位置在世界上任何地方)里复制你的新创意,成为一个竞争者。这样,你的生意就危险了。

所以,企业环境在科技和互联网的推动下高速变化。从积极的方面讲,整个世界都是你的市场,你不再是只能向邻居出售产品的街角小店;通过互联网的连接,你的客户遍布全球。除了需要劳动力自身在场(景观师、水管工等)的服务行业,地域并非市场营销项目组合的一部分。显然,EPPM 是 21 世纪商对商(B2B)和商对客(B2C)市场的关键成功因素(Critical Success Factor,CSF)。

1. PESTEL

公司的外部环境最好用被称为 PESTEL 因素的六个因素来解释:
- 政治(Political)。
- 经济(Economic)。
- 社会文化(Sociocultural)。
- 科技(Technological)。
- 生态(Ecological)。
- 法律(Legal)。

PESTEL 框架(见图 3-2)提供了一个企业可以用来搜索、监视和评估将影响企业战略计划的六个主要外部因素的模型。这些因素将导致机会和威胁的产生。我们的战略计划将不得不包括利用这些机会的项目及减轻这些威胁的项目。

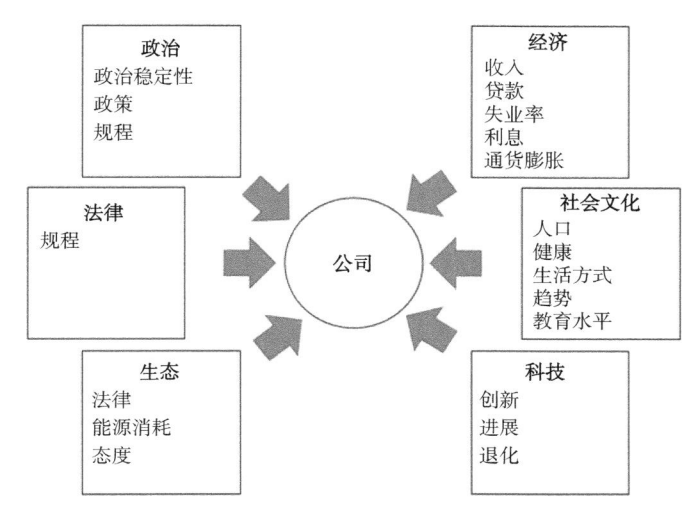

图 3-2 PESTEL 框架

①政治。在某种程度上，一个公司将实施对其有利的政治环境产生积极影响的战略。比如，游说、对政治候选人或对社会项目进行捐款、公共关系、参与社区项目等。

②经济。取决于经济是增长还是下降，这将导致公司采取不同的方法——在萧条时期更加保守，在繁荣时期更加冒险和积极。

③社会文化。改变生活方式将对产品和服务产生巨大影响。人们正趋向于采取影响饮食和锻炼的更加注重健康的生活方式。

④科技。科技的飞速发展已经不是什么秘密了。大多数人会同意，科技发展的速度比被利用的速度快。这将使应用程序面临过时的风险。

⑤生态。利用自然资源常常造成污染，会引起法律的制裁。在某些情况下，这迫使企业采用安全的生产流程和寻找更有效的生产流程。

⑥法律。如果政府的重点是放松或取消规章制度，以增加商业活动和降低相关成本。这将对企业和竞争地位产生重大影响。

2. 波特的五力模型

随着企业发展业务计划，它必须密切关注波特的五力模型。图 3-3 是波特的五力模型（Porter, 1980）在劳动力和业务发展中心案例研究中的应用（见附录 A）。

对这五个因素构成的五种力的具体分析为建立一个公司的战略提供了起点。总体来说，五力越强，行业的盈利潜力就越低。反之，五力越弱，行业的盈利潜力就越大。企业的目标是在包含成本(C)的同时创造价值(V)。因此，$V-C$ 是衡量企业战略地位的一个指标。

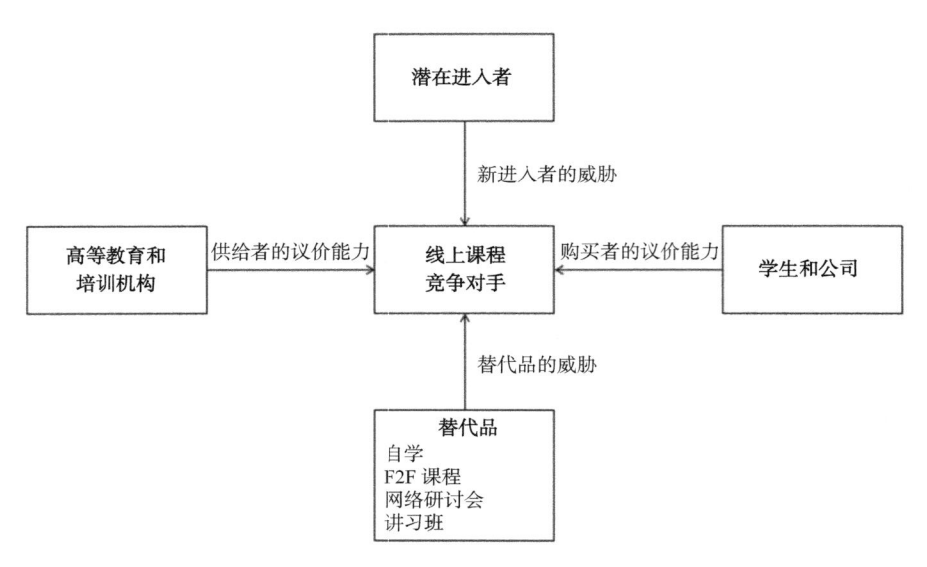

图 3-3　波特的五力应用于案例研究：WBDC

3. SWOT

SWOT 分析在表格中提出了一个战略计划应该设法解决的几个问题（见图 3-4）。例如：
- 可以用来创造外部机会的内部优势是什么？
- 公司如何利用它的内部优势来减少外部威胁的影响？
- 公司如何减少内部弱点，利用外部机会？
- 公司如何减少使外部威胁成为现实的内部弱点？

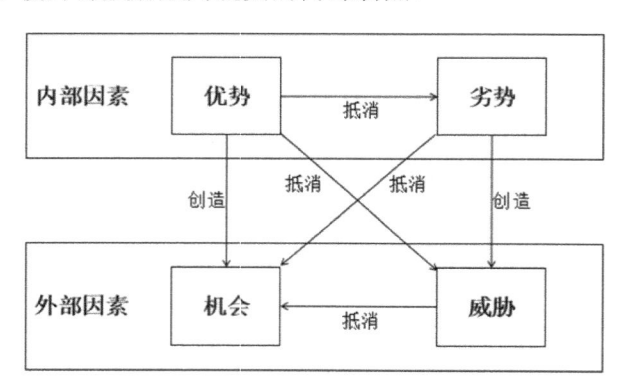

图 3-4　SWOT 分析

战略计划应该设法解决所有这些问题，并通过拟议的项目寻求答案。对于内部因素，公司可以对其进行调整，以便减轻只能对其做出反应的外部因素的影响。

3.2.2　市场机会

市场机会来来去去，而不是按照组织能够预测甚至能够适应的计划表。无论你的组织围绕的项目环境是什么，它都必须能够立即做出响应。机会可以是内部的（例如，通过解决问题和流程改进来维持或改进市场地位），也可以是外部的（例如，通过新产品、服务和流程来满足扩大的客户群的需求）。HPM 框架具有灵活性、快速响应、开放性和创造性的环境特征。它是精益的，已经消除了所有非增值的工作。这就是 HPM 框架被设计用来开发的商业蓝图。HPM 框架是它的同类项目管理方法中第一个这样做的。

如果你明白了商业环境是持续变化的，EPPM 又是能够适应这种持续变化的模型，我们就可以继续往下讨论了。市场机会来来去去。如果你不能抓住这个机会，总有人会抓住的！机会有可能来自内部（例如，解决问题和改进过程以保持或提高市场地位），也有可能来自外部（例如，新产品、服务和流程的开发，以满足扩大的客户群的需求）。只有拥有了灵活、反应迅速、开放和创新的企业文化才能利用这些机会。此外，还需要不怕承担合理商业风险的实战型商务经理。机遇之窗开开合合，时常是悄无声息的（例如，由于新技术的引入）。

项目及其有效的管理是应对商业环境变化的主要助推器。在这种风险环境中茁壮成长的项目是复杂的项目，需要所有层级的业务经理和作为实施商业创意的项目经理之间进行密切的协作。

EPPM 包括四个工具，不仅可以用来评估市场地位，还可以用来评估市场机会。我们将在下一节中对其进行介绍。

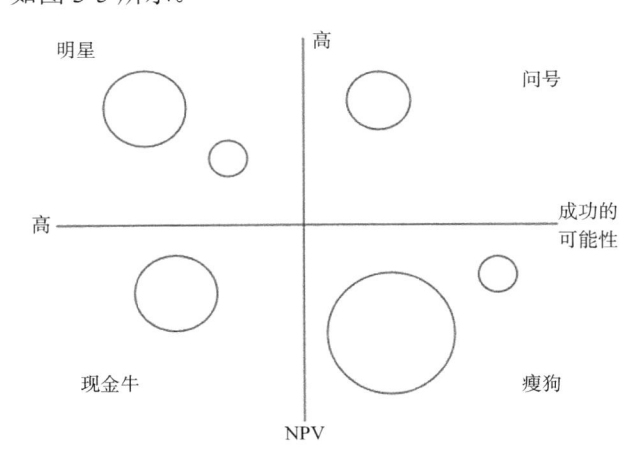

1. BCG 成长-份额矩阵

BCG 成长-份额矩阵是一个已经被使用多年的著名模型。它基于增长率和竞争地位定义了四类产品/服务，如图 3-5 所示。

图 3-5　BCG 成长-份额矩阵

（1）现金牛

这些是成熟的产品/服务，拥有强大的市场份额，但是增长潜力有限。它们稳定且有利可图。与现金牛相关的项目对组织很重要，因为只要它能使企业维持市场地位，企业就会保护对这些项目的投资。

（2）瘦狗

由于这些产品/服务没有竞争力，增长潜力不大或没有增长潜力，因此不应进行任何与这些产品/服务有关的项目。一个组织能对瘦狗做的最好的事情就是尽快地、无情地退出。对这类产品进行投资没有意义！

（3）明星

这些产品/服务具有强大的市场地位和明显的增长潜力。与明星相关的项目是很好的投资机会。明星类产品/服务是未来的现金牛。

（4）问号

问号类产品/服务表示模型的起点。未经市场检验但具有强劲增长潜力的产品/服务值得投入研发资金。与这类产品/服务有关的项目是良好的投资机会。目标是把它们变成明星，然后变成现金牛。

2. 如何使用 BCG 成长-份额矩阵

只有拥有平衡投资组合的多元化公司才能用其优势来利用其增长机会。平衡投资组合包括：

- 挑选出来的明星产品/服务，其高份额和高增长保证了未来。
- 被保护的现金牛类产品/服务为未来增长提供资金。
- 挑选出来的问号类产品/服务将会被增加资金使其转换成明星类产品/服务。
- 瘦狗类产品/服务已经被从投资组合中移除。

这些产品/服务中的每一个都将定义一个包含在战略计划中的项目、项目集或项目组合的平衡集合。

3. 你将如何分配你的资源

这个问题的答案依赖企业目前的市场地位、经营前景及其他各种考虑。除瘦狗之外，其他三个类别都将会有一定程度的投资。行业不同，资源分配的战术也不一样。如果这个行业是稳定的，如水泥制造业，更多的资源可能是花在现金牛类项目上，以确保它们维持市场地位，更少的资源分配给明星类项目，因为企业总是想保留一些增长机会，甚至更少资源分配给问号类项目，因为这个行业还没有进入研发模式。如果在一个动荡的、高增长的高科技行业，分配比例可能非常不同。更多的资源将花在明星类和问号类项目，更少的资源在现金牛类上。现金牛类的使用寿命非常短，在它们身上的任何投资都是有风险的。

3.2.3 企业能力

战略计划不能仅仅局限于企业目前的能力。因为战略计划是一个多年的规划，其未来的能力将不同于目前的能力。因此，战略计划还将包括为支持服务定位的项目，以便在企业需要时提供所需的能力。

管理部门可以考虑各种各样的新商业机会，并设想运作完美的流程和实践。但必须有人关注企业实现这些梦想的能力。在许多组织里，最难培植的能力就是人力资源。因为人力资源能力是偶发的，组织的人力资源管理系统不能将资源与组织的战略计划有机配置。资源可用性最早是出现在项目"铁三角"中的，后来我于 1995 年把它引入了"范围三角形"中。这种范围三角形已经更新，并成为商业环境的中心。

市场机会只能在企业的能力范围内加以利用来支持企业战略。高级管理人员面临的两个大问题是如何使用当前企业资源以实现最大的商业价值，以及如何增长这些资源以适应未来战略组合的资源需求。

企业能力既是制约因素，又是促进因素。作为制约因素，企业应该做什么总是受到企业近期能够做什么的限制，最终决定着企业将要做什么。作为制约因素的对策，企业不仅需要保证资源供应的一致性，还要保证资源可用性与企业经营资源需求的一致性。因此，企业能力是一种动态工具，可以作为计划活动的成果进行调整。扩展或者增强资源能力可以减少进度安排上的资源冲突，但这是在战略计划执行过程中出现的业务决策。

作为促进因素，资源经理与职能经理和业务经理协作，创造性地解决资源可用性问题，并使新商业机会的开发成为可能。这些协作工作的结果会决定项目、项目集和项目组合的投产运行、范围修订、进度调整、推迟和终止。这就迫使 HPM 框架去正确面对这个现实。我们别无选择，只能勇担此任！

显然，企业能力也是战略模型的另一个推进器。因此，任何与创建或维护企业能力相关的战术都将产生战略影响。能力是在资源层面被定义的，我在 1995 年本书第 1 版时首次讨论了这个问题。当我们将讨论提升到企业层面时，资源就呈现出不同的视角，它将兼具促进因素和约束因素的两重特性。因为影响因素的多样性和资源选择的多样性（例如，租用临时资源），如何对企业能力进行管理既复杂又困难。

市场机会只能在企业的能力范围内加以利用来支持企业战略。随着市场机会的来来去去，商业环境处于不断变化的状态。只有当且仅当企业能力能够调整以适应这些机会时，才能利用这些机会。高级管理人员面临的一个大问题是，如何使用企业资源以获得最大的商业价值，以及当各种战略组合出现业绩时，如何调整这种配置。

这里引用的是可分配给项目的资源。从多年规划的视角看，企业的能力可以通过项目、项目集或项目组合进行升级或增加，这些项目、项目集或项目组合旨在扩大或增强企业能力，以便更有效地与战略计划中确定的目标保持一致，并支持实现这些目标。例如，用一个适应新技术并具有规模的新工厂取代一个制造旧工厂就很像一个项目集。

如前所述，企业能力、资源可用性及这些资源之间的相互依赖关系既是制约因素，也是促进因素。作为制约因素，企业应该做的被企业能做的所限制，最终决定企业只能做什么。作为对制约因素的一种对策，企业不仅需要保证资源供应的一致性，还要保证资源可用性与企业经营资源需求的一致性。因此，企业能力是一种动态工具，可以作为计划活动的成果进行调整。扩展或者增强资源能力可以减少进度安排上的资源冲突，但这是在战略计划执行过程中出现的业务决策。

3.2.4　SWOT

内部优势和劣势因素（见图 3-4）是你可以用来开始构建一个企业能力概要文件的几个工具之一。

3.2.5 价值链分析

价值链分析（见图 3-6）对 SWOT 分析中被识别的优势和劣势提供了更深入的理解。

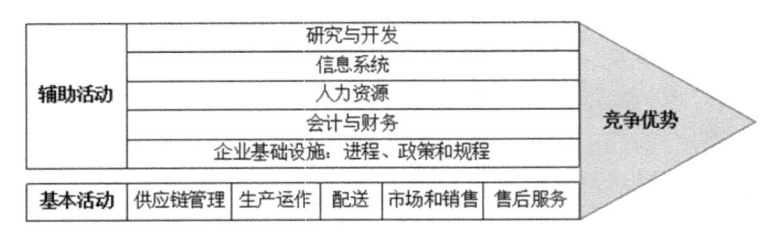

图 3-6 价值链分析

基本活动是用于将资源转换为可交付的产品和服务的流程链。辅助活动是提供公司基础设施的功能业务单元。基本活动创造价值，而辅助活动用提供该支持的成本抵消了价值。V–C 是竞争优势产生的经济价值。

3.2.6 VRIO

作为你的内部优势和劣势评估的一部分，VRIO 是一个有价值的工具（见图 3-7）。它关注的是资源及其与竞争优势的关系。这些评估还可用于确定与提高竞争优势相关的项目中可以构建的领域，如那些侧重于驱动价值链的基础和辅助活动的领域。

有价值吗？	是稀缺的吗？	成本受限吗？	组织可获取价值吗？	
否				竞争劣势
是	否			竞争均势
是	是	否		暂时的竞争优势
是	是	是	否	未利用的竞争优势
是	是	是	是	持续的竞争优势

图 3-7 VRIO 框架

此分析的对象可以是资源、技能或竞争力。因此，可以尽可能地进行 VRIO 分析来提高竞争优势。

3.2.7 目标、战略和战术模型

结合 VRIO 分析的 SWOT 分析给出了公司在其市场中竞争地位的详细概况。价值链分析和 PESTEL 对这些市场进行了扼要描述。这些都是非常强大的工具，可以用来制订战略计划。

商业环境的其余部分被包含在我从 1963 年开始在德州仪器公司担任系统顾问时从商业经验中开发出来的一个系统中。图 3-8 是当前目标、战略和战术（Objectives，Strategic and Tactics，OST）模型的图形说明。（在过去的 50 年里，目标、战略和战术模型经历了几次修订。）目标、战略和战术模型源自德州仪器公司研究和工程部开发与使用的产品/服务规划过程。我已经采用了那些产品规划过程和实践，并将它们纳入当前的标准和期望，且将它们嵌入了 ACPF 中。项目概要说明书（在第 6 章中有详细讨论）就是 OST 模型更新后的一个

可交付成果。

OST 模型是 HPM 框架的一个关键组件。OST 是连接企业的项目、项目集和项目组合及其战略计划的关键链。此外，它还为决策模型奠定了基础，这个决策模型的目的是维持项目、项目集和项目组合与战略计划的一致性。ACPF 建议在该决策模型中使用的标准是项目将返给企业的预期商业价值。

要认识到这些期望价值是有风险的。项目越复杂和不确定，无法找到解决方案的风险就越大；即使找到了解决方案，也可能不会获得预期的商业价值。复杂项目正在寻找可接受的解决方案，最终交付的将是经过风险调和的猜想。交付的商业价值与预期的商业价值间的差异也是如此。

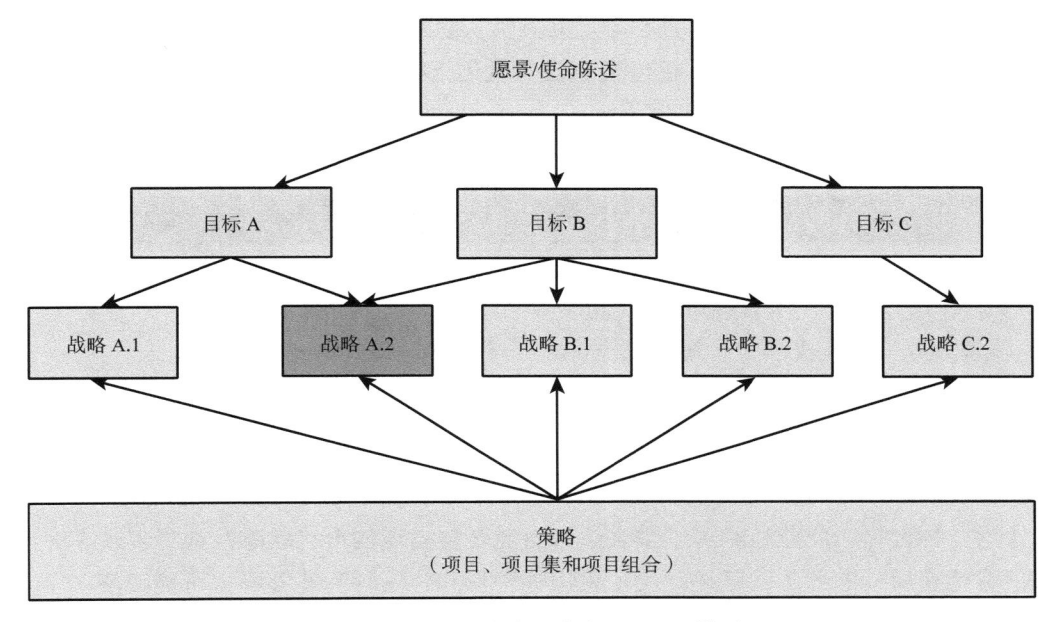

图 3-8　目标、战略和战术（OST）模型

在每个 HPM 框架项目的绩效审查中，每个进行中的项目都要对照计划进行绩效审查，并会因高层经理调整项目投资而做相应的调整，以争取最大的预期商业价值。项目地位可能更改，项目的优先级也可能改变。项目的最终结果无非是继续完成、终止、延期或在范围内调整工期。对 HPM 框架来说，这意味着使用的模型能预测这些改变，无论项目的未来如何，都可在每次迭代、周期或阶段完成时仍可交付一些商业价值。

3.2.8　愿景/使命

从最高层面来讲，愿景和使命陈述体现了商业战略。愿景和使命可以表述为企业希望达到的终极状态。然而，它们将更多的是一种需要追求的最终状态，而不是一种需要实现的最终状态。

下面是一些人们熟知的愿景陈述：

福特汽车：一个团队，一个计划，一个目标。

微软公司：全球多样性和包容性是一个整体，是我们的文化中固有的一部分，推动我们的业务增长，同时允许我们吸引、开发和留住优秀的人才，使我们开发的产品和服务，我们解决问题的方式，以及我们为日益全球化和多样化的客户和合作伙伴提供服务的方式更加创新。

愿景是我们追求的目标，而非最终达到的。

以下是一些你会认可的流行的使命：

华盛顿燃气公司：提供最优能源——物美价廉。

星舰公司：太空，最后的前线——这些是公司的历程。其 5 年使命是探索神奇的新世界，发现新生活、新文明，大胆地向未开垦的处女地前进。

这些例子指明了愿景和使命的不同，也指明了愿景陈述是如何驱动使命陈述的。愿景陈述是用于追求的，而非最终达到的，几乎没有量化指标可以用来测量愿景陈述是否完成。使命陈述则是企业追求愿景成功的蓝图。

使命陈述也是企业通过 OST 计划去追求愿景成功的蓝图。

案例研究：劳动力和商务发展中心

附录 A 提供了一个完整的案例研究。在该案例研究中，劳动力和商务发展中心（Workforce & Business Development Center，WBDC）的愿景和使命如下：

愿景：为实现可持续经济复苏而进行突破性创新。

使命：建立独立的劳动力和商务发展中心，将学习环境、事业/企业环境及学生/工人环境整合为聚合性框架，用以促进职业和专业发展、新业务生成、业务过程改进及业务增长。

作为一种选择，商业战略可以被表达为企业希望实现的最终状态，或者仅仅是一个企业如何看待它所处的业务的陈述。无论使用哪种形式，这种陈述都不太可能改变，至少在可预见的未来不会改变。

3.2.9 目标

目标直接来自愿景与使命。企业将知道它是如何对待它的愿景和使命的，以及它应该如何前行以缩小与它所期望的最终状态的差距。目标通过目标陈述表达出来，目标也是企业运营细节的第一个表达。企业的目标可能是多阶段的、多年的，也可能是为实现最终状态而制定的连续陈述。

目标可能永远无法实现（如消除全球饥荒），或者需要很久才能实现（如找出癌症治愈方法或普通感冒预防方法）。这些都是目标的很好的例子，只不过没有说明将如何达成目标。战略及对应的战术解释说明了这个旅程。

劳动力和商务发展中心案例研究中的五个目标是高层次的目标陈述，对下属的战略和战术具有多时期的影响。目标由高级管理层制定，是运营经理、职能经理和业务经理的工作指南。

目标是在企业计划的最高级别产生的，为实现企业目标而提出战术（又称项目）的人员指引方向。实际上，企业知道它在哪里（当前状态），也知道它希望在哪里（期望的最终状态）。如图 3-8 所示，这些战术的定义来自一系列范围三角形语境中的项目、项目集及项目组合。

澄清一下，有人将目标（Objectives）称为"目的"（Goals）。其实，关于目标并没有一个标准的术语。为了与德州仪器公司的 OST 保持一致，我们使用"目标"这个术语，但是两个术语的意义是相同的。我把 POS 的 5 个部分中的一个部分命名为"目的"。POS 中的目的陈述指的是特定提出的项目（战术）。

目标有很长的生命周期，通常仅在发生重新排列企业愿景/使命陈述的重大事件的时候才会发生变化。这些目标由董事会或企业最高管理层（通常是 C 级）制定。

> **案例研究：劳动力和商务发展中心**
>
> 附录 A 提供了一个完整的案例研究。在该案例研究中，劳动力和商务发展中心的目标陈述如下：
> 目标 1　支持新业务形成的创业需求。
> 目标 2　支持流程改进和增长的业务需求。
> 目标 3　支持学生和员工的职业发展需要。
> 目标 4　支持商务发展中心旗下企业的需求。
> 目标 5　建立企业孵化中心（Business Incubation Center，BIC），作为满足上述需求的整合基础设施。

3.2.10　战略

实现目标的方法有很多种。每种方法都被叫作战略，跨越多个规划时空。战略是由战略规划会议中的高级管理层制定的。商务经理、职能经理和产品经理经常被邀请提交战略供高级管理层参考。

下面以找到普通感冒治愈方法这个目标为例做出说明。战略包括研究可能的食品添加剂、在出生前修正免疫系统或找出能增强普通感冒免疫功能的药物。其中大多数战略都需要更多的技术眼光，这不是高级管理层可能拥有的，它要由具有合适的专门知识的业务经理和职能经理来提供。每个战略都包括战术集，以实现战略，进而实现目标。具体体现在组织中的 HPM 框架将包括一个过程，在这个过程中，组织中任何具有共享创意的人都可以提交项目创意。

每个战略都有一名战略经理。他们负责管理战略，直到战略项目组合中的所有项目、项目集、项目组合被完成。战略经理的一般职责包括：
- 战略项目组合规划和管理。
- 鼓励提交项目创意，并对其进行评估。
- 监控战略项目组合的绩效，以最大限度地实现交付的商业价值。
- 根据资源容量和可用性调整项目计划。

- 与所有战略经理进行资源利用谈判。

> **案例研究：劳动力和商务发展中心**
>
> 附录 A 提供了一个完整的案例研究。劳动力和商务发展中心的首要目标是：
> 目标 1　支持新业务形成的创业需求。
> 战略 1.1　设计创业流程基础设施。
> 战略 1.2　设计研究新商业创意的过程。
> 战略 1.3　设计执行新商业方案的过程。

我们再次以找到普通感冒治愈方法这个目标为例做出说明。每个战略都包括战术集，以实现战略，进而实现目标。战术包括中级经理（资源经理、运营经理及 LOB 经理）提交的项目新创意。高级经理可能选择把战术和项目集乃至项目组合相结合的方法。

制定战略的过程通常由 C 级经理指导完成。这是资源经理、职能经理和 LOB 经理通力合作的结果。这里的挑战在于如何使企业能力与企业战略需求（准备好支持即将提出的项目、项目集和项目组合）保持一致。战略往往是跨越一个以上财政年度的多个时期的工作。

3.2.11　战术

战术通常从提交给战略经理作为单个项目、项目集或项目组合考虑的创意列表开始。对创意进行评估是为了看它们对商业价值的贡献。SWOT 和价值链分析都有助于这些创意。这些创意被按优先级排列，合并到项目中，在战略经理的安排下，构成一个项目集或一个项目组合。为了达到最好的效果，一个项目应该在一个预算周期内完成。由于复杂项目涉及的复杂性和不确定性，战略规划是 ACPF 具体实现的一个连续过程，这与公共约定有所不同，但它是每个 HPM 框架具体实现的一部分。

我的许多客户将在他们的最终战略计划中包含对已批准战术的高级描述。这些描述就是在第 6 章中要介绍的项目概要说明书。

战术是一个集合术语，可以指一个项目、一个项目集或者一个项目组合。战术通常始于一系列被提交的项目。在战略规划会议中，战术同项目组和项目集合归为一类。作为单一的项目，它们需要的是在战略规划范围（1～5 年）内的短期投入（通常不到 1 年），且其设计目的是满足 1 个或多个战略的需求。对战略经理和高级管理层来说，仅有 1 个目标的战术不如有多个目标的项目更有吸引力。而目标优先级低的战术又不如目标优先级高的战术具有吸引力。我们通常使用 POS 描述一个战术。直到出现 EPPM，战术规划才会出现。

战术通常不是战略规划的一部分，人们通常在企业职能业务和 LOB 部门的范围内，在运营的层面上定义战术。这些战术能识别战略项目（设计并执行职业发展系统，这个系统能使现有人员技能与规划范围的人员配备需求相一致）、运营项目（研究改进的业务过程，缩短订单录入过程的周期）或战术项目（设计并开发一个能从数据库中提取信息和知识的应用软件）。

我的许多客户都需要战略规划的最终分配文件中的批准战术的高级描述（如 POS）。这些版本包括针对规划范围内的 OST 的完整示例。

> **案例研究：劳动力和商务发展中心**
> 目标 1　　支持新业务形成的创业需求。
> 战略 1.1　　设计创业流程基础设施。
> 战术 1.1.1　　创建服务水平协议。
> 战术 1.1.2　　创建会员申请。

3.2.12　目标、战略和战术的依赖结构

多个战略应当与同一目标保持一致，并且能识别如何实现这些目标的选项。战略由高级管理层制定，并由企业中的任意一员以战术建议的形式加以回应。目标和战略可以被视为高级经理抛出的网，用以从企业中任意一员那里获取新想法（战术）。这是 EPPM 成功的关键。历史记录显示，自 20 世纪 60 年代以来，这种倒置结构对 TI/OST 的持续成功至关重要，而今也是 EPPM 的必要组成部分。

1）1 个战术可能与 1 个战略相结合。这将是你遇到的最简单的情况，但这依旧是比较少见的现象。

2）1 个战术可能与 2 个或多个战略相结合。这个战术可能出现在 2 个或更多项目组合里，但依旧只是一个战术，而且必须以同样的方式出现在其所属的战略项目组合里。这给受影响的战略经理的管理挑战增加了一定的限制。

3）2 个或更多战术与 1 个战略相关。这里将战略项目组合看作 EPPM 中的一个整体。我一直关注与 1 个或多个项目相关的战术。产生 2 个或多个项目的战术是一个项目集，而与单一战略相关的 2 个或多个战术会产生一个项目集合。一个战略项目组合是 EPPM 的一个主要组成部分。

通常来说，战略规划是识别目标及实现目标的战略。1 个目标能够建立多于 1 个的战略（例如，图 3-8 中的目标 A 和目标 B）。相似地，1 个战略可能与多于 1 个的目标（例如，图 3-8 中战略 A.2 与目标 A 和目标 B 相关联）相联系。图 3-8 定义了战略规划的高级大纲。

一些战略规划将包含所有批准的战术，作为战略规划的最终内容。这将是公开的文件。EPPM 战术中包含企业经理或员工针对目标及项目陈述的回应。

这种依赖性表明 EPPM 有两种类型的项目组合需要构建和管理：
- 有同一战略的项目组合。
- 需要同一有限资源的项目组合。

来自这两种项目组合的管理决策是复杂的，并且是相互依赖的。这将在本章后面讨论。

因此，归到同一项目组合中的项目必须通过审核，这也就意味着给那些将要成为项目组合成员的项目设置优先级，而且所选择的这个项目组合必定能有效地利用可用资源。提议的项目可以是 1 个以上的项目组合的一部分，因为它们与不止 1 个战略相关。这就提升了项目的商业价值，尽管会使管理挑战复杂化。

3.2.13 什么是企业项目 RASCI 矩阵

RASCI 矩阵确定每个相关方与工作的主要过程、阶段或步骤之间的关系。在我们的案例中，三个主要经理和三个支持性专业人员的职责与企业项目组合模型的六个阶段相关联。图 3-9 是一个运行的 RASCI 矩阵。

ACPF 循环	利益相关方							
	发起人	客户联席项目经理	开发联席项目经理	商务分析师	商务过程工程师	资源经理	客户团队成员	开发团队成员
计划下一个循环	I	R/A	R/A	C	C	C	S	S
实施综合泳道	I	A	A	C	C	S	I	R
实施探索泳道	I	A/I	A/I	C	C	S	R	R
实施客户检查点	I	R/A	R/A	C	C	I	S	S
关闭版本	A	R	R	C	C	I	S	S

图 3-9　企业项目组合模型（EPPM）的 RASCI 矩阵

注：R—责任（Responsible），A—批准（Accountable），S—支持（Support），C—咨询（Consulted），I—告知（Informed）。

3.2.14 复杂项目概述

对复杂项目的讨论，我参考了 Kathleen B. Hass 的新书《管理复杂项目：一个新模型》（*Managing Complex Projects: A New Mode*）（2009）：

- 细节：变量和界面的数量。
- 模糊性：对事件和因果关系缺乏认识。
- 不确定性：无法预先评估行动。
- 不可预测性：不知道会发生什么。
- 动态：快速的变化。
- 社会结构：相互作用的数量和类型。

复杂的项目充满了不确定性和意外的变化。项目的复杂性、不确定性和速度都对项目风险有积极的贡献。风险随着这三个变量中任意一个的增加而增加。在大多数情况下，这些项目试图找到关键问题的解决方案，而这些问题的解决方案甚至已经规避了最有创造力的专业人员。这些项目还可以寻求利用迄今尚未开发的商业机会，但没有明确的途径来实现这一点。如果组织要在这种环境下取得成功，利益相关方群体必须：

- 采用灵活的管理流程。
- 授权客户和项目团队。
- 提供一个创意能够蓬勃发展的开放环境。
- 根据增加商业价值的最佳方式做出决策。
- 避免用无附加值的工作拖累项目经理。

这些都是重大挑战，因为它们要求高级经理走出舒适区，接受频繁的变化和高风险。

利益相关方群体的首要工作就是理解项目、项目集和项目组合经理及他们的团队必须工作于其中的项目环境。在这种环境中，利益相关方群体在建立和支持一个有效的项目管理环境时将面临挑战［罗伯特·K. 威索基《项目管理执行指南：支持复杂项目的组织化进程和实践》(John Wiley & Sons, 2011)］。在过去的 15 年中，该环境的需求发生了巨大的变化，特别是涉及支持该环境的工具、模板和流程。结果是混乱的，而且每周二又有一种良方引入。这些良方看起来非常诱人，但我说明一点，现在没有良方，以前也没有。利益相关方群体可以从参考书中学习一些战略。它将需要利益相关方群体的一致努力来实施，并需要他们的持续关注，才能在企业中变得有效并保持有效。我向你提供我多年来从我的客户那里学到的东西，因为他们试图支持复杂的项目管理。

我试图将其放在一个与相关方群体有直接关系的语境中。IBM 公司自 2009 年 9 月到 2010 年 1 月做了一项全球调查[利用复杂性：国际执行官研究的洞悉（IBM, 2010, GBE03297-USEN-00）]。调查报告显示，在被调查的 60 多个国家的 1 541 名 CEO 中，超过一半的 CEO 承认他们没有准备好支持复杂、不确定的环境，他们不得不在这样的环境中开展业务，但他们不知道如何去开展。如果这还不足以唤醒他们尽快采取行动，我就不知道还能使用什么办法了。

下面是从 IBM 调查报告中摘录的语句，它们强调需要有杰出组织来管理复杂性问题。这些活动为我们提供了一个路线图。

日益增加的复杂性呼吁所有 CEO 及其队伍要进行大胆创新，以一切可想到的方法联系客户，以速度和灵活性去定位他们的组织。使他们的组织在 21 世纪取得成功。为了利用复杂性，CEO 必须这样去做：

①**赋予创意领导力**。CEO 如今明白了创意比其他的领导力特性都重要。有创意的领导能够很好地适应模棱两可的和实验性的环境。联系并激发新一代领导力，因为它们能够引领潮流，并能以全新的方法进行交流。

②**重塑客户关系**。客户从未获得过这么多信息或选择。为了更好地做出预测并为客户提供他们真正需要的东西，CEO 将"保持联系"定为客户的最优先事项。

③**建立熟练运营战略**。CEO 用无数种方式征服了复杂性。为满足最快速和最灵活的要求，他们正在重新设计运营战略。他们将创造价值的复杂性嵌入简单产品、服务和客户交流中。

这个调查所传递的信息是清晰的，也证实了本书的目的。这里提供的解决方法是一种逻辑途径，可以缓和接受调查的半数以上 CEO 都承认面临的复杂性问题。你属于哪一方呢？如果你想准备处理复杂性问题，本书将是必读之物，它可以帮助你采取行动。如果你是杰出的组织，那么我要恭喜你，但是你仍需阅读本书，因为这几页能帮助你找到一些有价值的东西，能帮助你高屋建瓴地概览复杂性和不确定性。

有时，你可能疏远自己的项目。因为你觉得项目是执行层面的活动，对管理层的人来说并不重要。在过去的 20 年里，你可能重新定位过项目，并像现在这样视项目为投资、为拥有投资战略的项目组合的一部分。事实上，你可能是决定战略的管理者。因此，你面临的挑战是，尽你所能，用你为项目组合推荐的项目和你直接支持的项目来最大化组织的投资回报率（Return on Investment，ROI）。你如何应对这种情况取决于你在项目、项目团队和项目组合方面的角色和职责。你可能有责任支持并管理项目经理,或者支持那些有责任支持或管理项目经理的人。无论如何,这本书为你提供了帮助你和你的组织成功所需要的建议。

企业环境在过去的20年里发生了巨大的改变,并且引入了旧方法所无法支持的新项目管理的挑战。关于项目的业务也不再行得通,而且可能从未行通过。现今的项目是高度复杂化的、不确定的项目,你必须在高度复杂化和不确定的情况下处理项目。所有的简单项目都已经得以解决,我们要特别关注的是复杂项目:

- 复杂项目经理需要人们对他们的管理给予信任及支持。
- 要想获得成功,复杂项目团队必须被赋予权力。
- 复杂项目是独特的,其管理方法也是独特的。
- 复杂项目是高风险项目。
- 复杂项目需要有创意的方法才能发现解决途径。
- 复杂项目需要有效的客户参与。
- 复杂项目需要灵活的支持服务。

接下来,你将会看到你是如何能且必须积极地影响所有这些挑战的。我们先简单介绍一下复杂项目环境。理解这个环境是你能够建立自己的支持战略的基础。

Hass 在《管理复杂项目:一个新模型》一书中提出了最有深度的解决复杂性问题的方法。她从以下几个方面描述了复杂性:

- 时间、成本、规模。
- 团队组成和绩效。
- 成本、时间和范围的紧急性、灵活性。
- 问题、机会和解决方法的清晰度。
- 需求变动和风险。
- 战略重要性、政治含义、多个相关方。
- 组织变化程度。
- 风险、相互依赖性及外部制约。
- IT 的复杂程度。

这本书出版后不久,她将复杂性定义更新为四个等级(独立项目、中等复杂项目、高度复杂项目及高度复杂项目集),并用蛛网图的形式展示了特定项目的价值。图 3-10 所示内容就改编自其更新定义的假设例子。

在图 3-10 中,项目在 IT 复杂程度及问题、机会和解决方法的清晰度上的得分显示,这是一个较高复杂性项目。在企业层面,项目在组织性变化程度、需求变动和风险、战略重要性、政治含义及多个相关方几个方面的得分情况也表明,这是一个十分复杂的项目。5 个因素都警示战略经理需要采取必要的纠正措施来降低潜在负作用。本书就为此提供了基础和支持性建议。

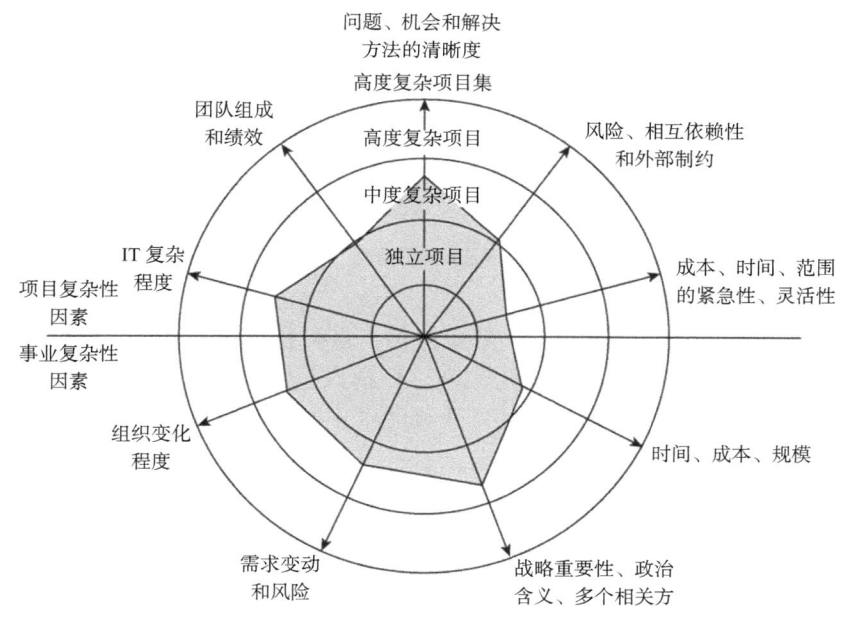

图 3-10 项目复杂度蛛网图

3.3 小　结

企业环境、企业是如何运营的及在日益变化的环境中它们如何相互影响，这些问题已经得到了定义。你将会走上这样一条道路——它会引领你穿越战略规划和战术的发展，通过项目、项目集、项目组合来实现战略战术。在这段旅途中，你会审查主要参与人和支持团队，密切关注他们的互动和实现企业战略上的相互依赖性。

据我所知，我在本章所描述的 WBDC 模型是独一无二的。我将其视为一个动态的逼真项目组。在定义其内容和授课的过程中，作为教育者和培训师，我们将会不断受到挑战，而且必须不断重塑自我，因为我们都会受到自己创造力的制约。WBDC 模型是一个基于以创业团队为中心的、基于项目的学习模型，它会自动与企业的商务需要保持一致，并培养出真正体验过 WBDC 且能满足企业需要的毕业生。有了这样的教育和实战经历，学员就具备了有力的资质，就能进入劳动市场、定位自我或在待业后再次进入劳务市场。

WBDC 模型会走得更远。该模型能在员工的整个职业生涯中为其提供支持。很多事情都会发生变化，曾经必需的技术会为更强大的技术所取代，新的机会不断产生，生命周期也将周而复始地重复着。职业和专业发展是终身学习的旅程。WBDC 模型也适用于为员工提供终身支持。

WBDC 是本章的一个很好的案例学习资料。它作为一个独特的实体而被引入，将成为有关 OST 模型和 EPPM 讨论的丰富资源。

讨论题

1. 战略规划范围从 5 年变更为 3 年，甚至 1 年。本章提倡一个持续的过程，包括每季度审查项目、项目集、项目组合，三者可能每季度都会发生战略规划变化。你的企业在向这个持续过程的转变中可能遇到怎样的困难？为舒缓困境，你有何建议？

2. 你是企业的人力资源经理。为了建立一份有效支持战略规划的项目经理人员的清单，你需要什么信息？你要通盘考虑项目经理的职位数，包括拥有各种技能和各级能力的项目经理。请你描述建立这个清单的过程步骤。

3. 依据你所学到的有关复杂项目管理的知识，你认为在一个国家支持的社区学院里执行 WBDC 可能面临怎样的挑战？为帮助识别这些挑战，请你建立一个 WBDC 相关方互动模型，其间要特别关注用户（他们是谁），并说说你会怎么面对这些挑战。

第 4 章
协作型项目团队
What Is a Collaborative Project Team?

锤子必须用一种节奏进行敲击，特别是当用多个锤子一起打铁的时候。

——乔达诺·布鲁诺，意大利哲学家

精干的小分队，也可取得非凡的成绩。

——拉姆钱德拉·贾库玛，哈佛商学院

本章学习目标

通过学习本章内容，你应该能够：
- 理解项目蓝图并知道如何使用。
- 知道有效的客户参与的重要性。
- 理解协作型环境在项目成功中的作用。
- 知道联席经理模型对你的项目团队有什么好处。
- 知道怎样去建立和维护有效的客户参与。
- 知道怎样去管理有效的客户参与。
- 了解客户的权利是怎样影响复杂项目成功的。
- 知道在一个 ECPM 项目中有哪些相关方。
- 了解在一个 ECPM 项目中相关方各自扮演的角色。
- 了解联席项目经理在复杂项目中的重要性。

在第 2 章中，我们介绍了项目蓝图及各种我们可能遭遇到的挑战项目的情境，但首要的问题是，面对各种情境，我们需要什么样的项目团队结构及团队管理方式。无论选择何种团队结构和管理方式，都需要团队成员和团队领导具有创造性和灵活性。这就是我们在本章要回答的问题。

独特的价值命题

联席经理的团队结构出现了唯一的机会，去建立和支持在整个项目生命周期内有效的客户参与。它在项目管理和决策程序中，充分地鼓励客户和发起人参与。它是提升客户对交付成果的责任和促进项目成功最有效的方法。任何项目交付物的接收者都是客户，他们可能来自项目经理所在组织的内部或外部。

4.1 概述

大约 25 年前，有一位忠诚的客户，为了他们的经营模式，要我的团队去开发一个复杂的应用系统，这个系统的目标只是一个想象的结束状态（或可能是一个梦幻般的开始后再逐渐精确目标），但怎样去实现（它的解决方案）基本上是不知道的。他们在经营上持续成功是由技术决定的，而新竞争又依赖这个极高风险的项目成功。我告诉我的客户，如果他能指派一位他的高级经理参与项目团队，我们就承接这个项目。高级经理应该明白公司经营模式的需求，能够出席公司的经营决策会议并参与决策。我要他们指派的高级经理作为团队的全职成员参与到项目中来。我知道，只有客户提供了更高的承诺，我才能确保项目成功。

后来客户指派了高级经理，项目也取得了成功。这是我们团队极好的学习经验，很快，我们就开始使用了联席经理的项目管理模式。自此以后，如果不使用这种管理模式，我绝不向客户做出项目成功的承诺。这些年，随着这种模式的成熟，已经变成了我的协作型项目管理的基本工具。联席经理的项目管理模式已经变得十分普遍，横跨几个项目过程，它也成了当前的研究热点。本章将为你描述这种模型。它是多层工具的唯一外层。我们开发了一种强有力的工具（协作型项目团队）来支持协作型项目管理，我也很高兴有机会在此与大家分享它。

本书第 7 版写作时，我的公司早就使用了最适项目管理模型。我们为一个将要执行的具体项目，根据项目特征、组织的内部环境和动荡的市场环境设计了最适项目管理模型。因为这种设计也很适合项目团队，所以本章引入了一种新的复杂项目团队模型。它由联席经理构成，一位联席经理来自过程开发团队，另一位联席经理来自产品开发团队。他们同地协同工作，对项目和项目交付物平等享有责任和决策权。联席经理模型是在大量的客户参与的实践中建立和成熟起来的。联席经理模型应用了 25 年多，已经成为成功的客户管理实践的一个基本组成部分。这是本书第 7 版宝库中最有力的工具，确保了人们去建立一种有效的协作型项目管理文化。我们不要怀有这样的奢望，变化是容易应对的，特别是在那些强矩阵组织中，项目经理总是被安排去应付这些变化。对来自客户一方的联席项目经理的挑战是，如何胜任新的岗位，承担起新的项目职责。他们必须走出原来的舒适区，去学会有效地应用项目管理模型。联席经理双方都必须学会平等地分担项目职责。

如果你能够选择一个唯一的关键成功因素去管理复杂项目，就只能是有效的客户参与。在复杂项目世界里，为了寻找未解问题的解决方法和未开发的商业机会，客户可能是你项目团队里最好的主题专家（Subject Matter Expert，SME）。除了扮演 SME 角色，他们更是项目交付成果的所有者。所以，客户在项目成功后的既定利益，需要他们的有效参与。从这个意义上说，开始一个项目，客户也把自己的声誉和信用置于了风险之中。项目成功的首要标志是提交的解决方案的商业价值，其次是寻找解决方案的过程的成功实施。没有更好的方法去确认他们的贡献、承诺和参与，只好让他们全时投入管理项目的过程中来。这就是推动联席经理模型的战略基础。要应用这种模型，我们要去克服许多最初的障碍。但只要我们努力，模型就会发挥很好的作用。

4.2 复杂项目团队

图 4-1 展示了联席复杂项目团队的全景。它明晰了可能出现在任何复杂项目团队中所有的团队成员的角色。正如项目是独特的一样,包含团队结构的最适管理模型也同样是独特的。我们可以把这种团队结构当作一种模板,期望找到管理模型与项目的最适匹配。

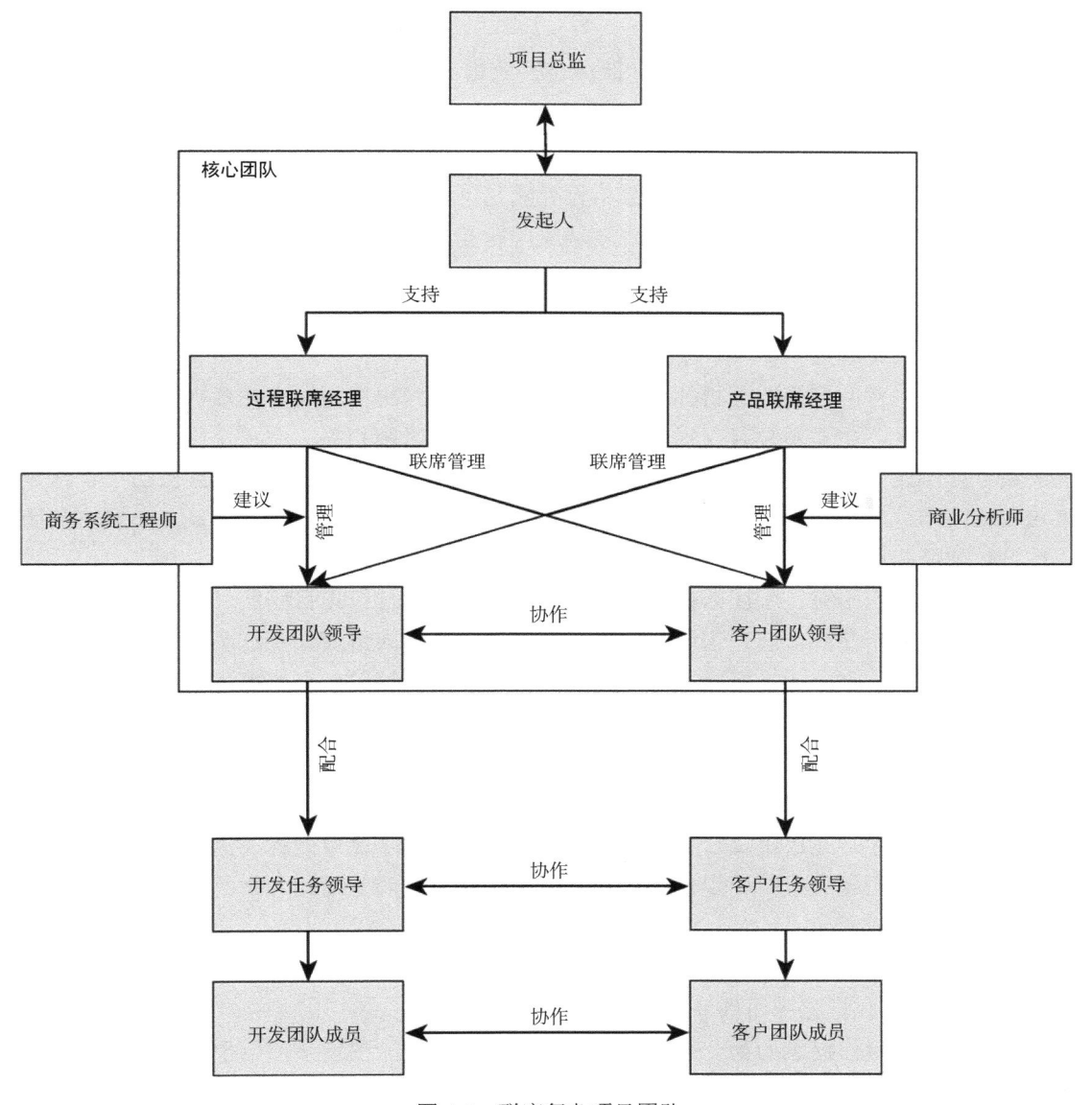

图 4-1 联席复杂项目团队

首先,我们观察到,复杂项目团队承担的职责与传统项目团队不太一样,传统项目团队是由一名项目经理和开发团队成员构成的,这种团队不能满足复杂项目的管理需要。

其次，每一个复杂项目都有两位项目经理。联席经理有各自负责的领域，但他们享有平等的决策权。一位联席经理对用来管理项目的工具、模板和过程负责，另一位联席经理对项目将要产生的交付物负责。这些交付物可能是一种新的或改进的产品、过程或服务。这种情况，就如 Scrum 项目中的狂热爱好者一样，产品联席经理十分近似于产品所有者。在项目团队中有产品的知识经验意味着在没有外部项目总监参与的情况，也可做出更多的决策。其结果是："更加精益"的管理结构和更少的文档需求；最具有竞争力的决策；决策快；解决方案质量更高；商业价值更大。

图 4-1 反映的重要特征就是认可团队成员彼此相关。它很像一个没有层级的组织结构。所有团队成员间形成一种开诚且亲切的工作关系是必要的。这种无层级身份的团队结构稳固地建立起了灵活和创造性的工作氛围，也是增强复杂项目团队的基础。这难道不是协作型项目管理环境的重点吗？这种团队结构设计满足了复杂项目管理的需要。剩下唯一可做的事就是在这种环境里完好地实施项目。解决问题和挖掘商业机会是复杂的，一个可接受的解决方案不能保证做到这一点。项目越复杂，失败的风险越高。任何阻碍项目成功的风险都是不可接受的，包括项目团队结构带来的风险。所以，团队结构对复杂项目的成功实施是相互作用本质要求的强力支撑。

商务系统工程师和商业分析师是团队的咨询师。这两个岗位与影响项目交付成果的商务部门紧密相关，也与被项目交付成果影响的商务部门紧密相关。在每个岗位上要求的专家人数可能不止一人，他们是在捆绑式变更管理过程中接受变更请求的团队成员（详情见第 9 章和第 14 章）。当需要的时候，他们就会参与项目，这就使得过程团队成员和产品团队成员必须聚焦在项目工作上，而不是做完变更请求的评估就万事大吉。

在这里，我们不对过程团队做进一步的解释。它很像传统项目团队。但产品团队可能比你开始想象的更复杂。客户团队如果由单一商务部门的人组成，那这类团队的活动是非常明确的。如果是企业的多个商务部门参与同一个项目，情况就会变得更加复杂。或者把项目升级到一个项目集的等级，或者有多个产品联席经理被指派到项目中。最后的结果就是你有了一个由委员会管理的项目。显然，这种状况会加重管理负担。由此产生的运行维护问题也要加以考虑。复杂性始于收集需求信息阶段，直至开发工作结束。需求竞争和需求冲突也常常发生。在极限项目方案中，多界面管理或用户评审能解决需求冲突问题。这一方法可以把它们整合成一个整体，去成功地交付由多个商务部门参与的复杂项目。无论何时我提到"复杂项目团队"，它都是我在图 4-1 中所展示的团队。

联席经理模型是在复杂项目天地中，实现和维持有效的客户参与的最有效的管理模型。自 1991 年开始，我把它应用到许多项目中。

也许我们能给你提供的第一个也是最重要的忠告就是：在复杂项目中，应用联席经理模型，与客户方有决策权的代表共同管理项目。在复杂项目方法论的设计和实施中要这样做，在使用复杂项目方法论的所有项目中都要这样做。为了取得成功，你要从客户企业中找高层管理者来当联席经理。这个人必须有能力且愿意日复一日地有效参与项目，承担责任，不只是来干活的。遗憾的是，你在企业中的位置超高，承担职责所产生的风险越大，且可能导致复杂项目"死亡"。把每一个方案都当作独特的方案来对待，并采取相应的过程来处理。你需要一个能帮助你出主意，并给你实实在在支持的人。联席经理模型是成功的复杂项目管理的基础。一位经理来自开发团队，另一位经理是来自客户的高层管理人员。吸纳 LOB 经理、职能经理和资源经理来担任客户联席经理，是一种很好的做法。联席经理双方平等地参与项目，都有平等的决策权，也平等地分享他们决策带来的成功喜悦，平等地承担他们决策导致的失败责任。如果你能把自己的声誉与项目捆绑在一起，你怎会不全力投入项目中去保护你自己的声誉和你的商业利益呢？愿赌服输。

所以，如果项目是技术型的，而客户不是，他们就要知道为什么你要他们当联席经理。这很简单。项目在成为一个技术型项目之前，它还是一个商务项目。它需要一位商业人士当主要的伙伴和决策人。不应该强迫项目团队去做商务决策。作为技术型项目经理，你不太可能让每一个决策都成为最好的商业决策，你的客户从他的最佳位置上却可以做到。

你需要去保持客户在最好的可能状态中及时做出商务决策。针对商务决策的需要，项目团队经常要提供决策支持服务，如提供替代方案，对这些方案进行排序，甚至要估算成本和利润。无论给客户什么信息，都可能帮助他们决策。然后，停在他们背后，让他们自己决策，无论他们希望去使用什么商业标准。

在复杂项目世界里，全盘决策（平衡任务的可行性和商业价值的关系）尤其重要和关键。在这类项目的开始时，目标不清晰或解决方案不清晰，或者两者都不清晰。寻找一种可接受的商业结果，推动项目继续前行。其次，客户处于最好的位置，可以去选择替代方案，领导项目团队去创造一个可接受的商业价值的项目成果。许多可行的技术替代方案呈现给客户，供客户选择最好的替代方案。这些迭代反复进行，直到聚集出一个能够达到期望商业价值的目标和解决方案，或者由客户终止项目（因为项目当前的方向，不能获取期望的成果）。保留时间、费用和资源，以便重新去寻找一个更好的目标和解决方案。这种战略说的就是团队与客户的伙伴关系。没有这种伙伴关系，项目就不可能成功。

复杂项目是一种高风险的项目。要制订一个管理和消减风险的整体风险应对计划，客户是最好的 SME。把敏捷实践整合成一种 ECPM 框架可以让项目增益。具体方法有：

- 改进在客户检查点的范围计划和需求管理。
- 通过增量产品或服务的提交，更早明确商业价值。
- 通过客户产品或服务专家的影响力，确认客户在交付成果中的权益。
- 有效支持迭代解决方案去发现和维护精益过程。

从联席经理模型中学到的知识清楚地告诉我，没有谁能够宣称自己是知识市场的蠢材（其实，你可能比需要的 SME 懂得更多），客户和每位团队成员必须都有机会在寻找解决方案的头脑风暴会上公开表达自己的见解。创造性是一个关键的因素，必须公开鼓励和推广。开发团队和客户团队形成一种强劲的伙伴关系，一旦获得机会，就会产生一种很好的协同效应。解决方案的源泉只能来自给所有相关方一个平等机会有效地参与解决方案的开发中。解决方案的源泉激发了方案实施的激情。因为这是自己的解决方案，他们不会让它失败。让客户带头！通常你是怎么做的呢？

有效项目管理第 7 版使用了 1991 年创建的联席经理模型的升级版。今天，如果不使用这种模型或任何与项目匹配的其他的升级版，就不能管理复杂项目。

4.2.1　项目总监

项目总监是组织委派的代表，他代表了组织的商业利益。项目总监不是核心团队的组成部分，但他们有权去确定项目任务的轻重缓急，批准、推迟、终止项目活动，分配项目资源。他们不参与项目的内部工作。他们的职责是选拔两位联席经理和组建两位经理的团队。项目总监可能是一个职责相似的监控团队，他们从企业的整体出发并代表企业来监控项目。他们在企业层面，通常也负有监控项目集和项目组合的职责。

4.2.2　核心团队成员

核心团队是项目的管理结构，由从项目创意阶段开始一直伴随着项目的 5 位成员构成。他们是全职员工，也是项目决策的主体。每一位成员在项目中都有特定的角色和职责。

1）项目发起人。项目发起人是运营总监或商务部门的经理，他把项目授权给项目团队，授权去建立项目期望的商业价值。

2）过程联席经理。在一些组织中，这类经理要向项目支持办公室（Project Support Office，PSO）汇报。在大企业中，过程联席经理归属于组织内部的一个商务部门。他们的角色近似于传统项目经理。

3）产品联席经理。一般情况下，产品联席经理来自受项目影响的客户企业的一个商务部门，直接向项目发起人汇报。他们为项目交付成果贡献领导力和创造力，在大多数方案中，他们所在的商业部门将是项目交付成果的所有者。

4）开发团队领导。这是一位技术专家，他是所有过程开发工作的负责人。

5）客户团队领导。这是一位职能或商务专家，他是所有产品定义工作的责任人。通常，他们来自管理层或高级技能层。

4.2.3　商务系统工程师和商业分析师

商务系统工程师和商业分析师在项目团队中扮演咨询角色。他们是 SME。他们的职责可能由一位专业人士来承担，也可能由多人承担。他们都来自影响项目交付成果或被项目交付成果影响的商务部门。

4.2.4　过程团队和产品团队

不用对开发团队再做进一步的解释，但客户团队可能比你预想中更加复杂。客户团队可能由企业的单一商务部门组成，也可能由企业的多个商务部门组成。这些团队的活动目标都是明确的。但多个商务部门参与一个项目，情况就会变得更加复杂。这种复杂性始于需求获取阶段，直到开发任务的完成。竞争和需求冲突常常出现。在某种情况下，在解决方案选择中的多界面管理或用户评审可以解决需求冲突。团结起来，去成功地完成复杂项目。

4.2.5 选拔项目团队成员

在创意阶段,选拔联席经理和核心团队成员。图 4-2 简单明了地描述了项目团队是如何组建的。

输入　　　　　　　　　　　　过程　　　　　　　　　　　　输出

项目团队结构模板和产品描述　→　联席经理定义项目团队结构和核心团队成员职责　→　项目团队结构和核心团队成员职责

项目团队结构和核心团队成员职责　→　联席经理根据技能要求提出组建项目团队方案　→　项目团队配置计划

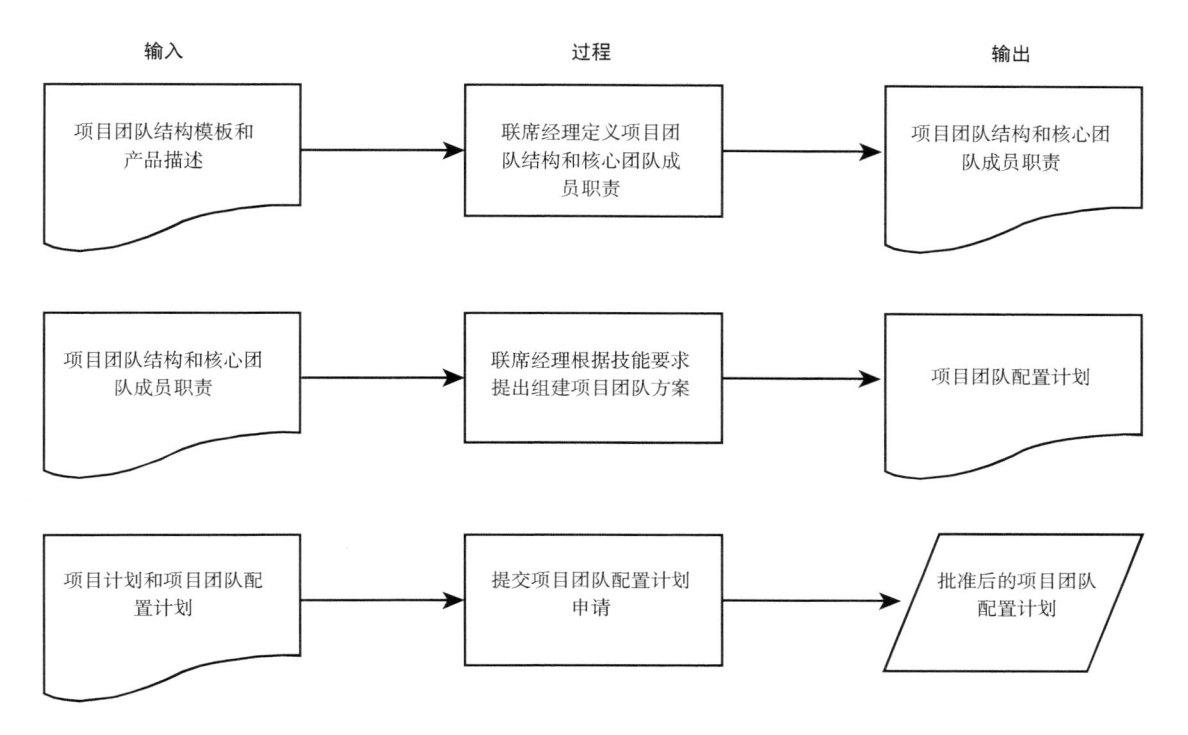

项目计划和项目团队配置计划　→　提交项目团队配置计划申请　→　批准后的项目团队配置计划

图 4-2　组建项目团队过程

4.2.6 联席经理定义项目团队结构和核心团队成员职责

明晰项目团队的角色是一个挑战,不仅仅因为不知道要多少团队成员,也不知道他们能参与项目的几个阶段。核心团队是由这些任务开始的,这些任务不仅定义了项目将需要哪些角色,而且也包括这些角色可能填充的具体位置。所以,这个结构必须提供的不仅是这个职位的系列,也要有职业发展规划,创建一个当前职位和未来职位的详细目录。

图 4-3 描述了指导这些任务时要准备的基本条件。课程日志是根据对以前和相似项目的比较,定义这类团队的历史经验的汇总。在这些汇总的具体个体中,可能要展示自己对当前岗位需求有价值的技能和竞争力。除联席经理外,核心团队也将成形,他们将对自己规划的项目团队结构及职责要求贡献自己的具体见解。

总之,核心团队的职责包括:
- 风险管理。
- 问题管理。
- 范围库管理。
- 捆绑式的变更管理。

- 经审查的组合管理。
- 项目评审管理。
- 沟通管理。
- 项目文档管理。

这些职责可能需要指派一个团队成员来负责，或者由联席经理来负责。这些职责在整个项目生命期可能轮换负责，也可能固定不变。

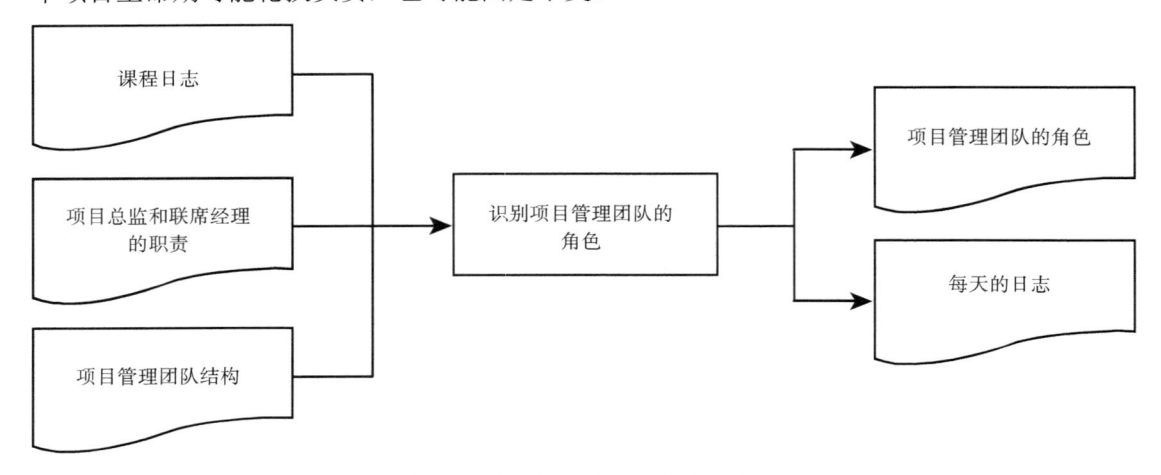

图 4-3　识别项目管理团队的角色

4.2.7　扮演联席经理的技能要求

要求特定技能的角色最终将转换成职位头衔，进度计划批准后，某些有名有姓的具体个人被分配到项目团队中来。他们有些是全职参与项目的，有些只是在他们的时间空档期为项目提供专家服务。

要有效地完成这些任务，需要一个基本框架和几个支持功能。PSO 是提供这些支持功能的组织实体。这些支持功能至少要有：

- 各种项目经理职位必须有清晰的定义且可操作。
- 有适当的职业生涯发展规划。
- 培训课程必须是现场培训和在线培训相结合的。
- 适当的当代人力资源管理过程。

这些不是可随意选择的，是必然的要求。

4.2.8　获取团队配置计划的批准

此时，团队配置计划只是定义了职位头衔等级。这种信息归档在项目计划和周期计划中。直到有了项目进度计划和阶段进度计划，职位才能落实到具体有名有姓的人。在范围三角形中，资源可用性是一个关键变量。核心团队在项目创意阶段形成，且在项目建立阶段发挥作用。

在高层项目计划获得批准后，才能报送团队配置计划，争取批准。用职位头衔标示岗位需求及岗位大致的工作内容，并说明在项目进度计划的什么阶段需要哪些岗位。所有这些进度信息会在项目进展到这些资源需要的时候，根据相应发生的具体情况调整。资源经理将根据他们掌握的计划信息安排具体员工到项目中去，或者作为核心团队成员，或者作为指定的具体阶段的团队成员。

4.3 联席经理模型的应用

也许我们能给你提供的第一个也是最重要的忠告就是：在复杂项目中，应用联席管理模型，与客户方有决策权的代表共同管理。在复杂项目方法论的设计和实施中要这样做，在使用复杂项目方法论的所有项目中都要这样做。为了能够取得成功，你要从发起人所在商务部门找高层管理者来当联席经理。重要的是，他们可以随叫随到，在整个项目生命周期内，他们自己有能力且愿意有效参与项目，承担责任，不是只来干活的。遗憾的是，你在企业中的位置越高，你承担职责所产生的风险越大，且可能导致复杂项目死亡。把每一个方案都当作独特的方案来对待，并采取相应的过程来处理。你需要一个人帮你出主意，并给你实实在在的支持。LOB 经理、职能经理和资源经理都是联席经理的合适人选。联席经理双方平等地参与项目，都有平等的决策权，也平等地分享决策带来的成功喜悦，平等地承担决策导致的失败责任。如果你能把自己的声誉与项目捆绑在一起，你怎会不全力投入项目中去保护自己的声誉和商业利益呢？愿赌服输。

所以，如果项目是技术型的，而客户不是，他们就要知道为什么你要他们当联席经理。这很简单。项目在成为一个技术型项目之前，它还是一个商务项目。它需要一位商业人士当主要的伙伴和决策人。不应该强迫项目团队去做商业决策。作为技术型项目经理，你不太可能让每一个决策都成为最好的商业决策，但你的客户从他的最佳位置上可以做到。我的客户将会听到我说，我很想去把我要做的工作做到最好，但如果没有你们的有效参与，在你们自己的项目中当联席经理，这是不可能的。回顾往事，我的客户联席经理参与了所有的决策。他们提供产品和商务专家，而我提供过程和技术专家。像图 4-1 所示的一样，我们相互平等地去完成项目。这是在强矩阵组织中较早提到的一个挑战。

你需要保持客户在最好的可能状态及时做出商业决策。针对商业决策的需要，项目团队经常要提供决策支持服务，如提供替代方案，并对这些方案进行排序，甚至要提供成本估算和利润收益分析。无论给客户什么信息，都可能帮助他们做决策。然后，停在他们背后，让他们自己做决策，无论他们希望使用什么商业标准。

在复杂项目世界里，用全盘决策去平衡任务的可行性和商业价值，甚至更加重要和关键。在这类项目的开始时，目标不清晰，或者解决方案不清晰，或者两者都不清晰。寻找一种可接受的商业结果，推动项目继续前行。其次，客户处于最好的位置，可以去选择替代方案，领导项目团队去创造一个可接受的商业价值的项目成果。把许多可行的技术替代方案呈现给客户，供客户选择最好的替代方案。这些迭代反复进行，直到聚集出一个能够达到期望商业价值的目标和解决方案，或者由客户终止项目，因为项目当前的方向不能获取期望的成果。保留时间、费用和资源，以便重新去寻找一个更好的目标和解决方案。这种战略说的就是团队与客户的伙伴关系。没有这种伙伴关系，项目就不可能成功。

4.4 建立有效的客户参与

复杂项目都是高风险项目。如果要用一个整体的风险减轻计划去管理和消除风险，那客户就是最好的 SME。把敏捷实践整合成联席经理模型有五大好处：

- 改进在客户检查点的范围计划和需求管理。
- 通过增量产品或服务的提交，更早明确商业价值。
- 通过客户产品或服务专家的影响力，确认客户在交付成果中的权益。
- 有效支持迭代解决方案去发现和维护精益过程。
- 集中和增加项目团队的决策权。

从客户项目中学到的知识清楚地告诉我，没有谁能够宣称自己是知识市场的蠢材（其实，你可能比需要的 SME 懂得更多），客户和每位团队成员必须都有机会在寻找解决方案的头脑风暴会上公开地表达自己的见解。创造性是一个关键的组件，必须公开鼓励。开发团队和客户团队形成一种强劲的伙伴关系，一旦获得机会，就会产生一种很好的协同效应。解决方案的源泉只能来自给所有相关方一个平等机会有效地参与解决方案的开发中。

我也明白，解决方案的源泉激发了方案实施的激情。因为这是他们自己的解决方案，他们不会让它失败。让客户带头，让他们的联席经理为名望而战！通常你是怎么做的？

进行这些实践，需要项目经理的领导力和勇气。对某些客户，你要去营销你的创意，因为他们会对我们说，他们不懂技术，不能对技术型项目做出贡献。我的营销建议是，尽管他们不懂技术，但我也不是他们行业或商务职能部门的专家。所以，我们要整合各自的专长，创造一个有效的解决方案，并创造期望的商业价值，证明起初批准该项目的合理性。他们可以带来商务知识和经验，我的团队贡献技术知识和经验，我们一起合力，创造一种协同效应，在复杂项目世界中，去发现创造性的解决方案。联席经理必须建立一种开放和信任的伙伴关系，才能产生杰出的成果。

4.5 有效的客户参与面临的难题

如果我要为管理复杂项目选择和确定唯一的成功关键因素，那就是有效的客户参与。在复杂项目世界里，当要解决无解的问题和未开发的商业机会时，客户是最好的 SME。客户通过扮演 SME 角色，可强化项目交付成果的主人翁精神。他们的有效参与，在项目成功中将为他们所在商务部门带来巨大的利益。在某种意义上说，把他们的声誉和创造力放到项目中去考验。项目是否成功，首先通过复杂项目团队交付的商业价值来度量。其次看过程的成功执行是否创造了解决方案。上述两个问题，都可以通过设计有效的复杂项目管理框架去解决。

客户参与对项目成功是如此重要，以至于我花了整章的篇幅来讨论它。在 ECPM 框架的情景里，我们需要影响项目交付成果或被项目交付成果影响的每一个人都参与到项目中来。这些人就是我们所熟知的相关方（Stakeholders）。在我们的讨论中，我包括了相关方是谁的定义，他们怎样在需求信息获取阶段第一次与 ECPM 框架项目互动，然后贯穿于整个项目生命周期。不是所有的相关方都应该作为项目团队成员，或者直接作为团队成员参与项目。如果他们是团队成员，那就必须有效地参与。只是在项目产生的文档上签字，不是有效的参与。比起客户和发起人的有效参与，这看起来更像对他们的一种威胁。

复杂项目蓝图充满了未解的问题和未开发的商业机会。它们中没有哪个是容易的项目。在以前完成的一些项目中，其产出可能比期望的少，或者基本没有产出。如果这些项目对企业商务战略至关重要，那就必须成功地实施，并从它们实施中产出成果。所以。对一个企业来说，最好的方法就是去使用项目管理的方法把企业合适的部分员工组成一个真实的团队环境，提供轻松的工作氛围，去创造受欢迎的交付成果。

团队必须由专业人士组成，他们或者是参与项目的相关商务部门的商务过程专家（系统工程师和系统分析师），或者是主题专家（部门的经理和专业职员）。仅仅把他们放到一个房间里，就期望得到一个可接受的商业方案，显然不够。还要在房间里为他们提供指导方针、工具、模板和过程，以便他们能够创造新"菜谱"去管理面临的独特项目。这才是由 ECPM 框架支持的复杂项目联席经理。

协作型团队宣言

我们是从复杂项目中交付价值的共同体。

Standish 集团（2013）的研究已经确认，缺乏客户参与是项目失败的第二个最关键的因素。事实上，从 ECPM 框架项目的开始，如果没有有效的客户参与，它就几乎要失败。

我要再次强调，重要的是，不仅仅是客户参与，而且参与必须有效。简单地在 ECPM 框架实施方案签个字，或者在一些晦涩难懂的说明书上签个字，或在混乱的测试计划上签个字，这都不是有效的参与。在我 20 多年的咨询生涯中，我使用一种简单的土生土长的实战经验去培育客户的主人翁精神，鼓励客户无论他们做什么，都能推动项目走向成功。

记住，有了客户的主人翁精神，他们就会把自己的声誉与交付的商业价值捆绑在一起，正如项目经理把自己的声誉与项目捆绑在一起一样，去创造和管理一个产生商业价值的有效的过程。从目的上看，有效的客户参与是为整个 ECPM 框架项目生命周期而设计的。

有效的客户参与在 ECPM 框架实施前就已经开始了。在开始时，企业定义了期望的结束状态的 ECPM 框架环境，扩展到实施计划阶段和执行阶段，且继续延展到使用 ECPM 框架的实践阶段，直至过程改进工作完成。换句话说，客户参与是一项工作，它从概念到出生再到成熟，贯穿 ECPM 框架项目的整个生命过程。企业要想从 ECPM 框架中获取持续的丰厚利益，必须做出这种努力。对大多数组织来说，使用 ECPM 框架将会使它们从自己的项目、项目集和项目组的管理中得到完整的提升。对企业战略计划来说，这是赋能的因素之一。

第 14 章定义了这个框架，并把它当作复杂项目管理的企业层面的资源。

计划实施的成功和它的最终应用通过有效的客户参与重重地捆绑在一起。为了达到这一目标，我把自己在一个 HPM 框架项目中营造和维持有效的客户参与的实战经验与你们分享，呈现了一个真实生活的实战例子。我把这个经验作为我咨询业务的基本原则之一，从 1991 开始就使用它。总之，我能够说 HPM 框架终生伴随着我，因此，我也不用计划就随手拈来。它确实通过从客户到应用者的反馈中得到了改进。我的希望是你能够整合有效的客户参与到你的实际工作中来，经过你的努力，坚实地交付具有更大商业价值的更好的解决方案。

4.5.1 如果客户团队不理解 HPM 框架怎么办？

在设计和第一次应用 HPM 框架时，这确实是你要处理的一个难题。假定这是你邀请客户参与的第一个复杂项目，你将引领他们走入一个新的陌生的项目世界。你将怎样准备让他们变成这个项目团队的富有成效的成员？

这里有一些战略值得你考虑。我们呼吁：对客户培训、培训、再培训！我用过三种培训模型，都取得了成功：商用现货（Commerial Off The Shelf，COTS）服务商主导的培训、说明书主导的定制设施使用培训和咨询师主导的实时培训。这都要依赖我们明白客户团队需要什么和怎样与他们进行最好的互动。

4.5.2 商用现货服务商主导的培训

商用现货服务商主导的培训大多是从完整性考虑的，而且这种培训是随机发生的。相对于内训，它能由你的团队在开放的注册课程中实施。如果客户希望这种培训更个性化一点，你也可以用内训来实施。如果客户倾向于积极主动，又喜欢做自己之外的事，只要给他们足够的一推就可以克服他们的犹豫不决。外部服务商是关键的成功因素。如果有内部服务商可用，应首先用内部的，这可给客户更加安全的保证。但外部服务商能提供新视角，内部服务商做不到这一点。如果服务商能带着问题的具体答案到现场解决问题，这种现场培训效果会更好。

4.5.3 说明书主导的定制设施使用培训

说明书主导的定制设施使用培训比 COTS 培训的成本更高，因为需要时间去理解设施工作的环境，进行需求分析，协调课程内容。但它有附加的利益：内容精当，不会浪费参培人员的时间和费用。我做过的大多数培训都是这种类型的。这些培训很好地构成了我咨询项目的一个组成部分，这点费用的投入产生了最大的商业价值。最终，培训经验将会更加丰富和有效。

4.5.4 咨询师主导的实时培训

咨询师主导的实时培训是说明书主导的定制设施使用培训的一个变种。在这个变种中，培训嵌入项目的执行中。它可能是一个实际的项目，或者是与客户一起参与的设计 HPM 框架环境的项目。如果你愿意的话，项目本身变成一个怎样实施一个 HPM 框架项目的案例研究。如果是内部咨询师，他能做到最有效，因为他已经理解了这种环境。如果使用外部咨询师，很明显，这是三种模型中最昂贵的。记住，HPM 框架项目是复杂的，它的成功对组织是关键的。失败不是选项。我作为一位外部咨询师用过这个模型三次，作为内部咨询师用过两次。这五个项目中都取得了成功。这个变种培训是三种方法中最昂贵的，但它物有所值。也有极少的例外，它变成了由我的客户选择的方法。我曾经开发了一个工作坊，为任何商务过程设计项目。

这个方法是特别用于 HPM 框架设计、实施和过程改进项目的。它分两步走。

① 定制 HPM 框架模板是以需求分析为基础的。

② 在它自己的工作坊期间，进一步定制 HPM 框架模板。

我把这种方法叫作混合培训和咨询的工作坊。我用这个工作坊做过几个商业过程应用程序开发项目，具体有：

- HPM 框架的设计、归档和部署。
- 管理苦恼项目的预防和干预过程。
- 持续的过程/实践改进模型。
- 资源约束下的敏捷项目组合管理过程。
- 建立和监控项目支持办公室。
- 项目经理职位系列设计。
- 职业生涯发展途径设计。

把这种方法收藏到你的 HPM 框架工具箱中。具体细节参见第 14 章。

4.5.5 假如你不能获得客户的有效参与，怎么办？

有效的参与意味着客户要去参与所有的决策，参与需求变更的处理，参与制订计划。活动的任何一项如果只是批准，就不是有效的参与。如果不能获得客户的有效参与，你必定会面临一种困难的状况。如果在复杂项目中不能获得客户的有效参与，项目就会遇到重大阻碍。

早年间，我可能说，我发现了一些应变方法，可在没有客户的有效参与下做这个项目。现在，特别是有了多年的经验积累后，我坚持：如果没有客户的有效参与，我绝不做项目。我尝试过两种战略，只有一点点成功，且留下了血的教训。我常常能赢得战斗，但丢失了整个战争。总之，没有哪个战略满足了我的需要。现在，我倾向于跟随更熟练的路线走。项目的成功关键是持续的商务运行，不被超越你的权力取消和延期。假定项目将继续往前，你将做什么/你能做什么？你应该做什么？头等重要的是去找出有效的参与在客户心中有什么障碍，在适当的时机，提出一个减缓障碍的方案。可能存在许多障碍，后面的讨论会举例说明一二。对每一个障碍，我将营销我的减缓战略。

4.5.6 假如客户犹豫不决，怎么去获得他们的参与？

如果客户对参与项目犹豫不决，这是个问题。技术专家会从行业前辈的传统中"继承"一些重大的技术偏见。从前，不是真的鼓励客户参与项目，他们仅仅获取编写好的需求文档，并进行批准即可，转变成项目去实施的事，就托付给团队了。当时盛行的态度就是，客户只是跟随项目的进程。幸运的是，这种行业偏见没有继续传承，只留在了人们的记忆中。客户更多地在意他们自己的商务，而把技术交给技术专家。即使客户参与，也是在开发和交付团队提供一种舒适的方法时才去参与。

这就要求项目团队去改变这种态度。因为独特的环境，客户在项目团队成员互动方面会有不同的主动权。工作坊、专题讨论会、现场参观、研讨会和其他互动场所都是有效的方式。我的一个战略是，吸引客户参加嵌入复杂项目中的工作坊和专题研讨会，在项目中进行实际的项目团队训练。这是"在干中学"原理的一种有效的升华，它也是所有复杂项目成功的基石。

4.5.7 假如客户希望过多参与，怎么办？

是的，我遇到过这种情况，但这种情况并不多见。

20 世纪 70—80 年代，在终端用户计算系统开发项目中就发生过这样一件事，有客户就表现出了更多的参与。他们极力推荐自己的解决方案，在开发方案讨论会上，强硬地坚持自己的解决方案，不愿意考虑其他方案。你不要去阻止他们分享想法，同时，你也不要去冒险错失更好的解决方案。他们可能是一个有效团队的好演员，是你想要的最好的 SME，而且他们的热情必须得到肯定。

我从原型和头脑风暴方法中借用了这个过程创意，挺合适的。例如，你可以用他们的解决方案开始解决方案的设计，用它可能提供的其他特性和功能来讨论方法。客户经常不会意识到能够利用其他系统和过程去获利。原型和头脑风暴方法都能应用到客户解决方案能产生好结果的系统和过程中。假定客户有了好的建议，你要在讨论中利用这个建议，在更加精致的解决方案吸收他们的优点，创造出比他们提出的解决方案更大的商业价值。客户通过他们的贡献，展示了知识资本的力量。

4.5.8 相关方管理

相关方是最重要的群体。无论你在项目管理文化中遇到了好的变化，还是项目将出现某种期望的结束姿态，相关方的支持和参与都是很重要的。如果没有他们的支持，项目就会陷入毁灭性的灾难。ECPM 设计和应用的目的就是把客户当作相关方，他们既影响 ECPM 框架环境的建立，也被正在建立的 ECPM 框架环境所影响。所以，第一步就是为企业建立 ECPM 框架环境。为此，我们通过图 4-4 向你展示相关方互动模型。

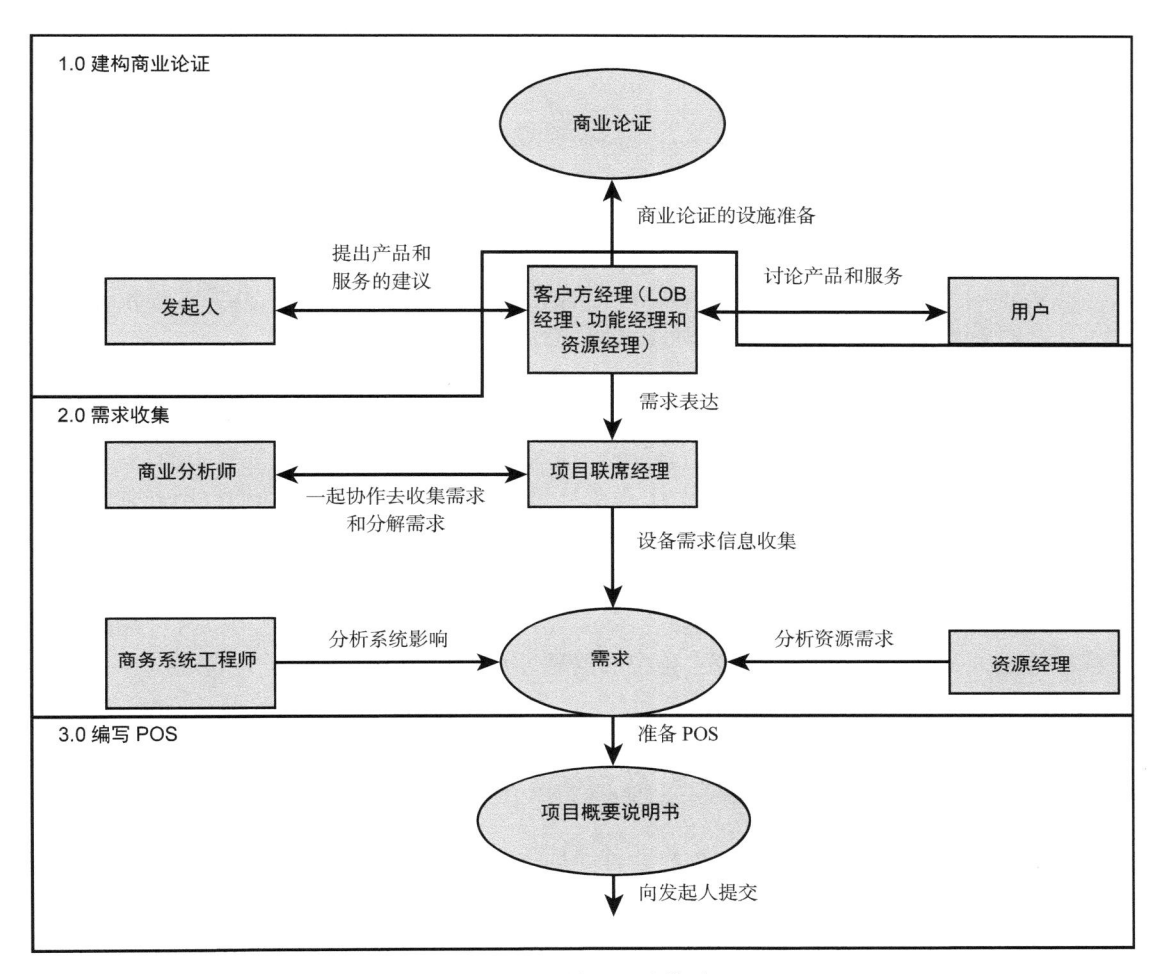

图 4-4 相关方互动模型

4.5.9 谁是 HPM 框架相关方

HPM 框架的相关方可以从企业层面的最高层级的总监到通过项目推进 HPM 框架的所有人（是一个项目管理大家族），当然也包括客户。在某种意义上，你可以把企业内每一个人都看成项目相关方群体内的一员。对于 HPM 框架设计和应用项目，相关方都在图 4-4 中明确了。他们是：

- 公司层面的发起人　这是一位高级总监，他为 HPM 框架项目买单。
- LOB 经理　他们是基于自己部门需要的 HPM 框架项目交付成果的受益人。他们对 LOB 的盈利和亏损负责。
- 职能经理　他们是市场、财务、公关和其他职能部门的领导。他们的需求通常是为了商务过程设计和改进。他们不对项目的盈利和亏损负责。相反，他们只为 LOB 经理提供一线的战术和运维支持。
- 资源经理　他们是企业资源能力供给部门的领导。他们从资源的角度给项目和商务过程提供支持。

- 项目经理　他们是专业人士，是企业战略计划的实施者。他们在与所有相关方互动中应用 HPM 框架。
- 客户　他们是项目经理的东家，他们是企业被项目影响或影响项目的某些参与项目的商务部门的代表。他们可能直接应用项目的交付成果，或者提供项目交付成果给最终客户。
- 商务过程工程师　他们是为企业商务过程相关领域的 LOB 经理和功能商务经理提供咨询的系统工程师和系统分析师。他们的职责是从技术的角度对商务过程设计、商务过程的绩效监控和商务过程的改进负责。
- 商业分析师　这是理解企业商务的专业人士。他们扮演咨询师的角色，从商务的角度为 LOB 经理和职能商务经理在涉及 LOB 部门的绩效和绩效改进事务中提供咨询。
- HPM 框架项目经理　高级项目经理，他对设计和应用 HPM 框架版本的项目负责。HPM 框架版本定义了企业项目管理的环境。随着框架的实施，他们也用未来的过程改进项目的目标来监控 HPM 框架的绩效。

对于相关方互动模型，要注意的最重要的事就是项目设计和实施全生命周期的所有相关方的协作和有效参与。从相似情况的实践来看，这种模型调动了所有相关方极高的主人翁精神。主人翁精神不仅可以减少实施中的问题，还可以为复杂项目管理营造一种更好的 ECPM 框架氛围。

4.6　如何实现和维护有效的客户参与

客户的类型多种多样。有一些客户会持续地提供想法和变更点子，这似乎看起来是件好事，但他们并不关注解决方案的真实需要。他们的行为可能导致团队在分析范围对商业价值的影响和贡献时，花更多的时间去处理非增值工作，在战略上会使某些建议推迟到版本 2 中去处理。

另一些客户似乎没有任何想法和点子分享。也许他们真没有什么想法，也许是项目经理没有去营造一种开诚和宽容的项目团队需要的工作氛围。这是危险的状况，需要立即提升项目经理和开发团队的工作技能。在每一个复杂项目中，变更管理是关键。

让我们来看看这些具体的建议，我曾经用它们去获取和维护有效的客户参与。这些建议就是：总是使用客户熟悉的语言、保持持续的头脑风暴文化、使用联席项目经理管理模型及营造一种开诚和宽容的团队氛围。

4.6.1　总是使用客户熟悉的语言

不要用缩略词，除非它已经是企业的通用常识。如果你用缩略词，客户就会担心他们忽略了什么而谨慎地做出反应。如果你发现他们在茫然的目光中机械地点头赞成你的观点，你已经失去了他们的支持。项目经理，特别是开发团队必须是出色的观察员。我曾经使用的一条观察途径来自 COS 的讨论，在讨论时，我要求客户用他们自己的话重复我刚才说了什么。这可以曝光有什么被理解错了。这种方法看似把客户逼到一种受威胁的位置，但它带来的风险比误解带来的小。客户团队和开发团队必须在一种开诚、宽容和相互支持的环境中工作。任何使项目置于风险的事都要尽力去避免。

4.6.2　保持持续的头脑风暴文化

持续的头脑风暴文化可以让客户团队融进一种更宽松的工作氛围，可以鼓励他们提出想法和心甘情愿地接受来自开发团队的反馈。这些讨论是创造性学习和发现过程的关键组成部分。

4.6.3　营造一种开诚和宽容的团队氛围

团队由两个群体构成——客户团队和开发团队。要使项目成功，他们必须开诚和友好地一起工作。请把你的政治偏见放在门外，在 HPM 框架项目期间，团队就是你的整个世界。联席经理是建立这种工作氛围的关键先生。

4.6.4　使用联席项目经理模型

也许我们能给你提供的第一个也是最重要的忠告就是：在 HPM 框架项目中，应用联席管理模型，与客户方有决策权的代表共同管理。在 HPM 框架设计和实施的项目中要这样做，在使用 HPM 框架改进版本的所有项目中都要这样做。为了能够取得成功，你要从客户企业中找到最高层的总监，这个人必须是有能力且愿意有效地参与项目，承担责任，不是只来干活的。遗憾的是，你在企业中的位置超高，你承担职责所产生的风险越大，且可能导致 HPM 框架项目死亡。把每一个方案都当作独特的方案来对待，并采取相应的过程来处理。你需要一个人帮你出主意，并给你实实在在的支持。

联席项目经理模型是我咨询实践的基本原则。我在我公司以前参与的每一个项目都使用这种模型，我当一位经理，我的咨询伙伴当另一位经理，其他团队成员都是来自客户的高层经理，通常会吸纳 LOB 经理、功能经理和资源经理参加。联席经理双方平等地参与项目，都有平等的决策权，也平等地分享决策带来的成功喜悦，平等地承担决策导致的失败责任。你这样想想：如果你能把自己的声誉与项目捆绑在一起，你怎会不全力投入项目中去保护自己的声誉和商业利益呢？愿赌服输。我知道我愿意，所以在我超过 25 年的咨询和培训商业活动中，在每一个项目分配项目经理时，我都是这样做的。为了交付可靠的解决方案，我都能与我的客户建立伙伴关系。我清楚我是他们团队的一员，他们也明白这一点。

所以，如果项目是技术型的，而客户不是，他们就要知道为什么你要他们当联席经理。这很简单。项目在成为一个技术型项目之前，它还是一个商务项目。它需要一位商业人士当主要的伙伴和决策人。不应该强迫项目团队去做商业决策。作为技术型项目经理，你不太可能让每一个决策都成为最好的商业决策，但你的客户从他的最佳位置上可以做到。我的客户将会听到我说，我很想去做我能够做的最好的工作，但如果没有你们的有效参与，在你们自己的项目当联席经理，这是不可能的。回顾往事，我的客户联席经理参与了所有的决策。他们提供产品和商务专家，我提供过程和技术专家，我们相互平等地去完成项目。

你需要去保持客户在最好的可能状态及时做出商业决策。针对商业决策的需要，项目团队经常要做好技术支持：提供替代方案，对这些方案进行排序，甚至提供成本估算和利润收益分析。无论给客户什么信息，都可能帮助他们做决策。然后停在他们背后，让他们自己做决策，无论他们希望使用什么商业标准。

在复杂项目世界里，用全盘决策去平衡任务的可行性和商业价值，甚至更加重要和关键。在这类项目的开始时，目标不清晰，或者解决方案不清晰，或者两者都不清晰。寻找一种可接受的商业结果，推动项目继续前行。其次，客户处于最好的位置，可以去选择替代方案，领导项目团队去创造一个可接受的商业价值的项目成果。把许多可行的技术替代方案呈现给客户，供客户选择最好的替代方案。这些迭代反复进行，直到聚集出一个能够达到期望商业价值的目标和解决方案，或者由客户终止项目，因为项目当前的方向不能获取期望的成果。保留时间、费用和资源，以便重新去寻找一个更好的目标和解决方案。这种战略说的就是团队与客户的伙伴关系。没有这种伙伴关系，项目就不可能成功。

讨论题

应用联席经理的一个大难题就是给客户在管理项目中平等的权力和责任。过程联席经理必须放弃权力，产品联席经理必须赋予权力和责任。每一位联席经理应该采取什么特殊的行动才能建立这种平等？

第 5 章
项目管理过程组
What Are the Project Management Process Groups

> PMI 项目管理体系过程组不是项目管理生命周期，
> 它告诉我们什么必须做而不是怎样做，它是构建所有 PMLC 模型的基石。
>
> ——罗伯特·K.威索基，博士，EII 出版有限公司董事长

本章学习目标

通过学习本章内容，你应该能够：
- 定义 5 个项目过程组。
- 定义 10 大知识领域。
- 了解 5 个项目过程组和 10 大知识领域之间的关系。

第 2 部分和第 3 部分所说明的项目管理生命周期都由本章所介绍的 5 个项目过程组和 49 个项目管理过程要素组成。5 个项目过程组最早是由项目管理协会（PMI）在所出版的《项目管理知识体系指南》(《PMBOK®指南》) 中提出的。《PMBOK®指南》已经成为项目管理业界的世界标准。本书中涉及与《PMBOK®指南》相关的 5 个项目过程组及 10 大知识领域。详细了解传统的项目管理过程和知识领域很重要，因为它们是项目管理模型的基础，这将在第 2 部分和第 3 部分讲到。本书会将这些传统项目管理实践扩展到现代复杂项目管理领域中。

5.1 10 大知识领域概述

10 大知识领域是《PMBOK®指南》的重要组成部分，也覆盖了所有类型的项目管理生命周期模型。本节也包含所有 10 大知识领域。一个过程组未必包含完整的 10 大知识领域，但都或多或少有所涉及。这里使用的知识领域的名称与 PMI 定义的名称相同。这 10 大知识领域是项目整合管理、项目范围管理、项目进度管理、项目成本管理、项目质量管理、项目资源管理、项目沟通管理、项目风险管理、项目采购管理和项目相关方管理。

5.1.1 项目整合管理

这个知识领域强调的是将所有的项目过程组的交付物集成为一个有联系的整体。这种联系开始于项目描述文档，并扩展到项目计划和执行过程中，包括依据项目计划监控项目进展及对项目的变更集成，直至项目最后收尾。

> **注释** 在复杂项目蓝图中，有效的项目整合要求项目团队在应对由项目特征、组织、文化环境、市场动态等引起的变更时，采取灵活机动且富有创造性的管理方法。许多 PMLC 模型都没有注意到这一点，这也是许多项目失败的根本原因。

5.1.2 项目范围管理

范围管理知识领域的重点是识别及编写客户需求。收集需求和编写文档有很多方法，有两种不同层次的方法可用到复杂项目的范围管理中。项目开始时，绝大多数的范围描述不可知，其需求清单也是低水平的，只有通过随后的多次迭代，才能产生一份高水平的需求清单。选择一种还是多种方法要根据其影响因素来决定。进行需求收集和需求建议书编写时，你应选择最适合的项目管理生命周期，并编写工作分解结构，以确定哪些是满足需求所要完成的各项工作。这样才能让项目团队和客户得到评估时间、成本和资源所需的信息。

> **注释** 在复杂项目蓝图中，范围是易变的。这就是在项目定义阶段项目需求和解决方案都不可知的直接结果。到了项目计划阶段，范围陈述才能提出，但它会随着我们对项目各阶段的突发事件的深入了解而调整。

5.1.3 项目时间管理

时间管理包括计划和控制两个方面。计划部分不仅为一项工作的持续时间（完成一项工作所花费的时间）提供估算，还为完成工作所需要的实际时间或者劳动力工时提供估算。对工期的估算能够得出完成整个项目所需的时间，而对劳动力工时的估算能够得出整个项目的人力成本。控制部分是监督与控制过程组的一部分，包括比较估算时间与实际时间的差异，并进行进度和成本差异的管理。

> **注释** 花时间去为复杂项目制订一个详细的进度计划，这是不现实的，因为在复杂项目中，你不知道下一阶段应该做什么。在 WBS 的大部分内容都无法确认的情况下，你怎样去实施详细计划呢？

5.1.4 项目成本管理

成本管理也包括成本计划和成本控制两个方面。成本计划部分包括建立项目预算，以及将成本分摊到项目进度计划中。这样可以按照时间控制项目成本的消耗。监督与控制过程组将使用成本偏差报告和挣值报告。项目总成本和总工期通常在项目启动阶段确定，但在整个项目生命周期内都要始终关注。

> **注释** 在复杂项目蓝图中,为什么成本和时间是固定的,而范围是可变的?比如在软件开发项目中,当确认的交付时间点到了,或者项目预算花完了,此时,就应该交付这个软件版本,实现本项目的商业价值。如果用户确有新的需求,是否增加投资,那是下一个版本的事。

5.1.5 项目质量管理

好的质量管理一直是项目经理及其团队所忽视的知识领域之一。一个好的质量管理程序包括以下 3 个过程:质量计划过程、质量保证过程、质量控制过程。

质量管理的关键在于项目的产品或交付物。如果产品或交付物要满足特定的物理或性能要求,就需要对其进行验证,验证合格就提交给用户。对产品是否合格的验证就是要在产品开发的过程中逐个阶段对产品进行多方面的测试,通过上一阶段测试的产品才能够进入下一个开发阶段。如果不能通过测试,就要对产品进行返工,直到其通过测试。如果返工也不能改进产品的缺陷,致使产品无法满足商业价值,产品就要被淘汰。

质量管理意味着产品达到以下标准:
- 产品适于使用。
- 产品满足了用户的所有需求。
- 产品按照进度提交,且在预算范围内并符合相关标准。

注意,这里说的不是超出需求。很多项目经理总是信奉"取悦用户"的想法。例如,如果你答应在周五提交产品,你就会尽量在周四将其提交给用户;如果你预计产品要花费 2 美元,你就会想把成本降到 1.95 美元。这些想法很好,也体现了高标准的客户服务意识,但是这和质量没有关系。所谓质量,就是满足预先说好的需求,而不是超过这些需求。质量管理程序要关注满足产品和过程的要求。

1. 质量计划过程

对于产品和过程必须有满足的标准。这些标准也许是企业外部要求的(政府或行业质量要求),也许是内部标准(公司质量方针和质量手册)。另外,有的项目还要有必须满足的专项需求。质量计划必须在一个程序中集成所有的标准。

2. 质量保证过程

质量保证包括确保质量计划执行的各项活动,具体包括质量保证过程定义及实施这个过程。

3. 质量控制过程

该过程包括对项目管理监控工具和报告方法进行实际监控等活动。

> **注释** 应该为项目过程、项目过程的活动和项目交付成果定义质量要求和相关标准。在复杂项目蓝图中,因为范围是可变的,质量要求和质量标准也是可变的。在第 5 章中,

> 我们是在工具、模板和过程层次来讨论过程质量和工作质量的；而在第 14 章中，我们会在项目层次上来讨论工具、模板和过程的质量。这正是在复杂项目蓝图中学习和掌握过程的重要内容。

5.1.6 项目资源管理

有些人认为项目经理的工作是管理项目中的事务，还认为管理项目团队成员不是项目经理的职责，而应该是成员对口的部门经理的事情。在理想的世界，这种项目管理的方法也许可行。但是在现代项目管理的世界，情况截然相反。你很可能希望你的团队成员具有某种技能或经验，但职能部门不给你派这样的人。然而，缺乏技术、没有特定技能的人，以及其他因素都会造成项目团队的整体素质不足。你能得到什么资源就是什么资源，所以你只能充分利用手头的资源。因此，这不是简单的事情，部门经理和项目经理要分享人员管理职责。因为你所要共事的团队所具备的技术或资质不很理想，员工发展将成为你和部门经理共有的职责。部门经理负责根据人员技能、资质及他们的职业发展规划将人员分配到项目组中，而项目经理的职责是根据人员的技能、资质及他们的职业发展计划为其分配任务。很显然，这是你和部门经理的联合行动。

不是所有人都能被激励的。假设大家都能被激励是一种冒险。实际上，大多数情况下，项目经理可以做的就是创造一种环境，使下属能够被激励，并且希望能够产生效果。

> **注释** 在任何复杂项目条件下，资源管理也是一项挑战。为复杂项目制订的要求专业技术人员支持的任何长期计划，都不是好的战略。反之，使用阶段性计划是个好方法。复杂项目中的阶段工期应该限定在 2～6 周内，这样，资源争夺的问题就会少许多。

5.1.7 项目沟通管理

在项目失败的原因中，缺乏沟通常常在 10 大原因中名列前茅。在失败的 IS/IT 项目中，有 70%的情况可以追溯到缺乏沟通。一个好的沟通管理过程应具备一些条件以回答下面的问题：

- 谁是相关方？
- 相关方需要了解项目的哪些信息？
- 相关方的需求将怎样被满足？

1. 谁是相关方

与项目有直接关系的一个人或一组人就是相关方。有些人会被要求参与到项目中来并为推进项目出力，因此成为相关方。他们可能并不愿意成为相关方，却承担了此种角色。那些被项目所影响的人员也是相关方。他们通常是要求启动项目的那些人，因此他们愿意成为相关方。还有一些非意愿的相关方，他们受到项目的影响，但是对项目实际上如何按照需求交付几乎没有发言权。项目经理需要识别这些相关方，并和他们进行适当的沟通。

2. 相关方需要知道项目的哪些信息

每个相关方都会有不同的关注点和问题，通常包括：
- 需要我给项目团队提供什么？
- 我如何让别人了解我的需求？
- 项目何时完成？
- 项目对我的影响是什么？
- 我会被取代吗？
- 我怎样知道如何使用这些项目交付物？

你的沟通管理计划只有满足各种相关组织和个人的需要，才能行之有效。

3. 相关方的需求将如何被满足

这基于沟通的目标。如果沟通是为了通告信息，那么就可以有多种方法加以选择。如果沟通的目的是获得反馈，那么可选择的方式就少一些。

> **注释** 沟通管理不仅仅是为了外部相关方，协作型项目环境也将其扩展到了内部项目团队。第4章已经介绍过联席经理模型整合了过程团队和产品团队，所以内部项目沟通管理也成为沟通管理的一个重要内容。

5.1.8 项目风险管理

在项目管理中，风险是以某种概率发生的、导致项目环境变化的未来事件。这些变化可能对项目产生积极或消极的影响。大多数情况下，风险通常会带来损失，起码从传统观念上来说是这样的。但是风险事件的发生也有可能带来收益。例如，假设你知道某个软件开发商正在进行某种语言翻译工具的开发，而如果这个工具开发完成，你也可以利用它来节约编程时间。

> **注意** 如果你能够确定一件事情发生，它就不是风险，它是确定性事件。这种事不用风险管理。因为你已经确定它会发生，不存在或然性。没有或然性，就没有风险。

更加常见的是风险事件和某种损失相关联，其结果也许是成本增加、进度拖延或者其他灾难性的变化。损失的费用是可以估算的。这种损失可以通过该事件发生的概率及其所带来的损失的数学乘积进行估算。这种评估要求项目经理选择如何应对，以减轻风险和降低可能发生的损失。

风险评估是项目经理进行一系列决策的依据。首先，要做出是否采取行动的决策。如果行动的成本大于评估的损失，则不要采取任何行动，此时能做的就是祈祷风险事件不要发生。其次，如果要采取行动，那么要采取哪些行动及如何采取行动呢？有些行动仅仅降低了风险事件发生的可能性，有些行动则减少了风险事件发生所造成的损失。通常，不可能将风险发生的可能性或损失降为零。无论采取什么措施，目的都仅仅是试图在最后的分析中降低损失。

商业决策就是把预防所有或部分损失所支付的费用与预计的损失做评估比较，然后决定应该采取何种行动。在项目管理中，需要管理的风险是那些可能危害项目本身的风险而不是整体业务风险。虽然项目可能影响整体业务，但整体业务并不是项目经理所管辖的范围。

> **注意** 如前所述，在企业风险的应对方面，新兴的风险管理理论不仅要考虑损失的可能性，还会计算收益的可能性。投入风险资本来寻求新的商机，这在企业中很常见。本书中，我们只讨论传统意义上的风险，即那些可能导致损失的风险。

风险管理是一个广泛而深刻的话题，本书只能略述皮毛。关于风险管理的参考书有很多。这里，我们简要介绍风险分析和管理过程。它可以回答以下几个问题：

- 什么是风险？
- 风险带来损失的可能性有多大？
- 发生损失后的成本会有多大？
- 如果最坏的情况发生，会有多大的损失？
- 有什么替代方案？
- 如何减少或者消除损失？
- 替代方案会产生别的风险吗？

为了回答这些问题，我定义了风险管理的 4 个阶段：识别风险、评估风险、计划风险应对措施、风险监督与控制。

每个项目都会遇到风险。一些风险可以被识别并且提前制订计划应对它们的发生；另一些风险则不能提前预知，只有发生的时候才能做应急处理。本部分所关注的是可能危害项目成功实施的活动。没有人知道它们什么时候发生，但是它们可能发生，并且会对项目造成损害。例如，具有关键或稀有技能的团队成员流失就是这样一种活动。项目持续时间越长，这个问题就越有可能发生。一些组织的经验表明，这种情况一定会发生。了解了这一点，你会怎么做呢？这就是本部分要回答的问题。这个问题的答案建立在理解风险管理生命周期是什么及如何构建风险管理计划的基础上。

遗憾的是，许多项目经理将风险视为这样一种事物：项目开始时关注它，通过建立某种类型的风险管理计划进行归档，然后很好地实施项目工作。这种目光是多么短浅！有效的项目经理会将风险管理视为每个项目中的动态部分。他们的计划包括以下 4 个部分：

- 风险识别。
- 风险评估。
- 风险应对。
- 风险监控。

1. 风险识别

为建立项目风险管理机制，项目经理和项目团队需要进行几个步骤。第 1 步是识别风险，它通常包含在项目计划活动中。在识别风险阶段，整个团队要在一起讨论并识别与当前项目有关的风险。

制订风险管理计划是项目计划过程的重要组成部分。项目的复杂性和不确定性越高，具有动态的风险管理计划就越重要。一些人认为项目经理所做的就是管理项目风险，这种认识虽然很片面，但是道出了好的风险管理计划对于项目的重要性。尽管经验丰富的项目经理明确地知道每个项目中包含什么类型的风险，但是专业的项目经理不会想当然，他们还是会带领项目计划团队识别项目风险。编制项目风险列表可以和其他项目计划活动同时进行。建立该列表后，团队就可以进行风险管理过程的第 2 步了。

风险通常可以分为 4 类：
- 技术风险。
- 项目管理风险。
- 组织风险。
- 外部风险。

风险识别模板。在风险管理过程中，第 1 步就是要识别所在项目的风险驱动因素。在给定的项目中，这些因素可能正在影响项目，它可能是对项目成功不利的条件或环境。为了进行项目风险管理，项目经理和项目团队必须经历几个过程。第一个就是识别风险。在这个过程中，整个团队聚集在一起讨论和识别现行项目的风险。我建议该会议只关注风险。因为只有单一关注点的会议能够使项目团队理解风险管理的重要性，让每个成员都思考项目涉及的不同风险。

图 5-1 是一个可以用于定义各种类型的风险，并且可以初步估算它们对范围矩阵影响的模板。

风险类型和风险	影响要素				
	范围	时间	成本	质量	资源
技术					
项目管理					
组织					
外部					

图 5-1　风险识别模板

2．风险评估

将风险识别列表汇总后，先不要剔除任何风险，可以让团队成员采用"头脑风暴法"分析风险而不做任何评判。有些风险概率很小，可以忽略。例如，你正在建造的建筑物被一颗流星毁坏的概率是极其微小的，真正的项目经理不应该为类似流星这样的事情担心，而应该管理那些真正有可能发生的风险。

风险评估中有 2 个主要因素。第 1 个是风险活动发生的概率。比如，当某项目涉及从一套计算机旧系统升级至新系统时，两套系统之间的界面就可能出现问题。专业的项目经理将很好地感知风险类型及它们发生的可能性。

风险评估的第 2 个因素是评估风险对项目造成的损失。如果其可能性很高，但影响很小，你就可以忽略这个风险。如果可能性很小但影响很高，你也可以忽略它。决策的依据是活动发生的概率及其产生影响的乘积大小。例如，流失一项关键技术的可能性是 0.8（可能性在 0~1），造成的损失是 50 000 美元，那么预估损失就是 40 000 美元（0.8×50 000）。再举一个例子，假设华尔街上的铜牛被偷的可能性是 $1×10^{-10}$，造成的损失是 75 000 000 美元，那么预估损失就是 750 美元。

你可以忽略那些风险预防成本比风险预估损失还要高的风险。换言之，不要为了解决 100 美元的问题去花费 1 000 美元。在上面两个例子中，你也许不会忽略失去关键技术的风险，但你会选择忽略华尔街上的铜牛被偷的风险。

①静态风险评估。如果你不想用数字评估风险表，那么你可以使用如图 5-2 所示的风险矩阵。使用 3×3 矩阵就很好，5×5 的矩阵也很好用。

	非常低	低	中	高	非常高
非常低	忽略	忽略	忽略	考虑	采取行动
低	忽略	忽略	忽略	考虑	采取行动
中	忽略	忽略	考虑	采取行动	采取行动
高	考虑	考虑	采取行动	采取行动	采取行动
非常高	采取行动	采取行动	采取行动	采取行动	采取行动

（纵轴：损失；横轴：可能性）

图 5-2　风险矩阵

对于每项风险，需要评估该风险发生的低、中、高的可能性，以及低、中、高的影响程度。两项的乘积值组合成了风险矩阵的各个单元，并对应建议的措施。对待风险的态度可能随着项目的发展而变化。所以，我的建议是进行风险监控，但是不要轻易采取措施。

②动态风险评估。前面所讲的风险评估主要是静态的。对此，我的意思是在计划阶段进行分析，并制订整个项目的风险管理计划。这些分析和计划在项目过程中不会发生变化。这是最简单的方法，但没有本节所介绍的动态风险评估方法有效。我曾很成功地应用过下面将要介绍的动态风险分析方法。在这种方法中，风险在项目各个阶段都要被持续评估。我将举例说明如何使用这种方法。

一旦风险驱动因素被识别，就要将它们按照最有可能影响项目到最不可能影响项目的顺序进行排列，即将它们从 A（最大可能性）到 J（最小可能性）标出来，并且将其按图 5-3 所示的顺序加以排列。每列的数据表示：1=低风险；2=中级风险；3=高风险。其实，任何数字都可以表示风险，小的数表示低风险，大的数表示高风险。有时，"0"可能被用来表示无风险。我还见过和使用过以 1~5 或者 1~10 来表示影响程度的情形。

项目活动	A	B	C	D	E	F	G	H	I	J	分数（分）
需求分析	2	3	3	2	3	3	2	2	1	1	22
规范	2	1	3	2	2	2	1	2	2	3	20
初步设计	1	1	2	2	2	2	1	2	2	2	17
设计	2	1	2	2	2	3	1	2	2	1	18
实施	1	2	2	2	3	3	2	1	2	1	19
测试	2	2	2	2	2	3	2	2	2	2	21
集成	3	2	3	3	3	3	2	3	3	2	27
检验	1	2	2	3	3	2	3	2	2	3	23
运行	2	2	3	3	3	3	3	1	1	3	24
分数	16	16	22	22	23	24	15	21	17	15	191

注：由于最高分数是 270 分，因此本项目的风险水平是 191/270=71%。

图 5-3　风险评估工作表

图中给出的数据来自一个假设的项目。其中，列中各项为从候选风险驱动因素列表中选出的前 10 个风险驱动因素，行中各项是一个过程的各个步骤。因为仅是一个例子，所以我们选择了一个假设的系统开发生命周期中的各个步骤。当然，也可以使用过程中各个步骤的组合。因此，这一工具的应用范围非常广泛。与过程的步骤关系不大的风险驱动因素计为 1 分，关联性中等的风险驱动因素计为 2 分，与过程关系密切的风险驱动因素计为 3 分。事实上，你可以使用任何计分方法。行分数之和与列分数之和彼此之间进行相对评估，也与类似项目的分数进行比较评估。这些总和会告诉你所有的事情。较高的列总和意味着有一个风险驱动因素跨越若干步骤而起着重要作用；较高的行总和意味着有一个步骤受到若干风险驱动因素的影响。最后，整张表的总和会告诉我们一个比例数值，用这个比例数值可以和相类似的已完成项目进行比较。比例数值是相对的，但它表明一种规则，及时给出一种预警，说明项目总体处于高风险状态。

为了分析最终结果，首先要找到列总和的最大值。在本例中，你要关注 C、D、E 和 F 列的风险驱动因素。因为它们的列总和高，可能影响几个过程步骤。项目团队必须找到策略来减少风险发生的可能性或降低风险可能带来的不良影响，或者同时减少二者。行总和的分析同样如此。在本例中，集成具有最高风险值为 27，这表明多个风险因素都会影响集成。所以，项目团队要关注与集成相关的工作，并且要寻找改进或更好管理这项工作的方法。例如，团队可以选择更有经验的人员担任这项工作。

在本例中，风险的水平是 71%。这个数值只有在与其他已完成的项目进行比较时才有意义。如果风险超过某个数值，将会造成项目失败。如果 71% 已经超过了这个数值，本例中的项目就存在高风险。做不做这个项目，则要看项目所带来的商业价值。

3．风险应对

风险管理的下一步是编制应对计划，尽可能将所识别的风险发生时应该采取的应对措施计划周全。例如，你可以在与硬件供应商的合同中增加一项条款，指明如果服务器在某一特定日期没有运过来，则供应商将被罚款。该罚款会促使供应商履行合同，分析并降低由关键设备交货延迟所带来的风险。对于所有列在风险识别列表中并且已决定加以管理的风险，你需要考虑对付风险的各种措施。你不应该只是简单地列出风险，而需要做出计划，制定风险一旦发生时应该采取的行动。

为应对关键员工可能离职编制的计划也是风险应对计划的一种。如果一名重要的软件开发人员未完成编码任务前就离开了，你应该怎么办？这种事情一旦发生，将严重影响项目进展。处理这种关键员工离职风险的方法就是让另一位员工时刻了解编码过程，或者每天让软件开发人员报告进展情况。你还有其他的解决办法吗？类似这种应急计划就是风险应对措施。

这里有 5 种风险应对措施：
①接受。不采取任何措施，你不得不接受它，希望它不要发生。
②避免。修改项目计划，避免产生此类风险。
③应急计划。如果风险活动发生了，你打算怎么做？
④缓解。降低风险发生的影响。
⑤转移。如果风险活动发生，则转移其影响（买保险）。

4．风险监控

在完成识别风险、评估风险的概率和影响、计划风险应对措施这些工作后，就需要监督和控制项目风险。将可能发生的风险记录下来，并对其进行评估，这可以使每一名团队成员意识到风险的存在。这是一个良好的开端。你还需要创建一个风险日志，在日志中列出所有需要管理的风险，确定风险的负责人，并具体说明如何管理风险事件。风险日志可以是用文本或电子表格形式编制的简单模板。

你可以使用 Microsoft Word 创建风险日志。典型的风险日志通常包括以下 5 个方面的内容：

①ID 号码。ID 号码要保持不变，即使风险已经发生并已被管理。如果将风险从列表中剔除，在其他地方记录时，也不要将原来的 ID 号码分配给新的风险。号码要保持不变，否则将会产生混乱。
②风险描述。风险描述是对风险事件的简单说明。
③风险责任人。风险责任人是指负责管理所列风险的成员。
④采取的措施。采取的措施是指风险责任人如何处理风险事件。
⑤结果。结果说明采取应对措施后发生了什么。

利用风险日志可以对项目风险进行跟踪，并对风险加以控制。在项目进展会议上，应经常提到风险，以及团队对风险的管理。将风险摆在整个团队面前，这样才能使每个成员意识到将会发生什么风险，以及对这些风险应当采取什么措施。持续关注风险是应对项目失败的良好保证。

> **注释** 在复杂项目蓝图中，风险是非常高的。如果组织想去管理风险，必须倾注特别的注意。在项目工期内，应该有专门负责项目风险的团队成员。

5.1.9　项目采购管理

采购管理知识领域贯穿了计划、实施、监控和收尾几大过程组。有效的采购管理生命周期包括以下 5 个步骤：

①征集供应商（或软件外包商、工程承约商。——译者注）。
②评价供应商。
③选择供应商。
④与供应商签约。
⑤管理供应商。

一名项目经理经常会遇到需要从外部购买硬件、软件或服务的项目。这个过程就是采购。一名专业的项目经理必须了解全部采购过程，这样才能确保组织以最佳成本获得适当的材料或者以最佳成本获得最佳的服务。为了进行采购管理，你需要按照几个步骤执行，下文对此进行了简单的总结。

1．征集供应商

你进行了需求收集汇总，并决定通过外部供应商来实现这些需求。此后，你就可以开始准备用于招标的采购文档了。这种文档被称为需求建议书（Requests For Proposals, RFP）。供应商根据需求建议书确定是否及如何对你的需要做出反应。RFP 越详细，你和供应商双方就能越快进入状态，因为你提供了所需要产品的最基本信息（不要忘记关于前面所讨论的关于需求和要求之间的问题）。你的要求越具体，供应商就越可能快速而有效地做出反应。

许多公司设立了采购部门。在这种情况下，你只需要向采购部门提供需求文档，剩下的工作就由该部门进行。如果没有采购部门，你就要将准备的文档发给供应商。你还需要一个主笔人（有可能不是你本人）和一个法律部门的人员，以确保文档中的需求清晰，这可以作为你与供应商签订合同的基础。

建立潜在供应商名单的方法很多，主要包括以下几个部分的内容。

①发布需求信息。需求信息（Request For Information, RFI）是当你对市场行情不太清楚或者不知道有哪些供应商能够满足你的要求时经常使用的办法。RFI 为寻找能够提供满足需求的产品或服务的供应商提供了广泛的空间。RFI 是一封信，通常也会接到以书信或手册方式的反馈。根据对 RFI 的反馈情况，你可以决定：

- 对哪些供应商可以发出需求建议书。
- 哪些内容需要包含在 RFP 中。
- 是否需要一家供应商来编写 RFP。

②需求信息发布渠道。你可以通过任何一种供应商会阅读的媒体为你的项目打广告。很多供应商都是行业协会的成员。如果有这种行业协会，则可以通过其通信录与供应商取得联系，或者在其商业刊物上发布公告。

③借用目标清单。类似的信息资源很多。一份有效的目标清单能极大地缩小搜索的范围。

④咨询合作过的供应商。有过合作经历的供应商对当前的项目来说应该是比较好的资源，或者他们能够推荐可以满足本项目特殊要求的其他供应商。

⑤参加交易展览会。可以参加那些潜在供应商参展的交易展览会。这是没有风险的方法，而且很可能发现目标之外的供应商。

⑥准备并发布方案征集函。完成需求分解结构（Requirements Breakdown Structure，RBS）后，你就可以开始准备用于招标的采购文档了，这种文档被称为RFP。供应商根据RFP确定如何满足项目需求。RFP越明确，你和供应商工作起来就越有效，因为你提供了你想要的交付物的基本信息。你的要求越具体，供应商就越可能快速而有效地做出反应。

> **注意** 要记住，合同总是隐含着某种对立关系的。合同双方都想建立对自己最有利的条款，所以在准备RFP时一定要记住，尽管你肯定要建立最有利于自己的条款，但也必须保证RFP中的条款不能苛刻到无人应答的地步。你要尽量鼓励供应商参加投标，而且不能在RFP中用严厉甚至粗暴的态度对待投标供应商。

你需要说明回标的时间要求，即供应商要在几天之内投标，以及确定供应商之前，你需要多少时间来审核各家的标书。通过为招投标双方设定期限，能够更快地推进招标过程，并使招标开始时各方的期望更加明确。

RFP是采购过程的核心，提供了签订合同和要完成工作的基础。它向供应商清楚地解释了所期望的交付物。

我建议RFP应包含以下内容：

- 介绍。
- 业务概述。
- 问题或机会。
- POS（可选）。
- RBS（可选）。
- 供应商职责。
- 合同管理。
- 供应商介绍。
- 供应商联系人。
- 时间和成本预算。
- 报价。
- 评分标准。

⑦RFP问题和回答。收到RFP的供应商可能向你提出问题。所有的潜在供应商都应该知道这些问题及你的回答。这是法律规定！你需要使用一些技巧来回答相关的问题。

⑧回答投标人问题。发送RFP之后，那些已经接受了RFP的条件准备投标的供应商肯定会提问，这时你就要考虑用何种方式加以回答。这里有3种方法。

- 分别回答问题，即收到供应商的直接提问后，将回复发送给所有接受了RFP的供应商。
- 召开澄清会。这是一种常用做法。所有希望参与投标的供应商都必须参加并且现场提问。通过这种方法，每个潜在的投标人都能够亲耳听到问题及其回答。澄清会可以在酒店或你公司的会议室召开，通常会在公司会议室召开。
- 将RFP在网上公布，并在网上回答问题。这种方式可以使每家参与竞标的供应商都能知道其他公司提出的问题，并且能够记录你对问题的回答。这种方式只有在有专人随时查看网站上的问题且有专人回答这些问题时才有效。这种方式也免除了距离较远的供应商的负担。通过网上公布，所有供应商都能享有平等的机会。

最重要的是，你要让所有的投标人都掌握同样的信息，否则就有可能被投诉为暗箱操作。

2. 评价供应商

在还没有阅读投标书以前，你应先确定选择供应商的标准。这些标准可能以技术为主，或者以经验为主，或者以成本为主。不管你选择供应商的标准是什么，你都必须对所有供应商保持一致。如果你是一家公共事业公司，那么每一家被你拒绝的供应商都将会索要一份胜出标书的复印件。如果他们认为自己的标书更好，则可能挑起事端（例如，法律诉讼）。如果你有一份标准的评分表，你就能够证明每家供应商的评级是基于同样标准的，而胜者的总分最高。尽早地确定选择标准，就可以更轻松地做出决策，而且能够在必要时对决策加以解释。

①建立供应商评价指标。选择供应商意味着要建立一套标准，对所有供应商进行评价。其主要目标在于确保对所有 RFP 应答书的评价是一致的、客观的和全面的。

虽然对供应商的评价有很多现成的指标，但是对你来说，最重要的是先确定建立怎样的供应商关系及要解决的问题是什么，然后建立一套供应商选择指标，以便系统地选择供应商。这必然要有一个评价小组参与进来。这个小组负责审查供应商评价指标的检查表，在组内讨论每个指标的重要性，并且达成一致。这意味着必须选出适用于每个供应商的必要指标，那些"可能"有用的无关指标会被排除。指标也会按照"必须有""可以有"或"最好有"的层次进行分类。对不同类型的指标有不同的评分办法。

评分中还要考虑一些定性的因素。它们包括：
- 公司的行业地位。
- 财务稳定性。
- 技术水平。
- 个人经验、技能和资质。
- 风险管理过程。
- 公司位置。
- 适当的工具、模板和过程。
- 公司相关业务的知识库。

你可以使用某种类型的权重方法来评估这些定性指标。

对供应商的评价和分级有多种量化模型。我使用过的简单有效的模型有两种：汇总排名法和配对比较法。

a. 汇总排名法。表 5-1 是汇总排名法的一个示例。这里有 6 位供应商（数字 1～6）和 4 位评委（A、B、C 和 D）。汇总排名法的结果就是供应商的名次表。每位评委必须根据他们对 RFP 应答书的满意程度，对 6 个供应商从优到差进行排序（评分的差别在于标准，同时必须根据标准给分，这里也用数字 1～6 来评，1 为最好，6 为最差）。在这个例子中，评委 A 认为供应商 4 最好，而供应商 3 最差。为选出大家公认的最佳供应商，则要把所有评委对各个供应商的次序分别加在一起。在这种情况下，供应商 2 排名第一。

表 5-1　汇总排名法

供应商	评委 A	评委 B	评委 C	评委 D	合计	汇总排名
1	2	3	2	4	11	3
2	4	1	1	2	8	1
3	6	2	5	5	18	5
4	1	5	3	1	10	2
5	3	4	4	3	14	4
6	5	6	6	6	23	6

b. 配对比较法。配对比较法是另一种评比排名的方法。这里，每个供应商都要和其他供应商进行比较。如表 5-2 所示，供应商 1 和供应商 2 在第一行进行比较。如果供应商 1 胜出，在第一行的供应商 2 栏中填上 1，在供应商 2 那行的供应商 1 栏下填写 0。为选出最佳供应商，则要将每行的数字加起来，得分最高的行就是最佳供应商。

表 5-2　配对比较法

	1	2	3	4	5	6	汇总	排名
1	×	1	1	0	1	1	4	2
2	0	×	1	0	1	1	3	3
3	0	0	×	0	0	1	1	5
4	1	1	1	×	1	1	5	1
5	0	0	1	0	×	1	2	4
6	0	0	0	0	0	×	0	6

②评审 RFP 应答书。对供应商的 RFP 应答书的评审是一种结构化方法，用以评价供应商是否有能力满足 RFP 提出的各项要求。这种评估需要评估团队在非常了解 RFP 要求的情况下进行。许多情况下，项目团队会由外部专家人员组成。这项评估的主要成果就是获得一份分级列表。评估团队对满足 RFP 最低要求的供应商一般都要给出评价意见。

通常，评审的步骤不止一个。尤其是在有多个合格应答书的时候，多步骤评审就很有必要了。对供应商 RFP 应答书的评审经常用于将有效投标人的范围缩小到一个可控范围，最好控制在 5 个以内。这些胜出者将被要求现场对其解决方案进行讲标。最终用户及其他相关人员将会参加讲标会，他们会使用针对现场讲标的评分指标对每个供应商提供的解决方案进行评价。评分数据将被汇总以供选择最终中标人。

大多数情况下，本次评审后还是会推荐多个供应商（建立一份短名单），所以供应商评价工作并没有结束。

3．选择供应商

供应商评价的结果通常不会选出单一最佳供应商，很可能有几个供应商同时竞争所有工作。所以，你需进行抉择，决定选择哪个或者哪些供应商中标。

选择供应商是一项非常关键的决策。即使你很努力地完全按照供应商评价过程进行选择，也不一定能保证所推荐的供应商是最合适的。你最终还是要选择一个自己感觉合适并且信任的供应商。有时可能流标（没有招到供应商）。因此，你不一定非要从现有的竞争者之中挑选合作伙伴，比较好的方法是让所有潜在的投标人都知道在走完整个流程之前是不会决定花落谁家的。

4．与供应商签约

①合同管理的内容。如果应用软件完全是由供应商开发的，那么项目经理的基本工作就是合同管理。合同管理包括以下几个部分的内容：

a．供应商必须向你提供交付日期，以便判断项目是否按时进行。

b．供应商还应向你提供一份工作分解结构，详细说明供应商如何分解项目范围，以及构成完整交付成果的各项任务。

c．你需要定期召开进展会议，以便跟踪项目进度。你不仅要召开正式会议，还要规定会议时间。进展会议每周至少召开一次。在项目早期阶段，可以召开得更频繁。每周的进展会议可以使你了解供应商的合同执行情况。这种每周一次的安排，可以使项目不至于过多地偏离计划。你可以更正一周内出现的问题，因为长于一周就会产生无法管理的问题。

合同中必须明确组织内负责该合同的合同经理。通常来说，合同经理是项目经理（如果由你管理项目，那么合同经理可能是你本人），但在一些组织中，合同管理是由一个特定部门或团队负责的。我们倾向于由项目经理进行合同管理，或者至少让项目经理成为合同管理团队的成员。

> **注意** 如果合同是以交付成果为基础的，即供应商同意在特定日期提供交付成果，那么就需要说明付款机制，这是非常重要的。签收每一项交付成果的人对供应商都是至关重要的，应该在 RFP 中具体分配人选。

②决定供应商。根据评标过程，真正决定供应商的过程其实既简单又直接。这里需要考虑几种情况。

a．没有中标人。在这种情况下，没有合适的供应商能够满足需求，因此也就没有中标人。如果是这样，通常需要重新评定 RFP。此时，你要审查你的要求是否超出了任何一家供应商在合理范围内的提供能力。如果是，就要考虑重新修订项目范围。

b．唯一中标人。在这种情况下，评估的结果非常清楚，即只有一个供应商高票通过所有的评分指标。比较简单的情况是，评分标准的设计就产生一个分数，满足项目最低要求的所有供应商中得分最高的就是中标人。但是这并不意味着此项工作已经结束，你只不过是有了一个中标人，你还要进行合同谈判并让供应商接受这个合同。

c．多个中标人。当有多个标准且每个标准都有自己的打分方法时，就可能不会出现一个明确的、能达标的单一供应商来承担这项业务。在这种情况下,你要决定将业务分包给不同的供应商。如果有这种可能性,你就必须在 RFP 中明确这一点,说明业务可以分包给多家供应商,他们必须在项目中共同合作。RFP 要提出要求,让供应商出具类似情况工作经验的说明。如果你有多个供应商,那么你的管理负担很明显就会增加。

③合同的类型。此外,你还需要考虑合同结构。下面简要介绍常用的 4 种合同类型。

a. 固定价格合同。这种形式的合同最好用于需求非常清楚,并且采购者(也就是你)能将变更控制在最小范围的时候。虽然很多采购者都倾向于使用严格固定价格(Firm Fixed Price, FFP)合同,但你必须记住,使用这种合同,也要相应地选择具有软件工程学会(Software Engineering Institute,SEI)定义的集成能力成熟度模型 3 级的供应商(软件外包商)。只有当供应商的企业级过程能力经过 SEI 的确认,并持续学习和跟进 SEI 的标准,且能将资质保持到现在,企业才会积累足够多的软件测试历史信息。这些历史信息是根据很多项目收集的历史数据,能够确保 FFP 合同的顺利完成。当然,所有潜在的供应商都会同意使用 FFP 合同,他们盼望先进入项目,稍后再与采购者计算细节,所以这种合同不是根据数据得出的结论。

b. 时间和材料合同。根据每个供应商在项目中承担的任务,分别分配工作量。这些要在 RFP 应答书中加以说明,并且作为合同谈判的一部分。工时卡由供应商保管,你要签字确认同意合同条款和条件。由供应商提供的材料也要在合同中达成一致,必要的文档可以作为签字的附件。

c. 定金合同。定金合同规定了每个阶段付给供应商的固定比例的金额,在达成一致的由供应商提供的一定工作阶段后付费。定金合同通常用于没有详细工作说明的情况下。在这些合同中,你的责任是在截止日期之内确定对供应商的阶段分配。

d. 成本奖励合同。如果你想鼓励高性能和高质量,但不确定如何衡量供应商的真实能力的时候,这类合同非常有用。一个成本奖励合同包括直接的人工成本和间接成本(经费、实际工作绩效等),并以此建立费率。其他直接成本单独列出。成本奖励合同更加强调合同绩效及质量,用于强化标准和过程。奖励金可以在合同初期进行谈判,并和供应商绩效挂钩。供应商绩效要通过特定量化的指标来测量,这样对供应商的所得才不会有争议。成本奖励合同还包括没有达标的惩罚。

④最终合同谈判的争论点。RFP 的这部分定义了在选择供应商之后要与之讨论的最终合同条款和条件。你不要让供应商有任何意外。有些方面,你要在 RFP 中说明。这些方面包括:

- 工作进度。
- 合同分配人员。
- 所有权。
- 付款进度。
- 数据权利。
- 保证。
- 费用。
- 其他条款和条件。
- 取消条款。

⑤最终合同谈判。建立并维护供应商协议,将项目需求、预期及绩效测量等提供给供应商。

供应商协议通常包括以下内容:

- 供应商工作描述。
- 条款和条件。
- 交付物、进度和预算列表。
- 定义的验收过程，包括验收标准。
- 项目及经授权的能够对供应商协议变更达成一致的供应商代表的识别。
- 双方处理需求变更的过程描述。
- 所要遵循的阶段、过程、指南、方法及模板等。
- 项目和供应商之间的关键联系。
- 供应商预期的项目概述的表格、周期及深度的描述，包括监控供应商绩效的评估标准。
- 对供应商在维护和支持所提供产品方面职责的明确定义。
- 对所要求产品的保证、所有权、使用权的确定。

5．管理供应商

我已经提出建议，你应该尽一切可能让供应商感到自己是项目中平等的一方。这意味着要让他们参与所有团队活动，并有效地加入进来。

①预期建立——开始。开始一个合同的正确方法是，避免让双方产生后续的沮丧。一个好的启动步骤会让项目团队和供应商团队尽早建立工作关系，这样他们就能在项目中作为一个整体开始工作。沟通最好在所有相关方之间尽早建立，这样才能在项目启动前优化开发环境。

启动会议和面对面讨论是最早的、最好的建立明确预期，并对需求和预期结果达成共识的方法。重要的是，要记住，建立并发布 RFP 应答书的人也许不是实际在项目中工作的人。因此，在项目开始就要让供应商团队了解一些方向性的东西，以确保双方对项目目标和目的有相同的理解。

在这个供应商定位会上，你要回答以下几个问题：
- 供应商为谁工作？
- 你对供应商的预期是什么？
- 你能为供应商提供的工具和设备有哪些？
- 你对供应商提供的培训是什么？供应商为你的团队提供的培训是什么？
- 供应商必须提供什么？
- 产品必须什么时候生产出来？
- 谁来接受交付物？
- 如何评估交付物？

如果供应商不在现场，这个定位会就要多次进行。

②监督进度和绩效。监督和报告一个或多个供应商的进度和绩效需要精力，你不能指望供应商能很好地管理自己的报告。最好的方法是把供应商作为项目团队的一员。从项目团队成员处接受状态报告并进行项目评审，以讨论进度、风险、问题、分配任务等，都适用于供应商。

下面对监督供应商活动的介绍并不完整或绝对，但可以让初学者入门，以确保根据商业目标、约束、需求、操作环境对供应商进行适当的关注。

a. 监督需求变更请求。监督供应商活动最重要的一个方面就是考虑需求变更申请。这些请求很可能来自你的团队和客户，但你也要给供应商同样的权利。供应商毕竟是所从事工作的专家，对项目的成功和改进会有所贡献。底线是这些需求管理是在双方共同合作下完成的。

对需求的变更必须进行控制。由于变更的需要和衍生的要求，变更控制将贯穿整个产品生命周期。在变更前，双方的所有相关方都必须对变更请求加以评审并达成一致。获批的变更要进行跟踪，并对每个变更关联的需求保留变更历史。获批的变更必须及时告知所有相关方。

变更过程和没有供应商时的过程是一样的，除了要增加供应商的项目影响分析。这个影响分析要对每个变更请求进行，在进行谈判或决定接受或拒绝变更之前完成。这也说明供应商可能需要接受合同或进度变更。如果不是这种情况，供应商的工作没有受到影响，你还是要让供应商参与审批所有变更请求。供应商对所有变更请求的审核是必要的，这样可以让供应商判断他们的工作是否受到了影响。供应商的项目影响分析报告将判断变更会不会影响他们的工作，但是供应商要正式地向项目经理（你）表达自己的意见。

b. 监督标准项目活动的绩效。下面是一些由供应商提供的关键指标，用于追踪计划与实际的差异：工时、成本和进度。成本和进度是挣值分析的一部分，你会在第 9 章了解。

其他的绩效指标是由供应商和项目经理共同跟踪的，包括变更请求的频率、问题发生率、风险、专题决议、员工水平及职位类型的差异。

③从供应商到客户的交接。从供应商的环境到你的环境的迁移需要进行集成和验收测试，你应提前考虑并计划。

你需要确定你要接收何种交付物或服务，以成功地完成产品或产品组件从供应商到你这里的迁移。项目经理要和供应商一起合作，制作高级别汇总的检查表，以帮助迁移交付物。检查表的内容包括：

- 你希望接收什么及如何接收？
- 你必须提供什么样的环境来接收供应商的交付物？
- 在交付物验收过程中，供应商必须提供何种支持？
- 问题如何加以解决？
- 你想要何种类型的维护协议？
- 未来的变更怎么处理？

这里，假设验收标准已被定义并达成一致。

④合同收尾。合同收尾常常被项目经理所忽视。合同收尾能够证明已经完成的工作，使双方处理未解决的问题并最终付款。专业的项目经理应该了解采购过程必须经历的每一个步骤，即使他并不直接负责采购管理工作。合同收尾是一名专业的项目经理工作的一部分。合同收尾时，需要考虑以下几点：

a. 对项目何时结束有明确的认识。起草 RFP 时，要清楚地说明项目如何结束，以及最终的交付成果是什么。否则在项目工作进行过程中，由于维护等活动，成本会增加。说明项目最终产品是什么、由谁来确定交付及对于未解决事宜应如何处理，对这些了然于胸，才可以为公司节约大量的资金。

b. 合同结束后，一方面要确保对所有项目使用的文档资料都进行归档，包括最初的 RFP、项目基准计划、范围陈述、WBS、各种管理项目的计划、所有的变更（包括那些提出要求但被拒绝的变更）。另一方面需要展示所有的付款，确保所有的项目分包商都得到了付款。这可以通过承约商了解是否所有的项目承包商都得到了付款，承约商必须出示所有对分包商应付款已支付的证据。

c. 将以上所有资料汇总成一个大档案并保存起来。我们发现，项目结束后还会出现一些争端，所以只要项目产品还在使用，资料就应该一直保存。理想的情况是将资料永久保存。

> **注释** 复杂项目的采购管理职责应该归到项目支持办公室。这是一个可重复的过程。PSO 总结了所有昔日承约商的经验，变成了最好的知识库。

5.1.10 项目相关方管理

项目相关方管理是《PMBOK®指南》（第 5 版）介绍的第 10 个知识领域。它包括相关方识别、计划、管理和控制。《PMBOK®指南》将相关方定义为：任何影响或者受项目或其交付物影响的人。在本书中，我将扩展其原有定义，并且讨论以下 7 种相关方类型：

- 发起人。
- 客户。
- 消费者。
- 业务流程工程师。
- 资源经理。
- 项目经理。
- 商业分析师。

这 7 种相关方具有相互依赖的关系。他们的各自需求时常产生冲突，要想达成一致成了联席经理的一个挑战。我在第 6 章介绍启发需求和界定 TPM 项目范围中，会更清晰地阐明每种类型相关方的角色和职责。

你要准备处理的重要问题是相关方的各自特性和需求冲突。第一种有效的方法是穿梭外交。尽量协调各方需求，请他们各自让步先交付软件工程的第一版，然后为更好的解决方案寻求一种妥协结果。第二种有效方法是满足各自相关方的不同需求，提交不同的解决方案。不过，这种方法比第一种方法要花更多的钱，但在极限项目中管用。

> **注释** 在复杂项目蓝图中，相关方团队的有效管理需要灵活性和领导艺术。问题集中在期望管理。因为范围是可变的，面对的关键问题又比一般的问题大得多，项目团队要找到一种合适的解决方案，基本的要求就是避免虚假的承诺，教育相关方。

5.2 5个项目过程组

除了回答第 2 章所提出的有效项目管理方法必须回答的 6 个问题，无论使用何种项目管理生命周期模型，都必须包含以下项目过程组：

- 启动过程组。
- 规划过程组。
- 执行过程组。
- 监控过程组。
- 收尾过程组。

所有的项目管理生命周期模型都包含这 5 个过程组。在最简单的案例——线性 TPM 中，每个项目过程组都将按这里列出的顺序被执行一次。在更复杂的情况下，某些或所有过程组会重复发生。

下面介绍的是本书使用的我调整后的项目过程组，这也能帮助你准备调整它们并为自己所用。在第 3 部分，我增加了一些过程组来适应项目管理生命周期的需要。这些调整与《PMBOK®指南》（第 6 版）中的项目过程组原则上并不矛盾。所以，《有效的项目管理》（第 8 版）是与《PMBOK®指南》（第 6 版）相一致的。

> **注意** 项目过程组不是 PMLC。它们仅仅是根据项目阶段划分的过程组。具体的 PMLC 将根据这些过程组来定义。复杂项目管理过程组可能要重复多次。

5.2.1 项目启动过程组

这个过程组包括所有与回答"项目将要处理的商业情况是什么""处理这种商业情况需要做什么"两个问题相关的活动。它不包括与项目实际工作有关的活动。项目工作将在项目规划阶段加以定义，那是这个过程组以后的事情。启动过程组包括建立商业成功标准，用以回答"你如何判断项目是否成功"的问题。

启动过程组包括以下几个工作步骤：

① 编写项目章程。
② 识别相关方。

正如你所看到的，启动过程组工作的成功完成是获得高层管理者的批准从而进行项目的下一阶段的基础。但是不是所有项目被批准后都能进入计划阶段。在每个 PMLC，规划过程组都会定义下一个阶段。对于一些模型来说，计划将贯穿整个项目；而对于其他模型来说，它仅仅被包含在第一个阶段或者项目的迭代过程中。你将在第 2 部分和第 3 部分学习每个 PMLC 的启动过程组和规划过程组的直接联系。

5.2.2 项目规划过程组

项目规划过程组包括所有回答"你将做什么""你将如何去做"两个问题的活动。这一过程组包含以下工作步骤：

①制订项目管理计划。
②制订范围管理计划。
③收集需求信息。
④定义范围。
⑤创建工作分解结构。
⑥制订进度管理计划。
⑦定义活动。
⑧活动排序。
⑨估算活动持续时间。
⑩进度规划。
⑪制订成本管理计划。
⑫成本估算。
⑬确定预算。
⑭制订质量管理计划。
⑮制订资源管理计划。
⑯估算活动资源。
⑰制订沟通管理计划。
⑱制订风险管理计划。
⑲风险识别。
⑳风险定性分析。
㉑风险定量分析。
㉒制订风险应对计划。
㉓制订采购管理计划。
㉔制订相关方管理计划。

项目计划过程中的各步骤都有很多方法来完成。简单的项目可能只按上述排序表执行一次就行，随着复杂性的增加，上述规划过程组的内容在项目层面可能只执行一次，在生命期层面可能要执行多次。对每一个过程来说，每一种状况都是唯一的，所以也是前后相续的。我们应根据所用项目管理生命周期模型和其他因素来决定采用何种方法来完成项目计划。我将在每个步骤中介绍我的经验，以及根据不同的情况提供不同的项目计划方法。根据不同的情况选择不同的方法，是项目管理作为条理化常识的又一次体现。

5.2.3　项目实施过程组

项目实施过程组包括涉及团队成员招聘、团队组建和建立团队运行规则的所有步骤。这些步骤是执行项目前的准备工作。实施过程组还包括启动项目工作的所有步骤。这些属于项目执行工作。

项目实施过程组包括以下几个工作步骤：

①领导和管理项目工作。
②项目知识管理。
③质量管理。
④获取项目资源。
⑤组建项目团队。
⑥管理项目团队。
⑦实施沟通管理计划。
⑧实施风险应对计划。
⑨执行采购计划。
⑩进行相关方的协调管理。

所有这些工作，与其说是项目管理的科学，不如说是项目管理的艺术。在项目实施过程组，所有的项目团队成员初次开始一起工作。项目团队应包括客户成员和自己的团队成员。也许在此之前，他们彼此还不认识。从现在开始，他们只能说是一个小组，还不是一个团队，但是必须在短时间内组成一个团队。回想我做项目经理的早期经验，第一次和我的项目团队成员见面，我感觉要组建团队就像把猫组成群一样。你是不能将猫组成群的。当项目团队成员聚在一起的时候，他们既迷惑又好奇，互相看来看去，想知道大家为什么要在一起，在项目中从事什么工作，以及自己在本部门中从事的项目将发生什么情况。了解到这个情况，项目经理就要很用心地准备项目首次会议，让项目团队成员有机会进行自我介绍，并且让他们知道自己将为项目带来什么。

5.2.4 项目监控过程组

监控过程组包括所有与回答"你如何知道目标是否实现"相关的活动。监控过程组包括所有与项目进行中的工作相关的活动。这一过程组主要包括以下工作步骤：

①监控项目执行情况。　　　　　　⑦质量控制。
②执行整合变更控制。　　　　　　⑧资源控制。
③范围核实。　　　　　　　　　　⑨沟通监督。
④范围控制。　　　　　　　　　　⑩风险监控。
⑤进度控制。　　　　　　　　　　⑪采购控制。
⑥成本控制。　　　　　　　　　　⑫监督相关方的承诺。

在这个过程组，项目的实际工作都开展起来了。这个过程组的工作体现了项目管理的科学性和艺术性。它包括项目经理在项目团队内部的管理工作（主要是技术性工作，但也体现了管理的艺术），以及项目经理在项目团队之外的各种活动，包括和客户、相关方及高级管理层的交往（主要是艺术性工作，但也有技术性工作）。当出现问题和提出变更要求时，项目的成败很大程度上取决于项目经理和客户的关系。

5.2.5 项目收尾过程组

收尾过程组只包括与项目结束相关的一个单一过程，包括回答"你做得怎么样"的问题。这个过程的唯一工作就是关闭项目或项目某一阶段。

这是完成整个项目的最后一步。客户会因为项目达到预期接收标准而感到满意。这一阶段也是交付项目成果、完成项目收尾工作的时候。

5.3 知识领域与项目过程组的关系图

关系图显示了知识领域与项目过程组的关联关系。例如，10大知识领域中的8个在项目规划过程组开始，在项目监控过程组执行完毕。这清楚地表明项目计划中某种交付物的重要性，以及基于项目计划内容执行项目有多么重要。在表5-3中，你能看到项目过程组和知识领域的密切关系。

表5-3 项目过程组和知识领域的关系

知识领域	启动过程组	规划过程组	实施过程组	监控过程组	收尾过程组
项目整合管理	*	*	*	*	*
项目范围管理		*		*	
项目进度管理		*		*	
项目成本管理		*		*	
项目质量管理		*	*	*	

续表

知识领域	启动过程组	规划过程组	实施过程组	监控过程组	收尾过程组
项目资源管理		*	*	*	
项目沟通管理		*	*	*	
项目风险管理		*	*	*	
项目采购管理		*	*	*	
项目相关方管理	*	*	*	*	

5.3.1 如何利用关系图

关系图为选择项目管理方法提供了很好的蓝图。例如，采购管理贯穿计划、实施、监控和项目收尾过程组，因此对于采购管理来说，一个涉及所有过程的 PMLC 模型才是有效的。

5.3.2 使用项目过程组定义项目管理生命周期

很多初涉项目管理领域的项目经理认为项目过程组就是项目管理方法，这是不正确的。但是通过对项目过程组的正确顺序和某些过程组的重复，你可以定义项目管理生命周期，这才是项目管理方法。所以，项目过程组是项目管理方法的组成部分。同样，通过选择和调整项目过程组中的过程，你也可以建立驱动项目管理生命周期的特定过程。所以，项目过程组的各个过程是项目管理生命周期的更细化的组成部分。

5.3.3 更进一步：项目过程组与复杂项目管理生命周期的关系

我在第 2 部分和第 3 部分定义了 5 种项目管理生命周期。这 5 种项目管理生命周期包含你能够遇到的所有项目管理生命周期管理情况，并且覆盖了 4 个象限的项目蓝图。所以，无论你要管理哪种类型的项目，都要使用这 5 种项目管理生命周期中的一种作为项目管理方法。第 2 部分和第 3 部分将会说明所有的项目管理生命周期都可以根据实际项目情况加以修改。

讨论题

1. 除了 5 个项目管理过程组和由 PMI 提出的 10 大知识领域方法论，你还会在企业中建立其他项目管理的框架吗？

2. 在你的公司所执行的项目管理中，是否有某个项目管理过程组不完整？是否有项目管理过程组对于你的公司来说是多余的？这些项目管理过程组是什么，对你来说为什么不起作用？

3. 你是否认为需要第 6 个项目过程组或第 11 个知识领域，以便用于你公司的项目管理？

第 2 部分

传统项目管理

第 2 部分自从第 7 版出版后没什么变化，它是第 8 版的基础。传统项目管理（Traditional Project Management，TPM）是现代项目管理的历史根基，一些人将其称为"快乐的路径"。这些位于项目蓝图上的项目具有良好的定义，为你的旅程提供了良好的开端。第 6~10 章会描述这段旅程。这段旅程共有 5 个基本过程组：

- 确定 TPM 项目范围。
- 编制 TPM 项目计划。
- 实施 TPM 项目。
- 监控 TPM 项目。
- 收尾 TPM 项目。

第 1 部分的目的是定义项目、项目管理和项目过程组。5 个项目过程组和 10 大知识领域是每个项目管理生命周期的建构模块。第 6~10 章将介绍线性 PMLC 和这些建构模块的用途。线性 PMLC 模型的各种变形将会丰富有效项目管理的工具箱。第 3 部分复杂项目管理中我们会做进一步的介绍。

第 6 章
确定 TPM 项目范围
How to Scope a TPM Project

预测非常困难，特别是关于未来的。

——尼耳斯·波尔（Neils Bohr），丹麦物理学家

寻求解决方法之前，你要先明确问题。

——约翰·威廉姆斯（John Williams），美国斯奔思工程公司首席执行官

本章学习目标

通过学习本章内容，你应该能够：
- 了解管理客户需求的真正含义。
- 解释项目要求说明书的制定过程。
- 制定项目要求说明书。
- 计划和组织召开项目范围会议。
- 使用面谈、协调小组会议、原型和需求工作坊从商业需要中提取需求。
- 建立需求分解结构。
- 定义项目概要说明书的基本结构内容。
- 了解 POS 在项目管理生命周期中所扮演的角色。
- 讨论 POS 附件及其在项目审批中的角色定位。
- 了解 POS 审批过程。

项目范围管理过程组定义了所有的工具、模板和过程，以回答"你需要做什么"和"你怎么知道已经做了"两个问题。如果你不知道你要去哪里，那么你也就不知道什么时候能到达。追溯很多失败项目的起源可以发现，从项目范围过程组开始就有征兆了。项目范围管理过程组不仅是在 5 个项目过程组中最难执行的过程组，而且是执行得最混乱的过程组。它可能根据期望要求有很多事要做，而按计划必须做的却是无用功，这就浪费了时间。我们多次发现很多项目的启动都很糟糕，因为大家都不知道要做什么，并且完整或成熟的范围定义既没有文档确定，也没有达成一致。本章将指导你使用工具、模板和过程正确地进行一系列工作，进而明确定义和清楚理解项目到底要做什么。

> **独特的价值命题**
>
> 在复杂项目蓝图中，范围是可变的，需求通常也是不完整或不清晰的。二阶段需求诱导过程和独特头脑风暴过程都会导致真实性减少。

6.1 使用工具、模板和过程定义项目范围

有效地定义项目范围的工作既是科学又是艺术。在项目范围定义工作中，我们可以使用很多工具、模板和过程，它们都会在本章中加以详细地定义和说明，这是制定项目范围时科学性的体现。了解你的客户、公司环境及市场形势，以及如何调整工具、模板和过程，就是制定项目范围时艺术性的体现。最终，所有的项目范围定义工作都需要提出服务或产品要求的客户和提供服务或产品的项目经理相互协调配合来完成。这种协作可以很不正式（餐会），也可以是很正式的方法（组织召开项目范围会议）。不管采用什么方式，都要准备一个文档，以回答"你需要做什么"及"你如何知道已经做了"两个问题。这种合作关系有利于推进项目范围管理工作，且可提高项目范围定义的成功率。

以下工具、模板和过程将在本章中进行介绍：

- 项目要求说明书。
- 项目范围会议。
- 需求启发。
- 头脑风暴。
- 面谈。
- 原型法。
- 需求工作坊。
- 协调小组会议。
- 项目概要说明。
- 批准进入项目规划过程组。

6.2 管理客户期望

客户期望的好像总是比我们准备或能够交付的多。我一次又一次清楚地看到这种期望的差距。我认为这种期望差距主要是沟通失败的结果。项目开始时就缺乏沟通，一直延续到项目结束。项目经理认为自己知道客户的要求，客户也认为项目经理了解他们的要求，而在大多数情况下，这是不正确的，但很少有人验证这种主观臆断。现在就不能再这样做了！我认为这些误解都是不应该发生的。在"制作项目要求说明书"部分，我们将介绍一种已经成功使用多年的工具。它是在项目经理和客户之间建立语言交流和理解的工具。这个工具介绍和理解起来比较容易，实施起来却有一定难度。

6.2.1 区分想要的和需要的

沟通问题的根源在于客户想要的和他们真正需要的之间存在差异。如果项目经理不注意，这种差异在范围定义的开始阶段就不会很明显；当它随后变得明显时，纠正它的花费则可能很巨大。差异产生的原因可能是客户对技术激动不已（例如，客户迷恋于在网站上看到的东西），认为自己一定要拥有它，却不考虑这是否是自己真正需要的。

要求和需求有着紧密的联系，但在本质上有所不同。根据我的经验，要求趋向于客户

想象的问题的解决方案，需求则与实际问题相关。如果要求是基于对需求的清晰理解，那么根据用户的要求实施项目则没有问题，但是项目经理并不能判断是否属于这种情况。为了保险起见，我总是让客户说明他们为什么会提出这些要求。通过不断地提问，你最终会了解问题的根源，客户的需求也就明确了。基于这些被挖掘出的问题而提出的解决方案，就是客户的真正需求。作为项目经理，你的工作就是确保客户想要的就是他们真正需要的。

产生这种差异的另一个原因可能是，客户不知道自己需要什么。在很多情况下，客户无法知道自己需要什么，客户的需求只能在项目实施过程中被挖掘出来。传统的项目管理要求客户说明自己想要的是什么。如果发现客户所说的需求和真正的需求不同，项目经理则有责任在进行有效计划或工作之前对这部分要求进行筛选和分类。如果不能确保客户的要求和需求一致，或者能够达成一致，实施项目就是一个错误。只有在明确解决方案能满足客户的需求后，你才能开始项目。这也是在下面的章节中要讨论的项目要求说明书的目的之一。对于这个工具，我已经使用了近20年，它对我来说非常有效。

6.2.2 项目范围定义过程

图6-1是我在咨询实践中使用的项目范围定义过程图，本章将详细介绍它。

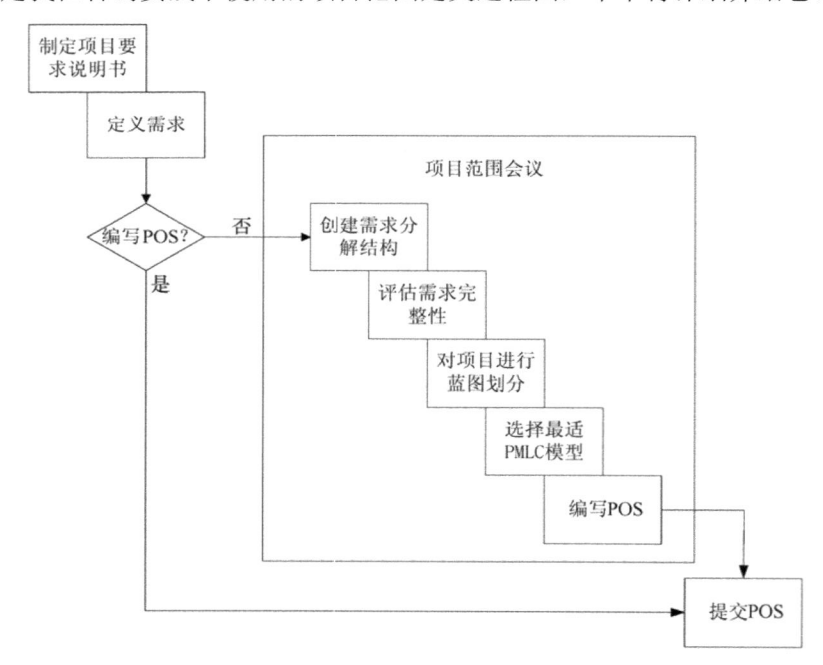

图 6-1 项目范围定义过程

1. 制定项目要求说明书

如果说项目会在什么时候开始陷入麻烦，我一般都会选项目开始阶段。由于种种原因，在项目开始阶段，人们彼此之间沟通起来很困难。想一想，在别人说话的时候，你是不是常常在想自己要说什么。如果你想成为一名成功的项目经理，就必须控制这种行为。作为一名项目经理，掌握倾听的技巧非常重要。

每个项目开始时，都会基于一份项目要求说明书（Conditions of Satisfaction, COS）作为沟通工具。COS 是客户（需求方）及可能的项目经理（供应商）之间有组织的对话。图 6-2 展示了制作 COS 的过程。

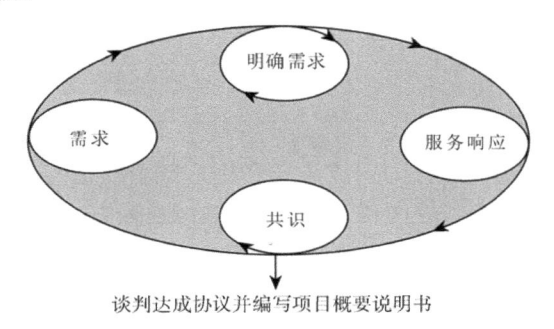

图 6-2　制作 COS

制作 COS 的工作成果就是一份 1 页纸的文档（加附件），被称为项目概要说明书。POS 是一种模板，可以很明确地说明所要完成的工作。它应该由需求方和供应商共同签署确认，作为 COS 会议的记录。当 POS 经过高层审批后，项目范围过程组就结束了。之后，项目开始进入规划过程组，这将是第 7 章的主题。

> **注意**　COS 同样适用于小型项目，它并不限于大型项目。对于大型项目而言，收集需求需要一个正式的过程（这将在本章后续的"项目范围会议"部分介绍）。

制作 COS 的过程包括以下 4 个部分：

①需求。客户提出一个需求。

②明确需求。供应商描述自己所听到的需求，交谈一直持续下去，直到需求方满意地认为提供者已经充分理解了自己所提出的需求。至此，双方就需求达成了明确的共识。

③服务/响应。提供者说明他们能做什么来满足所提的需求。

④共识。需求者说明自己所理解的提供者所提供的服务，交谈一直持续下去，直到提供者满意地认为需求者充分理解了自己所提供的服务。至此，双方就所提供的服务达成了明确的共识。

建立沟通的通用语言至关重要。如果你既没有通用语言，也没有验证你所做的，那么你就是在播种失败的种子。

2．建立明确的目标

会谈结束时，你和客户都已经说明了各自的立场，也知道对方理解了彼此的立场。此时，你们已经初步建立了共同用语。这个非常重要。你和你的客户将进行持续的对话。项目工作进展过程中，即使发生一些变化，也能在前期的良好沟通的基础上进行有效的处理。

COS 制作过程的最后一步是讨论为满足需求要做哪些工作。通常，有些折中方案还是要进行谈判的。最终的协议将记录到 POS 中。

大多数情况下，双方不会一开始就能达成一致。正如图 6-2 所示，谈判的过程会重复多次，直到双方就所提出的要求及相应的解决方案都达成一致。作为协议的一部分，POS 要包含一份验收标准的说明，说明满足要求的时间和方式。这份说明的关键之处在于内容要非常明确，不能对要满足的条件说得模棱两可。比较理想的说明只包括两个结果，即达到标准和没有达到标准，一般没有中间标准。验收标准（又叫实现标准）也是 POS 的一部分。

3. 定义商业成果

正如前面所说，在 COS 中明确达到什么样的结果表明 COS 被满足是一个不错的想法。这些成果可以称为验收标准、直接商业成果和目标，或者其他的名字。无论叫什么，你都要建立可量化的验收标准。我将在本章后半部分更详细地说明衡量的标准，现在你只要了解这是一个定义项目成功的可量化的指标（如利润、成本节约、改进服务级别）即可。

4. 进行 COS 里程碑评审

COS 不是一个静态的文档，它是项目持续监控过程的一个组成部分，因此是动态的协议。在项目生命周期中，情况会发生变化，客户的需求也会发生变化。这就意味着 COS 也要进行变更。每个主要项目状态评审和项目里程碑都要包括对 COS 的评审。因为 COS 中所列出的内容不一定都有效，如果出现偏差，就要进行变更，并随之调整项目计划。

> **注释** 编写 POS？
> 根据项目的不确定性和复杂性，这个时点可能需要编写项目概要说明书。如果项目不存在确定性，POS 的编写可能需要推迟，应该通过项目范围会议收集更多的项目信息。关于 POS，我将在本章后续部分进行更加全面的介绍。

6.2.3 组织并召开项目范围会议

确定项目范围的方式有很多，极端正式的情况下可以召开一个为期数日的会议进行讨论，非正式的方式可以是在吃饭或喝咖啡的时候进行讨论。两种极端方式及任何中间形式，你都可以采用，都能达到目标。方式的选择视具体情况而定。本章所介绍的是我所认为的最佳方法。

项目范围会议是你与客户的第一次正式会见。你应该已经完成了 COS，并且与客户就项目总体范围达成了一致，但是还需要对细节加以确认以编写 POS。项目范围会议将进一步细化 COS 文档。项目团队的核心人员要出席这个会议，客户、主要经理、员工、服务商和项目交付成果的最终用户也要参加。

1. 会议目的

召开项目范围会议有两个目的：一是为了创建需求分解结构；二是为了形成 POS 的初稿。RBS 可以帮助项目团队选择最适合此类项目的项目管理方法。

2. 参会人员

项目范围会议的人员应控制在 15~20 人，这样的规模虽大但能控制。虽然有经验的人员可以管理超过 20 人的会议，但是这需要分组合作。确定参会人员规模属于会务人员的职责范围，而不是项目经理所管的内容。项目经理需要关注项目范围，而不是召开项目范围会议。这两种活动需要不同的技能。我更喜欢项目经理利用其项目管理技能，会务人员利用其促进会议的技能。遗憾的是，项目经理实际上会承担会务人员的工作。如果项目会议需要超过 20 人参加，最好能将项目分为两个或多个子项目，这样能够缩小每个项目范围或者召开多次项目范围会议。

需要参加项目范围会议的人员主要分为以下 3 组：

①客户小组。决策者和操作者都应该参加，他们中间可能就有项目发起人。

②项目经理和项目团队核心成员。核心成员是指那些有经验的专业人士，他们将全程参与项目过程，他们也可能是未来的分项项目经理或执行经理。在某些情况下，关键而稀缺技术的专家也会参会。

③会务小组。会务小组通常由 2～3 名善于组织范围和计划会议的人员组成。会务小组应该有 1 名会议主持人、需求收集人员及我称其为记录员的人。前两个角色经常由一个人担任。记录员是具有独到经验、能够使用高科技工具记录范围和计划会议内容的人。大的项目通常会要求有两个记录员。

3．会议议题

项目范围会议议题应包括：

- 介绍。
- 会议目的（由会议主持人介绍）。
- 如果存在 COS，则进行检验。
- 描述当前状态（由客户代表说明）。
- 描述要解决的问题或商业机会（由客户代表说明）。
- 描述项目收尾要求（由客户代表说明）。
- 需求定义和分解（由会务小组说明）。
- 讨论当前和预期的差异。
- 选择最佳项目管理方法，消除差异（由项目经理说明）。
- 起草并批准 POS（所有成员）。
- 结束。

对于小项目而言，这些议题可以在 1 天内讨论完毕；如果是大型项目或复杂项目，通常会讨论 1 周才能完成所有的议题。关于后者的例子，我执行过一个非常复杂的网络决策支持系统的项目，预计的实施时间为 3 年，耗资 500 万美元。那次的范围会议开了 3 天。3 天的会议结束后，各组就项目及其管理方法达成共识。项目最后在预算之内超出所有验收标准，并且提前完成，这足以证明我们所使用的范围过程的有效性。

6.2.4 项目范围会议可交付成果

如图 6-1 所示，项目范围会议的成果可包括：

- 创建 RBS。
- RBS 完整性评估。

- 项目分类。
- 最适合的项目管理生命周期。
- POS。

下面，我们将逐一展开论述。

1. 创建 RBS

在 COS 会议后，编写 POS 之前，就要立即定义需求。需求分解是对需求如何被满足的详细描述，可以发生在项目生命周期的不同阶段：

- POS 的进一步详细阐述。
- 项目范围会议期间，阐述"是什么"。
- 项目计划会议期间，定义"怎么样"。

我的建议是，首先定义高层次未分解的需求，以建立需求文档。这些高层次的需求是获得项目成功的必要充分条件，也能为 POS 的编写提供足够的细节。需求分解可以在 POS 被批准之后进行，这时项目被认为是可行的。无论是项目范围会议还是项目计划会议，它们都是进行需求分解的适当场合。如果你预计需求分解很复杂，需要几天时间，会耗费大量的资源，那么你可能想要在 POS 通过审批和你的项目思路被认定为可行之后才创建 RBS，而不用白白浪费许多资源。在不确定你的项目能够通过审批时就创建 RBS，如果审批未通过，将会浪费巨大的资源。图 6-1 展示了这两种方案。

RBS 不是静态的。事实上，它是动态的。由于以下一个或多个原因，RBS 的细节在整个项目生命周期可能发生不止一次的变化：

- 市场变化。
- 竞争者行为。
- 新/升级技术的出现。
- 组织优先权变更。
- 发起人变更。
- 项目实施过程中的了解和发现。

因为需求的不断变化，我不选择使用 IIBA 有关需求的定义。因为它导致需求在项目一开始不能被完整地定义。我建议你使用我的需求定义，这样可以在项目一开始就得到一级需求的完整列表。两者的差异看起来很微小，但是该差异对评估最终的商业价值有着实质性的影响。在 IIBA 的定义中，产生商业价值的需求被包含在所有需求中，因此最终的商业价值并不明显。

需求分解以层级图（见图 6-3）的形式进行。需求将被分解为以下几个部分：需求、功能、子功能、过程、活动和特性。

无论你采取什么方法收集和记录需求，都要将它们放在 RBS 的适当级别中。图 6-3 所示的图形模式就可以。你也可以运用大纲形式表示 RBS。究竟用哪一种，由你自己的偏好定。

下面是对每个级别的简单描述。

①功能。项目经理可以自主判断分解的最高级别为功能级别。这个级别包含为使解决

方案通过验收所必须具有的功能。在被首次定义时，RBS 就反映了解决方案的已知部分，理解这一点很重要。最初的功能列表可能完整，也可能不完整。你和你的客户都无法知道该列表是否完整。你或许知道它不完整，但是你无法知道它是完整的。怎么办呢？为了形成 RBS，你不得不假设最初的列表是完整的；它是否完整，只有等你做项目时才能证明。

②子功能。分解结构的下一级是子功能。对一些功能来说，你可能不知道其子功能是什么，这样也没关系。任何情况下，项目团队都应该努力识别子功能，从而进一步定义功能。一旦发现了子功能，它们定义的功能就完整了。这和 WBS 的原理是一样的，也很直观。对于很多适应性项目来说，附加的子功能在做项目的时候才能被发现。

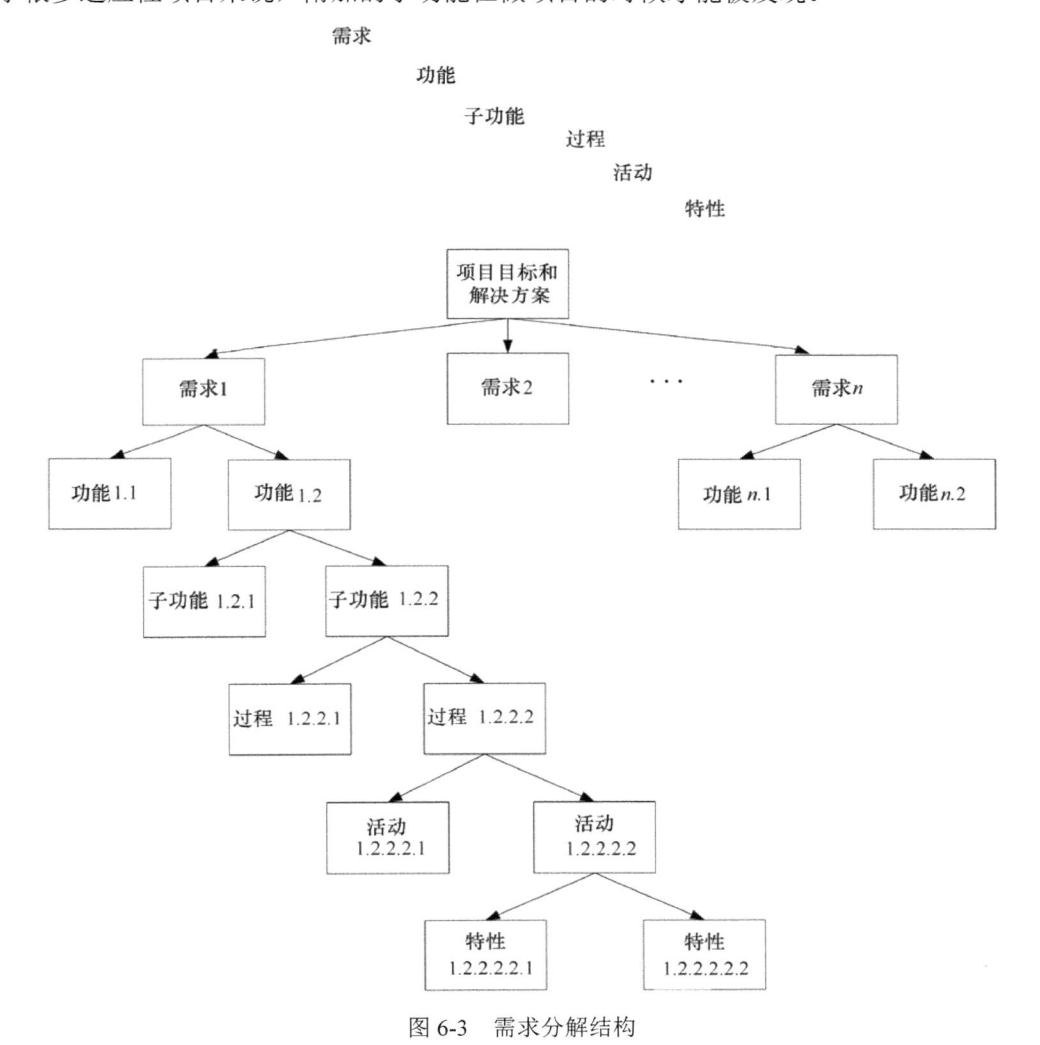

图 6-3　需求分解结构

③过程。复杂的功能和子功能将在商业过程中被进一步描述。这些商业过程经常被用于现代企业中。为了使它们更易理解，功能可能被分解成子功能，包含子功能的商业过程也会被分解为过程。

④活动。活动又被称为过程步骤。

⑤特性。分解结构的最低级别就是特性。这些都是它们所描述的实体的可见性和特点。

2．需求收集和分解中的相关方参与

影响或受项目影响的人称为相关方。这里有 7 种相关方。在需求收集过程中，他们之间的相互影响如图 6-4 所示。除发起人和用户外，其他 5 种相关方都参与了项目范围会议。

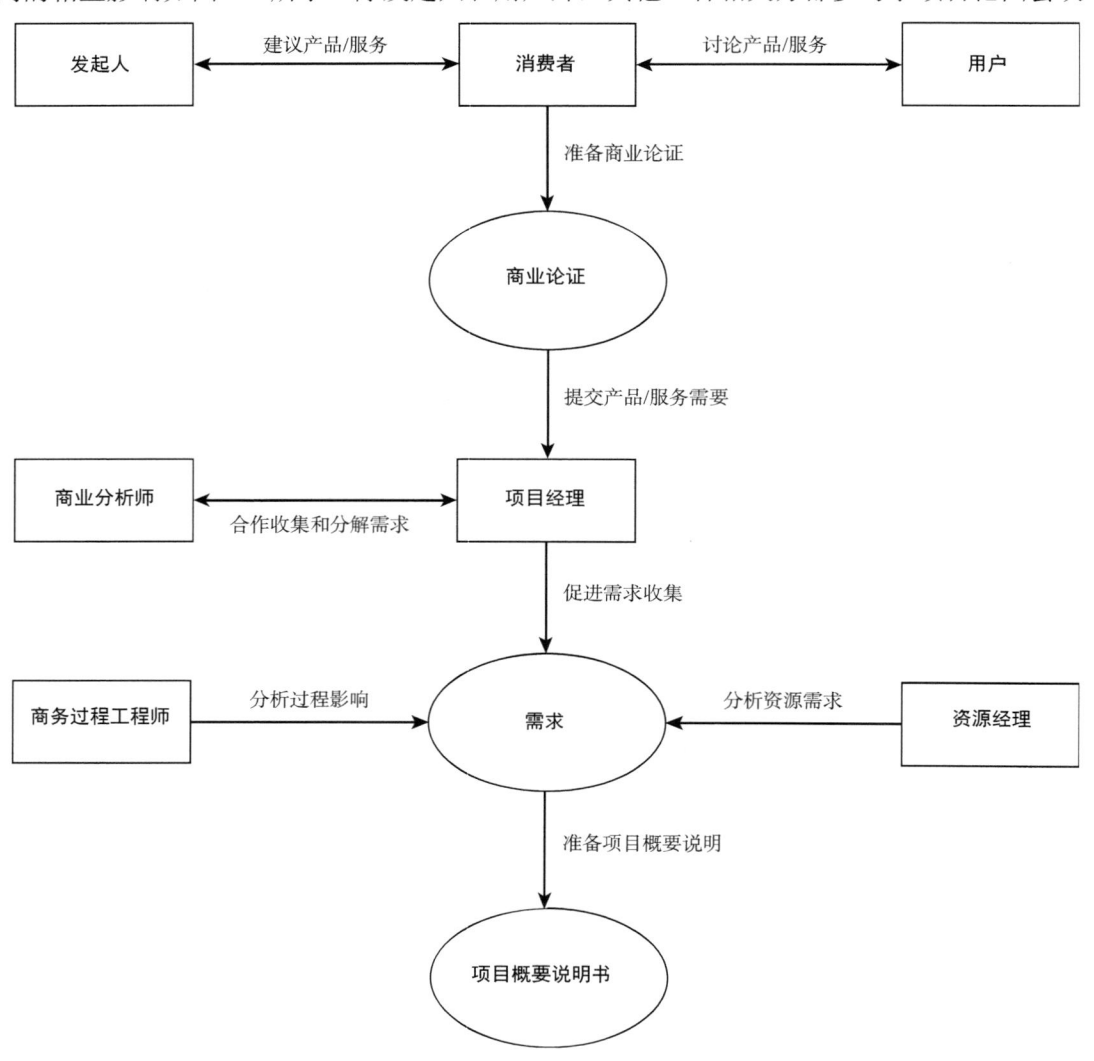

图 6-4　相关方交互影响模型

①发起人。这是付款的高级管理层。他们可能发起项目或者满足消费者对于产品或服务的需求。这里的项目可能是利用未开发的商业机会生产新产品或提供新的服务的项目，或者改进现有产品或服务的项目。

②消费者。这是从项目中获得交付物的个人或机构。他们与发起人和用户合作定义交付物；在需求收集和分解实践中，他们同时代表发起人和用户；他们经常管理项目交付物的实施。交付物可能属于不止一个部门，尤其是面对企业级别的应用时。在满足竞争性的

需要时，这些情形具有很大的挑战性。

③用户。这是使用项目交付物的个人或机构。他们可能存在于企业内部，也可能存在于企业外部。他们可能也是消费者。

④商务过程工程师。这是负有管理职责的技术人员。他们要设计和执行受交付物影响或者影响交付物的相关商业过程。

⑤资源经理。他们负责管理项目交付产品或服务所需要的各种资源。

⑥项目经理。这是促成项目成功的人。他们是需求收集和分解过程的促进者；他们负责管理创造项目交付物的资源。

⑦商业分析师。这是熟悉消费者流程、用户实践及应用项目交付产品或服务过程的专业人员。他们经常协助项目经理与消费者和用户团体进行交流。他们的基本职责是帮助项目经理和用户将商业需要转化为商业需求。

3. 需求收集和分解的方法

需求收集是项目经理和客户在项目的生命周期中要做的第一项具有挑战性的任务。有效地收集项目需求，既是一门科学，又是一种艺术。其艺术性表现为，项目经理必须促使客户加入需求的收集、分解和文档化过程的工作中。这需要态度、决心、意志，而相应的客户准备工作也是所选方法中的关键因素。准备工作包括需求的收集和记录方法的选择，也包括对客户和项目核心团队的初步培训。做准备工作的过程中，有些客户能够积极配合，有些客户则不然；有些客户知道自己的需求，有些则不知道；有些客户会强调自己的要求，而这些要求与实际需求截然不同。所以，项目团队要对需求进行挖掘。

需求收集的科学性在于可以成功地运用很多技术进行需求的分解和记录。我就有使用面谈、协调小组会议、原型法和需求工作坊的成功经验。本章将介绍这4种方法。

需求识别和分解对于理解项目方向是非常重要的。现在，项目框架将开始发挥作用。

形成需求的步骤开始于将商务功能作为一个整体进行考虑，然后就要选择一种或多种需求收集的方法。同时，各项工作必须有计划地展开。需求的收集方法有多种，如表 6-1 所示。

表 6-1 从商务功能中收集需求的可选方法

方　法	优　　点	风　　险
协调 小组会议	• 非常适用于跨职能过程 • 详细需求能够文档化并立即验证 • 与一位公正的协调人员解决问题	• 起用未经培训的协调人员会引起客户负面反应 • 计划及执行阶段的时间长、成本高
面谈	• 最终用户参与 • 对功能和过程进行高层次描述	• 描述与实际操作不符 • 不成体系，相关方可能不知道应该提供什么信息 • 如果分析出现偏差，则会导致真正的需求被忽略

续表

方法	优点	风险
原型法	• 能够产生创新想法 • 客户能明确其要求 • 客户能够识别出遗漏的需求 • 容易引起客户关注 • 及早进行概念验证 • 激励思考过程	• 客户可能想按原型实施 • 很难确定何时停止 • 要求专业技能 • 文档缺失
需求工作坊	首次使用者的好方法	可能忽略消费者

> **注意** 所有这些方法都有扩展文献。特别好的文献是 Suzanne Roberston 和 James C.编写的《掌握需求过程》(第 3 版)(Addison-Wesley Professional, 2012)。

我之所以单列出这 4 种方法,是因为它们在将商务需要转化为商务需求方面颇有成效。我有过使用它们的成功经验。通常来说,我会选择不止一种方法用于收集需求。选择最佳的方法是项目经理的责任,他们必须评估每种方法的成本和执行情况,以及客户的满意度和风险。方法的选择还应当取决于具体的产品和项目需要,以及被证实的效率。特定的方法适合特定的客户群、行业和产品。在产品开发和建构中使用物理的三维原型就是一个经典例证。我将在本章后续部分对此进行更详细的讨论。

这些方法也可以用于分解需求和生成 RBS。无论你采用什么方法生成 RBS,我都强烈建议你在每个项目中都建立一套 RBS。这样做的理由如下:

- RBS 对客户来说最有意义。
- RBS 是基于交付的方法。
- RBS 与 PMI 定义的 PMBOK 相符。
- RBS 是在计划过程中也保持面向客户的方法。
- RBS 在工作分解结构中具有较高级别(见第 7 章)。

①协调小组会议。这可能是每次需求分解会议都会使用的方法,它经常整合一种或多种方法。我想要你了解组织这些会议的多种方法。你需要做一些计划来决定如何最好地召开协调小组会议。

a. 单一小组会议。这个方法适用于小型项目和只有一个业务组的项目。可能的话,我更偏爱这种方法。在这样的会议中,所有参与的当事人都将分享到同样的会议信息和结论。

b. 分组会议。在大型项目中,出于需求分解的目的,你可能考虑将项目分解为几个子项目。这样一来,你就要邀请具备专业技术或者是对子项目特别感兴趣的业务组参与会议。这种方法增加了合并多会议结果的步骤。在这种会议中,解决分歧成为一个突出问题,可能需要某种穿梭协商的方法。为了结束会议,妥协常常是必要的。

②面谈。面谈是执行层面的经理与用户的一对一会议。在会议中,用户可以提供需求

指导。因为会议是一对一进行的，所以这种方法很可能带有偏见。只有在合适的小组计划不可行（例如，地域分隔）时，我才使用这种方法。如果使用这种方法，受影响的所有经理和用户有权对将要确认的需求进行审查。

③原型法。许多客户不能理解系统的叙述性描述，但能够明白系统的可视化形象。鉴于需求分解的目的，原型法在几十年前就被提出来了。它的最初目的是帮助客户定义他们想要的。通过向客户展示模型式的解决方案，客户可以进行评论，向研发者提出有关可接受解决方案的更多建议。最初，这些原型是情节版本而不是产品版本。（后来，当被用于敏捷项目之后，原型就变成了解决方案的产品版本，这是第3部分介绍的另一个故事了。）

④需求工作坊。你不得不总是准备和之前从未经历过需求收集会议的消费者一起工作。我通过同时提供培训和实践的方式，获得了最好的结果。这种方法将培训和实际应用结合起来，因为它们立即就有满足的需要，并且相比其他方法所得结果的质量得到了提升。所以，使用需求工作坊的方法后，消费者能够被激励。

4．需求类型

无论是使用 IIBA 的定义还是我的定义，需求都定义了构成项目交付物的产品或者服务。这些需求是定义用户需要解决问题或寻求商业机会的要求的基础。在早期阶段，客户、项目经理和项目团队要执行一系列步骤，建立项目需求基准。这个过程需要系统地、逐步地完成，要求项目团队具有耐心和智慧。这些需求将用于估算项目的时间、成本和资源投入，也最终决定着客户对项目产品或服务的验收。需求可以分为 4 类：①功能需求；②非功能需求；③总体需求；④产品或项目约束。

①功能需求。功能需求是指产品或服务必须做的事情，是产品或服务必须完成的功能，如检查、计算、记录和检索功能。例如，"服务应该符合预期的时间安排及交付的地点要求"。

②非功能需求。非功能需求说明了产品或服务应有的特性，以促使其完成必须做的事情。这些需求是产品或服务的特性和质量，使其在吸引力、可用性、快捷性或可靠性上具有优势。大多数非功能需求和性能指标相关，是建立产品或服务界限的需求。非功能需求有时会在细化总体需求时产生。非功能需求通常是一系列的性能参数，说明系统功能应如何配置。例如，"产品应该具有朴素的外观"，或者"产品必须进行包装以吸引高阶层人群"。

③总体需求。总体需求是对系统或项目进行概括性的需求描述。总体需求将系统作为一个整体来描述其特性。在项目启动阶段，很多需求就是总体需求，需要项目经理和项目团队通过需求制定方法加以细化。总体需求是一个比较新的名词。过去，总体需求通常被叫作主要需求、产品约束或约束性要求。使用总体需求时要注意，如果询问什么、为什么或如何做这类问题，总体需求就会变成非功能需求。实际上，将总体需求转变为非功能需求是一个很好的方法，可以更好地关注需求的实际情况。例如，"系统要在已有的网络环境下运行"，或者"系统必须可升级"。

④产品或项目约束。表面上看，产品或项目约束类似于设计约束或项目约束的需求。设计约束是那些已经预先存在的设计决策，这些决策要求最终产品必须看起来如何，或者怎样遵从技术约定。项目约束所涵盖的范围除包括最后期限外，还包括预算和进度等。值

得注意的是，产品约束可以作为总体需求，而项目约束不能作为总体需求。例如，系统对任何客户交易的响应时间不得超过 4 毫秒，或者总体开发成本加上 5 年维护费用不能超过 3 500 万美元。

5. 穿梭沟通，消除需求收集与分解的差异

近来，需求收集和分解的差异问题开始上升，特别是在有多个消费者的大型项目中。对这种消除差异的挑战，应当特别注意。跨企业的项目就是一个例子。建议你将需求收集工作分解为两个及以上小组，每个小组单独负责一部分收集工作，然后将结果汇总。这说起来容易，但是做起来难。在不考虑所使用的需求收集和分解的方法时，这一点可能实现。当各小组无法在需求收集和需求分解上达成一致时，问题就出现了。这时，你应该怎么做呢？

通过将需求简化至一系列所有消费者群体通用的需求，我成功地解决了这个问题，形成了所有消费者都同意的第 1 版解决方案。经过实践之后，第 1 版解决方案会产生其他需求，从而形成第 2 版及后续的解决方案。

还有一种在一些项目中应用过的有效消除需求收集和分解差异的技术，那就是根据不同的用户视角进行设计，以满足每个客户群的需求。

6. 评估需求分解的完整性

评估需求分解的完整性是一项主观工作。你或许能够说 RBS 是完整的，但是由于不完全的解决方案知识，你可能没办法意识到不完整的 RBS。最安全的假设是 RBS 是不完整的，并且是不断发展的。这种情况下的决策错误并不严重。假设 RBS 是完整的，实际上它却不是，这将导致严重的后果。所以，我宁可选择安全的假设。

7. 项目分类

这里回答的问题是项目应当选择哪种 PMLC 模型——线性、增量、迭代、适应性或是极限型（见表 6-2）。答案带有主观性，取决于你和你的客户如何看待 RBS 的完整性程度。

表 6-2 选择使用 PMLC 模型时要考虑的项目特点

PMLC 模型类型	何 时 使 用
线性	解决方案和需求被明确定义
	你不会遇到太多范围变更请求
	项目是常规的和可重复的
	你能使用现有模板
增量	和线性方法要求相同条件，但客户希望增量地部署商业价值
	很有可能提出范围变更请求
迭代	你觉得需求不完整或会改变
	你会在做项目的时候了解剩余需求
	解决方案的部分特性尚未被识别

续表

PMLC 模型类型	何 时 使 用
适应性	只知道部分解决方案和需求
	有些功能尚未被识别
	客户会提出大量范围变更
	项目面向新产品开发或过程改进
	开发进度很紧,你不能承受返工或重新制订计划的负担
极限型	目标和解决方案都不明确
	项目是研发类型项目

你能在后面的章节中更详细地了解这些内容。我最后介绍了一个模型家族,它涵盖整个项目蓝图,并适用于你会遇到的任何项目。

现在,你已经到了需要决定如何管理项目的关键决策时间了。此时,项目领导层都知道你不能肯定需求列表是完整的。因为只有到项目结束并满足所有验收指标时,你才能知道需求是否完整。但是你应该能够判断出需求清单还不完整,肯定有些部分会有遗漏,而且你也知道确实遗漏了某些东西。遗漏的东西越多,管理项目的过程就会越复杂。开发经理和客户经理必须根据需求的完整程度,对最佳项目管理周期模型做一个初步的选择。所谓的完整性,是指你对 RBS 的一种是否对劲的感觉,而不是数量上的测量。这是一种主观判断,但不是对整个项目生命周期模型的一次性的决定。项目管理生命周期模型可以在需求的明确度和完整性发生变化的时候加以改变。例如,在项目生命周期的某些时刻,项目团队有了重大突破,项目团队最后找到了完善的解决方案。这是否意味着要改变项目管理生命周期模型呢?也许是,也许不是,这要考虑以下几个问题:

①放弃现有的生命周期管理模型而转成其他的生命周期管理模型所要付出的成本和时间是多少?

②项目团队是否能适应新的项目管理生命周期模型?

③你和你的客户如何判断这种改变能够产生更好的解决方案?

④这种变动的成本和收益比如何?

正如你所看到的,即使在很简单的项目中,收集和制作客户需求文档也是很困难的事情。需求定义不清是很多项目失败的根本原因,所以在完成这项任务的时候,选择最佳的需求收集方法是非常关键的。对客户来说,要适应你所使用的需求收集方法很困难,因为这需要他们使用自己不熟悉的工具来思考项目如何能够满足他们的需求。对项目经理而言,他们所选择的需求收集方法在使用中也可能有困难,因为他们还不能区分出客户的需求和要求。对客户和项目经理双方而言,需求收集都是一个学习的过程。客户和项目经理的领会程度是项目成功的关键。因此,对 PMLC 的选择也是学习如何成功地完成需求收集和文档化的一个关键因素。

RBS 在各类项目的需求收集工作中起到了很好的作用,除了能够有助于展示需求,还有以下特点：
- 很容易上手使用。
- 不需要提前掌握某种现代的需求收集方法。
- 用一种直观的方法收集需求。
- 让客户在一种熟悉的环境下与项目团队一起工作，使客户非常放松。
- 通过清晰的图示，说明已经明确定义出解决方案的程度。
- 提供了选择最适 PMLC 模型和适当的项目管理方法所需的依据。

8. 选择最适 PMLC 模型

选择最适 PMLC 模型的方法很多，如瀑布法、混合法、统一软件开发过程（Rational Unified Process，RUP）等。组织也许有自己的偏好，其中有技能和经验的潜在团队成员会充分支持这种偏好。混合是一种强有力的方法，也是许多企业的选择，但是它需要高级研发者。这些研发者不需要监督，他们能够进行自我管理。这对那些存在缺乏经验的开发者的组织来说将是一种限制。

根据项目的特征，哪种 PMLC 模型才是最适合的呢？这个决策并没有考虑执行的环境，它仅仅考虑了目标和解决方案的明确性。

根据项目环境，应当如何调整现有模型来建立最适模型呢？举例子是说明这个问题的最好方法。假设项目属于适应性 PMLC 模型，那么混合法是很明显的选择。混合法要求客户代表即产品所有者有效参与，但是这个人并不存在。在这种情况下，可能使用作为备选方案的迭代方法，如 RUP 法或进化瀑布法。相比产品所有者发挥的作用，迭代法中的项目经理和高级商业分析师（Business Analyst，BA）能够作为共同项目经理一起发挥积极作用。

另一个例子就是假设项目属于迭代 PMLC 模型，那么 RUP 是最佳选择。然而，之前的项目并不令人满意，因为该客户并没有充分参与。一种解决方法是回溯，即采用增量方法（线性 PMLC 模型）弥补客户参与的缺陷，并且允许项目经理和 BA 加快进度。我所使用的方法是 RUP 方法，但是需要通过同时开展工作坊活动来帮助客户更好地理解他们的角色和职责，从而加强该方法的效果。例如，如果能够同时匹配需求收集工作，那么工作坊活动将更加有效。

9. 编写 POS

①POS 概述。项目越复杂、越不确定，高层管理者就越想要保证用于解决问题或是利用商业机会的方法能够创造很好的商业价值。一个非常重要的问题是"最终的商业价值是否超出了交付物的总成本"。该验证将通过企业的模板来进行。你可能需要通过建立解决方案的原型来模拟交付物。你可以期望提供任何财务分析，如成本收益比、投资回报率（Return on Investment，ROI）、盈亏平衡点和现金流分析等。它们当中的一些可能出现在 POS 中。

项目范围会议（如果已经召开）提出的 COS 和交付物为你创建项目概要说明书提供了基本输入。POS 是一个简短文件（理想的是 1 页），简要说明项目要做什么、为什么做和当项目结束时能给企业提供什么样的商业价值。

POS 的主要目的是确保高级管理层的批准和得到进一步制订详细项目计划所需要的资

源。POS 将由那些负责评估项目优先级和决定支持哪个项目的经理们进行审查，也可以作为项目的概述在企业内的利益相关方中传阅。基于这个原因，POS 不能有晦涩的技术术语。一旦获得批准，POS 将作为进一步计划和执行项目的基础。POS 将作为解决有关项目范围和目的的各种疑问和冲突的参考文件。

我关于 POS 的最初设想产生于 20 世纪 60 年代早期。当时，德州仪器公司使用 POS 作为过程的一部分，这样组中的任何人都可以对此提出建议，以提高效率、改进生产力或抓住商业机会。这些年来，我对一个例子一直印象深刻。该例子涉及一名维修工人，他的唯一设备是十字头螺丝刀。他行走于约 16.8 万平方米大楼的大厅，任务是拧紧那些固定在墙上的烟灰缸上的螺丝。由于人们的行为和设备的碰撞，烟灰缸就会松动。这位维修工人想到了用一种不会松动的可拧紧设备来替换螺丝的方法。他用 POS 展示了这种想法。这个项目得到了资金支持，他被任命为项目经理。项目获得了成功，他的工作也结束了。（我希望他能够继续做一些更具挑战性和获得更多报酬的事情！）现在，有些企业（如 IBM）在使用 POS，或者借鉴 POS 的某些作用。

因为 POS 可以由一个人方便、快速地完成，所以它是便捷地获得最初想法的好方法。高级管理层可以对大家提出的想法做出响应，这不需要花很多时间。如果想法有可取之处，提议者将被要求提交进一步的详细计划；想法也许被有条件地接受，这就要求提议者修订想法。如果修订后的想法有优点，它将被进一步发掘。想法或许在第一阶段就被放弃，以免太多的资源和时间浪费在无用的计划上。

POS 还有其他作用，下面是两个例子：

a．接手一个已经开始的项目。有时，你会接手一个正在进行的项目。在这种情况下，项目的定义和范围都已确定，预算、人员和完成时间也都确定。这时，你还编写 POS 吗？答案是肯定的。

当你接手一个已经开始的项目时，至少有两个原因要你编写 POS。

第一，可以熟悉并理解项目及客户与管理层的期望。我们必须强调让需求提出者和交付物提供者明确什么样的交付是客户所期望的。

第二，POS 将成为计划制订团队的参照，它是项目计划的基础。项目团队可以把 POS 用作消除误解的工具和参照。在这种情况下，项目范围已经确定，要由项目的计划团队来确保项目计划在 POS 界定的项目范围之内。

b．概览性工具。编写 POS 的另一个重要原因是，为你的项目团队提供一份关于项目的概括性信息。除了和你的客户在做什么上达成共识，还要使项目团队的成员在他们参与的层面上理解项目，把 POS 当作对团队成员的项目说明书。在此，重点是你（项目经理）和项目团队成员对项目有共同的理解。POS 还是有效的概览性工具，可以帮助那些在项目启动后新加入的项目人员迅速准确地理解项目。

②POS 的组成。POS 包括 5 个组成部分：

- 问题或机会。
- 项目目标。
- 成功标准。
- 假设、风险、障碍。

- 项目目的。

POS 的结构将高级经理从事实的说明（已知的问题或机会）引向项目的说明（项目目标）。如果管理层对该项目的目标及其解决的重要问题感兴趣，他们就会进一步了解更多有关项目内容（项目的具体目的）的细节。项目的商业价值是通过量化的商业输出（成功标准）来描述的。最后，指出那些可能阻碍项目成功的各种条件（假设、风险、障碍）。下面，我们详细研究组成 POS 的各个部分。图 6-5 是 POS 的一个样例。

项目概要说明	项目名称	项目号	项目经理
问题或机会			
项目目标			
项目目的			
成功标准			
假设、风险、障碍			
撰写人	日期	审批人	日期

图 6-5　POS 样例

a．说明问题或机会。POS 的第 1 部分是问题或机会的说明。本说明只陈述事实，不必特别地解释或辩护，组织内成员都会承认其真实性。这部分内容非常重要，是 POS 其他部分的基础。POS 也许无助于项目经理解释其中的内容，或者为所提交的项目建议进行辩护。但一份让组织认可和接受的问题或机会说明书是进一步论证项目合理性的基础，也影响管理层随后对此项目的重视程度。如果你提及的是一个具有高优先级的领域，或者一个具有很高商业价值的领域，高级管理层就会对你的提议更加关注。

以下几个方面，有助于你完成 POS 中的问题或机会说明：

Ⅰ．已知的问题或机会领域。每个组织都会收集一些已知的问题，也可能试图去消除部分或全部的已知问题。POS 给提议者提供了一种方法，将他们的想法与某个已知的问题联系起来，提出一个全面的或阶段性的解决方案。如果这一问题很严重，同时方案又是可行的，组织将会采取进一步的行动，高级管理层也会要求提议者提交一个更详细的解决方案。

随着市场的不断变化，有关新（或改进）产品或服务的机会不断呈现，组织应及时抓住这样的机会。机会总是转瞬即逝的，POS 是获取机会的简便方式。

Ⅱ．客户要求。内部或外部的客户会对产品或服务提出需求，这些需求可以通过 COS 来表达。POS 是获取需求的很好工具，也是递交给高级管理层寻求解决方案的有效工具。最近的发展趋势是对工作人员授权，这样工作人员不仅接受需求，而且有权对需求做出反应。POS 与 COS 一起为项目的开始奠定坚实的基础。

Ⅲ．团队主动性。公司新项目的提案应从起草 POS 开始。员工可能有很多想法，而 POS 提供了一种标准化的方法和文档，管理层可以由此决定各种提案的优先次序，并筛选出需要进一步研究的提案。标准化的文档和方法有助于简化管理层对新项目的决策和批准程序。

Ⅳ．强制性要求。有些项目因强制性要求而必须执行，这也许是因为市场变化、客户要求、国家法律或其他原因造成的。POS 有助于项目提议者和决策者就项目结果达成一致。POS 可以使各方明晰本组织将如何应对强制性要求。

b．建立项目目标。POS 的第 2 部分是建立项目目标，即针对第 1 部分所提的问题或机会，确定你准备做些什么。目标说明的目的就是要引起管理层对你的想法的重视，并进一步读下去。换句话说，就是让管理层充分考虑你的想法，并引起其进一步关注。关于一个主题，可能有若干提议，你当然希望自己的提议能脱颖而出。

一个项目只有一个目标。目标决定项目的目的和方向。在高层次上，它清楚地定义了项目的最终交付成果和产出，使每个参与者都对真正需要完成的工作有一个明确的认识。目标说明可以作为一个持续的参考点，用来解决有关项目范围和目的的种种疑问。

目标说明不能包括难懂的技术术语，也就是说，不要有任何艰深的技术性描述。目标说明应当用商业语言书写，使每个人都可以很容易地理解，无须提议者再做进一步解释。在任何情况下，目标说明都要避免使用技术术语。

与问题或机会说明一样，目标说明也必须简明扼要。要牢记，写得越多，被发现疏漏的风险就越大。目标说明不要包括任何关于项目交付成果和交付时间的不切实际的信息。记住，此时项目的很多细节都还是未知的。

对日期的说明应进行深入的讨论，因为这正是客户和高级经理所关心的问题。首先，你不能决定项目开始的时间，因此也无法知道结束的日期，这是最重要的一点。例如，你此时所能做的最详细的陈述是，在开始后的 9~12 个月，项目可以被完成。即使一个大致的说明也充满风险，因为你还没有项目计划。在对项目授权及将项目进一步推进到计划阶段前，高级管理者需要一些针对项目完成情况的说明。但遗憾的是，绝大多数项目经理习惯于将所看到的数据当作确定无误的，而不仔细考虑出处。如果你考虑到管理层可能问及完成时间，你最好估算一个最接近的时间段（如季度、月或周），并附有防止误解的声明——随着进一步研究，可做出更具体的估算。项目计划就是这样一个例子。它估算的是项目持续的总时间而不是具体的结束日期。管理层应当了解一些初期数据是如何被估算出来的，并且知道这些早期的估算数据有很大的不确定性。你应使管理层相信，随着项目计划的制订和项目的执行，你将提交更详细的估算。具体的日期应该留在详细计划阶段确定，因为那时会有更多的信息供决策使用。

George Doran（1981）提出的 SMART 特性已经被使用了很多年，可以作为目标说明的标准：

- 明确性（Specific）：明确针对一个目的。
- 度量性（Measurable）：建立进展的可测量指标。
- 授权性（Assignable）：使每个目的都可授权给具体的人负责。

- 现实性（Realistic）：说明利用可用的资源能够现实地完成什么。
- 时间相关性（Time-related）：说明何时可以达到该目的，即完成期限。

实际上，SMART 特性同样适用于 POS 和项目计划。明确性特性适用于问题或机会说明、目标说明（之前讨论过）及目的说明（本章后面讨论），度量性特性适用于本章后面讨论的成功标准，授权性、现实性和时间相关性等特性适用于第 7 章所讨论的项目计划。

c．确定项目目的。POS 的第 3 部分是确定项目目的。项目目的实际上是项目目标的详细说明。目的说明是为了明确目标说明的准确界限和定义项目的范围。事实上，针对一个具体的目标说明所书写的目的说明，只不过是把该目标说明分解为一系列必要而充分的目的说明。高层次的需求经常被用作项目目的，我这样做获得了不错的结果。也就是说，为达到这个目标，你必须完成每个目的，并且这些目的没有一个是多余的。

检验目的说明的有效方法是，判断哪些是包括在项目内的，哪些不是。目的说明应当说明一种未来状况，而不是基于活动的状况。目的说明能够提供更多的有关目标的细节，使目标更加明晰。如果你把目的看作子目标，那么也不算错。

我所见过的最有效的说明是陈述哪些内容没有被包含在项目中。在定义项目所包含的内容遇到困难时，你可以考虑将这个作为明确性的附加验证，但不要因此而得意忘形。我也见过一些高层管理者将一些"不属于该项目的"的目的加入该项目目的中的现象。

重要的是，要记住这些目的说明只是"当前的"目标说明，它们在制订项目计划的过程中可能发生改变。随着项目工作细节的确定，就可能发生这种情况。我们总喜欢不切实际，结果把超出 POS 确定的范围的一些活动和任务包含在项目中。发生这种情况时，应暂停计划，并判断活动是否超出项目范围；如果超出，要么修订范围以包含这一新的活动，要么删除这一活动。

目的也可能在项目实施的过程中发生变化。这种情况主要出现在范围定义时，许多没有清楚、完整定义的需求，随后在项目展开后出现。这种情况在项目中很常见，没有什么好奇怪的。本书第 3 部分会进一步讨论这个问题。

> **提示**　你将发现，本书讨论了所有项目计划活动，还会时不时地暂停下来并重新核实项目范围界限。界限澄清的问题总会不断涌现出来。采用这种提问式的方法解决问题是一种很好的传统项目管理手段。

目的说明应包括以下 4 个部分的内容：
- 产出。说明项目将要完成什么。
- 时间框架。预计完成日期。
- 度量。评价成功的标准。
- 行动。如何达到这一目的。

多数情况下，完整的目的说明贯穿整个 POS，而不仅仅是集中在"目的"一节，特别是时间框架和成功标准方面更是如此。

d．识别成功标准。POS 的第 4 部分回答这样的问题：我们为什么要做这个项目。做这个项目产生的结果将是可度量的商业价值。正是这种价值促使高层管理者批准该项目，它同时也是与其他项目比较的标准。

无论采用什么样的标准，你都必须回答下列问题：我们必须做到什么程度，才能和客户说项目是成功的。COS 包括初步的成功标准说明。换个角度讲，成功标准是完成情况的说明，是预期取得的商业价值的说明，因此成功标准成为高级管理层为相互竞争的项目设定优先权和分配资源以进一步制订项目详细计划的依据。这些标准必须是可量化的和可度量的，如有可能，尽量用商业价值表示。要记住，你正在设法说服决策者接受你的项目想法。

无论你如何定义成功标准，它都可以归为以下 3 种类型：

Ⅰ．增加利润。作为成功的标准之一，利润的增加应该通过具体的钱数或者利润增长的百分比来衡量。

Ⅱ．降低成本。同样，这个标准能够通过具体钱数或特定成本的百分比来衡量。但这里要注意的是，成本降低往往意味着人员的减少；而人员的减少并不是资源在组织内的流动，员工在组织内的轮岗并不是成本的降低。

Ⅲ．服务改进。对这个指标的衡量比较困难。它通常表现为客户满意度的提高或客户抱怨频率的降低。产品和服务的改进都包含在内。

以上 3 种类型通常被缩写为 IRACIS。

在有些情况下，识别成功标准需要一些创造性。例如，客户满意度可能必须通过项目的前后调查数据来进行评估。在另一些情况下，直接测量项目的商业价值是不可能的，代用度量值也是可接受的。但要注意的是，你一定要让管理层接受这种代用度量值，同时要小心一些误区，如"我们没有接到客户的投诉电话，因此客户是满意的"。可是，你是否想过这种可能性：没有投诉电话也许是由于你对客户投诉缺乏响应和处理造成的。因为客户可能认为打投诉电话没有什么用，因为你对他们的抱怨没有任何解决行动。

成功标准最好清楚地说明项目的"影响底线"。这可用如下几种表述方式——增加的利润、增加的纯收入、减少的周转时间、提高的生产力、降低的生产或销售费用等。你当然希望高级管理层批准你的提议，所以你应该采用他们所熟悉的方式表述收益。

尽管你认识到了"影响底线"是最好的成功标准，但有时采用这种方法是不可能的。另一种方法是用定量分析说明你的项目对下列各个方面的影响：效率和有效性、错误率、处理客户要求的响应时间、质量和客户满意度。管理层主要看可交付成果，因此你要尽量用定量的方法描述成功标准。这样，在项目是否达到成功标准和是否成功这类问题上，你就可以有效地避免可能的分歧。

高级管理层很关注项目的成功标准和商业价值。在缺少其他评判标准的情况下，这些指标将是管理层决定是否分配资源并做进一步详细计划的基础。成功标准是阐明你的项目的商业价值的另一个关键要素。例如，一份成功标准如下：这个流程再造项目有望把订单的处理时间缩短 6%。管理层可能从这一数字得出如下结论：如果这是项目的全部预期，那么我们不能为这个项目提供资金。他们的反应也可能是，如果你能将现有流程改进 6%，这将是一个显著的成果，我们希望你能提供更多细节。你能提供一份分析报告吗？

只对成功进行主观评价是不够的，你必须对具体的商业价值进行定量分析。这需要你的创造力。例如，如果一个项目对客户满意度有影响，这就特别需要你的创造性。你可能需要代用指标来衡量客户满意度。在这种情况下，通常的方法是项目实施的前后调查，通过实施项目前后的变化来度量项目的价值。

e. 假设、风险和障碍列表。POS 的第 5 部分是识别那些我们想引起管理层关注的、可能影响项目结果的各种因素。这些因素将影响可交付成果、成功标准的实现、项目团队完成项目的能力和其他与项目相关的环境和组织状况。你要记录任何可能出错的事情。

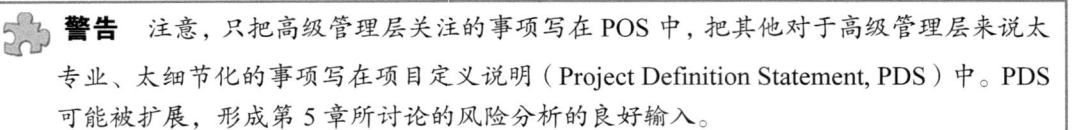

> **警告** 注意，只把高级管理层关注的事项写在 POS 中，把其他对于高级管理层来说太专业、太细节化的事项写在项目定义说明（Project Definition Statement, PDS）中。PDS 可能被扩展，形成第 5 章所讨论的风险分析的良好输入。

项目经理用假设、风险和障碍部分来提醒管理层关注那些可能影响项目或削弱项目对组织贡献的各种因素。管理层可能有能力消除这些影响因素。另外，项目经理应将相应的应急措施包含在项目计划中，以消除有关因素和这些因素对项目成功的影响。

我们不能假设每个人都了解项目的风险和危险。制订计划的过程是一个发现的过程，即发现那些导致团队窘迫的潜在危险。我会将这些潜在危险归档并展开讨论。

许多方面的因素可能影响项目的成功，这些因素包括：

Ⅰ. 技术。公司可能缺乏对新技术的经验，无论这一技术对公司来说是新的，还是对于整个行业而言是新的。对于变化的技术也是如此，我们很难保证现有的设计和技术不会在未来的 3 个月到半年内过时。

Ⅱ. 环境。项目进行的环境也可能是影响项目成功的一个决定性因素。一个不稳定的或变化频繁的管理结构可能在一夜之间把一个高优先级的项目变成一个低优先级的项目。比如，如果你的项目发起人退出了，那么是否会有新的发起人。如果有，他会怎么看待这个项目，项目的优先级是否会受到影响。这种不稳定的环境将对项目的成功产生影响，员工频繁更换也会产生很大问题，因为这样会使项目团队不能按学习曲线进行提高。另一个相关问题源自项目对技术技能的水平要求——要求的技能水平越高，与之相关的项目风险就越大。

Ⅲ. 人际关系。项目团队成员之间的关系对于项目的成功非常重要。你们没有必要成为很好的朋友，但必须是协作者，并担当适当的团队角色。如果未能在项目团队或相关方之间建立起良好的工作关系，这将是很大的麻烦。人际关系问题应当引起管理层的重视。

Ⅳ. 文化。项目如何适合企业、是否和企业的各职能机构相一致、是否必须经过重大调整才能获得成功，这些都与企业文化相关。例如，一个项目的可交付成果是引进一个新的过程来消除某些决策权，而原来的权力拥有者已经习惯自己做决策，那么可以预见，项目在开发、部署和支持方面肯定会出现问题。

Ⅴ. 因果关系。所有的项目经理都认为他们的提议会有效地发挥作用。他们假设了一种可能并不存在的因果关系。提议者事实上假设了这一解决方案将能够解决所提的问题。如果是这样,则这些假设必须在 POS 中被明确提出。要记住,世界总是在不断变化的,你应当问一问自己的解决方案是否假设了所有事情是一成不变的。

　　f. 附件。虽然我们强烈建议采用 1 页的 POS 文件,但有时仍然需要较长的文件。作为管理层最初决定分配资源并进行项目详细计划的一部分,所提议项目的经济价值的某种度量可能是高级管理层想了解的。即使他们知道这些度量往往只不过是猜测,但他们还是需要这样的信息。依据我们的经验,你常常需要提供以下两种分析:风险分析和财务分析。

- 风险分析。根据我们的经验,风险分析是最常用的 POS 附件。在有些情况下,这一分析可能是很粗略的,有些情况下则可能是很严格的数学计算。很多商业决策模型依赖于量化风险、预期的风险损失和风险发生的概率。这些都是能量化的,其最终的分析结果对管理层做出项目审批决策提供指导。

在高科技行业,风险分析已经成为一条毫无例外的规矩,企业一般都建立了正式的程序,作为最初定义项目的一部分。风险分析贯穿整个项目周期。这些分析通常包括风险因素的识别、风险发生的概率、风险可能造成的损失,以及降低风险发生概率和损失的措施。你可以将应对措施的费用与预期的损失相比较,然后以此为基础决定应对策略。

- 财务分析。许多组织在批准进行详细计划之前都要求提交一份初步的项目财务分析。虽然这样的分析在缺少足够信息的情况下非常粗糙,但它是批准进行项目计划的开端。在有些情况下,这些分析为高级管理层提供了一个标准,用于审查所提交的各个 POS 的优先次序。下面是你可能被要求提供的财务分析类型的简要介绍。记住,项目经理可能不是财务分析师,要求他们进行深度的财务分析可能不太现实。

　　Ⅰ. 可行性研究。可行性研究的方法与"问题解决方法"(或"科学方法")非常类似。它包含以下步骤:

— 明确地定义问题。
— 描述问题的界限,即哪些在范围内、哪些不在。
— 确定可取的解决方法的特征和功能。
— 识别备选方案。
— 确定各种方案的等级。
— 说明所推荐的方案并阐述理由。
— 提供时间表和预期费用的粗略估算。

　　当管理层要对提交的解决方案进行评审时,他们将会要求项目经理提供可行性研究。透彻的研究可以提高对项目经理的可信度。

　　Ⅱ. 费用和收益分析。做这样的分析总是很困难的,因为在决策过程中你需要将那些无形收益包含进来。本章之前提到过,改进客户满意度就很难量化。你可以说改进客户满意度可以留住客户,从而增加收入,但你怎么提出具体数字呢?在很多情况下,管理层已经考虑到这些因素,但他们还是需要实实在在的货币价值比较。管理者需要将可计量的收益与执行项目的费用及运行新过程的费用相比较,如果在项目可交付成果的预期生命周期内,收益大于支出,那么管理层可能愿意支持这个项目。

　　Ⅲ. 收支平衡分析。这是表示项目的累积花费与累积收益之间关系的时间界限。项目的收益累积线与项目费用累积线的交点，就是项目的收支平衡点。通常，管理层会寻找一个短于某极限值的时间点，如果项目满足那一时间点的要求，你将可能得到支持。但是现在的商业及其市场变化非常迅速，平衡点的时间也越来越短暂。

Ⅳ．投资回报率（Return On Investment, ROI）。ROI 用来比较整个项目周期内的总花费和所累积的收益。这样，高级管理层就可以用同一基础对不同项目进行比较，从而找出那些投资回报率高的项目或那些至少满足最低回报率要求的项目。

许多书中都提供了这些分析的详细解释。

③提交 POS。POS 一旦完成，就将被提交给高级管理层批准。批准过程不应拘泥于形式，而应该是一个缜密的决策过程，由高级管理层评价项目是否真正具有商业价值，值不值得分配资源来做进一步的计划。在批准过程中，管理层将提出若干问题。要牢记，管理层一定是在努力做出明智的商业决策并检查你的思路。最好的建议是你所提交的文件要立足于文件本身，因为你不可能自己当面解释你的意见。编写这些文件时要使用商业语言，审查 POS 的内容时要想一想管理层会提出什么问题。

这个过程要经历几次反复。尽管你尽力使 POS 立足文件本身并一目了然，但这一开始不太可能，管理层总会有问题。例如，他们可能对项目的范围有疑问，可能要求你对项目范围做出扩展或缩减；他们也许要求你对如何达到成功标准进行详细解释；如果附带财务分析，你也许还需要提供有关财务分析的进一步的论证和解释。

所批准的 POS 面向以下 3 个受众：
- 高级管理层。他们的批准说明项目有足够的商业价值，可以制订详细计划了。
- 客户。他们的批准表明项目准确地描述了他们的需求，并且他们认可解决方案。
- 项目团队。被批准的 POS 意味着管理者和客户已经认为项目在当前的条件下得到了清楚定义。

POS 的批准保证有足够的资源来制订详细计划，但这并不意味着项目已经获得批准。项目批准是详细计划获得批准的结果。在最初阶段，其他人对项目知之甚少，常常只要求项目经理和项目团队对时间和费用做出粗略分析（或称作推测或科学推测）。你可能被问及"要做什么"和"怎么能使公司获益"的问题。更可靠的时间和成本分析需要在详细计划中完成。

POS 获得批准是项目周期内的一个重要事件。审批经理向项目经理提出问题，并认真评估项目经理的答复。虽然 POS 缺少足够的详细分析，但对于考核提议者的思路和所提议的项目的商业价值还是很有意义的。要求项目经理对提议进行多次分析是很正常的，这也被看作获得批准的先决条件。高级管理层在审查 POS 时可能向你提出以下问题：
- 这一问题或机会对于企业有多重要？
- 该项目与关键成功因素或关键绩效指标（Key Performance Indicator, KPI）是什么关系？
- 目标说明是否与该问题或机会直接相关？
- 目的说明是否清楚地表达了目标说明？
- 按照成功标准，是否有足够的商业价值来保证项目的进一步开支？

- 是否明确建立了项目目的与成功标准之间的关系？
- 风险是否过大或商业价值是否过低？
- 管理层能否消除或减弱已识别的风险？

POS 的批准绝不是草率的，也绝不是形式上的批准。一旦批准了 POS，就意味着经理和专家基于对项目及其商业价值的了解，认为有必要进行项目下一阶段的工作，即有必要分配资源来做进一步的详细计划。

a. 批准过程的参与者。下述经理和专家经常参与批准过程：

Ⅰ. 核心项目团队。在项目的最初阶段，核心项目团队很可能已经建立。其中包括项目经理、专家，甚至客户，他们将留在项目团队中，从项目的开始直到项目结束。他们参与制定 POS 并就其内容达成共识。

Ⅱ. 项目团队。项目团队的一些潜在人员通常预先就已确定。开发 POS 应充分考虑和接纳他们的经验和想法，至少应在提交前邀请他们检查 POS 的内容。

Ⅲ. 项目经理。在理想情况下，项目经理应在最初阶段就被确定下来，并参与起草 POS。因为项目经理将管理项目，所以他应该在项目定义和项目批准过程中发挥重要作用。

Ⅳ. 资源经理。项目经理在项目最初的定义阶段和详细计划阶段都起着至关重要的作用，在需要资源和技能时可以要求资源经理提供。如果项目没有资源或缺少有效资源，那么项目提议就没有意义了。

Ⅴ. 职能或生产经理。项目的可交付成果不可能存在于真空中，总有一些部门对项目的产品或服务提供输入或从中获得输出。你应该征求职能经理或生产经理的意见和建议，使他们在最初阶段就了解和认可项目。

Ⅵ. 客户。客户在 PMLC 中起着非常重要的作用。我们讨论过，COS 是制定 POS 的先决条件或是与之同时进行的，但许多专业人员缺乏沟通能力，这使制定 COS 成为一项艰巨的任务。

Ⅶ. 高级管理层。高级管理层的支持对于项目的成功和项目可交付成果的成功实施起着至关重要的作用。他们的批准意味着"可以做详细计划，我们授权你得到所需要的资源"。

有时，客户本身就是项目经理。例如，开发一种产品或服务只是涉及一个部门，或者客户非常精通项目管理，在这些情况下，我们鼓励客户担任项目经理。这样做对组织有很多好处，如意见统一、失败的风险较低、执行更易成功、可交付成果更易于符合客户要求等。达成一致总是很困难的，让客户担任项目经理可以有效地解决这个问题。此时，由项目团队的技术人员担任咨询专家，他们仅需要向项目经理提供可行的备选方案。虽然客户担任项目经理时做出决策要困难一些，并且需要较多的时间，但客户可以更加清楚所出现的问题，而且可以在解决问题的过程中获得经验。我们发现，在随后的针对同一个客户的项目中会有显著的学习曲线效应。

b. 批准标准。该项目阶段的批准标准并不如批准项目实施或将项目列入组织的项目组合中时的标准苛刻。此时，高层管理者只需要大致地估算该项目对组织的价值。该阶段的批准只是对计划的批准。详细的项目计划将使高层管理者了解该项目的更具体的成本估算。

知道了实际成本后，他们就能够计算从该项目中期望得到的回报。

c．项目批准状况。高级管理层可能没有准备好或者不愿意在此时批准项目计划。他们可能采取以下措施：

Ⅰ．他们可以立即否定项目建议。这个决策基于项目预期收益与总成本的比较，以及对实现收益时间的考虑。

Ⅱ．他们可以要求对项目目标和范围再一次进行核准，然后重新批准项目计划。

Ⅲ．他们可以决定以后某个时间再提交申请。换言之，他们目前还不准备实施该项目。

Ⅳ．最后，批准可能意味着要考虑将项目加入组织的项目组合之中。

讨论题

1．传统项目管理在很大程度上依赖于对客户的真正需求进行准确的定义，没有这些信息，你就无法编制出详细的项目计划。在 TPM 框架下，如果不能获得客户需求的清晰定义，你将怎么办？

2．你已经按本书内容列出了 COS，直觉告诉你客户想要的东西有一点儿不切实际。事实上，你非常怀疑他们想要的并不是他们需要的。此时，你会怎么做？

3．从你的项目经验中举一些使用过 TPM、APM 或 xPM 方法的例子。你能从这些经验中得到什么结论？

第 7 章
制订 TPM 项目计划
How to Plan a TPM Project

这份报告,虽然非常长,但绝对值得一读。

——温斯顿·丘吉尔,英国前首相

如果是一个人,今天就可以出发;但如果和其他人一起旅行,就必须等其他人也准备好。

——亨利·戴维·索罗,美国自然学家

在计划中花费一点时间可以在执行中节省 3 倍或 4 倍的时间。

——克劳福德·格林沃尔特,杜邦公司董事长

本章学习目标

通过学习本章内容,你应该能够:
- 了解项目计划联席会议的目标。
- 掌握创建工作分解结构的方法。
- 创建 WBS。
- 解释资源载荷和任务工期的关系。
- 能够运用 6 种任务工期估算方法。
- 构建网络图以表示项目任务。
- 理解 4 种任务依赖关系并知道何时使用。
- 认识在建立任务顺序时的约束条件的类型。
- 计算网络图中各项任务的最早开始时间、最早完成时间、最晚开始时间和最晚完成时间。
- 理解滞后及其用途。
- 识别项目中的关键路径。
- 界定自由时差和总时差概念,并了解它们的重要性。
- 分析网络是否有压缩进度的可能。
- 理解并应用管理储备。
- 使用不同的方法进行资源分级。
- 确定适当使用替代资源。

你是否经常听说制订计划是在浪费时间？一旦完成计划制订，就会有人来改变它。这些否定者还说计划一旦被完成，就不再被考虑，而仅仅是被束之高阁，然后项目团队就开始做一些实际的工作。本章将指出这种观点是错误的。在第 6 章中我们明确了项目范围和达成范围的高层级需求。本章我们要开始制订完成范围的计划，并将高层级需求再进行更细的分解，形成低层级需求清单。

独特的价值命题

项目所处象限决定了项目计划类型的舞台。

7.1 项目计划中所使用的工具、模板和过程

如果你能把一个项目做两次——一次用一个好的项目计划，另一次用一个差的项目计划或没有计划，你就会发现，用好的项目计划那次的项目完成得更早，包括计划项目所花费的时间。有好计划的项目，其完成质量要比计划差的项目高，成本低。项目计划的好处还不止这些。那么，项目计划为什么通常被认为不是实质性工作呢？在这个问题上，图 7-1 所示的曲线比语言更有说服力。

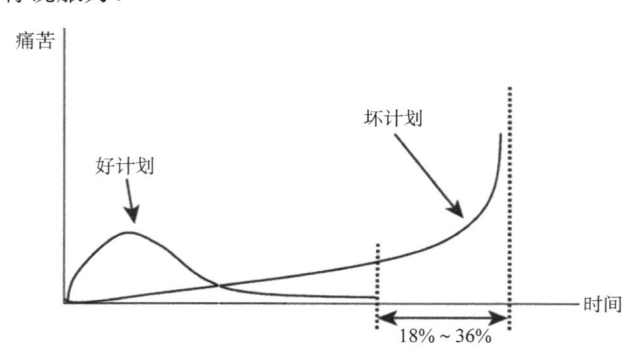

图 7-1 痛苦曲线图

"现在付钱还是以后付钱？"这句用在石油交易中的话同样可以用在项目计划中。当项目团队和项目经理都渴望开始工作的时候，他们很难在展开服务之前将注意力集中在制订行动计划上。制定项目细节有时看起来非常耗时费力，但实际上并非如此。项目经理必须顶住马上开始项目工作的压力，必须花费时间制订一个详细的项目计划。事实证明，不制订项目计划，项目将会在后续工作中产生很大损耗，如进度拖延、质量下降、不能达到项目预期目标等。

痛苦曲线图说明前期制订项目计划是比较痛苦的，但能减少项目后期的痛苦。然而，不制订项目计划将会使你在整个项目过程中都非常难受。实际上，这种痛苦会与日俱增，当增长到不可忍受的时候，项目将会被终止。

国际基准理事会（已经停止营业。据我所知，它并没有再次恢复营业或将它的研究转移到其他组织）根据 5 000 个已经完成的项目数据绘制了图 7-1 中的两条曲线。有好的计划

的项目比有差的计划的项目的完成时间将提前 18%～36%，其中包括制订计划所花费的时间。如果你的项目引起了管理层的注意，你就需要向他们展示这个曲线。痛苦曲线能够强有力地吸引管理层的注意，我强烈建议你使用它。你的项目一旦得到管理层的注意，你就可以向他们展示计划新项目所需要的支持。

7.2 项目计划的重要性

如果你想成为一名成功的项目经理，那么项目计划就是不可或缺的。这不仅因为项目计划是安排项目工作时间的路线图，还因为它是进行决策的重要工具。项目计划提供了方法、时间、资源需求的不同组合，你可以从中选择最好的方法。

> **注意** 项目计划是动态的，是对项目目标的说明而不是对事实的陈述。你要明白，它肯定会发生变化。一份完整的计划需要清晰地陈述所应该完成的任务、任务的必要性、由谁来完成、何时完成、需要什么资源，以及项目完成和成功的标准。但是传统的项目管理模型不是为变更而设计的，甚至没有将变更考虑在内。本书的第 3 部分将介绍为变更而设计的项目管理生命周期模型。这种模型的优势之一在于变更就是过程的一部分。在传统的项目管理中，变更是项目经理不愿意去管的事情；而对于使用第 3 部分的管理方法的项目经理来说，变更是项目成功的必需要素。

制订项目计划有以下 3 个好处。

1．可以减少不确定性

虽然我们从来不奢望项目工作完全按照计划进行，但对工作进行计划可使我们考虑到可能的结果，并且当与计划不符的事情发生时能够及时采取补救措施。

2．能够增进理解

进行计划能使我们更好地了解项目的目的和目标。即使我们最终没有按计划执行项目，我们依然能从做这件事本身有所收获。

3．有利于提高效率

一旦我们确定了项目计划及执行该计划所必需的资源，我们就可以根据可获得的资源安排工作进度。我们甚至可以并行地安排工作。也就是说，我们可以同时进行几项工作，而不是简单地按顺序执行，这样我们就可以减少项目的总时间。我们可以最大限度地利用资源，并且能够比使用其他方法更节省时间地完成项目工作。

就像爱丽丝在仙境中需要知道自己去哪里一样，项目经理也需要知道项目目标及达到目标所要进行的各项步骤，即解决方案。不知道项目的各项参数就不可能衡量进展和结果，也就不知道项目的结束时间。计划是测量项目工作的基础，用于对比计划完成工作和实际完成工作。

7.3 使用应用软件进行项目计划

开始介绍项目计划所用的工具、模板和过程之前，我要先用一点时间来介绍项目计划软件及使用或不使用它们的原因。我主张使用适当的工具进行项目计划。我曾用过各种方法制订项目计划——从餐巾纸到精细的建模工具和原型工具。使用什么方法进行项目计划取决于项目的规模和复杂程度。如果是大型项目，则当然需要软件工具。但如果是小型项目，或者是那些增长型或迭代型项目，答案则不是很确定。下面的章节将说明我的方法。

7.3.1 决定是否需要工具软件

项目管理工具软件（至少每个用户 1 000 美元）对项目团队来说是一把双刃剑。从好的方面讲，软件是很好的计划工具，能够让项目经理对比不同的方案而不需要花费很大精力在手工调整项目参数上。从坏的方面讲，这些工具通常在实际工作中对管理资源起不到多大作用，而且会生成一些很怪异的结果。

进度变更也是一件麻烦的事情。问题在于从每项任务负责人那里收集正确的信息，以评估项目完成的进度和预计完成时间。"输入的是垃圾，输出的也一定是垃圾（因为难以鉴别任务负责人提供信息的真伪。——译者注）"。这些数据对维护项目计划非常重要。为了保持平衡，项目经理需要知道省出的时间、消耗的时间及进度更新的可靠性，以决定是否使用软件工具。这些都取决于软件工具的性价比。对于小型项目，你很可能发现软件工具不能为项目增加多少附加值。很明显，在大型项目甚至一些中型项目中，软件工具是必备的。

对本书中所介绍的各类型项目，是否使用软件工具并不明确。在有些情况下，软件工具仅仅能够让建立初始项目计划的工作比手工工作量小一些。即使这样，软件工具仍是一种选择和偏好。你仍可以通过在黑板上贴便笺的方式完成计划评审技术（Project Evaluation and Review Technique，PERT）图。PERT 是一个展示相关工作关系的绘图工具。对于进度变更，我喜欢使用白板和不干胶便笺。我的理由是我能够让所有项目团队成员加入这项工作中，而且比起看计算机屏幕，所有的人在白板前面更能清楚地看到变化。而那些分散型团队，则可以通过网络沟通工具传达相应的信息。

在我花三年时间亲自管理的一个 500 万美元的敏捷项目中，能给你们最好的证据就是：下一节所阐述的所有计划工具我都用了。这个敏捷项目工期提前了 9 个月，结果比客户期望得好，而且严格控制在预算内。

7.3.2 项目计划工具

我提倡使用合适的工具、模板和过程。项目计划的清单非常简单：记事贴、标记笔、足够大的白板。面对这个些清单，请不要认为我们将退回到以前没有自动工具的时代。相反，我确实在使用自动化的项目计划工具。我刚才所说的工具是在某些增量型、大部分迭代型、所有适应型及所有极限型的项目中所使用的。本书第 3 部分将加以详细说明。敏捷、极限和极度项目占所有项目的 80%。我使用原始工具的道理很简单，那就是这些项目都是

2~4 周的短期项目。"你并不需要长柄锤来杀蚊子！"如果你确实非常依赖软件工具，那么你可以继续使用。但要记住，一旦使用软件工具建立了项目计划，你就必须对其加以维护。此时，问问自己，它是否值得你为其花费精力。

1. 记事贴

记事贴在项目中用于记录单项任务的信息。这些信息可以包括：

- 任务 ID。
- 工作量。
- 任务负责人。
- 唯一的任务名称。
- 资源需求。
- 关键路径（估算）。
- 任务工期。
- 相关参数，如最早开始日期（Earliest Start，ES）、最早完成日期（Earliest Finish，EF）、最晚开始日期（Latest Start，LS）、最晚完成日期（Latest Finish，LF）。

不同颜色的记事贴能够为项目计划制订人提供多种组合。例如，你可以使用不同的颜色代表以下信息：

- 任务类型（例如，高风险或关键任务）。
- WBS 的各个阶段（例如，设计、建设、测试和实施）。
- 项目团队的职位（例如，关键或稀缺技能）。

使用记事贴不仅非常直观，而且在分配资源和最终确定项目计划时能够提供很多信息。根据经验，色彩能够触发直觉。

2．标记笔

在项目计划中，你可以使用易擦写的标记笔。它们有多种颜色，但你只需要黑色和红色两种。展示关联性的时候，可以用黑色笔标出项目任务之间的关系，用红色笔画出关键路径。关键路径将在本章的后续部分进行讨论。

3．白板

白板是不可缺少的。活动挂图不是一个好的选择。在大型项目中，你会需要至少 3 米宽的白板来进行项目计划。放白板的地方应该是项目指挥室，而且经过改造后能够供所有项目团队人员使用。最好能有一间固定的房子放置白板。白板还可以用于展示项目团队不愿意与他人分享的数据。

有关项目指挥室的内容见第 8 章。

白板被用于创作和记录信息，某些情况下也发布以下信息：

- 项目概要说明书。
- WBS*。
- 关联关系图*。
- 初始项目进度。
- 最终项目进度*。
- 资源分配进度。
- 主题日志*。
- 变更的项目进度*。

加星号（*）标志的信息要在白板上长期保存并根据需要进行更新。

如果没有固定的空间，则可以使用便携式电子白板。

7.3.3　用多少时间进行项目计划

这是一个"视具体情况而定"的问题。这个问题不好回答，因为有很多因素会影响制订计划的时间。最重要的因素就是项目的复杂度、解决方案的清晰度及项目团队成员和用户在项目计划会上的参与程度。在典型的小型项目中，制订项目计划的实际时间通常是 1 个工作日。在理想的情况下，这个时间应该是指定的日期，但通常人们的日程安排不是这样的。如果组建项目计划小组有困难，也不要让制订计划成为走过场，因为这样根本行不通。相信我，这可是用严峻的事实换取的教训。

大致的估算分述如下：

- 很小的项目：少于半天。
- 小型项目：少于 1 天。
- 中型项目：2 天。
- 大型项目：3~4 天。
- 很大的项目：30 个成员组成的大型项目，计划时间从多于 5 天到几个月。

在 APM、xPM 和 MPx 项目中，估算计划时间更加复杂。在这三个象限所对应的 PMLC 模型中，计划是迭代的，且随时间推移而增强。如果你还需要做一个估算，我能给你提供的最好建议就是：如果你知道迭代的总次数，那就把每一次迭代当作一个小项目，把它的计划时间算作 1/2 天，再用总迭代次数乘以 1/2 天，就是你要进行复杂项目计划的总时间。

7.4　筹备并召开项目计划联席会议

到目前为止，我们所讨论的所有形成详细项目计划的计划编制活动都发生在项目计划联席会议（Joint Project Planning Session，JPPS）上，我们提倡并利用过程组来生成详细的项目计划。JPPS 是一个分组会议，届时所有与项目有关的人员聚集在一起制订详细计划；会议可以持续 1~3 天，并且可能是工作密集型的。通常，会议参加者之间会有冲突，但是这个会议的最终结果是一个关于如何在确定的期限、预算、资源可获得性和客户规范内完成项目的协议。

> **注意**　我们的计划编制过程与需求计划编制联席会议（Joint Requirements Planning，JRP）和应用设计联席会议（Joint Applications Design，JAD）有很多相同的特征。JRP 通常用于设计计算机应用软件。JPPS 可以用于任何类型的项目，包括设计开发计算机应用软件。

正如 POS 和 RBS 中所描述的，JPPS 的目标非常简单，即制订一个满足需求者和提供者之间商定的 COS 的项目计划。这听起来很简单，是吗？

遗憾的是，实际情况并非如此。通常很多原因使人们对继续进行项目的计划工作很不耐烦。毕竟，项目有需要满足的最后期限，其他项目也需要我们的关注。由于我们没有时间制订计划，我们有太多的工作要做，我们有太多的客户需要满足，最终当项目就要达到最后期限时，不良的计划已无法挽回，我们只好低头认输。下一次，我们向自己许诺，我们将更多地关注计划细节，但不知何故，下一次好像永远不会来了。所以，是应该改变的时候了。

在现在这个时代，虚拟团队越来越普遍。为适应这种团队形式，项目经理通常要给团队成员逐一制订计划，并且要通过在线评审会的方式对整个项目执行情况进行评估。

7.4.1　筹备 JPPS

团队计划总是被认为比其他形式的计划编制方法更有优势，如项目经理通过四处走动收集数据来计划项目。在我们的经验中，团队的协作能够提供更准确的活动工期估算，我们也期望向计划编制过程本身输入更完整的信息。团队计划的最大优势也许是因为团队成员在编制并认可完整项目计划中经历过磨难，所以他们对项目有更强的责任感。同时，参与计划会议还使他们有归属感。如果所有其他的事情都失败了，团队计划总比孤立地进行计划编制要来得有趣吧。

有时，你会感到编制计划是一件必须有的麻烦事。它是一件你要做的事，因为你必须做，也能做，然后你才能说自己已经考虑了要去哪里、将如何去等。一旦编制完毕，计划常常被装订进精美的笔记本，并且变成了某人书架上或抽屉里接灰尘的文档。你要立刻下决心改变这些做法！你要明白，计划是管理项目的动态工具，也是进行决策的基础。

计划编制是优秀项目管理的基础。你所生成的计划是一个动态文件，它将随着项目的开始而变化。当出现范围变更问题时，它将成为你和团队成员的参考。想编制一份好计划是令人痛苦的，但计划编制太差会更加令人痛苦。记住图 7-1 所示的痛苦曲线，请毫不犹豫地做出你的选择。

在 JPPS 上首先考虑的文件是 POS。POS 可能已经存在了，这时它可以作为 JPPS 的起点。如果 POS 不存在，作为启动 JPPS 的起始或前提，你必须首先创建 POS。这需要你根据具体情况决定如何做才是最好的。可以用许多方法开发 POS。如果开发 POS 是一个需要考虑的想法，那么它很可能由一个人开发，这个人通常是将要成为项目经理的人。开发 POS 可以在一个部门进行或跨部门进行。POS 对企业的影响越广泛，它就越有可能作为 JPPS 的第一阶段进行开发。最后，POS 可能已经用"COS"开发出来了。在任何情况下，JPPS 开始时总是要讨论和澄清 POS 的意图究竟是什么。项目团队也可以利用这个机会编写项目定义说明书，即团队对于项目的理解。PDS 是 POS 的扩展文档，但它也体现着计划小组的想法。

JPPS 要想取得成功，就必须计划到各个细节。时间对于任何人来说都是稀缺资源，因此我们最不愿意做的事就是浪费时间。会议开始前，你应该意识到 JPPS 将是一个非常紧张的会议——与会者经常会情绪化，并常常会坚持自己的观点以获得公认。

在讨论如何计划和进行会议之前，我们先谈谈哪些人应当参加会议。

1．参会人员

JPPS 的参会人员是从那些可能受项目影响或对项目有投入的人中邀请的。如果项目涉及可交付成果，或者是一个新的过程或程序，那么任何对过程有投入、接收过程的输出或处理可交付成果的人都应该被邀请参加 JPPS。如果客户属于 1 个或多个上述类别，则他必须出席 JPPS。项目团队可能需要各种资源，负责这些资源的经理也应该参加 JPPS。在很多组织内，项目有一个发起人（不一定是项目经理或客户经理），他可能也希望至少参加会议的开头部分。

以下是潜在的 JPPS 参会人员：

①主持人。成功的 JPPS 需要一位有经验的主持人，此人将负责引导 JPPS。主持人没有既得利益或不会给会议带来偏见是很重要的，否则将削弱计划的有效性。我们必须以开放的思想而不是有偏见的思想来开发计划。因为这个原因，我们强烈建议不应由项目经理主持这个会议。如果不能使用一位外部的咨询师作为主持人，那么我们建议选择一位中立者作为主持人，如另一个项目未在岗的项目经理。

②项目经理。因为项目经理不领导计划会议，所以他就可以关注计划本身，这是项目经理在 JPPS 上的主要角色。当项目的政治色彩浓重或其客户来自多个职能部门、过程中心或资源库时，让在计划之前就被提议的项目经理来主持 JPPS 看起来是个绝妙的选择，但是这也可能是错误的选择。项目经理必须对项目计划感到舒适。毕竟，当需要项目按时、在预算内和按照规范完成时，项目经理是承担最终责任的人，而且计划本身在形成期间也需要项目经理的高度关注。

③其他项目经理。我们很难找到一个熟练的 JPPS 主持人。如果项目经理不是主持人的最佳选择，也许另一个可能不带偏见的项目经理是个很好的选择，特别是如果他有 JPPS 经验时。如果组织有项目支持办公室，那么它可能提供经验丰富的主持人。

④JPPS 咨询师。项目管理咨询师经常是合格的 JPPS 主持人的另一个来源。他们所拥有的广泛的项目管理经验和项目管理咨询经验将是无价的，对于那些刚刚完成项目管理培训和正在实施自己的项目管理方法的组织来说尤其如此。由一位外部的咨询师来主持 JPPS 将是成功举行 JPPS 的一个良好开端，也是一种学习经历。

⑤技术记录员。JPPS 主持人需要一位技术记录员的支持，此人不仅了解项目管理，而且是用于记录项目计划的软件工具专家。在 JPPS 主持人协调计划活动的同时，JPPS 技术记录员会实时地将确定的计划内容记录在计算机内。在任何时间点，也许是多个时间点，技术记录员都可以打印或展示计划，以便所有的人都能够看到计划并进行评论。

⑥核心项目团队成员。责任心非常重要，把核心团队成员排除在 JPPS 之外是愚蠢的。这些人可能为计划编制会议带来很多职业专长，从而可以帮助项目经理很容易地估算任务工期和资源需求。核心项目团队成员由那些将始终留在项目中的人员（既包含客户，也包含提供者）组成，但这并不意味着他们要全职地为项目工作。在现代的典型组织中，一个人不会每次只被指派到一个项目中。

⑦客户代表。如果你正在使用联席经理模型，客户代表是与项目经理具有同等职责和权力的联席经理之一（参见第 4 章协作项目团队）。这类参会人员有一些狡猾。一些客户不希望被打扰。项目经理或发起人要尽力说服客户，使客户确信他们参与 JPPS 是非常重要

的。这不是一件容易的事,却是很重要的事。客户必须参与项目计划,如果项目经理仅仅将计划复制一份寄给客户,客户是不能明白的。客户必须参与计划编制会议,如果会议缺少客户的参与,则将招致灾难,或使项目计划发生变更,还可能使项目出现问题。客户如果参与了计划的准备,他们就可以对解决变更请求和出现的问题做出贡献。如果客户不参与制订计划,他们就不会热情地帮助你解决计划中的问题。客户的既得利益很重要。

⑧资源经理。资源经理控制项目所需要的资源。在缺少这些经理的输入和参与的情况下,整合进度就是在浪费时间。他们也可能提出一些建议,使计划更加切合实际。在有些情况下,他们会派出代表参与到项目团队中。这里的重要因素是,来自各资源领域的人被授权为项目计划调拨资源。这些不是提供具体的人力或办公空间的承诺,而是必须提供某种技能和设备。正如你已经看到的,我在第 3 章介绍企业层次项目管理模型时,已经讨论了资源经理的重要作用。

⑨项目发起人。项目发起人推动项目,并且向高层管理者宣传项目。在很多情况下,发起人可以是客户,这是一种理想情况,因为这意味着已经得到了承诺。在另一些情况下,项目发起人可以是分部、部门或流程的高层经理,他们是项目可交付成果的受益人。

⑩职能经理。职能经理所管理的那些领域要么对项目可交付成果提供输入,要么接收项目可交付成果的输出,因此职能经理或者他们的代表应当参与计划编制会议。他们将保证项目可交付成果可以平稳地与已有职能进行整合,或者能将职能部分加以调整以作为项目计划的一部分。

⑪过程责任人。与职能经理应当参加计划会议一样,过程责任人也应当参加。如果项目可交付成果不能平稳地与它们的过程进行整合,则必须更改项目计划或更改受影响的过程。

召开 JPPS 要有一个正式的邀请函,说明项目的方向和目的,以及计划编制的进度。由项目经理签署的邀请函应当发给所有参会者。

> **注意** 邀请函必须加上"请函复"字样。全体成员的参与对 JPPS 非常重要,我们曾经因为某位关键参会人员的缺席而取消了一个 JPPS。一次,因为客户认为他的参与不太重要,我们就取消了准备举行的 JPPS。我们给客户的回复是,先生的光临,将是此次会议的无限荣耀,我们可以等你方便时才安排 JPPS 会议。这样的推迟是很困难的,但我们认为 JPPS 会议对于项目最终的成功特别关键,所以我们愿意向客户表明我们的坚定立场。

2. 设施

因为计划团队可能用 3 个连续工作日或更长的时间制订计划,所以设施的舒适和远离日常事务的干扰是非常重要的。如果你想使干扰最小化,不在现场召开会议是最好的方法,但我更喜欢在现场召开计划会议。这样做有优点也有缺点,但是只要计划得当,它们都是可控的。在我们的经验中,易于存取信息是现场计划会议的最大优点,易受日常工作的干扰是其主要的缺点。通过手机和电子邮件,可以轻易地与办公室取得联系,但干扰和中断的可能性也增加了，所以需要采用合理的方法尽量减少这种干扰。

你应该安排足够的空间，使每个小组都有足够的工作空间来配备桌子、椅子和活动挂图。一般每个小组由 4~5 个人组成。所有的工作应在一个房间内进行。在以往的经验里，我们发现在被隔断的房间工作时一般效果不佳。在可能的范围内，应当使每个人了解发生在计划编制会议上的每件事。房间里应当有足够的白板空间或空白的墙面，可以供大家往墙上贴活动挂图或厚纸。在计划房间内，你一般不会有足够的写作空间。

3. 设备

你所需要的是足够的记事贴、胶水、剪刀和彩色标记笔。另外，你还需要高科技设备——投影仪与计算机，以便让房间内的所有人看到细节。

4. 完整的计划编制日程

JPPS 的议题是直截了当的，它可以在 1 次、2 次或 3 次会议内完成。例如，起草 COS 后，可以安排与项目提议人的早期会议。这将成为第 2 次会议的输入，这次会议中将起草 POS。在有些情况下，POS 必须得到批准之后才能进行详细计划编制，这时计划会议将会中断，直到 POS 获得批准。一旦获得批准，就可以安排第 3 次会议了。这次会议上（通常需要两三天）可以起草详细项目计划并提交审批。

下面是一个 JPPS 日程的例子。

第 1 次会议：
- 就 COS 进行讨论。
- 建立 RBS。

第 2 次会议：

编写项目概要说明书。

第 3 次会议（JPPS）：
- 整个计划团队创建 WBS 的第 1 个层级。
- 主题专家对 WBS 进行进一步分解，整个计划团队对其进行考察并提出意见。
- 估算任务工期和资源需求。
- 创建项目网络图。
- 确定关键路径。
- 修订和批准项目完工日期。
- 最终确定资源进度。
- 就项目计划达成共识。

5. 可交付成果

JPPS 的可交付成果如下：

①工作分解结构。回忆一下，工作分解结构是用图示或分级的大纲列表表示的为完成项目所需要进行的工作（用活动表示）。它可以用作计划编制工具和报告结构。

②工件持续时间估算。估算项目中每项工作的持续时间，从而制订项目进度计划，这也是一个主要的可交付成果。工件持续时间估算可以是单点估算或三点估算，这将在本章

后续内容中讨论。

③资源需求。对于项目中的每个活动，都需要对完成工作所需的资源进行估算。在大多数情况下，这些资源将是技术和员工的技能，也可以包括设施、设备和计算机等。

④项目网络进度。利用 WBS，计划团队将定义项目活动执行的逻辑关系。最初，这个逻辑关系是由活动之间的技术关系决定的，而不是由管理特权决定的。也就是说，要开始下一个活动的工作，需要 1 个或多个活动的可交付成果。网络图显示，这个逻辑关系很容易理解。本章后续部分将会介绍网络活动的定义和网络图的细节。

⑤活动进度。确定次序后，计划团队将安排每项活动的开始和结束日期。资源的可获得性将在很大程度上决定进度。

⑥资源分配。活动进度的输出是给项目活动分配特定的资源（如技能组合）。

⑦项目文档。编制任何形式的文档都是很琐碎的事情，然而我们在本书中用到的项目管理过程的 5 个阶段并非如此。这里，项目文档是项目工作的自然副产品，所需要的只是指定一个项目团队成员负责，他的责任包括收集现有的信息并以标准格式进行电子存档。这个责任从项目计划编制会议开始，到项目正式完成时结束。

7.4.2 召开 JPPS

我们先考虑理想的情况。后续所有的活动都是计划过程的一部分，所有的工作都会在 1 天内完成。这部分内容让你在较高层级上了解这些活动是什么。在后面的章节中，你会详细了解这些活动的完成过程。

通常，小型项目都是召开 1 天的计划会议。计划小组要进行以下主要工作：
- 回顾 POS 的清晰度。
- 建立完整的 WBS，包括活动列表。
- 评估任务工期及资源需求。
- 建立项目网络图。
- 确定关键路径。
- 修订并审批项目完成日期。
- 确定资源分配进度。
- 对项目计划达成一致。

对于小型项目，项目经理就可以召开计划会议。对于大型的、更复杂的项目，要求项目经理以外的人员主持项目计划会议。为在 1 天内完成项目会议，项目经理必须严密地控制讨论的节奏，并且有效地推动计划小组的工作。事先发放简要的会议材料有助于精简会议时间。这些材料包括限时的议题，而且每个人都要严格遵守时间。会议的各项程序要准备周全。一种节省时间的方法是项目经理和客户事先设计项目要求说明书和项目概要说明书，并在会前将这些文件发给计划小组成员。

主持人最重要的工作是为项目计划小组营造一个公开和协调的环境。会议中会有意见不一致的情况，小组成员必须能够畅所欲言。召开会议的时候，主持人要能够鼓励所有人充分参与会议，并要引导那些有所保留的人参与讨论。同样，主持人还要能够控制会议的谈话。这需要好的会议管理技巧。这就是受过训练的主持人比项目经理更能胜任此项工作的原因。

7.5 创建工作分解结构

> **注意** 工作分解结构是对由 RBS 确定的为完成项目而必须进行的工作的分级描述。

RBS 详细记录了需要产生 POS 中所描述的商业价值的可交付物。WBS 是对 RBS 组成部分的分解，详细描述了这些组成部分是如何产生的。换言之，它定义了项目工作。创建分层级描述需要经历几个过程，本部分将对此进行描述。

RBS 是 WBS 架构过程的输入。如果 RBS 已经完成，那么就可以采用传统的项目管理方法创建完整的 WBS。本章所介绍的是如何建立一个完整的 WBS。在大多数情况下，RBS 还未完成，WBS 也无法完成，那么就要采用其他的项目管理方法。这将在第 3 部分讨论。我们在那会讨论所有例外情况下的 WBS。

7.5.1 使用 RBS 建立 WBS

RBS 最主要的好处是它能够简化工作，提高 WBS 的效率。图 7-2 是 RBS 的图形表示，它第 1 次出现在第 6 章。

> **注意** RBS 与评价项目的成功标准直接相关。WBS 描述了为满足 RBS 而必须做的工作。因此，WBS 通过 RBS 直接与项目的成功标准相联系。这个特点是建立 WBS 的传统方法所不具备的。

除去"特性"，RBS 的最低级别构成了图 7-3 所示的 WBS 中的"n"级别活动。用图 7-2 作为实际的 RBS，功能 1.1、子功能 1.2.1、过程 1.2.2.1、活动 1.2.2.2.1 和活动 1.2.2.2.2 是 RBS 中的最低级别的分解。完成可交付物所需要的工作将定义图 7-3 所示的 WBS。

简单地说，图 7-3 所示的活动就是工作块。将这些工作块继续分解，直到最低级别的分解通过项目完成的 6 个标准的测试（本章稍后进行描述），便不再需要进一步的分解。第 2 个术语没有在图 7-3 中展示出来，它是"任务"。满足 6 个完成标准的最低级别的分解被称为任务，而不是活动。"任务"用来区别它所定义的工作块和其他被称为"活动"的工作块。这样的解释看起来不太正规，但是"活动"与"任务"的区分很快就会明晰。

图 7-2　RBS

图 7-3　WBS 的可视化分层图

术语"活动"和"任务"的含义曾经在项目经理和项目管理软件包之间是可以互换的。有些人认为任务组成活动，有些人则认为活动组成任务或是不加区别。在本书中，我们认为活动是高一级的工作——一个活动由 2 个以上的任务组成。当这些组成活动的任务被完成后，活动也随之完成。

这里，我们也用到工作包的概念。工作包完整地描述了由任务组成的活动具体是如何完成的，包括对工作目的、人员、时间和方法等细节的描述。我们将在第 8 章详细讲述工作包的内容。

分解到任务级对于整体项目计划非常重要，因为它可以用于估算项目的工期，以及决定需要的资源和工作进度。依据这些标准，分解后的最低一级活动的一些特性应当是很明了的。我们可以根据这些已知特性来满足计划和进度的需要。

分解过程很像我们在学校时准备研究论文的详细大纲。尽管老师反复强调写报告前列出提纲的重要性，但我们还是常常采用变通的方法：先写论文，再提取大纲。这对于项目计划则是行不通的，我们必须在工作开始之前确定工作内容。

那些有系统开发经验的人会发现，分级分解与功能分解有很多相似之处。原则上，WBS与系统功能分解没有区别。我们创建 WBS 的方法与功能分解的区别在于，我们按照有终止规则的特定过程来完成 WBS。我们没有意识到创建 WBS 与系统功能分解过程有很多相似之处，富有经验的系统开发人员甚至可以发现它与逐步定义或伪码等这些较早的技术也很类似。事实上，这些工具与我们用来创建 WBS 的方法的确有很多相似的地方。

7.5.2　WBS 的用途

WBS 有 4 个主要用途：思路工具、结构设计工具、计划工具和项目状态报告工具。下面将介绍 WBS 是如何实现这些目标的。

1．思路工具

这是最重要的用途。WBS 反映了思路过程。WBS 是一个计划和设计的工具，它提供了一个思路，可以协助项目经理和项目团队成员形象化地准确界定项目的工作，以及有效地管理这些项目工作。这样，考虑不同的分解工作的方法就不足为奇了，直到项目经理找到一个满意的分解方案。

2．结构设计工具

WBS 被完成时，它是项目工作的结构图，能清晰地表达各项工作之间的相互联系。它必须是合理的。在这种情况下，WBS 是一个设计工具。

3．计划工具

在计划阶段，WBS 将为项目团队展现一个项目的全貌，详细地说明为完成项目所必须完成的各项活动。从 WBS 的最低一级活动（任务级别）着手，我们可以估算出工时、完成工期和资源需求，可以制定出项目的工作进度表，还可以估算出项目的交付日期。

4．项目状态报告工具

虽然这个工具并不常用，但是 WBS 仍可作为项目状态报告的框架。这种工具对于小型项目来说很有效，但不能成为报告库。随着低级活动的完成，项目活动将由下向上不断整合。当相关的工作完成时，活动也就完成了。低级别工作的不断完成导致高级别工作的部分完成。阴影法经常用于标记已经完成的任务和活动。某些较高级别的工作意味着项目取得显著进展，这些工作的完成将成为项目的里程碑事件。因此，WBS 定义了里程碑事件，项目经理可以向高级管理层和客户报告这些里程碑事件，以此汇报项目的进展状况。

> **注意** 想要创建一个 WBS，使之既可以很好地用于计划思路展开，又便于进行综合状态报告，这是非常困难的。最好的方法是在选定一种设计方案之前使所有相关各方积极参与开发 WBS。这里没有唯一正确的方法。创建 WBS 是一个主观性很强的过程。通过实践，你将做得更好。

在最后的分析中，项目经理将最终决定 WBS 的结构和细节水平，这是非常重要的。因为项目经理要对项目的成功负责。WBS 应该满足项目经理管理项目的需要。这就是说，创建 WBS 的方法和细节水平不能仅按照其他人的方法进行，除满足管理层对状态报告的要求或组织对文档或过程的要求之外，项目经理应根据自己的管理需要自主开发 WBS。正是因为这个要求，WBS 才不是独一无二的。WBS 是为你作为一个项目经理而服务的。"情人眼里出西施"同样适用于最佳 WBS 建构方法的选择。作为项目经理，你有权选择适合你的方法。

7.5.3 创建 WBS

在讨论创建 WBS 的方法之前，我们要先明确目前的工作处于计划过程的哪一步，然后对我们在实践中所遵循的程序做几点评论。

> **警告** 不要通过在工作场所徘徊或是发邮件要求参加者完成他们在 WBS 中的工作来创建 WBS。这看起来可能是一种创建 WBS 的快速方式，而且比召开 JPPS 简单，但是它可能导致项目失败。你需要委派几个人审查 WBS，并就项目范围和 RBS 的完整性做出评价。

在项目计划过程中的这一时刻，你应该已经完成 POS，并且获得了通过审批的 POS。随着项目计划活动的进一步进行，你也许还要重新回过头来审视 POS，我们在此假设 POS 已经完成。我们创建 WBS 的技术将使项目（即使最复杂的项目）分解为一组明确定义的活动，这个 WBS 将成为随后计划活动的指导文件。

也许 10～20 名参与者聚集在一个计算机屏幕或投影仪前却无法有效地工作。我们发现，唯一能使工作顺利进行的方法是使用记事贴、标记笔和白板。在白板不够用的时候，你可以用活动挂图和厚纸来布置计划会议室的墙壁。书写空间越大越好，我们曾经在计划室的四壁甚至在会议室外的走廊上张贴白纸。这也许看起来很乱，但的确很有效。

将 RBS 转化成 WBS 的方法

从 RBS 每个分支的最低分解层级开始，将每个可交付物逐级分解为 1 项或多项工作，直到参与者满意地认为工作已经被充分定义。本章后面讨论了分解标准，可以指导大家应用这种方法去进行分解工作。

一旦项目活动使用上述方法得到定义，那么活动就应定义到一定的细节水平，使你可以在任务层次上估算工期、费用和资源需求，随后累积到活动层次，最后到项目层次。因为活动定义到了适当的细节水平，所以项目工期、费用和资源需求就可以估算得相当准确。

因为工作分解最低层级的工作活动在项目计划中都是可管理的,所以没有必要将工作定义得太细,否则会增加管理负担。也正因为如此,在认识到完整的标准后,项目团队应该寻找机会以使工作不被定义得太细。

我推荐两种曾在咨询过程中使用过的将 RBS 转化成 WBS 的方法:团队方法和分团队方法。

①团队方法。团队方法虽然与后面的分团队方法相比需要更多的时间,但它更加有效。这个方法要求全体团队都参与到 WBS 的创建工作中来。这个方法将为 WBS 的每个最低级活动指派计划团队中最专业的成员,以协调这部分 WBS 的进一步分解。类似的指派会持续进行,直到完成 WBS。这个方法要求所有项目计划团队的成员关注 WBS 的开发,并及时发表意见和建议。

②分团队方法。当时间特别宝贵的时候,计划协调人更愿意采用分团队方法,即先根据 WBS 的高层级需求,将计划团队分成若干小组,将相似的需求分派到同一小组,然后依照如下步骤进行:

a. 每个子团队就其所分配到的 RBS 向工作层级进行进一步的分解。

b. 每个子团队向整个团队报告结果。整个团队将找出结果的重复部分及其所涉及的子团队、遗漏的工作和范围界限。

c. 团队通过整个 WBS 的审批。

项目经理需要特别关注 WBS 的每次发布,并问自己这样的问题:WBS 中是否有超出我所预想的部分?我所预想的部分是否没有出现?所有这些关注都是为了生成完整的 WBS。当 WBS 用于报告目的时,项目经理必须仔细地将低层级活动附加到高层级活动中,以保证生成的状态报告完整且全面。

随着讨论的继续,当活动不断加入或从 WBS 中删除时,WBS 与 POS 的一致性问题就将显露出来。在整个项目过程中,POS 应始终悬挂在计划会议室的墙上,每个项目成员都应该比较 POS 所描述的和 WBS 所呈现的项目范围。如果 WBS 所呈现的内容超出了项目范围,那么就需要改变或者重新定义范围或放弃活动。类似地,我们可以用 POS 全面检查 WBS 所确定的项目范围,这时应非常仔细地确定范围和需要完成的工作。在任何工作开始之前及时发现错误,都将大大减少损失和麻烦。

变更项目范围是具有挑战性的一项工作。在项目初期,项目范围很难被界定,因此在项目实施过程中要不断提问哪些内容在项目内、哪些不在。这样做是极其正确的!一定要记住,项目范围只有在项目获得批准后才会被正式确定。在计划阶段,没有任何事是一成不变的。

7.5.4 检验 WBS 是否完整的 6 个标准

正确地开发 WBS 是整个计划工作的最关键的部分。如果这部分工作做得好,那么其他部分的工作就会轻松些。那你如何保证已经做得足够好了呢?每项活动都必须满足 6 个标准,以保证获得正确分解。这 6 个标准是:

- 状态和完成情况是可测量的。
- 活动是有边界的。
- 活动有一个可交付成果。
- 时间和费用容易估算。
- 活动工期在可接受期限内。
- 工作安排是独立的。

如果活动不能满足这 6 个标准，我们就需要继续分解活动并重新评价，直到活动满足这 6 个标准为止。这时，分解所得可以称为任务。当 WBS 中的每项活动都满足这 6 个标准时，WBS 就完成了。下面就详细介绍每个标准。

1. 状态和完成情况是可测量的

如果项目经理可以在项目过程中的任何一个时刻询问一项活动的状态并得到明确的答案，那么该活动的定义就是恰当的。例如，如果一个系统文档估计有 300 多页，大概需要 4 个月的全职工作，那么你的团队成员可能提供如下的状态报告：

①这项活动预计需要 4 个月的全职工作，我目前已经全职工作了 2 个月，我猜测工作已经被完成了 50%。

②我已经写了 150 页，所以我认为工作被完成了 50%。

③我已经写了 150 页并获得批准，而且估算剩余的工作还需要 2 个月，所以我已经完成了 50% 的工作。

没有人会接受第 1 份报告，但这正是我们经常获得的信息。更糟糕的是，我们多次接受了这样的报告，并将其作为有效的状态报告。虽然第 2 份报告略好些，但它没有提到写完的 150 页的质量和对剩余工作的重新评估。我们所认可的报告必须回答哪些工作是真正完成的（获得批准，而不只是写完），还有哪些工作需要做，随后是一个对于项目完成的重新评估。记住，你明天将比今天知道得更多。既然活动已经完成了一半，活动经理就应该能够对需要完成的剩余工作做出更准确的估算。

一种简单的计算方法非常有效，即用已完成任务的比例表示由任务组成的活动的完成比例。例如，假设一项活动由 6 个任务组成，当有 4 个任务完成时，已完成的任务与全部任务的比例是 4∶6，这意味着活动完成了 60%。即使活动的第 5 项任务正在进行中，但没有在报告日期前完成，那么它也不能计算在完成比例中。这是一种非常客观的测量方法。它虽然看起来不甚准确（比如，时间没有包含在内），但无可争议，它能够被用于所有活动中，确实是个好办法。其最突出的优点是非常迅速，这样项目经理和活动经理就不必为完成比例的细节而争论不休了。相同的方法也可以用来计算一个活动的挣值。

2. 活动是有边界的

每项活动都应该有一个明确的开始事件和结束事件。一旦开始事件发生，活动工作就开始执行；可交付成果是最可能的活动结束信号。以系统文档为例，开始事件是，通知负责创建系统文档的成员，系统的最终验收测试已经完成；结束事件是，通知项目经理，客户已经批准了系统文档。

3. 活动有一个可交付成果

完成组成活动的全部工作的结果是产生一个可交付成果。可交付成果是活动完成的显著信号。这可以是审核经理的签字，可以是具体的产品或文档，也可以是进行下一个活动的授权或其他完成标志。活动的交付物是活动的输出，它将成为下一个或几个活动的输入。

4. 时间和费用容易估算

每项活动都应该估算完成所需要的时间和费用。从工作分解结构的最低一级开始估算工作，然后逐级累加，进而估算出整个项目的预算和交付日期。通过成功地将活动分解到合适的细节之中，你可能遇到曾经执行过的基本活动。这些基本活动的经验能为你提供强有力的支持，即协助你估算类似活动的费用和工期。

5. 活动工期在可接受期限内

虽然这里对于活动的工期没有硬性规定，但我们建议活动的工期最好不要超过 2 周。这个时间是很多组织的惯例。即使对于承包商要负责很大一部分工作的长期项目，我们也要根据这个期限规定来分解工作。如果是由活动来定义流程工作，特别是这些活动的工作是重复性的且很简单，则属例外。制造业中经常发生这种情况。举例来说，你准备生产 500 个小工具，需要 10 周完成，你就不必再把这个活动分解为 5 项小活动、每项活动生产 100 个工具。这种活动不需要进一步的分解。如果你可以估算检查一份文档所需的时间，那么一项用 2 个月检查 400 份文档的工作就没有必要分成 4 个两周的工作、每两周检查 100 份。你需要避免的是长期活动，因为一旦这些活动被延误，将导致严重的项目进度问题。

6. 工作安排是独立的

每项活动的独立都非常重要。一旦活动工作开始，就应该持续进行，不发生中断也不再需要其他额外的信息和输入，直到活动完成。工作应该是连贯的，但工作也因为多种原因而需要重新规划。即使活动因资源有效性被分为几个部分，你也应该把活动看作一个持续的工作流程。

与活动独立性相关的一个问题是过于强调对活动的微观管理。基于多年的实践经验，我建议管理单项工作应以 1 周为单位。例如，Harry 要为一项活动工作 10 小时，该活动计划星期一早上开始，星期五下午结束。Harry 同意在还有其他工作的情况下安排这 10 小时的工作。这时，Harry 的经理（或项目经理）也许要求 Harry 准确报告在本周的何时完成这 10 小时的工作，并且将之编入计划。这样做是在浪费每个人的宝贵时间！为什么不对 Harry 给予足够的信任，确信他有能力安排一周内的工作呢？管理没有必要深入 1 个工作周内，否则会给双方都增加微观管理负担。过分的微观管理实际上会增加完成工作所需的时间，是毫无必要的管理支出。

7. 第 7 个检验 WBS 是否完整的标准

我将这个标准从上述 6 个标准中分离出来，使这个标准和上述 6 个标准在意义上完全不同。第 7 个标准完全基于项目经理的判断。通过前 6 个标准，我们可以定义 WBS 是否完整，但是项目经理可能因为客户在 WBS 过程中的表现，对此还有些怀疑。有些事可能提醒项目经理，事情并不像看起来的那样。例如，在工作分解过程中，客户也许没有完全投入，或者根本没有参加，他们仅仅是列席旁听，从未真正发表意见，这会让你有理由相信范围变更很快就会发生。所以，你最好选择一种支持变更的管理方法，而不是错误地认为 WBS 已经完成。毕竟，安全总比后悔要好。

8. 完整性标准的例外

在某些情况下，认定 WBS 的完整性不一定要求满足完整性标准。下面将介绍两种常见的场景。

①满足完整性标准前终止。一种常见的情况与工期有关。有一个建造活动是生产 100 个小部件，每生产一个部件需要 1 天的时间。有一个任务的最长工期是 10 天。如果你要满足任务的工期要求，就要把生产 100 个部件的工作分解到 10 个任务中——每个任务制造 10 个部件。这样的分解对 WBS 来说没有价值，只是增加了管理上的时间。就让建造活动保持 100 天好了，你只要适当地关注一下状态就可以了。增加活动只是增加了管理时间，没有任何价值，而对项目没有价值的活动就是浪费时间。

②分解超出了完整性标准。由于项目周期很短（例如，只有 4 周），创建 10 天可接受的活动工期就不是很好的管理方式。此时，由于活动工期太长，管理检查表难以发挥作用，管理职能丧失，风险增加。在这种情况下，可以接受的活动工期最长为 3 天，有些项目，甚至要求更短的活动工期，如完成类似外科手术或其他更短工期活动的过程。如果整个外科手术过程只是持续几小时，那么可以接受的活动工期就可以设置为几分钟。这些都由你来判断。你需要做有意义的事情，而不是非要在不适当的情况下使用某些规则。记住，项目管理是条理化的常识。

当分解超过完整性标准时，另一种情况就出现了，就是那种具有高风险的活动或具有较大自由时差的活动。如一项活动的工期是 8 天，但有 5 天的自由时差，即使这项活动满足了 10 天的工期要求，你仍要将其进一步分解，以识别高风险的部分或是活动中产生很大时差的部分。这里再次强调，你要做有意义的事情。

7.5.5 创建 WBS 的方法

有很多方法可以用来创建 WBS，我们希望由项目经理自己选择具体方法（既然是项目经理负责管理项目，那么让他自己选择合适的方法有利于任务的完成）。遗憾的是，多数情况下却不是这样的。选择方法必须考虑到 WBS 的用途。因为某种方法对于定义工作来说也许是最好的选择，但对于状态报告则可能不是最好的选择。

用来创建 WBS 的正确方法不是唯一的，项目的 WBS 也不是独一无二的。如果你让每个项目计划团队成员分别在不同的房间独立开发 WBS，他们递交的结果将互不相同。这也没有关系，因为没有唯一正确的答案。选择是带主观性的，这更依赖于项目经理的个人偏好而非其他原因。实践中，我们曾尝试过仅用一种方法，结果发现它使项目工作变得更加含混不清而非更加简单。在这样的情况下，我们建议你放弃已经做了的工作，从头开始尝试一种新的方法。

这里有 3 种主要方法用来创建 WBS。

① 名词型方法。名词型方法是用组成可交付成果的组件（物理上或功能上）来定义项目工作。这些需求就在 RBS 中。如果你已经完成了 RBS，那么你就基本上有了一个基于交付成果的 WBS。RBS 和 WBS 之间的关系如图 7-4 所示。注意，RBS 是 WBS 的一个子项。换言之，RBS 定义了必须完成什么，WBS 定义了如何完成。

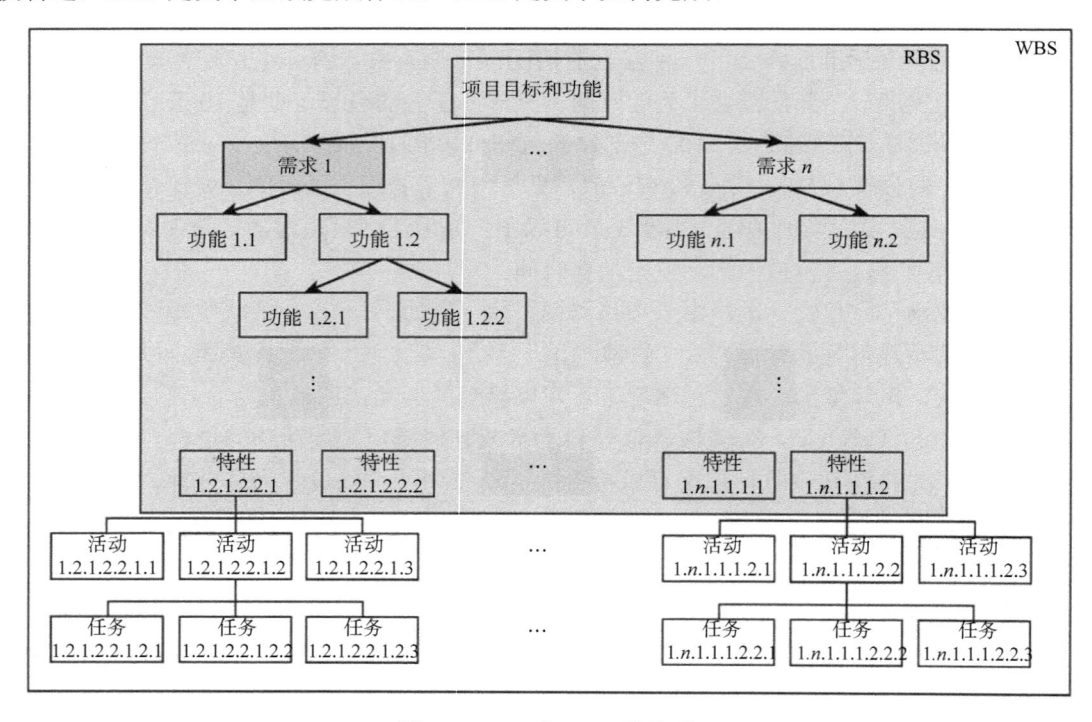

图 7-4　RBS 和 WBS 的关系

② 动词型方法。动词型方法是用完成可交付成果所必须采取的行动来定义项目工作的。它包括设计—建设—测试—使用方法和项目目标法。

③ 组织型方法。组织型方法是用参与项目的组织单位来定义项目工作的，包括按地域分解、按部门分解和按业务职能分解。

我们已经在实践中看到了这些方法的应用，现在逐一进行详细讨论。

1. 名词型方法

名词型方法包括物理分解和功能分解两种。

①物理分解。如果项目中涉及开发产品,那么就可以采用物理分解的方法。以开发山地自行车为例,部件包括支架、轮子、悬架、转向和刹车。如果每个部件都需要被制造,那么这个方法就将产生一个简单的 WBS。正如前面所提到的,你必须考虑 WBS 还要适用于总结报告。

举个例子,考虑与传动装置有关的所有任务。如果你用甘特图来报告概要级的活动,那么表示传动装置概要活动的横条将开始于项目启动日期。甘特图是要做的工作及其完成进度的图形展示。

②功能分解。WBS 的创建还可以基于产品的功能构成。仍以山地自行车为例,我们可以用自行车的功能组件来创建 WBS,包括转向系统、换挡系统、刹车系统、驱动系统。物理分解法所关注的事项在这里同样适用。

2. 动词型方法

动词型方法有两种:设计—建设—测试—使用方法和项目目标法。

①设计—建设—测试—使用方法。这种方法通常用在那些涉及方法论的项目上。应用系统开发就是一个典型的例子。我们还以山地自行车为例,可以借鉴经典的瀑布型类别创建 WBS。这个类别的结构是设计、建设、测试、归档和使用。如果把这个结构用于我们的 WBS,那么甘特图的每个横条的长度对应设计、建设、测试和使用的每个活动的工期,因此比代表整个项目工期的横条要短。几乎所有的活动都会有不同的开始日期和结束日期。这时的 WBS 呈现梯形依次排列,因此叫作瀑布型。这些只是有代表性的类别,你的 WBS 也许有所区别,但关键是当细节层级的活动进度归总到上一级活动时,它们能为看报告的人提供真正有价值的信息。

记住,WBS 中最基层的活动必须使用动词表示。我们毕竟是在谈论工作,这就表明是指行动,也就表明要使用动词表示。

②目标法。目标法类似于设计—建设—测试—使用方法,用于为高级管理层准备项目阶段性进展报告。用一系列目标(或高层次需求)报告项目完成的程度,是项目团队所创造的可交付成果的一种很好的体现。目标几乎总是和商业价值相联系的,因此无论是管理层还是客户,他们都更容易认同目标。然而需要注意的是,这种方法也因为目标经常相互重叠而产生麻烦。目标的边界也许很模糊,所以你必须注意消除重复现象,还要及时发现所定义的工作中的漏洞。

3. 组织型方法

当项目工作的部署跨越地域或组织边界时,我经常建议 WBS 与组织结构相适应。项目经理一般不情愿采用这种方法,只有在组织机构逼迫时才不得不使用。换言之,项目经理没有其他选择。这种方法没有什么实质性的优点,并且会产生更多的麻烦。我们只是将它列出,作为创建 WBS 的补充方案。完成大项目或项目集时经常使用这种方法。

①按地域分解。如果项目工作在地域分布上很分散，那么应先按地域分布进行分解，这样可以更好地协调和沟通项目工作，然后在每个地点采用其他合理的方法。美国的探空项目因为探空原因就需要使用这种方法。

②按部门分解。现实中存在部门的界限和政策，我们可以先按部门分解项目工作，然后在部门内采取其他合适的分解方法。这样做也许更有利，因为项目工作的主要部分由一位经理进行组织控制，简化了资源分配。但这样做会使组织间的协作和沟通增多。职能型强矩阵组织（如那些使用全职项目经理和全职项目人员的组织）经常使用这种方式。

③按业务职能分解，即先根据业务流程分解项目，再在每个阶段采取其他合适的方法。这种方法和按部门分解的方法有着同样的优点和缺点，但它在整合各个阶段的可交付成果时比按部门分解更困难。困难来自所涉及过程的交互作用。例如，在订单登记和订单填写之间如何定义订单的验证，就是一个较难解决的问题，这可能是其他流程的一部分。流程的定义对客户的影响很大。

4．选择最佳方法

这里再次强调，对于给定的项目是没有最佳方法的。我们建议在项目计划联席会议开始时考虑每种方法，从中选择一个可以清晰定义项目工作的方法来分解项目。

7.5.6 展现 WBS

无论采用什么方法，WBS 一般都可以通过图 6-3 展现出来。"目标说明"阐述了实施项目的原因。项目分解成第 1 级的一组必要且充分的活动（也叫工作块），意思是说当第 1 级活动完成时，项目就完成了。

任何一项活动如果不满足 6 个完整标准，就需要进一步分解。继续这个过程，直到所有活动都满足 6 个完整标准。最低层级的 WBS 定义了一系列任务。每项任务都有一个负责人，以确保任务的顺利完成。

任务也可以叫作工作包，它是指为完成一项任务所需的一系列工作。工作包可以非常简单，如让高层经理签署一项可交付成果即可。工作包也可以是一个微型项目，包含与其他项目相同的各项特征，只不过这个项目的活动符合 6 个完整标准，不必要做进一步分解。（我们将在第 8 章详细讨论工作包。）

下面的例子有助于你对 WBS 的理解。图 7-5 是一个建造房屋项目的 WBS 的片段，图 7-6 是其列表的方式（方便偏好列表的读者）。两个图表示同样的信息。

图 7-7 所展现的 WBS 使用的是传统的瀑布式系统开发方法。对于从事系统开发的读者，这个格式可用作系统开发项目的模板。这是将你的系统开发项目标准化的一个很好的方法。

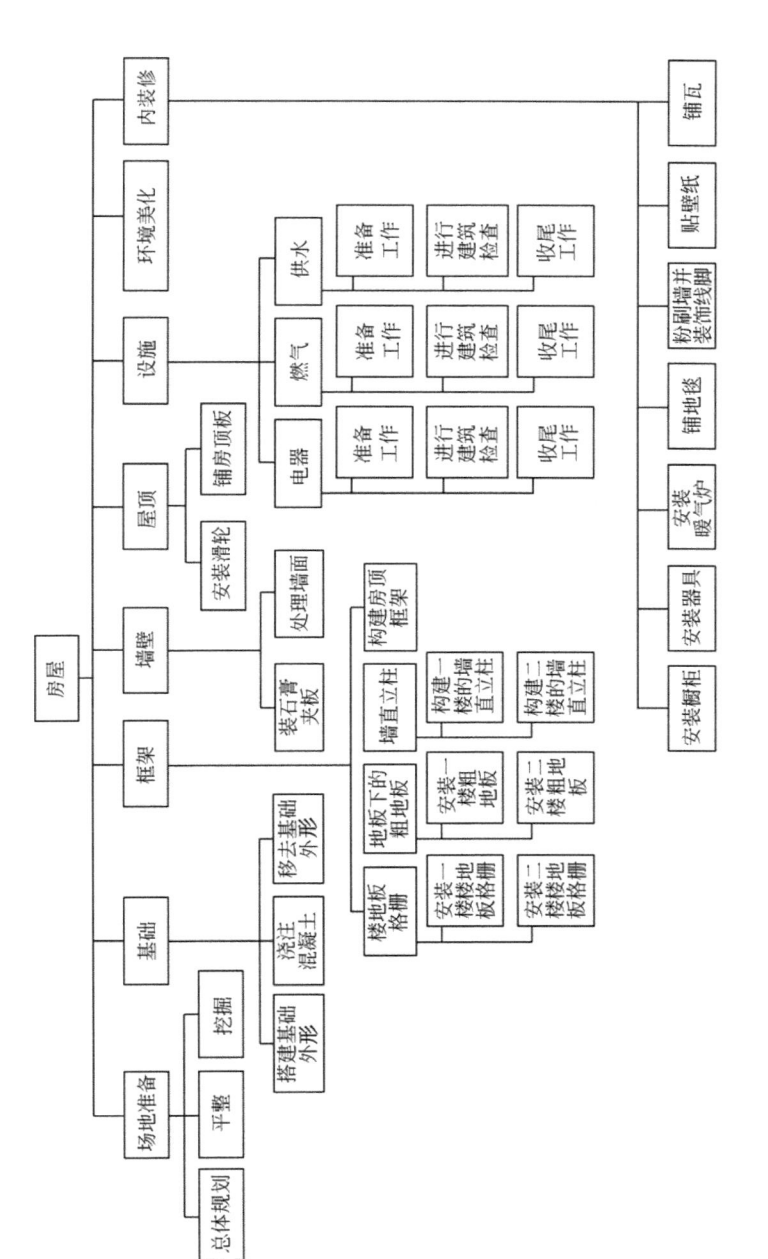

图 7-5 一座房屋的 WBS

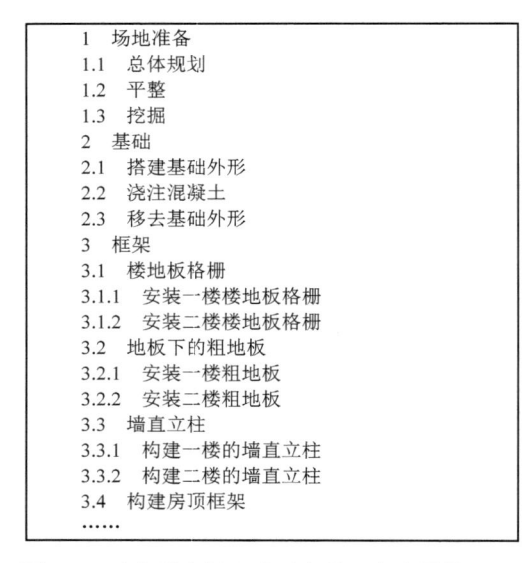

```
1    场地准备
1.1    总体规划
1.2    平整
1.3    挖掘
2    基础
2.1    搭建基础外形
2.2    浇注混凝土
2.3    移去基础外形
3    框架
3.1    楼地板格栅
3.1.1    安装一楼楼地板格栅
3.1.2    安装二楼楼地板格栅
3.2    地板下的粗地板
3.2.1    安装一楼粗地板
3.2.2    安装二楼粗地板
3.3    墙直立柱
3.3.1    构建一楼的墙直立柱
3.3.2    构建二楼的墙直立柱
3.4    构建房顶框架
......
```

图 7-6　以索引大纲形式列出的一座房屋的 WBS

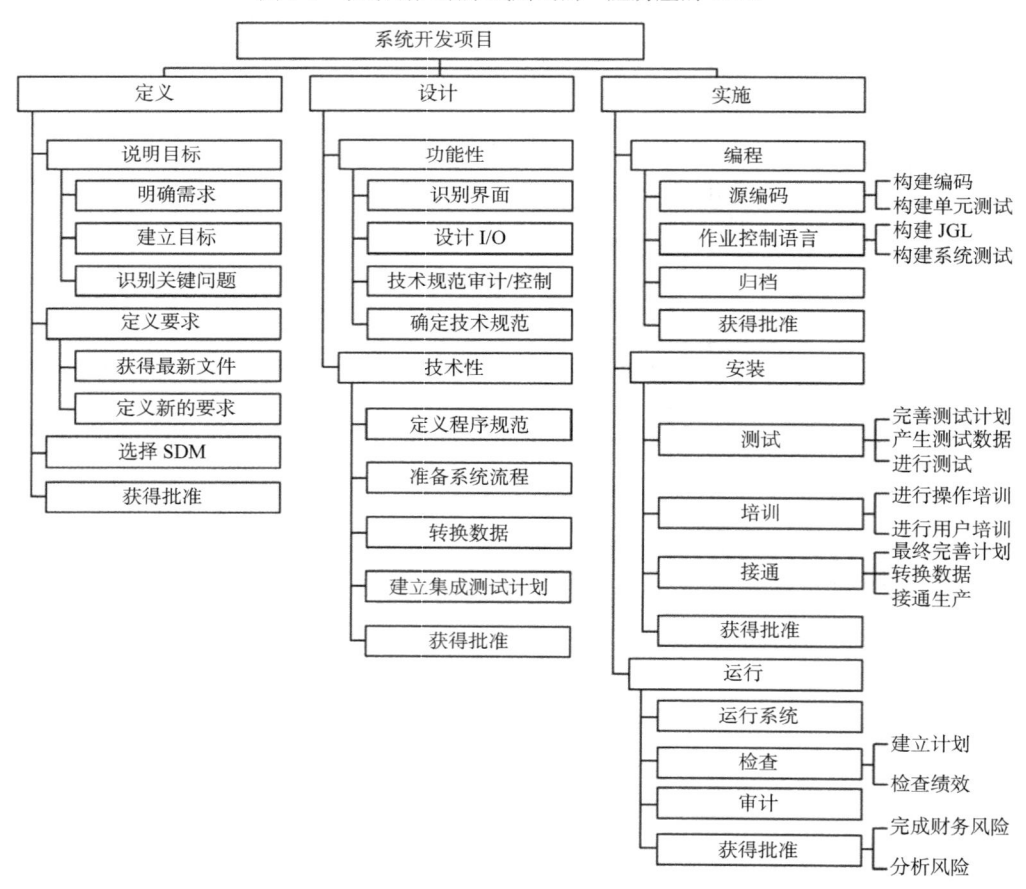

图 7-7　瀑布式系统开发的 WBS

7.6 估算

估算是项目团队经常遇到的麻烦事情。首先,估算没有统一的标准。有的人比较乐观,有些人则比较悲观,除非有足够的证据,否则应该乐观还是悲观是拿不准的。委托负责工作的职业经理人估算工期或人力成本是个好主意,但这也不是万能的方法。因为我们不能确定这个人会不会进行保守估算以确保工作达到最后期限。我经常使用的方法是每次估算时多找几个人,这在本章将详细介绍。

7.6.1 估算工期

开始估算工期前,我们需要保证每位成员都是基于一个共同的定义来工作的。一个项目的工期是实际花费的工作日,不包括周末、假日和其他非工作日。工期与工时不同,工时是完成一项活动所需要的人工,工时可以是连续或间断的小时数。在任何情况下,工作都必须在所估算的工期时间内完成。

理解工期和工时的区别是非常重要的。假设一项任务估计需要 10 个 "集中精力且不受干扰" 的工时来完成,在通常的工作条件下,你估算完成这项工作实际需要多少小时?答案肯定多于 10 小时。为什么这么说呢?让我们看看图 7-8 中显示的数据。

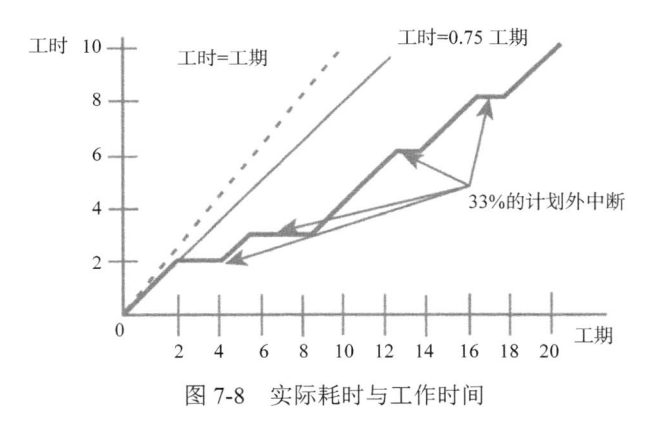

图 7-8 实际耗时与工作时间

如果一个人可以 100%地为一项活动工作,那么他可以在 10 小时内完成 10 个工时的工作。这样的人是很少见的,因为他的工作总会被电子邮件、电话或短信、会议、休息和社交活动所打扰,这时就需要估算他每天能为活动工作的时间比例。我们从 IT 行业收集的资料显示,这个比例为 66%~75%。近年来,基于同样的客户群,这个比例下降到了 50%~65%。用 75%的比例来估算,完成 10 个工时的任务需要 13 小时 20 分钟。这是在没有中断的情况下的估算,而我们知道中断总是不断发生的。

我们对项目中每项活动所实际花费的时间感兴趣,这就是活动真正的工期。从费用的角度考虑,我们关心活动实际花费的工时(工作)。

> **注意** 在评估任务工期时,你要做出选择:是根据工作时间评估任务,还是根据所要完

> 成任务的自然时间评估任务？也许两种都有。工作时间由客户付费，而自然时间用于评估项目完成日期。有的项目经理评估任务工期时先估算工作量，然后通过工作效率（通常是 0.6~0.75）分解工作时间，最后将其转换为工期。

7.6.2 资源载荷与任务工期

任务工期会受到所分配给活动的资源量的影响。我们之所以说影响，是因为两者之间不一定存在直接的线性关系。

给活动安排更多的资源可以有效地将任务工期限定在计划的工期之内，这叫作活动赶工。例如，设想你在一个房间内，其中有一把普通的 4 条腿的椅子，房间的门是关闭的，你被要求把这把椅子搬到屋外的走廊。你尝试着在没有帮助的情况下做这件事，你可能按照如下步骤进行：

①搬起椅子。
②搬到门口。
③放下椅子。
④打开门。
⑤用脚顶住门，同时搬起椅子。
⑥把椅子搬出门。
⑦把椅子放在走廊。

假设你的资源加倍，有人可以帮你开门，你就可以把椅子直接搬到走廊。当有两个人为这项活动工作时，可以说把椅子搬到走廊所需要的时间缩短了。

资源加倍看起来是有效地缩短工期的技术。让我们再次将资源加倍，看看会发生什么。现在，我们把 4 个人分配给这项活动。活动也许需要这样做：你先召开会议，明确每个人的职责——谁负责这次活动？谁开门？谁抓住椅子的哪个部分？在这种情况下，工期实际上增加了！

举这个愚蠢的例子是要说明再追加更多资源，回报却是甚微的。你大概认同这样的观点，即为了使任务工期最小，分配给任务的资源载荷就要有一个最大极限，超过该极限再增加资源，实际上就开始延长工期了。这是到达了活动赶工优化点。从一个点开始再增加更多的资源就会延长活动的工期。项目经理经常需要考虑的因素就是如何优化任务的资源载荷。

项目经理还要考虑第二个因素，即增加资源带来的工期减少量。这个关系不是线性的。我们再次考虑搬椅子的例子。资源加倍使工期减半了吗？两个人挖一个洞会比一个人挖快 1 倍吗？恐怕不是。理由很简单。设想把一项活动分配给 n 个人，这样就会产生远多于 n 条的沟通连接。那么，谁来处理这些沟通工作、人们如何协作等都增加了工作量，实际上可能还有其他因素导致了工作量的增加。假设增加资源后工作量保持不变，这是不正确的。活动增加资源后，新的工作就会产生。例如，再增加一个人就会大大增加沟通的工作量，因此可能延长工期。

项目经理要考虑的第三个因素是增加资源所带来的风险影响。如果只考虑人力资源，则我们必须考虑到不同的人对一项活动会采取不同的处理方法、有不同的工作习惯和不同的责任心。参与一项活动的人越多，越有可能有人闲置，越有可能出现错误，越有可能各行其是。

项目经理要考虑的第四个因素是对任务的规划，这样才会有多个资源同时工作。对有些任务来说，这样做比较简单，对有的项目则不行。例如，粉刷墙壁就是一个可规划的任务，即房间可以由多人粉刷，甚至可以由不同的油漆工来完成。这些都不成问题。另一种类型的例子就是编写计算机程序。这种任务也许根本不用规划，可以增加第二个程序员来完成不是由一个程序员来完成的工作，如选择所用语言、定义规则、集成测试等。

7.6.3 任务工期的变化

任务工期是一个随机变量。这是因为我们不知道在活动进行时，哪些因素起作用，以及这些因素确切的持续时间。当然，对于每项活动的估算，其准确程度各不相同。估算任务工期的一个目标是在尽可能细节程度上估算活动的工期，确保你的估算偏差最小。也就是说，在项目计划阶段，你要尽量准确地估算工期。随着项目的进行，你需要不断修正先前对后续活动的进度估算。

这里有几个导致实际任务工期变化的因素：

①不同的技能水平。你的策略是基于平均的技能水平来估算任务的工期，但这在现实中是不太可能发生的。你也许将高水平或低水平的人员分配给活动，导致实际工期与计划工期产生差异。不同的技能水平既有可能帮助我们完成工作，也有可能妨碍我们完成工作。

②突发事件。墨菲定律会潜伏一段时间，最后一定会出现。但是你不知道它会以何种方式和在什么时候出现。自然灾害、供货商延迟发货、材料错运、交通堵塞、电力中断和意外灾难等，这些突发事件只不过是众多可能性中的几个。

③工作时间的有效性。工作人员每次被打断后，他都需要更多的时间来将工作恢复到被打断之前的效率水平。你不能控制打断发生的频率和时间，但你能确信打断一定会发生。对于员工的工作效率的影响，你只能猜测，有些人比其他人更容易受到影响。

④错误和误解。尽管你已尽力完整准确地描述了将要进行的工作，但你仍可能出现遗漏，这将导致返工或毁掉已经完成的工作。

⑤常规导致变化。因为工期是随机变量，所以任务的工期也很容易发生变化。任务工期具有变化的本性，但你无法左右其只引起有利的变化。事实如此，你必须接受。

7.6.4 估算任务工期的 6 种方法

估算任务工期将面临挑战。你也许对有些活动非常熟悉，但对另一些非常陌生。无论哪种情况，你都必须进行估算。这就是要使管理层意识到估算不会比瞎猜好多少的原因。在很多项目中，通过完成部分项目工作，你将更加了解可交付成果，并依此改进你的估算。重新估算和重新计划是很普遍的。在我们的咨询实践中，我们发现以下 6 种方法很适合进行初步计划估算：

- 类比法。
- 专家建议。
- 三点技术。
- 历史数据。
- 德尔菲（Delphi）技术。
- 扩展德尔菲技术。

下面的章节将详细地介绍每种方法。

1. 类比法

WBS 中的某些活动可能与在其他项目中完成的活动相似，你可以用这些活动及其工期来估算目前项目中活动的工期。在有些情况下，这也许需要从其他活动外推到现在所需要估算的活动，但无论如何它提供了一种估算方法。在大多数情况下，这种方法所提供的估算已经相当令人满意了。

2. 历史数据

每个有成效的管理方法都会包含一个项目手册，其中记录着估算的和实际的任务工期。这些历史数据可以用在其他项目上。这些所记录的数据是估算任务工期的知识库。不同于前一种方法，这种方法依靠的是记录而不是记忆。为评估一项任务的工期，你可以从数据库中提取类似的任务，并计算其平均值。这是数据库的简单应用。

历史数据的记录可以采用非常先进的技术。有的客户建立了非常全面的任务工期的历史数据库，他们不仅记录活动的估算工期与实际工期，也记录活动的特征和活动执行人的技能水平，以及其他他们认为有用的变量。当需要对任务工期进行估算时，他们便将活动的特征输入数据库，并依据相当复杂的回归模型，估算任务工期。他们为市场创造产品。对于他们而言，尽可能准确地估算活动的工期是非常重要的。我们建议，如果特定的工具或技术可以创造附加值，那么就可以进行合理应用。

3. 专家建议

如果项目要采用突破性的技术或首次在企业中使用的技术，组织中就很可能缺乏与这些技术相关的经验及专业人员。在这种情况下，组织就需要外部权威专家。供应商是很好的资源，那些拥有这些技术的非竞争者也可以为组织所用。

4. 德尔菲技术

德尔菲技术在缺乏专家的情况下能生成非常好的估算。这是一个团组技术，通过提取和总结集体智慧进行估算。团组听取完项目简报和任务特征之后，每个团组成员被要求做出任务工期的最好猜测，然后将结果用柱状图表示出来，标记为"第一轮结果"，如图 7-9 所示。对于那些猜测结果落在外部四分点内的成员，要求他们说出猜测的理由。听完他们的论点后，每个团组成员必须再次做出猜测，结果再次用柱状图表示，标记为"第二轮结果"。外部四分点的估算结果仍然需要讨论，此时进行第三轮猜测，结果再次用柱状图表示，标记为"第三轮结果"。之后，允许进行最后调整，第三轮猜测的平均值将被确定为团组的估算结果。虽然这个方法看起来很简单，但在缺乏专家建议的情况下的确有效。

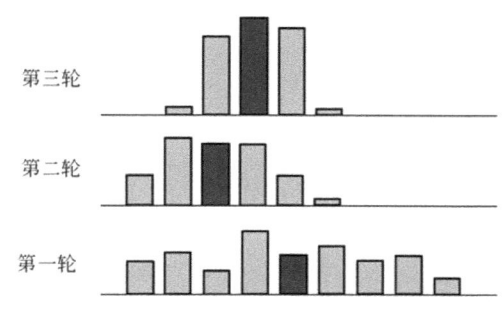

图 7-9　德尔菲技术对任务工期的猜测

我在几年前参加了一个 IBM 商业合作伙伴会议。其中一个环节是讨论如何估算软件的开发时间，主持人用一个非常有趣的例子推荐大家使用德尔菲技术。她先询问在场的人是否在狂欢节上担任过体重猜测专家，结果是没有人担任过。于是，她告诉团组使用德尔菲技术来估算房间内的 20 个人的平均体重。她要求现场每个人分别将自己的体重写在纸上，由助手计算出平均值，放在一边。每个人也要对团组平均体重做出最初猜测，并写在纸上，递给助手。她用柱状图展示了最初一轮的结果，并要求 5 个做出高猜测值和 5 个做出低猜测值的成员向团队说出他们的想法，再进行第二轮和第三轮的猜测。第三轮猜测的平均结果将作为团组对于平均体重的估算。令人惊讶的是，估算结果与报告结果的偏差只有 1 千克。

主持人采用的方法实际上是最初的德尔菲方法的一种变化。最初的方法是请一个专家小组（包括 5～6 人），要求小组成员进行独立估算。结果在小组内公布与分享，然后进行第二轮估算。第三轮估算采用同样的过程。第三轮估算的平均数将作为估算的结果。最初的方法不包括任何小组内成员间的讨论和协作。事实上，他们可能互不相识。

5．三点技术

任务工期是一个随机变量。如果可能，活动在给定条件下重复进行几次，工期也会有所差别。变量也许紧紧围绕一个中心值，也许非常离散。对于第一种情况，你可能有大量有关任务工期的有用信息。相比之下，后一种情况可能只有很少的信息，甚至没有。对于任何活动情况，你都不可能知道准确的任务工期，但你总可以对其发生的可能性进行判断。三点技术方法如图 7-10 所示。

三点技术方法要求你对活动做 3 类估算：

①乐观估算。乐观估算是指别人会经历（或曾经达到）的最短工期，或者是在一切顺利的情况下的经验值。

②悲观估算。悲观估算是认为在可能出错的地方都出错了，但活动最终还是完成了的情况下将经历（或曾经经历）的工期。

③最可能的估算。这是依据通常的经验得到的工期。

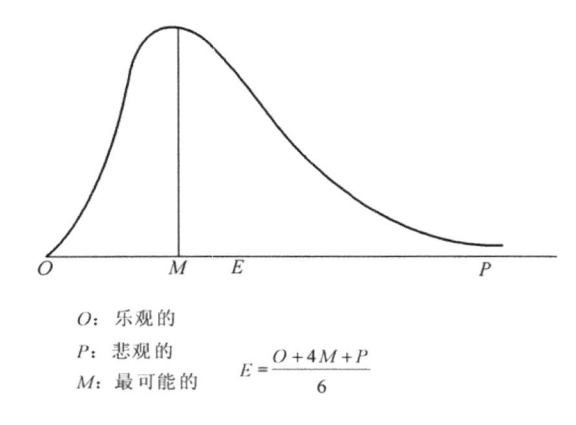

图 7-10 三点技术方法

$$O: 乐观的$$
$$P: 悲观的$$
$$M: 最可能的$$

$$E = \frac{O + 4M + P}{6}$$

你还可以根据下列公式（加权平均值）估算工期：

$$(O + 4M + P) / 6$$

这种方法需要你在缺乏历史记录的条件下，收集专家对于类似活动的回忆。

6．扩展德尔菲技术

将德尔菲技术和三点技术相结合，就得到了扩展德尔菲技术。和德尔菲技术一样，这种方法包括一个小组，不同的是它不是要求小组成员每次做出单一估算，而是在每一轮都要求成员对活动的工期做出乐观的、悲观的和最可能的 3 类估算。汇总结果，删除极端结果，对 3 类估算的每一类取平均值，作为对活动的乐观的、悲观的与最可能的 3 类估算的结果。

7.6.5　估算生命周期

典型的生命周期的估算如图 7-11 所示。

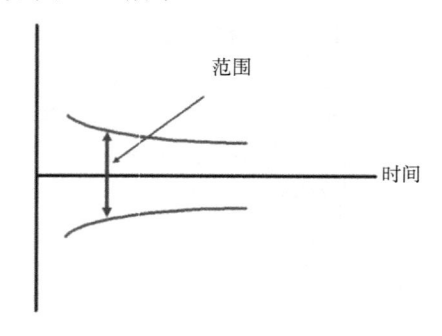

图 7-11　估算生命周期

估算要渐进。对任务工期的早期估算不如后来进行的估算准确。一个简单的事实是，随着项目的进展，我们越来越明智。估算总是受模糊性与不可预见事件的影响。随着项目的进行，我们只能希望可以获得一些经验来改进估算。

在自上而下的项目计划模式中，我们从"大概正确的"估算起步，并打算在项目的晚些时候改进这些估算的准确性。也要让你的上级管理层和客户认识到这一点。绝大多数经理都有迷信数字的习惯，一旦数据被写出，就认为是不可动摇的和绝对正确的，而不考虑确定这些数据时的客观条件。这在现代项目管理世界是不现实的，它只适用于工程师，不适用于商务人士。

在项目计划中，大部分的任务估算不比投掷标枪准多少。当然，如果任务是在以往类似的情况下多次完成，估算的变动会比估算以前从来没有做过的任务的变化要小。项目进行时，项目团队要积累知识，加强对项目的理解，同时需要提交可接受的解决方案。这包括提高对项目未来任务估算的改进。一旦任务开始，更多的信息就会被发现，估算（或对完成情况更好的估算）也就会更准确。

7.6.6 估算资源需求

根据前面所述的完成标准定义项目活动，你应该达到一个恰当的细节程度，以便熟悉每项活动。你也许在过去的项目中执行过非常类似的活动而在这些类似活动中获得的记忆与历史数据将为估算目前项目中的活动所需要的资源提供基础。在某些情况下，这些信息只是直接的记忆，而有些情况下是类似活动的历史文件或专家建议。

资源的重要性随着项目的不同而不同。前面所提到的 6 种估算方法都可以用来估算任何项目的资源需求。

资源类型分述如下：

①人员。在大多数情况下，你将不得不规划人力资源。这也是最难规划的资源。

②设施。项目工作需要工作场所，如计划室、会议室、展示室、观众席等。这些设施的确切要求及需要它们的准确时间都必须充分考虑，项目计划应提供具体细节。设施的可用性也会影响项目进度。

③设备。设备与设施采用同样的方式处理。设备的可用性会影响工作进度。

④资金。会计会将任何事情都最终转化为金钱，实际上也的确如此。项目花费通常包括出差、酒店入住、用餐、供应品等各种花费。

⑤材料。用于制造产品和其他物理可交付成果的零部件的可用性经常是项目进度的一部分。例如，制造自行车所需要的零件螺帽、螺栓、垫圈等，它们的生产时间也属于项目进度的一部分。

1．人力资源

人力资源是最难规划的资源类型，因为我们在进行项目计划时要确定需要什么样的技能、何时需要和需要的数量。注意，我们没有确定所需要的具体资源的名称（你需要的是哪一个人），而这正是常常出现问题的地方。

这里有几个工具可以帮助你规划人力资源。

①技能矩阵。我们发现，越来越多的客户正在为员工开发技能矩阵，为活动开发技能需求矩阵。这两个矩阵用于为活动安排员工。安排员工可以依据活动的特征来进行，如按风险、商业价值、关键程度或技能发展做出安排。图 7-12 显示了安排员工的方法。

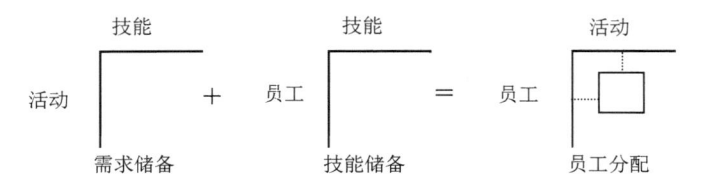

图 7-12 为活动分配员工

这个过程包括从两个储备库中收集储备数据：

a．技能需求储备库，包含用来执行与特定活动相关的各项任务。它用一个矩阵表示，矩阵的行是活动，列是技能，包括现在的和长期的需求。

b．员工技能储备库，包含专业员工现有的各项技能。它用一个矩阵表示，矩阵的行是具体员工，列是技能。

两个矩阵的列都采用相同的一组技能表示，这使我们有办法连接两个矩阵，为活动安排人员。这个方法可以用于在职员工的职业发展。作为一种在职员工职业发展战略，这种方法要求经理预先会见员工，帮助员工确定职业发展目标，并把这些目标转化为技能发展需求。这个信息现在可以用于项目计划，以便为活动安排人员，这样给员工在活动中安排的工作将有助于员工的职业发展。

②技能类别。通过研究所必须执行的每一项活动，描述完成这项活动所需要的技能，从而确定这部分技能矩阵。因为技能可能出现在不相关的活动中，所以可能的技能列表必须在整个企业内部实现标准化。

③技能水平。二元估算是指要么你有这种技能，要么没有。这种估算是非常容易管理的，但这对于项目管理是不够的，还必须说明员工掌握了多少技能，并对技能进行量化。衡量技能水平有多种方法可以选择，企业通常会开发自己的技能水平系统。

2．资源组织结构

项目中有 RBS 和 WBS，同样也有资源组织结构（Resource Organizational Structure，ROS）。图 7-13 就是一个简单的示例。

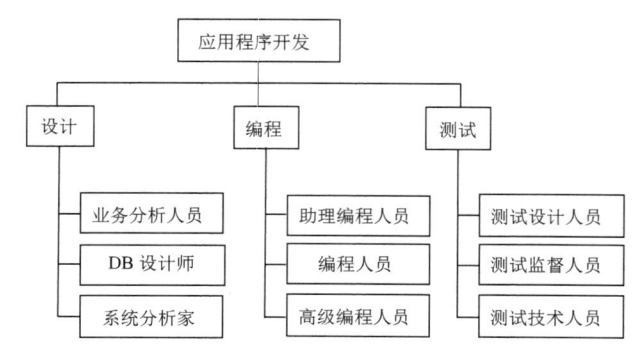

图 7-13 资源组织结构示例

资源组织结构不仅用来辅助资源估算，还用于成本估算。资源组织结构是由工作类型决定的，而工作类型是由人力资源部门定义的。将工作类型定义简单地用于这个多层次框架中，可以用来确定职位和层次，为项目配备人员，并进行人员预算的编制。

3．确定资源需求

计划小组包括资源经理或资源经理代表。在计划小组定义 WBS 和估算任务工期时，资源经理也要估算资源需求。

我认为以下方法对确定资源需求比较有效：

①建立项目所需的所有资源清单。对于人力资源，列表中只需标明人员职位或技术水平，不要标注人员姓名，即使只有一个人具有所需要的技能。设想拥有具备技能的人员并将其安排在项目任务中。任务工期的估算基于相关人员的平均技术水平，也与所需资源需求紧密相关。你也许在后续的项目计划联席会议中调整人员的平均技术水平。

②由项目经理提供 WBS 的一部分资源需求。

你现在已经完成了对所要制定项目进度参数的评估。任务工期估算为你提供了活动所要求完成的任务的计划工作顺序。初始进度确定后，你就能够利用资源需求和资源到位情况的数据来修订进度。

7.6.7 资源计划

谈到项目的资源，你需要考虑几个问题。如前所述，增加资源并不一定意味着可以缩短各种活动的工期，过多地增加人员实际上会延长项目的时间。另外，你还要考虑人力资源的技术水平。

比如，你打算让一组开发人员开发应用程序软件，那么在进行资源计划时就必须了解这些开发人员的技术水平。你可能在金钱和时间之间进行权衡。也就是说，你可以使用初级开发人员使成本降低，但你可能发现开发时间较长。编排进度计划的时候，一定要了解并考虑可使用人员的技术情况，这是资源计划编制工作的重要一环。

你还可以考虑使用兼职人员。起初，使用兼职人员看似一个好主意，因为在他们的进度安排上比较灵活，并且可以充分利用他们的工作时间。然而，事实并非如此，尤其是请兼职人员从事编程工作。开发是一项脑力工作，你所共事的人都是一些知识型人员，他们不可能随意地开始和结束一项脑力工作。

同样，将人员在同一天安排到两个项目上工作也不是对资源的有效利用。开发人员要提高编程速度是需要时间的，因此安排时间时不要将同一名知识型员工在同一天安排到不同的项目中，否则不会奏效。让你的资源有机会进入工作流程中，这才是成功的项目管理。

如何识别特定资源

识别特定资源是经常要做的事情。当这种事情发生时，你通常会面临一些问题。比如，你是否要在计划中加入特定的人员？如果你这样做了，而在你需要他的时候他又不能到位，这会对你的项目计划有影响吗？如果这个人是很高级的技术专家，在评估他所要做的工作的任务工期时，你就会遇到问题。如果你不能找到相同级别的人员来代替他，是否就会造成项目进度的失控？对于这些问题，你要做出自己的选择。

7.6.8 成本估算

在估算任务工期和资源需求后，你就有了足够的数据用来确定项目成本。这是你第一次看到做项目要花费的钱。你知道所需的资源及要用的时间。你现在能够通过应用单元成本数据，将所有需要的资源进行加总，进行项目成本的估算。

估算成本时，你需要考虑几个概念。不管你将成本估算得多么精确，它只是一个估计值。许多项目超出预算的原因之一是，管理层确信成本估算得非常准确，并使估算的基准计划确定不变。记住：估算永远是估算。无论何时，当你预测未来时总是有一些不确定性的。项目经常会超出预算，是因为预算只是一个估计，不是准确的数学计算结果。即使有经验的成本估算师也有估算错误的时候。

了解这些后，你需要尽力为项目制定一份可行的预算。估算的方法有几种。一种是选择一个与你正在计划的项目相类似的项目，以它为指导，在成本上作为参照。你需要牢记的是，每一个项目都是独特的，项目的这种独特性意味着你要估算的项目和以前的项目在预算上会稍有不同。因此，估算时不要使用完全一样的数值，否则项目会在某个时候给你带来麻烦。

另一个好方法是邀请该领域的专家帮助进行估算。在理想情况下，这些专家会在他们擅长的领域进行讨论，使你对当前项目的成本估算有更好的把握。

团队应该获得一份标准的成本计算表，表中应列出所有的资源、单位及单位成本。根据所需要的资源数量和单位成本可以算出每种资源的成本，这是一种简单的计算练习。许多企业用电子表格模板进行运算，将计算后的数值放到 WBS 中，然后按 WBS 的层级，计算出每一层级活动的总成本。

项目管理中有 3 种常用的估算类型。它们通常按下述顺序使用：

①粗略量级估算。这种类型的估算范围在估计值的 25%～125%。通常只有在估算过程最开始才用粗略量级估算，因为此时对项目知之甚少，管理层只要求提供一个粗略的估计。大家都知道，估算会随着时间的推移而越来越精确。这种估算通常只是很初步的估算，也就是要求对项目的财务可行性有个大致的概念。

②预算估算。这种估算范围在估计值的 75%～110%。预算估算是在项目计划编制过程中，基于对项目活动的一些了解而进行的。

③确定估算。通常，项目剩余时间都采用这种估算方式，估算范围在估计值的 90%～105%。这种估算是最有用处的，因为在项目实施过程中，新的信息将提高项目计划阶段生成的估算的精确度。

> **注意** 进行项目估算时，要记住以上 3 个范围。即使告诉项目发起人你的估算是粗略量级估算，发起人也会一直记住这个数据。在这种情况下，要在估计数值上标明"粗略量级"以保护自己，这样做至少可以在真正出现情况时有所解释。要让所有项目相关方知道你所提供的估算方法的不同，以及这些估算值是怎样获得的。

1. 成本预算

做出估算后，就可以进入成本预算阶段了。在这一阶段，你要将成本分配到 WBS 的各项任务上。成本预算过程非常公式化，对于所需的资源，只需将单位资源成本乘以资源需要使用的小时数即可。对于一次性成本（如购买硬件），只需注明即可。

成本预算可以让项目发起人对项目成本做最后的检查，但前提是已经得出了正确的数值。我们通常可以获得准确的单位资源成本，但要知道资源使用的时间长短很难。记住，不管怎样，你都是在进行估算。成本预算不同于估算，它更加详细，而且最终的预算结果仍然能够很好地说明项目成本。

2. 成本控制

对于项目经理来说，成本控制主要是指两件事情：

①获得成本报告的频率。如果能够实时地了解项目的任何情况，这当然很好，但这样做的成本高，而且耗时。理想的情况是每周获得一次数据。每周获得成本发生数据可以使你很好地了解正在发生的成本情况。如果时间超过 1 周，你可能发现项目已经失控。

②如何看待所收集的数据。如果已经制定了成本基准，那么你就可以根据基准数据测量成本，测量时主要看是否出现偏差。这时会有两个成本，一个是基准成本，一个是项目发生的实际成本。基准成本是对项目成本的最终估算。你需要将两者进行比较，并确定是否必须采取管理措施。

> **提示** 最后的估算成本和实际成本之间的差异在什么范围内时可以不采取管理措施呢？通常，10%是最能接受的。然而，如果你看到计划存在预算超支或进度滞后，或者两者都有的趋势，你需要在差异还未达到10%时了解差异产生的原因。更多细节参见第9章。

对于有些项目来说，时间是最重要的约束因素。记得 Y2K（千年虫事件）吗？在这种情况下，你必须在成本控制和项目确定的结束时间之间取得平衡。这可能需要牺牲成本来保证时间。作为项目经理，你必须了解这些权衡关系，并能够向发起人说明基于其他因素（如时间和质量）对成本进行变更的合理性。

7.7 创建项目网络图

在项目管理生命周期中的这个阶段，你已经确定了项目中的任务，即创建了 WBS 和 RBS 的输出，并且估算了项目中任务的工期。计划编制团队的下一步工作就是决定这些活动执行的次序。

任务和任务工期是构建项目网络图的基础构件。项目网络图可以为你提供两个额外的有关项目进度的信息：

①组成项目的每项任务的最早开始日期。

②项目的最早预期完成日期。

这对于项目经理来说是关键的信息。在理想情况下，项目所需要的资源应按照计划进行分配，但这几乎是不可能的。本章前面已经讨论过如何解决这个问题。但是要很好地解决这个问题，你首先应该知道如何创建最初的项目网络图和相关的项目进度计划，这是本节的主题。

7.7.1 设想一张复杂的项目网络图

项目网络图是指用图形表示项目工作进行的顺序。创建项目网络图时，需要遵循几个简单原则。

回忆第 1 章中的项目定义：项目是指一系列相互关联的活动。你可以一次只执行一项活动，直到将所有活动都执行完。这是一个简单的方法，但是在大多数项目中，用这种方法推导出来的项目完成日期是不能令人接受的。事实上，它将产生最长的项目工期。任何排序，即使只有两项任务是并行的，都能够使项目工期比一次只执行一项的工期安排要短。

另一个方法是在活动之间建立一种网络关系。你可以用前推法建立这种关系，即确定哪些活动必须在其他活动开始之前完成。你也可以用后推法，即当一组活动完成时，确定接下来应该是哪个或哪些活动。两种方法都是可行的，具体选择哪种方法取决于你的个人偏好。你觉得是前推法还是后推法更舒服？我们建议你从两个角度来看待活动，一个可用来检查另一个的完整性。

用流程图的形式表示项目中活动的相互关系，这种流程图就叫作网络图或逻辑图。

7.7.2 基于网络编制进度计划的优点

制订项目进度计划的方法有两种：
- 甘特图。
- 网络图。

1．甘特图

甘特图是较早产生的一种方法，在简单、短期的项目中得到了有效的应用。为了创建甘特图，项目经理用长方形横道表示项目的各项任务，依据活动完成的顺序沿水平方向在时间跨度上布置横道。横道的长度代表活动的工期。在一些情况下，同一时间刻度有几项活动，表示活动可以同时进行。活动进行的次序主要受到资源可用性的约束。

甘特图有两个缺点：

①因为其简单，所以图中没有包含详细的信息。甘特图只反映项目经理的工作次序，它事实上隐藏了很多信息。换言之，甘特图不包括所有的次序信息，除非你非常熟悉项目中的任务，否则很难从甘特图中看出什么活动应先进行，什么活动应后进行。

②项目经理不能通过甘特图了解到甘特图所产生的项目进度计划是否能在最短时间内将项目完成，或者是否最有效地使用了资源。甘特图只反映了项目经理想完成工作的时机。

2．网络图

虽然甘特图易于创建并且不需要使用什么自动工具，但我们还是建议使用网络图。网络图为项目的工作流程提供了可视化的展示。网络图包括详细的信息,可以用作项目进行过程中项目进度和资源管理问题的分析工具。另外,网络图能够使你计算出项目完成的最早时间,这个信息是甘特图所缺乏的。

网络图可以用于详细的项目计划编制。在项目的执行阶段,它可以作为进度计划编制备选方案的分析工具和控制工具。

①计划。即使大型项目,项目网络图也可以为项目任务间的关系提供一个清晰的画面,同时展现项目粗略层次和细节层次的面貌。我们已经发现,在计划编制阶段,在白板上或活动挂图上展示网络图的效果很好。所有的项目计划小组成员都可以通过这种方式进行进度决策。

②执行。使用自动项目管理软件的项目经理,可以根据任务状况和预计完成日期来更新项目文件。随后,网络图也会自动更新,并可以重新打印出来或供预览。尽管有人认为这个方法很麻烦,但根据网络图,你能够决定是否需要重新规划进度和资源分配方案。即使对于一个中等规模(约有 100 项活动)的项目所构建的网络图也会大得难以使用。我无法否认这一点,但我还是希望软件供应商能够提供更好的市场产品来展示网络图。

③控制。虽然更新的网络图可以显示所有活动的状况,但是监控项目工作的最好图形报告是网络图的甘特图视图。这个甘特图不能用于控制,除非你已经完成了网络进度计划或在甘特图中考虑了逻辑关系。通过比较计划进度和实际进度,项目经理可以发现其中的偏差。根据偏差的严重程度,项目经理将采取有效的纠正措施。(第 9 章将更详细地讨论监督和控制过程,并提供其他用于分析项目状态的报告工具。)

7.7.3　用紧前关系绘图法构建网络图

最早用网络图表示项目活动的方法可以追溯到 20 世纪 50 年代的北极星导弹工程,它叫双代号(Task-on-the-Arrow, TOA)法。如图 7-14 所示,用箭线表示各项活动,箭线左侧的节点表示开始任务的事件,箭线右侧的节点表示结束任务的事件。每项活动都通过这种格式来表示,节点被按顺序编号,编号至少在最初一些版本中要被保留。因为 TOA 法的局限性,所以必须加上虚线活动来保证网络的完整性。TOA 法只能使用最简单的依赖关系,技术上又很难应用,所以现在已经很少有人使用它了。

随着计算机的发展,TOA 法失去了其存在的意义,一个新的方法取代了它。这种方法就是单代号(Task-on-the-Node,TON)法,更普遍的叫法是紧前关系绘图法(Precedence Diagramming Method,PDM)。

单代号网络图中,基本的分析单元是任务。网络图中,一个长方形代表一项任务。这个长方形叫作任务节点。箭头表示任务与前置任务和后续任务的关系。图 7-15 是一个 PDM 的简单例子,我们将在后面详细讲述如何使用 PDM。

项目中的每项任务都有自己的任务节点(见图 7-16)。节点的输入描述与时间相关的任务特性。有些输入描述任务特征,如预期工期(E);而其他输入描述与任务相关的计算量(ES,EF,LS,LF)。我们会在后面介绍这些概念,并举例讲述如何使用它们。

图 7-14 双代号法

图 7-15 用紧前关系绘图法绘制的项目网络图

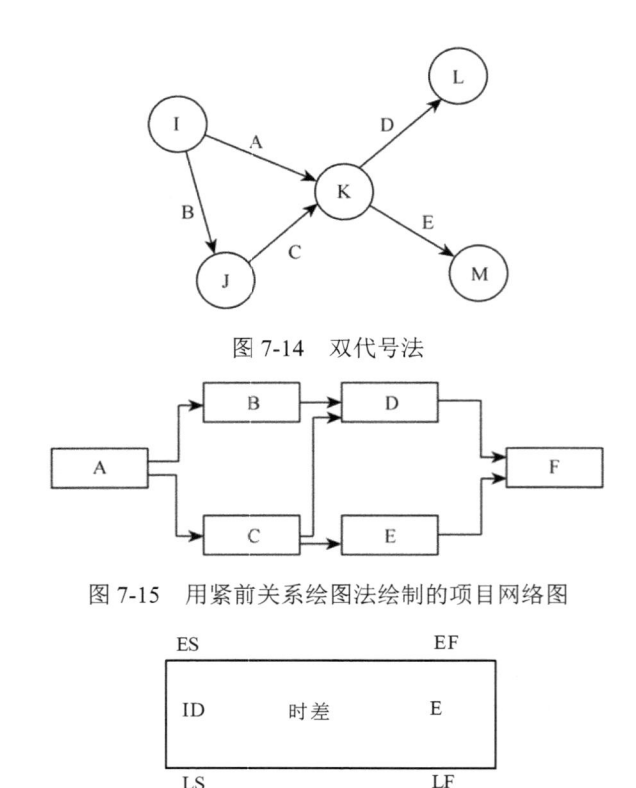

图 7-16 活动节点

为了用 PDM 创建网络图，需要先给每项任务找到其前置任务和后续任务。要做到这一点，你要问自己："我在开始这项活动之前，必须完成哪些活动？"也就是说，你正在寻找活动之间的技术依赖关系。一旦一项任务完成，就会产生一个输出，即一个可交付成果。这个成果将成为后续任务的输入。后续任务的工作内容唯一依赖前面相关任务的输出。

> **注意** 我们随后将引入管理约束条件，它们可能改变这些依赖关系。根据我的经验，现在引入管理约束条件只会使计划复杂化。

那么，下一步是什么呢？尽管每项任务的前置任务和后续任务列表包含了项目进行的所有信息，但它并没有把这些信息以完整的形式表达出来。所以，我们下一步的目标是提供项目的图形显示。为了做到这一点，我们先要讲清楚几个准则。一旦我们知道这些准则，我们将能够构建项目的图示。这一部分，我们将介绍几个用于构建项目网络图的简单准则。

网络图是用从左到右的逻辑次序来表示网络内的每项任务的。除了开始任务和结束任务，每项任务都至少有一项任务在它的前面（它的前置任务），以及一项任务在它的后面（它的后续任务）。当一项任务开始时，它的前置任务必须完成。开始任务没有前置任务，结束任务没有后续任务。这些网络称为连通网络。本书中，我们将使用连通网络。图 7-17 给出的例子说明了如何用图表示 2 个及以上任务间可能存在的各种逻辑关系。

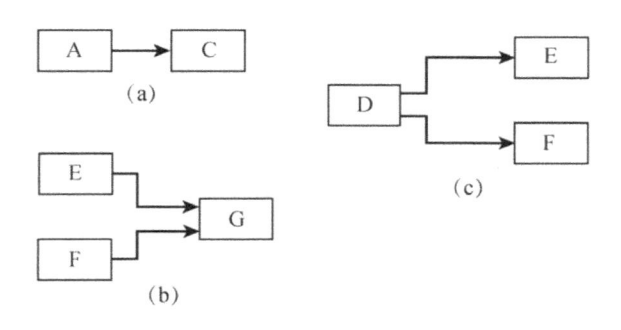

图 7-17　网络图解示例

7.7.4　依赖关系

依赖关系是存在于一对任务间的简单关系。如果任务 B 依赖于任务 A，就说明任务 B 的工作需要任务 A 产生的可交付成果。图 7-18 展示了 4 种任务依赖关系。

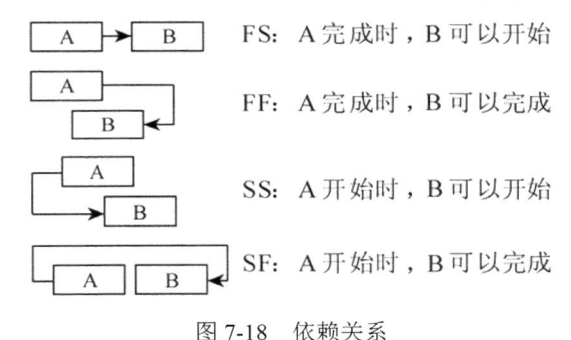

FS：A 完成时，B 可以开始

FF：A 完成时，B 可以完成

SS：A 开始时，B 可以开始

SF：A 开始时，B 可以完成

图 7-18　依赖关系

图中的 4 种任务依赖关系具体阐述如下：

①完成—开始关系（Finish-to-Start，FS）。完成—开始关系说明任务 A 必须在任务 B 开始前结束。这种关系最简单，风险也最低。例如，任务 A 代表数据采集，任务 B 代表数据输入，如果任务 A 和任务 B 的关系是完成—开始关系，就说明一旦结束数据采集任务，就可以着手进行数据输入任务。我们建议在最初项目计划阶段采用完成—开始关系。用一个箭头从前置任务（A）的右侧指向后续任务（B）的左侧表示完成—开始关系。

②开始—开始关系（Start-to-Start，SS）。开始—开始关系说明任务 A 一旦开始，任务 B 就可以开始。这里不存在必然的紧随关系，它们可以同时开始。我们再看数据采集和输入的例子，开始采集数据的同时，就可以开始数据输入的工作，这时任务 A 和任务 B 之间存在开始—开始关系。开始—开始关系的表示是用一个箭头从前置任务（A）的左侧指向后续任务（B）的左侧。我们将在进度压缩那一节再介绍这种依赖关系。

③开始—完成关系（Start-to-Finish，SF）。开始—完成关系比 FS 关系和 SS 关系都要略微复杂些。这种关系表明，在任务 A 开始前，任务 B 不能完成。假设你要建立一个新的信息系统，但你不想在新系统运行前终止旧系统。也就是说，新系统开始运行时（任务 A），旧系统才可以终止（任务 B）。开始—完成关系的表示是用一个箭头从前置任务（A）的左侧指向后续任务（B）的右侧。开始—完成关系用于两项任务间的即时进度，但这种依赖关

系在实践中很少出现。

④完成—完成关系（Finish-to-Finish，FF）。完成—完成关系说明在任务 A 完成后，任务 B 才能完成。再用数据采集和输入为例，只有在数据采集（任务 A）完成后，数据输入（任务 B）才能完成。在这种情况下，任务 A 和任务 B 是完成—完成关系。完成—完成关系的表示是用一个箭头从前置任务（A）的右侧指向后续任务（B）的右侧。为了保持网络图的连接完整性，在两个前面有开始—开始关系任务的后面应当有一个完成—完成关系。

7.7.5 约束条件

依赖关系类型表示了任务之间的关系，实际上是存在于任务间的约束条件所导致的结果。每种约束条件类型都可以生成前面所提到的 4 种依赖关系中的任何一种。这里有 4 种约束条件将影响项目任务进行的次序。任务间的约束条件有：

- 技术约束条件。
- 管理约束条件。
- 项目间约束条件。
- 日期约束条件。

下面将详细介绍每种约束条件。

1. 技术约束条件

任务间技术依赖关系的产生，是因为一项任务（后续任务）的执行需要其他任务（前置任务）的输出，即后续任务必须在前置任务完成后才能开始。我们建议在最初构建网络图的时候，先使用 FS 关系。这是因为这种关系最简单，风险最低。如果项目使用 FS 关系就能按时完成，那么何必使用其他更复杂、风险更高的依赖关系来使项目计划复杂化呢？但当你为了进度优化而分析网络图时，SS 和 FF 依赖关系就很管用。

在技术约束条件的范围内，我们应考虑 4 种相关情况。

①自由决定的约束条件。自由决定的约束条件是由项目经理的判断所导致的依赖关系。这些判断可能仅仅是项目经理用来回避风险的策略。通过有序的活动，项目经理可以增强对项目工作的信心。我们再次运用数据采集和输入的例子——项目经理意识到一个新近组建的团队在做这项工作，通常情况下在数据采集的同时就应该开始输入工作（SS 关系）。但是项目经理认为让新建的团队这样工作可能导致一定程度的风险。于是，项目经理决定在数据采集和输入之间采用 FS 关系而非 SS 关系。

②最佳实践约束条件。最佳实践是项目经理过去的经验或者是从别人那里了解到的、在相似条件下的经验。实践在工业领域非常具有影响力，特别是在竞争激烈的技术方面。在有些情况下，依赖关系是项目经理采取最佳实践约束条件的结果，也是依赖他人的经验采取的回避风险策略的一部分。例如，软件设计和软件编程活动之间的关系，安全的方法是在完成设计后再进行编程（FS 关系）。但是在现在的商业环境中，更快地进入市场就意味着生存。

为了更快地进入市场，很多公司采取设计、编程并行的方案，从而使软件设计和软件编程活动之间的关系从 FS 关系转化到 SS 关系。当设计到达一定阶段后，设计人员已经大体知晓软件的最终配置，这时就可以开始有限的编程工作了。软件设计和编程并行意味着项目经理缩短了新软件进入市场的时间。项目经理当然知道 SS 关系将导致风险（软件设计的更改将导致已经开始的编程工作被放弃），但为了节省时间又不得不采取最佳实践方法。

③逻辑约束条件。逻辑约束条件很像自由决定的约束条件，它是项目经理对如何安排任务间逻辑关系的想法。我们认为，任何一种对工作顺序的安排都必须使项目经理感到放心。因为毕竟是项目经理管理项目。基于过去的经验和常识，你可能更喜欢按照一定的方式进行任务排序，这是可以的，但不能以这一点为借口而得出别扭的顺序。只要有好的、合乎逻辑的理由，你就可以按照自己的想法去安排工作顺序。在设计—编程的例子里，软件设计的一些工作可以和相应的编程工作并行，但其中部分软件设计工作需要采用公司尚缺乏经验的新技术，所以项目经理决定，在完成采用新技术的软件设计部分之后，再开始相关的编程工作。

④特别要求。这种约束条件只在需要关键资源的情况下出现，如需要不可替代的专家或几个项目任务需要共享关键设备时。例如，一种新的测试设备将用于软件开发项目，并且这种设备只有 1 台，一次只能用于软件的一个部分。而这台设备必须用于软件的几个不同部分，所以为了避免导致资源冲突，项目经理决定使用 FS 关系，将测试设备用于软件的各部分。除其他的技术约束条件之外，项目经理必须重视这种约束条件，以避免使用稀缺资源时可能导致的进度冲突问题。

2. 管理约束条件

第 2 种约束条件是管理方面的约束条件。假设一个软件开发项目的产品经理发现，竞争对手将有一个和他们正在开发的产品类似的新品推出，此时产品经理与其采用并行的设计—编程策略，还不如先保证新设计的软件产品能够和竞争对手的产品展开竞争。所以，产品经理关心的是根据竞争对手的新产品而进行的设计更改，而不是冒着浪费程序员时间的风险来抢先推出新产品。于是，项目经理决定在设计和编程活动间采用 FS 关系。

作为项目经理，在进行网络图分析和进度决策的时候，你会遇到管理约束条件。管理约束条件不同于技术约束条件，它是可以逆转的，而技术约束条件是不能逆转的。例如，产品经理发现，竞争对手在进行测试时发现了致命错误，并决定以无限期延迟产品推出的策略来解决错误。这时，在设计和编程之间的 FS 关系就可以逆转，即重新采用并行的设计—编程策略，使设计和编程的关系从 FS 关系转为 SS 关系。

3. 项目间约束条件

项目间约束条件的产生是一个项目需要其他项目的可交付成果的结果。这样的约束条件产生于两个项目中生成和使用同一可交付成果的任务间。例如，新的测试设备由一家公司制造，而这家公司开发的软件需要使用这个测试设备。在这种情况下，软件开发项目中的测试任务就依赖于另一个项目中测试设备的交付任务。虽然这种约束条件是技术性的，但是它存在于 2 个或多个项目之间，而不是存在于单一项目中。

当一个非常大的项目分解为更小、更易于管理的项目时，项目间约束条件便产生了。

例如，波音 777 的制造工厂分布得非常广泛，每个制造工厂都可以被看成一个生产部件的项目。为了装配最后的飞机，不同项目所交付的部件都需要和最终装配项目的计划相协调。这样，最终装配项目中的任务就依赖于其他分装配项目的可交付成果。

> **注意** 项目间约束条件是很普遍的。有时，大型项目需要分解为更小的项目，或者根据组织或地理界限分解为若干项目。在所有这些例子里，项目所分解出的更小的项目之间是相互关联的。这种方法导致了项目间的约束条件。虽然这种分解会产生额外的风险而使我们尽量避免这种分解，但有时这种分解是必要的。

4．日期约束条件

项目开始时，为了使输出清晰明了，我们不同意采用日期约束条件，并尽量避免使用它。换句话说，就是向你的项目管理软件输入日期说"不"。如果你习惯于使用日期约束条件，那么请继续阅读。

日期约束条件固定了一个任务的开始日期和完成日期，迫使任务根据特定的进度进行。在这个日期驱动的社会中，我们习惯于把需求日期作为要求的交付日期。这些约束条件常常会与由任务依赖关系驱动和计算的进度发生冲突。换言之，日期约束条件给项目进度带来了不必要的麻烦。

日期约束条件有 3 种类型：

① 不早于。这个日期约束条件限定了任务完成的最早日期。

② 不晚于。这个日期约束条件限定了任务必须完成的最晚日期。

③ 当日。这个日期约束条件限定了任务必须在某天完成。

所有这些日期约束条件都会被用在一项任务的开始或完成的时候。最麻烦的是当日约束条件，它强行设定了一个日期，要求所有任务必须依据这个日期进行，这给项目计划和随后的项目状态报告带来了不必要的麻烦。另一个麻烦是不晚于约束条件，它不允许任务超越特定的日期，这再一次没有必要地增加了项目的复杂性。这两种方法都可能产生负的时差。作为项目经理，你要尽一切可能不使用它们。替代这些方法的方案将在下一章讨论。

麻烦相对较小的是不早于约束条件。这种约束条件充其量只会延迟任务的进度，它本身不产生负的时差。

7.7.6 使用滞后变量

网络图中，活动之间的暂停和滞后都可通过滞后变量（Lag Variable）来表示。我们可以通过一个例子对滞后变量做出最好的解释。设想数据的采集是通过邮寄调查表的形式进行的，回收调查表后还要进行数据录入。在寄出调查表和输入数据之间设定 SS 关系是不合适的，除非在邮件寄出和收到反馈之间引入一定的滞后变量。对于这个例子，我们假设从邮件寄出到收到反馈需要 10 天的时间，包括邮件到达、接收者花时间回复并寄回邮件所需要的时间，这时我们应确定 SS 关系并附上 10 天的滞后。我们还可以换另一种方式，即让活动 B（数据输入）在活动 A（邮寄调查表）开始 10 天后开始。

7.7.7 创建最初的项目网络进度

如前所述，网络图中的所有任务除开始任务和结束任务之外，至少还应有一个前置任务和一个后续任务。如果依据这个约定，那么任务次序看起来就是相对直截了当的。如果不能遵守这种约定，或者将日期约束条件强加在一些任务上，或者不同的资源采用不同的时间表，那么要理解这种最初进度计划编制所产生的任务顺序就可能变得更加复杂。

为了创建项目进度计划，你需要计算两种进度：① 最早进度，用前推法进行计算；② 最晚进度，用后推法进行计算。

最早进度包含任务最早的开始日期和完成日期；最晚进度包含在不延迟项目完成日期的前提下，任务最晚开始和完成的日期。这些计算值是依据项目中所有任务之间的依赖关系得到的。

两个进度结合在一起，给我们提供了另外两项项目进度信息：
①在保证项目按照进度完成的条件下，每项任务必须开始与必须完成之间的时间区间。
②决定项目完成日期的任务序列。

决定项目完成日期的这一任务序列叫作关键路径。关键路径可以通过以下几种方式加以定义：
①网络图中时间跨度最长的路径。
②最早进度和最晚进度相同的任务序列。
③具有0时差或0浮动时间（将在后面定义）的一系列任务。

所有这些定义都说明了同一件事情：关键路径是保证项目能够按进度完成且必须按进度完成的任务序列。

组成关键路径的任务叫作关键路径任务。关键路径任务的任何延误都将等量地反映在整个项目的延误上。项目经理应该对这个序列的任务给予特别关注。

任务的最早开始时间是，在目标任务的所有前置任务都完成的情况下，目标任务的最早开始日期。我们将没有前置任务的任务 ES 设定为1，作为项目启动的第一天。有1个前置任务的任务，其 ES 由前置任务的最早结束时间确定。有2个或以上前置任务的任务，其 ES 由前置任务中最大的 EF 确定。任务的最早完成时间是这样计算的：(ES+工期)−1个时间单位。减掉1个时间单位的原因是任务开始占据1个时间单位（小时、天等），任务完成占据1个时间单位。换句话说，对于一个1天的任务，开始和结束在同一天。如图 7-19 所示，任务 E 只有1个前置任务——任务 C。任务 C 的 EF 是第3天，因为只有一个前置任务，所以任务 E 在第4天开始。另外，任务 D 有2个前置任务——任务 B 和任务 C。当有2个或2个以上的前置任务时，后续任务（图 7-19 中的 D）的 ES 要根据前置任务中最大的 EF 进行计算。任务 D 的前置任务的 EF 分别是第4天和第3天，最晚的是第4天，所以任务 D 的 ES 是第5天的早上。最早进度的完整计算如图 7-19 所示。

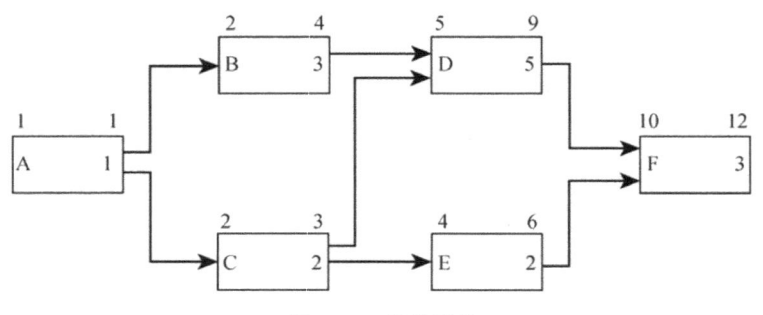

图 7-19 前推计算

一项任务的最晚开始（Latest Start，LS）时间和最晚完成（Latest Finish，LF）时间是指在不延迟项目完成的前提下，任务开始或完成的最晚日期。知道这些日期对项目经理而言是很有价值的，因为他们必须对可能影响完成日期的资源进度计划做出决策。任务的 ES 和 LF 之间的时间区间是这样的区间：在这一时间区间内，必须安排工作所需的资源，否则项目将被拖延。为了计算这些日期，你必须回到网络图中。首先设定网络内最后一项任务的 LF 与 EF 的值相同。LS 可以这样计算：（LF–工期）+ 1 个时间单位。加 1 个时间单位是因为任务开始和完成各占 1 天。所有前置任务的 LF 时间都是由最小的后续任务的 LS 决定的，再减去 1 个时间单位就能得到 LF 的值。

例如，我们计算图 7-20 中任务 E 的最晚进度，它唯一的一个后续任务——任务 F 的 LS 是第 10 天，这样任务 E 的 LF 就是第 9 天。也就是说，任务 E 不能晚于第 9 天完成，否则就会延误任务 F 的开始，也会延误项目的完成。任务 E 的 LS 时间通过 9−2＋1 得到，即在第 8 天开始。另外，任务 C 有 2 个后续任务——任务 D 和任务 E，它们的 LS 分别是第 5 天和第 7 天。这些日期中的最小值——第 5 天，用于计算任务 C 的 LF，结果是第 4 天。最晚进度的完整计算如图 7-20 所示。

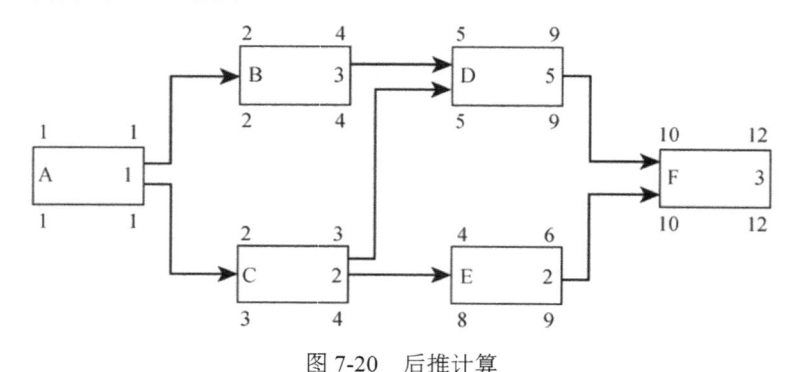

图 7-20 后推计算

1. 关键路径

关键路径是有最长路径或任务序列（以工期表示）贯穿的网络图的一系列任务。关键路径决定项目的完成日期。关键路径上的任何一项任务的延误都将导致项目的延误，因此项目经理要特别关注关键路径。我们用于计算最早进度和最晚进度所举的例子，其关键路径如图 7-21 所示。

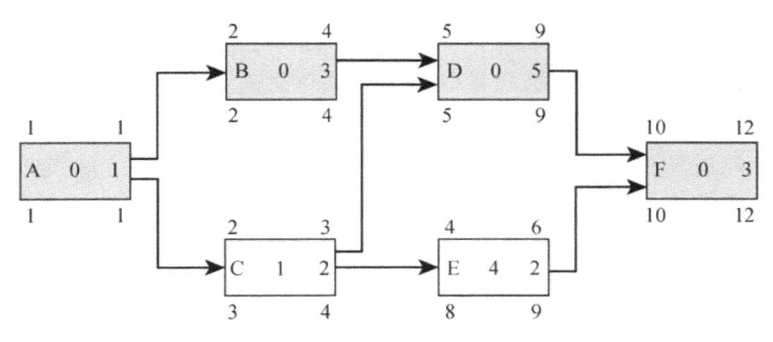

```
        2      4        5      9
      ┌─────────┐    ┌─────────┐
      │ B  0  3 │    │ D  0  5 │
      └─────────┘    └─────────┘
        2      4        5      9           10     12
  1   1                                  ┌─────────┐
┌─────┐                                  │ F  0  3 │
│A 0 1│                                  └─────────┘
└─────┘                                    10     12
  1   1
        2      3        4      6
      ┌─────────┐    ┌─────────┐
      │ C  1  2 │    │ E  4  2 │
      └─────────┘    └─────────┘
        3      4        8      9
```

图 7-21　关键路径

①计算关键路径。一种识别关键路径的方法是，首先找出网络图中所有可能的路径，然后根据任务的工期计算出所有路径的工期，其中工期最长的路径就是关键路径。这种方法对于规模较大的项目是不可行的。因此，我们需要采用第 2 种确定关键路径的方法：计算任务的时差。

②时差计算。第 2 种确定关键路径的方法需要我们计算任务的时差。时差（也叫浮动时间）是在不延误项目完成的前提下，在任务开始或任务完成时间上允许延迟的量。时差是个计算值，是最晚结束时间和最早结束时间的差值（LF−EF）。如果结果大于零，则说明活动的开始和完成有一定的宽限时间，而不会延误项目的完成日期，如图 7-22 所示。

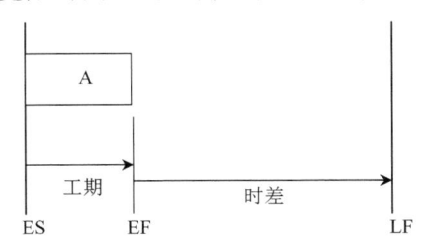

```
            ┌─────┐
            │  A  │
            └─────┘
      │──工期──│────────时差────────│
      ES      EF                   LF
```

图 7-22　一个活动的 ES—LF 区间

由于周末、假期或其他非工作时间一般不被视为时差的组成部分，所以应该将其从时差中减去。

这里有两种时差：

a．自由时差。自由时差是在不导致其紧随的后续任务延迟的前提下，一项任务可以推迟的时间范围。图 7-21 中的任务 C，其 ES 开始在第 2 天，LF 完成在第 4 天。任务 C 的工期是 2 天，它有 3 天的时间保证它的完成不会延误其后续任务（任务 D 和任务 E）。这样，任务 C 的自由时差就是 1 天。自由时差可能等于总时差但绝不可能大于总时差。当你打算根据资源进度拖延一项任务的开始时间时，应该先考虑有自由时差的任务。通过定义可以知道，如果一项任务能在自由时差范围内完成，那么它绝不会延误项目中任何任务的最早开如日期

b．总时差。总时差是在不延误项目完成日期的前提下，一项任务可以从其最早开始日期推迟的时间范围。图 7-21 中的任务 E 有 4 天自由时差，即 4 天总时差。换言之，如果任务 E 的完成日期比它的 EF 延误超过 4 天，就会延误项目的完成。这样，如果一项任务有零

时差，它就决定了项目的完成日期。换句话说，关键路径上的所有任务都必须根据最早的进度完成，否则将延迟项目的完成日期。如果一项总时差大于零的任务被延迟到它的最晚完成日期之后，那么它将成为新的关键路径任务，导致项目完成日期延迟。

基于用于计算最早进度、最晚进度的方法，具有零时差的任务序列被定义为关键路径。如果一项任务使用了当日类型的日期约束条件，那么也会产生零时差。这通常会导致把一项任务错误地加入关键路径中。总之，从总体上讲，关键路径是时差最小的路径。

2. 近关键路径

虽然项目经理特别关注关键路径任务，但也有其他一些任务需要引起他们的注意。我们将这些任务叫作近关键路径。完整地阐述近关键路径超出了本书的范围。我们在这里引入这个概念，是想提醒你，除了关键路径，还有其他路径也值得关注。这里举一个带有普遍意义的例子——设想对于关键路径上的任务，项目团队有相当多的经验，工期的估算依据历史数据得出，非常准确并切合实际情况。

其中，有一个序列的任务不在关键路径上，项目团队也不具备相关经验，工期的估算也很不精确。设想将来这个序列的任务的总时差丧失殆尽，那么即使这个近关键路径比关键路径要短，它也将最终决定项目的完成日期。这种情况将发生在实际工期大于估算工期的时候。因为估算工期有很大的变数，所以这种情况很有可能发生。显然，这个路径不可忽视。

7.7.8 分析最初的项目网络图

创建了最初的网络图后，将会出现下面两种情况：
①项目最初完成日期满足所要求的完成日期。通常的情况不是这样的，但有时也如此。
②大多数情况下，最初完成日期要比所要求的完成日期晚。换句话说，我们必须从项目进度中挤出时间。

我们最终需要从两个方面来考虑更新项目进度：项目完成日期和资源可利用性。在这一部分，我们假设资源能够满足压缩的进度；在本章的后续部分，我们再来处理资源—进度问题。两者将是相互影响的，但是必须分别加以处理。

7.7.9 进度压缩

几乎无一例外，最初计算出的项目完成日期往往超过所要求的完成日期。这意味着项目团队必须想办法缩短项目的工期，以满足所要求的完成日期。

> **提示** 这将增加项目的风险，因为任何前置活动的变更都有可能导致已经开始的后置活动返工。进度压缩只是影响时间框架，非但没有减少原有的工作量，还可能增加额外的协调和沟通工作，特别是在活动间的约束条件改变的情况下。

为了解决这个问题，你首先要分析网络图，发现可以压缩项目工期的区域。你可以寻找一些任务对，把任务对内的两个任务由原来按顺序进行的工作转化为并行的工作。这样，一旦前置任务进行到特定阶段，后续任务就可以开始进行。在很多情况下，当前置任务产生部分可交付成果时，后续任务就可以利用这部分可交付成果开始工作。

首先，你需要制定策略，确定可能的依赖关系变更。你之所以关注关键路径任务，是因为这些任务决定项目的完成日期，这正是我们希望压缩的。你可能趋向于关注项目前期的关键路径任务，期望能跳过进度问题。但这不是一个好策略，而在项目的早期，项目团队只不过是一个由从前不曾在一起工作过的人们组成的团体。此时，你就进行依赖关系的变更（从 FS 到 SS），必将给项目带来风险。项目团队在项目的早期还没有做好承担风险的准备，你应该留出时间使之成为真正的团队，而不是在之前给它增加风险的负担。这意味着你应该在关键路径的下游寻找压缩的机会。

其次，你要关注那些可分割任务。可分割任务就是指该任务的工作可以分配给几个人并行来进行。例如，粉刷房间的工作就是可分割的——每个人负责一面墙。当一面墙粉刷结束后，后续任务（如挂装饰画）的工作就可以在已经完成的墙上进行，这样就不用等墙都刷完后再来进行挂装饰画的工作。

这里，假设你已经找到一些备选任务，那么让我们来看看当依赖关系做出调整的时候，网络图和关键路径将如何变化。当你把任务的顺序关系（SF）改为并行关系（SS）时，原有的关键路径就可能被取代。这是因为你的压缩决定可能导致最初的关键路径短于其他路径，这样的结果是产生一个新的关键路径。图 7-23 重复进行了两次这样的分析，最上面的网络图显示了只使用 FS 关系构建的最初网络图的关键路径。关键路径用实心点表示。

最初的关键路径

将活动 A 和活动 B 的关系从 FS 变为 SS 后的关键路径

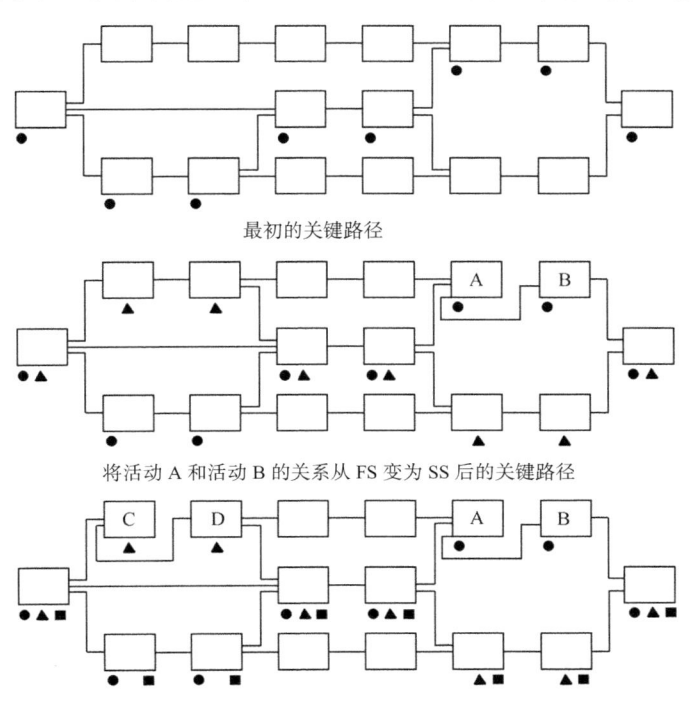

将活动 C 和活动 D 的关系从 FS 变为 SS 后的关键路径

图 7-23　进度压缩的反复

在图 7-23 中，中间的网络图显示了在把任务 A 和任务 B 之间的关系从 FS 改为 SS 时所产生的新的关键路径。这里新路径用实心的三角表示。当你进一步改变任务 C 和任务 D 的 FS 关系时，关键路径也将进一步改变为用实心方块表示的又一个新的关键路径。

有时，某些任务总是保留在关键路径上。注意，图 7-23 中的一些任务同时被实心圆点、三角和方块符号标注，两次改变依赖关系始终没有动摇它们在关键路径上的地位。我们把这些任务标定为瓶颈。尽管进一步的进度压缩可能改变这组任务，但这组任务的确在项目开始时就需要特别关注，因为所有可能的关键路径都要通过瓶颈，我们必须保证这些任务按进度完成。

7.7.10 储备管理

储备管理是一个与任务工期估算相关的主题，但它看起来更适合在本节讲述。这是因为它更适合用在项目网络图中，而不是用在单个任务中。

对于单个任务，我们总是趋于为我们的估算有所保留，以增加按进度完成的机会。比如，根据我们的估算，一项任务需要 3 天完成，但是我们会递交 4 天的进度估算，以确保 3 天的工作可以在 4 天的进度中顺利完成，即我们做了 1 天的保留。我们设想你不会这样做，但 Parkinson 的魔鬼法则（阐述了工作的进行时间一定会超出所分配的时间）肯定会光临，该任务实际上可能依据你的估算需要 4 天完成。坚持 3 天的估算并努力在 3 天完成，这倒不失为一个好的策略。虽然在任务层次增加额外的保留是不好的，但在项目层次上，这倒是一个好的策略，原因如下。

储备管理无非是个应急时间预算，占到项目整体工期的 5%～10%。如果对项目非常熟悉，这个比例就接近 5%；而如果项目采用突破性的技术或非常复杂，这个比例就接近 10%。一旦确定了管理储备规模，你就可以新建一个工期与管理储备大小相同的任务放在项目末尾。它将是项目的最后一项任务。它的完成将标志着项目的完成。这样，管理储备任务就成了项目计划中的最后一项任务，并被作为项目完成里程碑而成功完成。

那么，如何使用管理储备呢？首先，项目团队必须在尽量不使用管理储备的前提下管理项目。然而在现实中，这几乎是不可能的。向客户许诺的日期是把管理储备计算在内的。管理储备活动的工期必须尽量缩短。例如，如果关键路径延迟 2 天，管理储备任务工期就将减少 2 天。这将保证项目完成日期保持不变。

这种技术既能保证管理储备任务的可见性，又能控制管理储备所使用的比例。如果当 35% 的整体时间跨度已经过去时，你已经使用了 50% 的管理储备，那么这表明你将面临麻烦。

其次，管理储备可以用于激励项目团队。例如，很多合同都包括对完成日期延迟的惩罚和对完成日期提前的奖励的条款。你可以考虑把管理储备作为预留基金，这样在预留基金内保留下来的每一天都是对项目完成日期的提前，此时客户应该对你进行奖励。相反，如果你不仅用光了预留基金，还要用更多的时间完成项目，则意味着项目的延迟，而且你要为延迟的每一天付出罚金。

7.8 编写有效的项目建议书

JPPS 中的所有计划活动最终都要提交项目建议书。项目建议书要被提交给高层管理者，以批准执行项目。大多数情况下，会有同样的团队审批基于 POS 编制计划的项目。项目建议书将描述项目的完整商业情况，包括预期的商业价值，以及相应的费用和时间估算。除这些信息以外，项目建议书还会详细描述做什么、谁来做、什么时候做和如何做等问题。项目建议书是项目的路标。

> **注意** 项目建议书在获得批准前，可能有一些反馈和若干次修改。本节的目的不是讲清楚项目建议书应该是什么样子的，以及公司应该有一个指定的格式以便遵循。本节的主要目的是简单地列出项目建议书应当提交的内容。

7.8.1 项目建议书的内容

几乎每家公司都有自己的项目建议书格式，但大部分项目建议书的章节与这里列出的非常相似。项目建议书是对所有到目前为止的计划编制工作的重新说明。

1．概要

这部分的文字不会超过 1 页，通常是半页。想想两分钟的电梯谈话（如果你不能将项目在两分钟的电梯交谈内总结出来，就说明你还没有完成工作），这种谈话中你是不会出错的。我们建议这部分内容包括 3 个简短的段落，且每段只描述 1 个主题：
①商业情境（从 POS 中扩展）。
②你的项目目标（从 POS 中扩展）。
③商业价值（从 POS 中扩展）。
很简单，不是吗？
如果你的公司有战略计划，你就应该增加第 4 段，以简要描述你的项目如何支持这个战略计划。如果你的项目要和在一个项目组合中别的项目争抢资源，则这段话是必需的。

2．背景

这是对此项目建议书的背景的简短描述。它通常陈述项目产生的商业条件、机会或问题。它为以后的部分搭建了舞台，并且将项目置于商业环境之中。

3．目标

这是另一个简短的部分，将简要说明你希望通过项目实现什么目的。描述目标时应避免使用术语，因为你不清楚谁会阅读这个部分。描述目标要使用商业语言，而不是使用你所在部门的技术语言。你要明确阐述目标，以避免对要做什么和目标由什么构成存有疑问。

4．对所采取方法的综述

对于那些可能对你如何实现目标的细节不感兴趣的人来说，本部分提供了有关所用方法的高度概括描述。你可以提一些 PMLC 模型，但还是要尽量避免使用术语。对于每个步骤，只要给出简短说明和几句支持性论据即可，因为此时简短和清晰是非常重要的。

5. 工作的详细说明

这里，你要给出你的方法的细节，包括应该做什么、什么时候做、由谁来做、需要多少时间，以及应该采用什么标准来衡量工作的完成情况。这是所有项目工作的路标。我们发现，甘特图对于展示进度数据很有帮助。甘特图易于理解，对于那些第一次看到的人来说通常很直观。

6. 时间和费用汇总表

我们通常会在项目建议书中包含关于时间和费用的 1 页汇总表。如果这些工作被用高级列表形式表示，则会更有效。通常，这些数据已经在前面被描述过，将其在这里汇总起来则有助于客户审阅与提出意见。

7. 附录

附录包括所有与建议书正文不是密切相关的支持数据和细节，还包括客户可能遇到的问题及问题的答案。记住，附录要比项目工作的基本描述详细，通常可以在这里找到支持性信息。

7.8.2 项目建议书的格式

关于格式，这里没有僵化和便捷的规则。你应该可以在你的部门找到成功的项目建议书，并将其作为指南。一旦简略地描述了想法，你就要与可信赖的同事分享项目建议书，因为他们的反馈信息是你所能够得到的最有价值的建议。

7.9 获得批准以便实施项目

POS 获得批准代表高层管理者认为你的想法符合重要的商业利益，而且他们能够提供进行项目计划所需的资源。也就是说，你的项目建议书已经说服了高层管理者，你的方法能够带来好的商业收益，而你所要的资源也与其所产生的商业价值相匹配。为了获得批准，你可能要多次提交和修订你的项目建议书，这可能是因为以下几种原因：

①成本收益率不佳。你可以对解决方案进行分解，逐项计算收益。你也许能通过去除成本收益率不好的功能来提高整个项目的成本收益率。

②失败的风险太大。这种情况经常发生。例如，一项新技术或你的公司并不熟悉的技术会带来很高的风险。你可以将这种技术换成稳定、成熟的技术，或者等待新技术逐渐成熟，以降低失败的风险。

③整个项目成本超出了能够提供的资金。根据范围三角形原理，你应该做出缩小项目范围或将项目分阶段实施的决策。

④其他项目在竞争同样的资源。此时，也许是该让项目发起人发挥作用的时候了。项目发起人充分运用他的政治策略或他的职位影响力也许就足够了。

无论是什么原因，你也许都会被要求修订并重新提交你的项目建议书。

讨论题

1. 请分别说明在网上和现实中举行项目计划联席会议的优势和劣势。

2. 你的计划会议好像陷入了僵局。面对如何解决项目中的一个难题，团队被分成了两个阵营。约有 2/3 的人希望采用一种易于测试、易于理解的方法解决问题；其余的人（包括你）希望用一种创新的方法，该方法有可能大大缩短完成这个任务的时间。作为项目经理，你强烈地希望采用这种新方法。此时你是应该施加自己作为项目经理的影响来采用新方法，还是应该采纳大多数人的意见呢？为什么？你还有其他方式可以打破这个僵局吗？

3. 为什么说在工作场所徘徊和通过邮件方式创建 WBS 会遭遇失败？

4. WBS 要识别出所有为了完成项目而必须做的工作。如果工作中需要在两个选项（第 2 个问题中所提及的）中选择一个，你会怎么做？

5. 在什么样的条件下，你会选择分解一项已经满足 6 个完整标准的活动？请举例说明。

6. 你是否能想出一些这样的活动——它们并没有满足所有的 6 个完整标准，但也不需要进一步分解。请举例说明。

7. 你使用三点技术估算项目关键任务的工期，结果乐观估算和悲观估算有很大的差距。对于这种活动，你应该采取什么措施？

8. 讨论你所从事过的项目中，时间是决定项目成败的关键因素。你当时做了哪些成本考虑？项目发起人是否同意增加成本？该项目成功了吗？

9. 准备一份简单的预算，其中包括粗略量级估算、预算估算和确定估算。你怎样才能让每一个连续的预算与最终的可行预算更接近？

10. 项目网络图已经绘制完成，结果显示项目完工日期超出了管理层拟订的完工最后期限。你已经通过将 FS 关系变更为 SS 关系而引入了并行工作，并尽力压缩进度，但仍然不能满足最后期限。此时，你该怎么办？（提示：使用第 1 章讨论过的范围三角形。）

11. 即使所有任务都已经满足 WBS 的完整标准，也会出现一些问题。那么，出现什么样的进度问题会使你进一步分解 1 个或更多的活动呢？这样做将如何解决问题？

12. 你是一名项目经理，正在为公司开发一套新的系统。假设在某项编程任务的人员安排上有两类人可以选择。而这项任务不在关键路径上，却很复杂。你的选择是：

①选择哈里。哈里是公司技术最好的编程员，因此总有任务，他经常同时被分配给多个项目。他每天只有半天时间为你的项目工作，另外半天要为其他两个项目工作。

②选择另外 2 名编程员。他们的水平都一般。他们最近刚被招进公司，以前从来没有一起工作过。对于他们的使用，你可以在两种方案中任选其一。一种是你可以挑一个人在项目中每天工作半天，另一种是他们每个人都可以将 1/4 的时间用于你的项目。无论做何种选择，你的项目是他们目前唯一参与的工作。除了工作时间，他们的剩余时间将用于接受培训、了解公司的流程和系统，以及熟悉公司的方针和政策。

13. 你一共有 3 种选择。请回答以下问题：①请说明并评估每种选择的优点和缺点，以及每种选择所伴随的风险。②你将如何应对这些风险？③你的最终选择是什么？为什么？④是否有什么条件使一个选择更胜于另一个选择？请具体说明原因。

案例练习——比萨快递业务

14. PDQ 系统由 6 个子系统组成：
- 比萨工厂定位系统。
- 订单登记系统。
- 物流系统。
- 订单提交系统。
- 路线和进度管理系统。
- 库存管理系统。

请你选择其中一个子系统，建立一个完整的 WBS。你可以为完成练习提出假设；如果有假设，请明确说明。

第 8 章
启动 TPM 项目
How to Launch a TPM Project

一个团队的生产率，依赖团队成员如何看待个人目标与组织目标的关系。

——保罗·梅耶，肯·布兰佳

最好的领导方式，就是会让人们说："这都是我们自己做的。"

——老子，中国哲学家

通过相互信任和相互帮助，成就伟大的事业和伟大的发现。

——荷马，古希腊哲学家

本章学习目标

通过学习本章内容，你应该能够：
- 描述一名高效的项目团队成员的特征。
- 理解核心项目团队成员与合同团队成员在职责上的区别。
- 帮助合同团队成员融入项目团队。
- 建立团队运行规则。
- 理解团队会议的类型及其运用方法。
- 建立并使用团队作战室。
- 定义范围变更过程及变更管理过程。
- 了解项目沟通需求并加以运用。
- 分配资源。
- 了解工作包的格式和内容。
- 知道何时需要一个工作包的描述。

项目计划已经获得批准，现在是执行项目的时候。为了防止团队过于松散，我们必须进行一些准备工作。在第 6 章，我们知道了范围和需求是什么，项目从此开始。在第 7 章，我们为管好一个项目学习了很多项目管理的方法。本章将为在后面第 9 章要开展的执行 TPM 项目做一些其他的铺垫。

> **独特的价值命题**
>
> 建立团队运行规则，是团队规划过程中的一个共享组成部分。团队需要学习通过实践的协作活动知道怎样协作，团队正在通过一个规范阶段，经此学习协作工作。

8.1 启动项目所用的工具、模板和过程

本章的主题是招募团队成员，并为他们在项目中的工作做好准备。这是项目中关键的一步，特别是当团队成员是第一次合作的时候。这时，他们是一群因为一个不太了解或一无所知的目标而被聚集在一起的人。作为项目经理，你的工作是把他们整合成一个团队。你需要使用的工具和模板包括：

- 招募项目团队成员。
- 项目定义说明。
- 为以下目的建立项目运作规则：
  —解决问题。
  —制定决策。
  —解决矛盾。
  —达成一致。
  —头脑风暴。
  —团队会议。
- 范围变更管理过程。
- 相关方沟通管理计划。
- 工作包。
- 资源分配过程。
- 确定项目进度。

8.2 组建项目团队

做了近 40 年的项目管理工作后，我最终得到一个项目管理任务，它允许我组建自己想要的项目团队。我的选择优先级很高，这使我能够得到每个我想要的人——每个人都是全职参加。我觉得自己像上了天堂。和一个我很了解并且之前一起共事过的团队再次一起工作是非常愉快的。他们都是有诚信的人。你可以带着他们的担保去银行，了解到他们是可信的。和他们一起工作，项目会提前完工并且不会超支。在之前的一个为期 27 个月的项目中，没有员工流失。我再也想不出比这更理想的情况了。

现实中，你所遇到的情况很可能是得到可用的项目团队成员（我常在想可用性是否也是一种技能）。所以，本章开篇所要讨论的是组建项目团队的现实。

项目计划和执行的成功很大程度上取决于项目经理和项目团队。组建高效的项目团队不仅是一项技术，更是一门艺术。

在招募和建立一支高效的团队时，你不仅要考虑每个人的技能，还要考虑项目经理与项目团队之间关键性的角色关系和感觉。项目经理和团队成员的选择不会总是完美的——任何人事决策总是存在风险的。

除任命项目经理之外，项目团队会被分为 2～3 个部分。客户（公司内部或外部）及核心团队是必需的。外聘团队成员只有在项目工作进行外包时才需要。通常，项目团队由 3 个部分组成：

- 核心团队。
- 客户团队。
- 外聘团队。

了解一个高效的项目团队的特点是非常重要的。下面将讨论项目团队的 3 个组成部分各自的职责。我们还会提供给你一个检查表，帮助你挑选团队成员并指导你组建团队。

8.2.1 组建核心团队

核心团队成员从项目开始到项目结束始终都在项目中。他们通常在项目中担任重要角色，他们所具备的技能可以满足项目的广泛需求。他们通常负责项目的关键活动。

在敏捷项目管理和极限项目管理中，尽管理想的人员分配是全职人员，但是在今天的商业环境中，这种情形很少发生。在矩阵型组织内，专业人员常常同时被分配到几个项目工作中，特别是当一名团队成员具有独特的技能时。通常，一位核心团队成员会以一定比例的时间被分配给项目——你不太可能让他们全职工作。

1. 何时选择核心团队成员

由于核心团队要参加项目计划联席会议，因此核心团队的成员应尽早确定。核心团队通常在确定范围的开始阶段被确定，这意味着核心团队成员能参与项目早期的定义与计划工作。

2. 选择标准

因为组织普遍都要进行裁减、优化和重组，因此选择核心团队成员的工作大部分由项目经理负责。即使项目经理被授权负责选择核心团队成员，但他可选择的范围很小。这有如下几个原因：

①很多公司都有大批的项目需要执行，而且项目的优先级和要求总是变化的。

②你想要的人工作负担都很重，不愿意考虑加入其他团队。

③很多公司中，员工的流失，特别是高技术和奇缺专业人员的流失都处于失控状态。正因为高需求，所以这些人的流失率很高。

所有这些情况都将给项目经理选择核心"梦之队"带来困难。例如，项目经理需要从"A 团队"和"B 团队"中选择成员。"A 团队"是由各个专业方面最出色的人员组成的，是公司的专家；"B 团队"虽然拥有和"A 团队"相同的专业组成，但在经验与能力上不可与"A 团队"相提并论。项目经理当然希望核心团队由"A 团队"的成员组成，但这是不太现实的。团队全部由高级专家组成的这种提议很容易被有关经理拒绝。理智的项目经理都会考虑哪些项目工作必须由"A团队"的成员完成,哪些项目工作可以由"B团队"的成员完成,然后再与负责这些成员的经理谈判。

项目经理必须在谈判中谨慎行事,因为他希望"A团队"的成员负责关键路径活动、高风险活动和高商业价值项目,"B团队"的成员负责非关键的活动和项目。另外,项目经理还要注意在项目间进行交易。比如,给资源经理一个机会,使他能够利用非关键路径活动来训练他的员工。记住,正像你在项目计划和进度方面会遇到诸多问题一样,资源经理也会在员工发展和分派上遇到种种问题。用员工发展机会换得一名"A团队"成员的加入是一个很好的策略。

在项目管理咨询工作中,我们总结了很多项目经理认为的一个成功的核心团队应当具有的特征。后面将附上特征列表。对于大部分特征,可以通过成员个人的经验和同事的陈述得到识别和证实,而是否具备这些特征无法通过面试决定。

在很多情况下,项目经理应当评估具备这些特征的团队成员所带来的风险,即使以前这些团队成员没有证明他们具备这些特征。这些成员是否具备这些特征很快就会变得一目了然。如果他们不具备这些特征,而这些特征对于团队成员的工作非常关键,项目经理或者负责该团队成员的部门经理就需要纠正团队成员的行为。

我们认为,以下几个特征对于核心项目团队成员来说非常重要:

①尽职尽责。核心团队成员的尽职尽责对于项目的成功至关重要,项目经理必须明确每位核心团队成员都会优先完成他们在项目中的职责。核心团队成员必须积极主动地行使职责,不需要项目经理不断地提醒进度和可交付成果。

②分担责任。分担责任意味着团队成员要荣辱与共。分担责任就是你绝不会听到有人夸耀个人功绩或者把项目的失败归咎于他人的话。所有成员共同分担成功与失败。也就是说,当项目出现问题时,所有人应尽可能地提供帮助;如果一位团队成员遇到难题,其他人应提供无私的帮助。

③灵活性。团队成员必须适应多变的环境,不能在项目工作中说"这不是我的职责"。项目的整体进度可能在最后一分钟因为意外而改变。团队成员应该优先考虑的是项目的成功,而不是每个成员个人的工作进度。

④任务导向。对于团队成员能力的评估,最终都要依据计划分配的工作的完成情况来进行。

⑤依据进度和约束完成工作的能力。结果导向也意味着在计划的时间框架下完成分派的任务,而不是寻找种种不能完成的托词。团队成员会面临很多障碍(如因为他人造成的延误),但他们会想办法克服这些障碍。团队需要成员按照计划完成他们的工作。

⑥互相信任与支持。互相信任和支持是一个高效团队的灵魂,这意味着每个团队成员都必须贯彻精诚合作的精神,以及团队成员必须相互信任。当真正需要的时候,他们是否能提供真诚的帮助?通过观察团队成员与其他成员的互动,就能很明显地看出团队成员是否具有这一品质。缺乏这种品质的成员很难在团队内有效地开展工作。

⑦团队导向。团队导向是指优先考虑团队的利益。在项目会议和日常的交谈中,通过成员使用"我"与"我们"比率的差异,就能明显地看出成员是不是团队导向的成员。

⑧开放的心态。具有开放心态的团队成员在遇到问题时愿意欢迎和鼓励其他成员阐述他们的观点和解决方案。成员的目标是团队的成功，而不是个人的荣誉。这一特征最重要的属性是不隐藏问题，及时把问题说出来，让其他团队成员帮助解决。

⑨跨部门主动工作的能力。在当代组织中，项目通常跨越组织界限。跨部门的团队也非常普遍。这样的项目要求团队成员与有着不同商业理念的人员一起工作。很多成员有着不同的价值观和做事风格，因此成员的适应性、灵活性和开放性是团队的宝贵财富。

⑩使用项目管理工具的能力。团队成员必须掌握与自己的项目职责相关的各项技术。项目计划将使用多种软件工具，所以团队成员必须熟悉这些工具。很多项目经理就要求团队成员使用项目管理软件直接输入任务状态和其他项目进程数据。

8.2.2 组建客户团队

你可能无法选择哪些客户会加入你的团队。但需要注意的是，加入团队的人通常是在自己的部门不太忙的人。也许有一些理由可以解释他们为什么不太忙（我让你想想这是为什么）。

1．何时组建客户团队

客户团队人员应该在参加项目开工会时进行任命。其中有些人已经参加了 JPPS，这种情况是比较理想的。他们也许不能全职参加项目工作，但至少有一部分工作时间可以投入其中。有时，当他们所负责的工作被完成时，他们也会加入你的项目团队。如果是这种情况，你还是要将他们与其他人区别开来，并且向他们汇报项目状况。

2．选择标准

你所能做的可能只是大致说明一下客户团队成员需要具备的技能和经验。对客户和项目经理来说，明确头衔是最好的选择。同时，你还需要拥有决策授权的客户。如果客户团队成员没有这样的权限，那么他还要向自己的领导或经理请示决策，这就会拖延项目的进度。

8.2.3 组建外聘团队

商业环境是变化的，变化是永恒的。组织经常会采用非核心业务和技术的外包服务。因此，项目经理不得不采用外聘项目团队成员而不用自己的员工。这主要有两个原因：
- 人员缺乏。
- 技术缺乏。

组织内这样的缺乏使社会上一个新的商业机会得以发展，我们把这一新的商业机会称为"技术临时雇员"。现在，市场上有各式各样的小型承包商和独立职业者，项目经理应能有效地管理包括外部聘任人员在内的项目团队。有些外聘成员待在项目中的时间可能很短，有些则与核心团队成员没有区别，只不过他们不是公司的职员。

通常，外聘团队成员只能在短时间内为项目工作，他们所掌握的技术只在项目特定的时期内需要。他们适时地参与到项目中，一旦所分派的任务完成，他们就会离开项目。

1．外聘团队成员所隐含的问题

外聘团队成员的出现将给项目经理带来一系列问题。在许多系统开发项目中，组织不可能让专业人员在项目中担任全职工作，只有当项目需要他们的特定技术的那段时期，他们才会加入项目团队。项目经理必须注意使用外聘技术人员可能给项目带来的各种问题：

① 外聘团队成员的时间安排很难更改，所以必须保证与其相关的各项活动的进度。

② 必须向外聘团队成员简要介绍他们在项目中的职责，以及他们所负责的活动与项目其他活动之间的关系。

③ 外聘成员的责任心是个问题，因为他们可能"身在曹营心在汉"。

④ 工作质量可能因为委托级别较低而很难保证，他们只是想尽快完成现在的工作，然后准备接受下一份工作。这样的事经常发生。

⑤ 相对于核心团队成员，外聘团队成员需要更多的监督。

2．选择标准

如果项目经理决定雇用而非自行组建项目团队，那么他就必须知道谁能提供这样的服务。一些机构成立的目的就是专门迎合喜欢自由合同而非全职工作的技术专家的，它们经常雇用或提供外聘团队成员。这些专业人员通常在需要的时候短暂参与项目。要雇用这些专业人员，项目经理必须做出如下决策：依照什么程序雇用，谁来提供信息，如何评估所收到的信息。评估通常采用评分表的形式进行。评分表包括一组有关主要特征和功能的问题，只要对每个问题进行加权，然后通过计算评分结果就可以评定供应商的等级。非量化数据（如客户关系和客户服务）也需要供应商作为附件加以提供。

项目经理应通过如下步骤雇用外聘团队成员：

① 明确所需要的技术类型、人员数量和具体的时间框架。

② 确定受邀公司的名单，并递交建议书。

③ 撰写建议邀请书。

④ 建立评估标准，并且选择供应商。

⑤ 分发 RFP。

⑥ 评估回复。

⑦ 筛选供应商名单，邀请候选供应商做正式现场陈述。

⑧ 主持现场陈述。

⑨ 选定最终的供应商，草拟并签订合同。

（相关内容请参见第 3 章采购管理的详细介绍。）

案例练习——比萨快递业务（Pizza Delivered Quickly，PDQ）

PDQ 没有具有项目所需技能和经验的员工，因此项目需要几个外包服务商。这意味着项目团队是由没有技术经验的 PDQ 员工和有技术经验的外包人员组成的。对于项目经理来说，如何有效地控制这种组合很具挑战性。

8.2.4 制定团队部署策略

实际上，一个团队更多的是根据成员的可获得性而不是其他因素组建的。人们会认为可用性是一种技能。这就意味着团队是不平衡的，你必须好好利用这个团队。面对这种情况，项目经理应该怎么办呢？

项目经理最好先了解哪些方面不平衡、团队的特点是什么、团队的优势和缺点在哪里等问题。假设与客户出现了冲突，你应该考虑让谁去解决冲突这个问题。如果出现冲突时才发现不平衡，这时团队很可能已经被组建了，那么解决冲突就更困难了。

项目经理需要确定哪些团队成员对哪种类型的工作任务更在行，更有可能取得成功。制定这个策略后，如果仍然存在漏洞，就需要制订一个团队发展计划。这是下一节要讨论的内容。

8.2.5 制定团队部署战略

组建了团队，也根据平衡团队的重要特点对每一名成员进行了评估，但也许情况并不是很乐观。在某些方面，团队显然很弱。尽管项目经理的工作不是成为团队成员事业或职业发展的管理者，而是要完成项目，但是团队不平衡会阻碍我们的成功。作为项目经理，你应该发现那些没有团队成员能够处理的高风险领域。项目经理还需要为选出的团队成员制订一份部署计划，这也是风险管理计划的一部分。

这个部署计划应该采取什么形式呢？以下是两种可能的形式：

①你可以采用一种被称为"潜伏行为"的冲突解决管理方式。简言之，你在团队中挑选一名其正常行为与团队所缺少的行为非常相近的成员，再让这名成员担任一个角色——这个角色要有意表现出他的正常行为，也就是团队所缺少的行为。

②你可以考虑对所有成员或部分成员进行敏感性训练。训练能使成员意识到所缺少的行为，并在监督下练习。例如，技术人员通常不善于交际，对他们的训练可能包括倾听技巧、如何成为一名团队成员、接受变更、多样性培训，以及其他有关的人际关系技能训练。

8.3 召开项目开工会

项目开工会是向公司正式宣布项目已经计划完毕并且获得批准实施的会议。任何项目中，这个会议只召开一次——在项目开始阶段，在项目计划和项目获批之后，在所有工作尚未开始之前。它不仅是一个能让项目团队成员彼此认识的会议，还是一个能让项目有个好的开端的好机会。

8.3.1 项目开工会的目的

项目开工会是让项目开始的会议。作为项目经理，你应该使会议开得让人印象深刻。下面是一个简单的项目开工会的会议议程：

①向项目团队介绍项目发起人。

②由项目发起人介绍项目的重要性。

③由客户介绍项目。
④由项目经理介绍项目。
⑤介绍项目团队之间相互认识。
⑥编写 PDS。
⑦建立项目团队运行规则。
⑧评审项目计划。
⑨确定项目进度。
⑩编写工作包。

会议要将所有的议题都予以讨论并确认。在中型到大型项目中,会议经常会持续 1 天。前 3 个主题是由项目发起人主导的部分,剩下的议题是由项目经理主导的部分。

1. 参加人

项目开工会通常邀请以下人员参加:

- 项目发起人。
- 其他经理。
- 项目团队。
- 外包商和供应商。

发起人的任务是让项目团队对项目感兴趣,并且知道项目对公司业务的重要性。大公司经常会有策略分工,因此要邀请不同的高级管理者参加会议,使其对项目有所了解,并知道项目对公司的价值。对于项目发起人来说,这是一个很好的机会——能够博得管理层对项目的支持,可以继续争取对项目有利的决策。

你可能奇怪为什么还要邀请外包商来参加会议。这样做的好处是让外包商感觉自己是项目团队的一分子。我喜欢让他们尽可能地参加每个项目团队的活动。如果可能并且合理,我会尽量让他们感觉到自己是平等的伙伴。我更加希望他们能够在项目指挥室有自己的工作区域。让外包商参加项目开工会是一个良好的开端,能够帮助他们与服务商和供货商建立互相合作和支持的关系。

2. 工具和设施

项目开工会包括一个工作会议,相应的工具和设备要能提供支持。除了简单的介绍阶段,各级管理人员和项目发起人都可能发言,其他与会人员包括项目团队成员、外包商和供应商。在有些情况下,会议的第一部分会选择一种酒会的形式进行,会议中的工作议题就最好用分开的工作台的形式讨论。对于大型项目,你可能需要几个房间组成一个大的会议室。如果团队指挥室已经到位,则是会议地点的不错选择。

你需要足够多的记事贴、胶带、剪刀和彩色标记笔。最好为每个工作台配备一个活页本,白板当然是越多越好,还应该有一些电子设备(如投影仪和台式机),这样你可以让房间中的每个人都能看得很清楚。项目团队成员还应该带上自己的笔记本电脑。你应该提前分发 POS、RBS 和项目建议书,这样他们就可以通过自己的笔记本电脑看这些文件。

这个会议是项目启动的标志。它主要包括以下两个部分:

- 发起人主导的部分。
- 项目经理主导的部分。

8.3.2　项目发起人主导的部分

这一部分的主要任务通常是向公司进行项目的展示和介绍。你需要邀请高级经理和其他相关方参加这个简短的会议。会议时间不超过 30 分钟。会上，项目发起人会对项目进行简短的介绍，说明为何要实施这个项目、项目的目标是什么，以及项目所能带来的商业价值。最后，项目发起人还要介绍项目经理和合作项目经理（如果有）。项目概要说明书的内容就是这个简要介绍的很好的提纲。

8.3.3　项目经理主导的部分

这一部分工作就是整个项目团队的第一次工作会议。会议当天剩余的时间都被用于这个会议。除了小型项目，项目团队成员可能还彼此不认识，或者他们在同一个项目中共过事，但没有直接进行过接触。组建项目团队不仅是开发团队成员，还包括开发客户团队成员。在大型公司中，这两个团队的成员从来没有机会在一起工作。这是整个项目团队的第一次会议，各个团队可能对要做什么、由谁来做及何时完成项目等这些事情充满困惑，有些人可能还会问"我们的项目经理是怎样的人，他想让我做什么"这样的问题。

作为项目开工会议的一部分，工作会议的议题是很简单的。下面是一个典型的议题列表：

- 介绍项目团队成员相互认识。
- 编写 PDS。
- 评审项目计划。
- 确定项目进度。
- 编写工作包。

① 介绍项目团队成员互相认识。"嗨，我是 Earnest F.Forte。我是供应链管理的高级商业分析师。"这不是我所说的互相介绍。会议的这部分内容对项目经理来说非常重要，因为这是在每个项目团队成员之间建立开放和诚信关系的第一次机会。要记住，你的项目团队现在还没有成形，你所拥有的只是一群还不知道经理要让他们做什么的人。这种介绍是一种公开的邀请，目的是在所有的项目成员中建立尊重和信赖。最好的方法就是和每个项目团队成员谈话。对此，你必须做些功课，这样你就会对每个人有些了解，知道他们为什么被派到团队中来。为了让他们加入谈话，你可以从他们的姓名、职务、个人信息及他们在团队中的作用等方面开始介绍。这样，他们很快会建立自信。之后，你可以问他们一个能够自由发挥的问题来开始交谈，如"你认为自己能够对项目做出什么贡献"。

② 编写 PDS。项目经理要做的第一件事就是让所有项目团队成员对项目有一个统一的认识。这一方面，很多文档可以帮助大家：COS、POS、RBS、WBS 和项目建议书。所有这些文档都应该在项目开工会议之前分发给每个项目团队成员，以便让他们提前进行评审。

每个人都会从不同角度看待这个项目，并带着问题参加项目开工会议。这对推动项目非常不利。所以，让每个人对项目有统一的认识非常重要。为达到这个目的，我发现让项目团队起草 PDS 是一个有效的方法。正如客户和项目经理从 COS 和 POS 中获益一样，项目经理和项目团队也会从 PDS 中获益。PDS 和 POS 一样，它也有同样的 5 个部分，但是内容更加详细。POS 是 1 页纸的文件，但 PDS 会占用几页纸。项目经理和项目团队会在 PDS 中提供以下详细信息：

- 作为持续项目计划的基础。
- 让项目团队明确项目情况。
- 让团队关注于项目的正确方向。
- 新项目团队成员的工作指南。
- 项目团队用于发现的方法。

在很多情况下，PDS 会扩展 POS 的两个部分。一部分是项目目标说明。在 POS 中，项目目标是为了让所有可能看到 POS 的人都能够理解这个项目。在 PDS 中，情况就不太一样了。PDS 主要是针对项目团队人员的，因此所用的语言可以更技术性，内容可以更详细些。项目目标是对 RBS 的详细说明，其目的是向项目团队提供相关的说明。

另一部分是假设前提、风险和难点说明。POS 所说明的假设前提、风险和难点是高级管理层所关心的。而在 PDS 中，这些内容就是项目团队成员所关心的，所以清单会更长、更详细。根据我的经验，PDS 是在 JPPS 中产生的，而 POS 是在进行项目范围管理时制定的。

第一次提出 PDS 文档是在本书的第 2 版。从那以后，我的咨询工作经历证明 PDS 能够为团队所用，以了解项目的详细情况。POS 不能满足这个需要，所以我开发了 PDS。PDS 是专门为团队设计的 POS 的变体形式。实施 PDS 的时候，我认为能够解决当项目团队成员发生变动时的沟通问题。在我使用 PDS 的很多案例中，PDS 很好地证明了其自身对团队的价值。

③评审项目计划。有的项目团队成员是第一次看项目计划，他们的意见非常重要。你还需要给他们一个机会去研究计划，并思考自己的角色。他们是最客观的评价者，所以不要错过听取他们意见的机会。

④确定项目进度。项目进度是在计划阶段制定的。考虑到可用性，所以制定项目进度时会有一些假定的前提条件。现在，是时候对每个项目团队成员的进度进行汇总并形成满足用户需求的工作进度表了。当然，最后的审批也要进行。

⑤编写工作包。工作包是记录关键路径上的每个任务的文档。工作包的内容包括失败的高风险、工期的频繁变化及对稀缺资源的使用。你要尽量保护项目不受潜在的项目团队人员流失的影响。所以，你要知道团队成员将如何完成他们的任务，并了解他们的任务执行情况，这样在人员发生变动的时候才能够有效地保护项目不受影响。

8.4 制定团队运作规则

我相信制定团队运作规则并让每个团队成员都遵守它对项目的成功至关重要。运作规则可以帮助建立解决项目相关问题的环境。项目团队经常无法提前确定团队运作规则或达成一致。这是一个由来已久的问题，特别是在管理多团队项目的时候（参见第 14 章关于这类情况的论述）。这些运作规则规定了团队如何共同工作、如何制定决策、如何解决冲突、如何报告进展、如何处理其他行政事务，以及在项目工作还未开始前，团队应该就怎样共同工作取得一致意见。我们应该先考虑哪些方面需要制定运作规则，然后讨论规则的具体内容。

8.4.1 需要团队运作规则的情况

下面比较全面地列出了项目进展过程中可能出现的一般情况。这些情况下就需要团队部分成员采取一些措施，即制定一些运作规则。我们将这些情况分为 6 大块。

- 解决问题。
- 制定决策。
- 解决冲突。
- 达成一致。
- 头脑风暴。
- 团队会议。

1. 解决问题

项目进展过程中，很多情况要求团队知道如何在保持原进度、预算和资源的条件下满足客户的需求。有些情况很容易解决，而有些情况即使对于最具创造力的成员也是一种挑战。解决问题的过程是众所周知的，许多讲述相关方法的图书也已印刷出版。创造力和解决问题是密切相关的。一个善于解决问题的人会以打破常规的方式进行思考，他会想到被别人忽略的办法。

最恰当的解决项目问题的方法可能是由 J. Daniel Couger 在他的著作《创造性地解决问题和发现机会》（*Creative Problem Solving and Opportunity Finding*, 1995）中所提出的一种模型。该模型如图 8-1 所示。

刺激→	
步骤 1	描述机会和定义问题
步骤 2	编辑有关信息
步骤 3	生成想法
步骤 4	评估想法，并进行优先排序
步骤 5	制订实施计划
	→行动

图 8-1 Couger 的创造性解决问题模型

Couger 所说的过程是由一个外部刺激开始的，即项目出现了失控状况，必须加以调整。接着由此引发了一系列的行动：澄清情况、识别并收集相关数据、提出一些想法和方法并分析这些想法，然后选择最有可能调整情况并使其恢复正常的想法，最终制定出行动方案并加以实施（模型截止于行动处）。在整个过程中，我们会看到所有的学习类型是如何完成模型的每一步骤的。Couger 确定了 5 个步骤，由此构成这个解决问题的过程。

①描述机会和定义问题。这是确定范围的步骤。在该步骤中，团队成员试图明确地表述问题并定义问题，旨在说明该问题的解决方案将带来所期望的结果。这有助于团队确定

问题的边界，即什么在范围之内及什么在范围以外。这个步骤最好由团队中这样的成员来完成：这些成员不受他人影响，可以独立地看问题，并能够在概念层次说明问题及在逻辑框架内解决问题。在这个模型中，团队成员喜欢收集数据和简要报告数据的倾向将使任务变得很简单。

②编辑有关信息。掌握了问题的定义，团队接下来要能够识别和具体确定所需要的数据内容，以便进一步了解问题，并为构想可能的解决方案提供基础。

③生成想法。这一步通常是由头脑风暴开始的，团队需尽可能多地识别解决方案。这时进行的思考要打破常规，寻找创新的方法，确定方案。想法会引发新的想法，直到团队的才智枯竭。这是一个需要从多个角度看问题的独特工作。团队成员需要对数据和信息感兴趣，但他们的目的是生成想法，而不是生成方案。

④评估想法，并进行优先排序。该步骤是将所有可能的方案做进一步筛选，只选 1 个或 2 个方案进行实际的计划。你应该制定选择最佳方案的标准，同时确定评估优缺点的度量标准，然后使用度量标准将方案进行优先排序。对每个方案度量值的计算及根据度量值进行排序是很简单的工作，每个团队成员都能完成。完成该任务的成员能够将多个想法转化为解决方案。只有制定了评估方案标准，并对应采取的行动提出建议，该成员的工作才算完成。

⑤制订实施计划。方案已经确定，现在该是制订实施方案计划的时候了。这个步骤需要全体成员的参与，需要利用集体智慧编制计划并实施计划。团队可以编制计划，给出解决方案，并实施它。

虽然这 5 个步骤可能看起来既麻烦又棘手，许多步骤实施起来却简单明了。在整个过程中，问题会出现得很频繁，这通常要由一名成员自始至终地来解决。当然，更加复杂的情况也会出现，此时则需要几名团队成员甚至整个团队的集体创造力。这 5 个步骤应该成为每名成员的第二本能。随着成员对这 5 个步骤的逐渐熟悉，它们会形成一个常识性的顺序，而不再是团队成员的负担。

2. 制定决策

在项目工作中，团队成员无时无刻不在制定决策。其中有些决策明显且直接，可能不需要其他人的参与；有些决策则更为复杂，需要团队、客户甚至项目以外人员的积极参与。这里讨论 3 种主要的制定决策的模式。

①命令型模式。在这种模式中，负责人——项目经理和活动经理，代替所有团队成员做出决策。这种方法很方便，但有非常明显的缺陷。这里只有决策者的信息，也许这些信息并不正确和完整。其他危险是，那些不同意或决策之外的人，可能妨碍决策的执行。命令型模式经常用于时间非常重要、要求立即做出决定的时候，因为这时再把所有人拉过来开讨论会是没有意义的。

②民主型模式。在这种模式中，团队的每个人都将对决策做出贡献。协作将产生最好的决策。因为每个人都有机会参与制定决策，所以制定出来的决策相对于命令型来说更容易贯彻。显然，对于团队建设，这种模式还有额外的好处，即可以增进团队精神。在可能

的情况下，建议尽量采用这种方法。因为团队成员有机会参与决策过程，他们就更能明白决策的原因，并且更愿意在执行过程中给予支持。从整体决策角度来看，比起命令型模式，项目经理更愿意使用这种方法。

③咨询型模式。这种中间模式融合了前面两种模式的优点。在这种模式中，虽然由负责人做出决策，但决策只有在咨询所有的成员后才能正式通过。这种模式在输入阶段是民主型的，但在做出决策时是命令型的。在有些情况下，这种方式比较可取，如需要花钱的时候。与其让所有团队成员参加，不如由项目经理来决定由哪些人提供信息，并且根据这些信息做出决策。从整体决策角度看，这是一个很好的策略，它能够激发信息收集人员的积极性。

在实际中，具体选用哪种模式，主要取决于需要做出的决定的重要性和时间敏感性。有些组织建立了决策等级，且每一级对应一定的财务指数，如决策的价值或范围指数及商业单位的数量或受决策影响的客户数量。每个决策等级都有负责人进行决策。决策等级越高，对应的决策人在组织中的权限也越大。有些决策由单个团队成员决定，有些需要任务经理或项目经理决定，有些则需要客户甚至高层经理做出决定。另外，还有一些决策需要采用民主型或咨询型模式，由集体做出决定。

3．解决冲突

这个团队工作规则是团队如何解决冲突。在 2 个或多个团队成员有不同观点，或者客户不同意团队将要采取的措施，或者双方持有不同观点的其他情况下，冲突将不可避免。在所有这些情况下，必须解决分歧。当然，解决冲突要比决策来得敏感，因为冲突是对抗和紧迫的，而决策是程序化和结构化的。对于不同类型的冲突，团队可以采用如下几种冲突解决方式：

①回避。有些人会尽量避免直接冲突。他们即使内心反对，表面也表示同意。这种方式是项目团队所无法容忍的。既然参加了项目工作，每个人就都应做出贡献并提出意见。项目经理有责任保证每个成员的积极参与。一个简单的方法是轮流询问每个人的想法和建议，这种方法有利于化解团队成员间的直接冲突。

②斗争。有些人会不惜一切代价避免冲突，另一些人却在寻找机会制造冲突。有些团队成员扮演着恶魔的角色，目的是激发他人的意见。这种方式也有好处——能够在做出决策前试探出团队成员的想法。不过，这种方式也导致了一定程度的压力和紧张感，并且被认为是浪费时间和缺乏效率的一种方式。项目经理应该了解自己的团队成员，并且必须采取必要的行动来化解冲突。

> **提示** 我用过的比较成功的控制具有斗争性成员的方法是让这些人负责收集团队的意见。这种方法减少了发生冲突的机会，因为好斗的团队成员必须在工作中与其他成员交流想法，从而避免冲突的发生。

③合作。在这种方法中，团队会寻找双赢的机会。这种方法通过寻求共性来谋求冲突的解决，它鼓励每个团队成员提出自己的观点而不回避冲突，同时避免制造不必要的冲突。

这种方法是建设性的，而非破坏性的。

更进一步的冲突解决方式的讨论超出了本书的范围。

4．达成一致

达成一致是一种方法。团队可以按照这种方法就采用哪种选择方案达成一致。这种一致不是通过多数票或其他投票方式达成的，而是通过讨论达成的。这种讨论使所有参与者在某一点上对将要实施的决定没有严重的分歧，从而达成协议。要达到大家都没有严重分歧的目标，该决定要经过参与者的多次讨论与修改。

这是项目团队的工具箱里应该配备的一件非常好用的工具。在许多情况下，团队成员对应该如何处理一个问题或事情都会有不同的意见。现实中不可能有一种所有人都同意的轮廓鲜明的行动。在这种情况下，团队必须采取行动或做出决定。对这种行动或决定，尽管团队成员不是完全赞同，却没有严重的不同意见。为了成功地使用这种方法，项目经理一定要确保团队的每个成员都要发表看法。团队成员要不断地对这种行动或决定进行讨论，直到找出一种可以接受的行动方案。冲突是好事，但在寻找一种折中行动方案时，则要尽可能地发挥创造性。当没有人对确定的行动方案有严重的反对意见时，一致就达成了。一旦达成一项决定，所有团队成员都必须支持这个决定。

如果项目经理选择在达成一致的基础上操作项目，他就必须清楚地定义可以采用达成一致的各种情况，并将其转达给整个团队。

5．头脑风暴

头脑风暴是团队工作规则的一个核心部分。因为在项目生命周期中的几个点上，团队的创造力要接受考验。头脑风暴是一种技能，它可以突出创造性并帮助团队找出解决问题的方案。有时，一些可接受的想法和选择方案在正常的团队商议中没有出现过，此时项目经理可以建议召开头脑风暴会议。头脑风暴会议是团队以一种连续不断的方式贡献自己想法的会议。在看起来没有现成的解决方案的情况下，头脑风暴会议通常能很成功地找到解决方案。团队成员应该清楚，项目经理将会如何组织这种会议，以及会议的结果应该是什么。

进行头脑风暴有一种既简单又迅速的方法。运用这种方法的过程如下：

①把那些在所遇到问题的领域内具有一定知识的人召集到一起，他们可以是团队成员、咨询专家或其他人。他们没必要都是专家。事实上，如果他们不是专家反而更好。你需要具有创造性思维的人，他们会打破常规去思考问题，而专家通常趋向于在限定范围内进行思考。

②会议开始时，让参加会议的每个人把他们的想法都提出来，但不允许讨论（澄清除外）。让大家继续提想法，直到提不出任何新的想法，其间出现冷场和停顿也没有关系。

③一旦所有想法都摆上了桌面，就可以按记录清单对这些想法进行讨论了。注意，应该根据每个人的观点对想法进行结合或修改。

④这时，一些解决方案就开始出现了。这一过程不要太急，一定要用开放的思想检验每一种想法。记住，你是在寻找一种解决问题的方案，而这种方案是任何个人都无法找出

的，只有团队才能够找出。

这是一个创造性的过程，一个必须用开放的思想参与的过程。常规的东西和"我们总那样做"的说法在真正的头脑风暴会议上是得不到一席之地的。

6．团队会议

①会前事宜。项目经理需要确定有关团队会议的一些事情，如召开会议的频率、会议的时长、会议日期、会议议程的准备与分发，以及由谁召集会议、谁负责会议记录和分发会议纪要。整个团队都要参加会议，并要了解这种在项目生命周期总要召开的会议的规则和结构。会议可能有一些不同的类型，这些会议的进行和构成也要遵循不同的规则。

召开团队会议有各种不同的原因，其中包括问题的确定和找出解决方案、编制工作进度、编制计划、讨论影响团队绩效的情形和做出决策等。团队要对下列几项程序问题做出决定：

a．会议频率。这是指整个团队多长时间见一次面。如果见面过于频繁，就会浪费宝贵的工作时间；如果长时间不见面，则可能产生问题，并且会由于缺少讨论解决问题的会议而失去解决问题的机会。长时间不开会，项目经理将有可能失去对项目的管理控制。会议频率将根据项目的周期长短和项目的规模而变化。会议频率没有定规，项目经理必须自己做出判断。

b．会议议程的准备。如果项目有项目行政助理，这个人就可以接收会议议程事项的条款，并准备和分发会议议程。在没有行政助理的情况下，这项工作应该由每个项目成员轮流来做。项目经理可以建立一个会议议程模板，使每次团队会议包括相同的通用话题。

c．会议协调。就像项目团队成员轮流准备会议议程一样，会议协调的责任也应由项目成员轮流承担。协调工作包括预订时间、地点和设备。

d．会议纪要的记录和分发。会议纪要是项目文件的重要组成部分。从短期来看，它们可以作为讨论问题、改变要求、采取行动及行动的基本原理的证据。当项目中出现混淆且需要澄清时，会议纪要就能解决这个问题。会议纪要的记录和分发是很重要的职责，一点也不能轻视。项目经理应建立一个在团队成员中轮流记录和分发会议纪要的轮流顺序表。

②召开每天项目情况会。对团队中的某些人来说，他们身上的担子已经很重了，根本不想参加有些会议。在你通知每天召开项目情况会时，你可能从项目团队成员的表情中看出这种想法。我第一次听到每天项目会议时，我的反应也是如此，但我很快改变了看法，我希望你也能改变。

这种会议仅持续 15 分钟，每个人都要到场。参加会议的人是管理所有正在进行中的而不是已经完成的任务的任务经理。换言之，任务计划的开始日期已经过了，任务却还没有完成，负责这些任务的经理都要参加会议。会议需要报告以下情况：

- 我按计划完成工作。
- 我比计划落后了 X 小时，但在明天可以赶上。
- 我比计划落后了 X 小时，而且需要帮忙。
- 我比计划提前了 X 小时，可以给他人提供帮助。

会上不浪费时间讨论解决方案,也不需要占用午餐时间。这种讨论可以在会议之后进行,仅受该问题影响的项目团队成员参与即可。

在这个过程中,你可能需要逐步学习。我的第 1 个 15 分钟的项目会开了 45 分钟,但是项目团队很快学会了在 15 分钟开完会议。

> **案例练习——比萨快递业务(PDQ)**
>
> 在定义解决方案时,由于其复杂性和不明确性,日常会议是必要的。对于外聘团队成员,这可能不合他们的胃口。项目经理所面对的挑战就是取得外包商强有力的承诺。只有让外包商感觉自己是团队的一部分,才能保证他们乐于参加会议。

③召开问题解决会。问题解决方案不会在项目情况会中进行讨论。但是它要在一个专题会议中进行讨论,并由该问题或解决方案的所有直接相关人员参加。不在项目情况会中讨论问题,是因为不是所有参会人员都对问题感兴趣或与问题相关。你不能浪费项目团队人员的时间,不能让他们从头到尾地参加一个与他们根本无关、他们也不感兴趣的讨论,否则就是在浪费他们的时间。

会前,你应该对问题解决会进行计划,围绕以前讨论过的问题解决方法进行讨论。

④召开项目评审会。这些会议是在里程碑事件或其他项目生命周期中的特定时间点召开的正式会议。通常,当项目从一个阶段进入另一个阶段时,就应该召开项目评审会。会议的参加者包括项目经理、客户、项目发起人、相关方、负责项目的高级经理,以及 2~3 名技术领域专家(例如,类似项目的项目经理)。项目经理还应邀请其他对评审会议有价值的人员参加会议。会议的焦点在于评审计划的差异及由各专题的专家提出下一步工作的建议。如果这不是第一次项目评审会,那么还要对以往的改进工作进行评审。

8.4.2 团队作战室

在理想的情况下,团队作战室是一个实际存在的地方,项目团队在整个项目生命周期中都可以使用它。在项目进行过程中,最好让所有项目团队成员都能在这里工作,且让所有团队会议也都在这里召开。但是我认为不是所有项目都能具备这样的条件,所以下面还要介绍一些变化。

1. 室内布置

在理想状态下,所有的墙壁上都挂有白板。根据项目团队的规模,团队作战室可以是一间大房间,能容纳所有人,或者与一个可以开小组会议和演示的大会议室相连的几个小房间。这些房间可以多些,作为备用房间。每个团队成员都有自己独立的工作空间,但不要设置障碍。团队成员之间有一条标志线是最好的。室内布置还要满足项目成果能够及时展示的要求,以便让所有人都能马上看到成果。

2. 变化

我知道布置团队作战室有些理想化,但我工作过的很多服务商和顾问公司都努力为他们的团队提供这些设施。有的客户甚至自己设置了综合性的项目团队作战室，供那些没有条件的供应商使用。但是情况不会总是这样理想，总有一些无法实现的情况。

首先，无法实现的就是一起工作。在全球化市场中，项目团队和客户经常分处世界各地。在这种情况下，面对面的会议开不起（旅行费用），而且让所有人参会非常浪费时间（在路上的时间是没有生产力的）。虽然地理上的差异也有它的优点（例如，能够让项目 24 小时运转），但确实给项目经理和团队成员带来很多麻烦。用电话会议代替面对面的会议或者使用视频会议来制定项目进度，是能够承受和较为普遍的方法。

其次，无法实现的可能是集中的团队工作室。很多企业无法在整个项目过程中持续为项目团队提供有效的工作空间，工作室要收费并且还要和别人共享。在这种情况下，项目成果应该是可以移动的而不是固定的。虽然移动项目成果不太方便，但也不能停止。电子邮件就可以将项目成果传递给其他工作区。

最后，无法实现的就是对项目完全投入。项目团队成员对项目的承诺、忠诚和优先级也许在 2 个或多个项目及他们的本部门工作之间做出调整。

3. 运行使用

一个规划好的项目作战室不仅供项目团队成员为项目工作时使用，还会用于项目的其他需求。所有的范围、计划、实施、状态和评审会议都可以在这里召开。根据具体情况，项目作战室的部分空间在必要和可能的基础上，将交由项目外部人员使用。这能够缓和一些企业空间不足的问题。

8.5 范围变更管理

无论使用哪种项目管理生命周期模型，你都必须处理由客户和项目团队成员提出的范围变更要求。在有些情况下，你可能预见这些变更请求，并做好处理的准备。而在其他情况下，你可能不能预见这些请求（或者至少不希望它们发生），但也不能逃避处理它们的责任。在项目开始时，你也许就能看到一个范围变更管理过程是如何处理这些预见或没有预见的变更的。

8.5.1 范围变更管理过程

无论是谁，有多大的预言和预见能力，要完整准确地说明一个需要 6 个月、12 个月或 18 个月来实施生产的产品或项目服务的需求都是很困难的。竞争、客户反复、技术变化、供应商相关状态及很多其他的事情都会让项目还没有完成就被废弃。通常，这种情况会开始于类似"哦，我忘了告诉你们，我们还需要……"或"我刚发现我们必须在第 3 季度前投入市场而不是第 4 季度"这类的话。面对现实吧，变化会在项目管理中生根发芽。你要勇于面对变化，并且准备加以应对。

因为变化是持续的，所以一个好的项目管理方法要有变更管理过程。为了使项目有效，项目变更管理过程会让你重新计划项目，你可以将其看作一个小型的 JPPS。

好的项目变更管理过程会产生两个文档：项目变更申请和项目影响说明。这里对两类文档的内容进行简要说明。

①项目变更申请。变更管理要学习的首要原则是所有的变更都必须重视。你要尽可能做到这一点，这样你就不太会犯错。这意味着用户提出的每个需求都要在项目变更申请中记录。这个文档可能很简单，就是个备忘录，但也要遵循项目团队提出的一定的格式。无论如何，这是另一个 COS 建立过程的开始。只有在明确地了解需求的情况下，项目团队才能进行变更影响分析，并且决定是否进行变更。

②项目影响说明。能对项目变更申请做出应答的是一个被称为项目影响说明的文件。它说明了项目经理需要考虑的应做出调整的各种选择，申请者要从中选择最佳方案。项目影响说明应列出每种方案的优点和缺点，也许还能给出最佳方案的建议。最终的决策要由申请人决定。

下面是对变更申请所提出的 6 种可能的应答结果：

a. 变更能在项目资源和时间要求内完成。这是项目经理最好处理的最简单的情况。在分析变更对项目进度的影响后，项目经理能够决定项目变更的实施，并且不会对项目进度和资源产生有害的影响。

b. 变更可以完成，但是项目进度会延期。变更唯一的影响就是延长项目提交时间。变更的实施没有额外的资源需求。

c. 变更可以在项目进度内完成，但是需要额外的资源。为完成这项变更需求，项目经理需要额外的项目资源，但是能够在当前和变动后的项目进度内完成。

d. 变更可以完成，但需要额外的资源，并且需要延长项目交付进度。

e. 变更通过多次交付的策略来完成，需要根据交付日期制定不同的交付优先级。这种情况比预期的要多。为完成项目变更要求，项目计划会进行大幅度调整，但是可以有多种选择。例如，支持原来的需求只需要 10 种功能，并据此建立了当前的项目计划，而变更要求增加 2 种功能。于是，项目经理要求客户对 12 种功能进行优先排序。他会建议说，我可以让原先 10 种功能中的 8 种功能比原计划提前交付、剩下的 4 种功能在原先规定的交付日期之后交付。换言之，项目经理会提前交付给客户一些产品以平衡延迟交付的压力。我见过不少这样的案例，它们都很有效。

f. 变更不能完成，除非对项目进行重大调整。变更要求太多，以至于如果去实施它，就会完全推翻当前的项目计划。这时，你有两种选择。第一种是拒绝项目变更请求，按原计划完成项目，把变更需求作为另一个项目处理。第二种是暂停当前的项目，重新制订满足需求变更的计划，并且启动一个新的项目。

项目变更控制过程的一个核心部分就是文档确认。我强烈建议应该给每个变更以足够的重视（除非出现其他意外情况）。如果不这样做，将会导致灾难。这意味着每个变更都要有严谨的管理过程。图 8-2 展示了一个典型的变更控制过程。这一过程开始时，客户提交变更需求，所用到的表格如图 8-3 所示。管理者可以用这个表提出变更申请，也可以用它进行项目变更评审。它不仅是接收变更的文档依据，也可以是给客户一份返工或重新论证的证明。在项目变更请求被接受后，项目经理还会需要它，以便用于做影响分析。

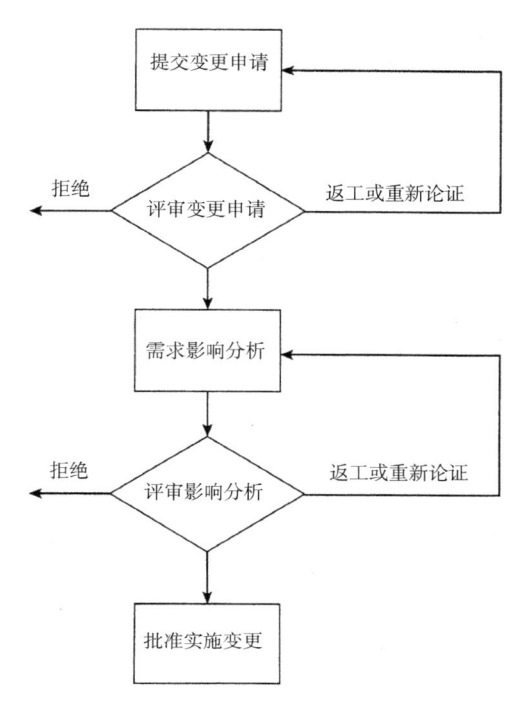

图 8-2　一个典型的变更控制过程

影响分析包括研究项目计划、评估变更对项目计划的影响及对影响进行分析。高级管理层更关注对影响分析的最终结果。他们也许将影响分析还给项目经理，要求做更深入的分析或建议，或者拒绝变更请求，并提请客户注意这次变更请求。项目经理重新对影响分析进行说明，并将最终结果提交给高层管理者。如果高层管理者批准了变更要求，项目经理则要在项目计划中实施变更。

项目名称	
变更提出人	变更提出日期
变更描述	
商业理由	
拟采取的变更应对措施	
审批人	日期

图 8-3　变更控制表

8.5.2 预留管理

这里有一种控制客户不会滥用范围变更请求的方式,那就是在预算范围内对时间进度做些预备估算。就像现金预算会留出一些富余量来预备计划外事件一样,项目进度也可以有一些富裕时间来应对计划外情况。这就叫作预留管理。进行预留管理有好的方法,也有坏的方法。

先说坏的方法。在这种情况下,你可能听到任务经理说:"这项任务需要 3 天的时间来完成,我要在项目计划中写上 5 天,这样更保险一些。"这种方法有什么不好呢?首先,2 天的预留时间被掩藏在项目计划中,这样 3 天的任务神奇地变成了 5 天的任务。这就是 Parkinson 法则(完成工作实际需要的时间肯定比所分配完成的时间要长),而且趋势就是这样。其次,2 天的预留时间本身就是随意确定的,除搞乱项目计划外没有别的作用,这样会使项目经理不能有效地管理项目进度。

现在来看看好的管理预留的方法。首先,看看项目中所有的任务所需的所有资源。你可以用总数的百分数作为预留进行管理。预留会增补在项目任务的最后,作为项目完成之前的最后一个任务。作为预留的百分数,它可以进行调整。我曾经见过 5%~10%的比重。这种方法可以用于关键路径上的各项任务。对路径上的任务进行同样的计算,并在最后加上预留数量,合并在一起作为关键路径。这种方法在很大程度上类似于关键路径项目管理(Critical Chain Project Management, CCPM)方法中的缓冲。

客户需要知道在预留管理任务中预留了多少时间。你要向客户解释,每个变更都要花费时间。管理变更的过程需要花费时间,实施变更也需要花费时间,这些时间就组成了预留时间。这个时间可以通过管理预留进行缩减。使用预留时间时,客户进行额外的范围变更申请的唯一方式就是将预留时间用于补偿进度的时间。这样,他们就可能删减一些还未加到解决方案中的需求,删减这些需求所节省的时间就可以用于管理预留。

8.5.3 范围库

另一种控制客户引导的范围变更要求的方法是建立范围库。该库包含时间储备。它的原理和预留管理相似,使用的方法也相同。管理和实施范围变更需求的时间要从范围库中扣除,这个时间要被加进项目进度中。客户可以通过删减解决方案中的要求来增加范围库的时间。范围库还将在第 3 部分的 PMLC 模型中加以说明。

8.6 管理团队沟通

团队中技术人员之间的沟通并不是很轻松的事。技术人员通常不是良好的沟通者。多数情况下,他们宁可将时间花在他们正在从事的技术工作中。然而,团队成员的工作要真正有效,每个人都必须与其他人进行坦诚沟通。这对有些人来说很困难,而对有些人来说仅仅通过练习就可以做到。这里,我们要介绍有效的团队中沟通的重要性和作用。

8.6.1 建立沟通模式

在项目中,能否在正确的时间向正确的团队成员提供信息通常会决定项目的成败。项目经理必须像管理技术过程那样管理沟通过程,否则就会有失败的可能。管理项目中所有的沟通是不可能的,这不是一份全职工作就能够完成的。项目经理要做的是了解项目团队的需要,并确保在正确的时间就正确的信息进行沟通。下面将阐述这些观点。

1. 时间

获得信息的时间非常重要。如果信息来得过早或过晚,则会出现以下问题。

①如果信息比实际需要的时间来得早得多,那么它就会被忘记。人们不可能记住 1 年后才需要使用的信息,所以项目经理必须了解各个成员什么时候需要知道哪些信息来完成各自的任务,以及从哪里获得这些信息。如同项目中的其他事情一样,你在 WBS 中也可以发现需要沟通的地方(相关内容在第 7 章已经讨论过了)。检查 WBS 的任务时,你会发现每个团队成员都要被提醒将要做的任务,并且与完成前一个任务的成员进行沟通。项目经理可以促成这些沟通。

②在成员需要信息的时间之后提供信息。记住,项目团队成员可能需要几天的时间来消化你所传送的信息,尤其是对于一项新技术。这就需要项目经理仔细管理时间,这样每个人就都可以获得尽可能多的信息,并且有足够的时间对信息进行消化和处理,以便完成工作。

2. 内容

你需要关心的下一个沟通管理问题是沟通正确的信息,即你必须了解项目成员成功地完成项目需要什么信息。如果你不知道,就去问他们。如果他们也不知道,你就需要与其他同事共同找出需要传送的信息,以使项目可以顺利进行。有时,你的直觉会告诉你所需要的信息,而其他时候你需要与团队一起来考虑需要哪些重要信息。无论是哪种情况,你都要负责在正确的时候将含有正确内容的信息传送给团队成员。

3. 选择有效的渠道

一旦你知道为了项目成功何时需要沟通,并确定了基本的沟通内容,那么选择一种恰当的传递信息的方式就非常重要了。作为项目经理,你应该规定团队成员间要如何沟通信息。你可以在各种沟通渠道中进行选择。下面对每一种渠道进行介绍。

①面对面的现场会议。面对面亲自参加会议通常是最佳的沟通方式。你不仅可以立即获得反馈,还可以通过非语言信号判断人们对信息的反应。虽然这是最佳沟通方式,但并不总是能实现的。

②电视会议。电视会议的成本已经大幅降低。现在,视频的传输成本比实际的交通成本低得多,还节省了时间。市场上支持这种会议的软件也越来越多,你可以通过因特网搜索最新产品。尽管电视会议为团队成员看见彼此提供了可能,然而有些人讨厌电视,所以在电视上的表现不很自然。记住,电视会议不同于面对面的沟通。

③电子邮件。我再强调一次电子邮件不是沟通的福音,而每个人都认为它是。它确实

有一些优点：传输速度很快，并且你可以按自己的速度阅读邮件。我确定你们都知道，不回复语音信息的人会立即回复 E-mail。然而，电子邮件也存在一些问题：

　　a．数量方面的问题。许多人每天会收到几百封邮件，你发的邮件很有可能并不是那一串列表中最明显的，即使你在邮件前加了惊叹号。我们要意识到，电子邮件无处不在，以这种方式向其他人传递重要信息会丧失可见性，因为有太多的邮件造成干扰。

　　b．语气方面的问题。电子邮件很短，而且人们常会曲解信息本来的语气。这确实会发生。我们要意识到，电子邮件中信息的语气也许与你通过语音沟通的语气不一样。

　　c．质量方面的问题。如果你不善于书面沟通，发电子邮件也不会使你自然地成为一个好写手，你仍会觉得以书面方式向他人传送清晰的信息很困难。

　　电子邮件很有用处，但你应该记住我们在上面所列出的提示。电子邮件是一个好的发明，但项目经理仍然需要像管理其他沟通渠道那样对它进行管理。

> **提示** 要管理使用电子邮件的频率，不要过多使用。因为如果接收者的垃圾邮件过多，你的信息也许被删除。管理你的发送列表，因为向发送列表中加一个名字太容易了，所以你要避免不加选择地添加。你可以假装只有有限的 E-mail 硬币可用，这样就能明智地和节省地花费它们。

　　④书面材料。书面材料是永久性的。如果你想保留信息，就把它写下来，但需要下功夫把它很好地写下来。很多人很难将书面材料写得简洁明了，一些人为了表达清楚而长篇累牍。你要尽量使书面材料的内容简短而清楚，这对项目团队有益处。

　　⑤电话。你与想找的人通上了电话，当然很好。但很多人不理会电话铃声，而将你的来电转入语音留言。（绝大多数人习惯于留言，当真的有人应答时，他们就会觉得特别意外。）电话沟通和其他方式一样，既有优点，也有缺点。与面对面的沟通方式类似，电话沟通方式的优点是你能够迅速获得反馈并交换想法。项目经理会经常打电话进行沟通，这种电话通常是一对一的或是电话会议。像管理其他方式一样，管理电话沟通也很重要。

　　有效的沟通管理是成功的项目管理的一个关键因素。对沟通管理的详细介绍不在本书范围内，但下面给出了一个有效管理的例子。

　　假设项目的部分工作是获取一个设计和实施过程未来使用人员的评审意见。你要向他们发放一份描述该过程的文件，并希望他们就你正在进行的工作提出反馈意见和批评。那么，对于发放文件，并从收件人那里获得有意义的反馈，哪种方法最有效呢？在本例中，假设该文档长达 50 页。你的第一反应可能是发电子版本，并让收件人直接在电子版本上添加意见。如果你使用的是微软的 Word 软件，就要要求他们使用跟踪修改功能。这是最有效的方法吗？这种方式当然可以将所有内容记录在电子文件中，并且可以将所有变更记入最终文档。但从收件人的角度考虑，经验告诉我们，许多人不喜欢编辑电子文档，他们更喜欢在复印件上做标记，而你的方法应该却没有给他们提供这种选择。将他们手写的反馈意见录入电子文档可能比直接在电子版本中修改耗时，但这样你可以获得更多、更好的反馈。获得有意义的反馈才是目的，采用什么方法达到这个目的，完全取决于你自己。

另外，文件长达 50 页，这对于获得有意义的反馈是一个障碍吗？我们认为是的。如果你也同意，那么应该怎么解决呢？我们的建议是将文件分成几个部分。文件发放列表上的每个人都需要阅读所有 50 页文档吗？也许不需要。你可以根据他们对这个过程的兴趣及参与程度分给他们相应的部分，而不是让每个人都阅读整个文件并加以评价。这样可能得到更好的反馈信息。

专业的项目经理会非常注意需要管理的沟通模式，以便使整个项目团队取得成功。管理内容包括沟通时间、沟通内容和沟通渠道。当今这个时代，有许多项目经理需要在混乱的状态下进行大量沟通管理，了解你所能管理的沟通范围是非常重要的。管理沟通的技能与项目管理中其他任何技术技能同等重要。事实上，我们所看到的大多数调查都将项目沟通列为管理领域中最重要的部分。只有了解项目沟通的一些内容后，你才有可能成为一个更有效的项目经理。

8.6.2　管理团队外的沟通

要成为一名成功的项目经理，你不仅需要在团队内进行沟通，还要与团队外的相关方进行沟通。也许项目在你看来是成功的，如果你不能获得团队外相关方的认可，这样的成功就无法实现。那么，问题来了，谁是成功认可的相关方呢？

1. 管理与发起人的沟通

对整个项目来说，最重要的一个沟通就是与项目发起人的沟通。发起人是同意给你需要的资源来完成项目的个人或机构。对于这个项目，发起人是你最好的朋友。项目各阶段如果没有发起人的参与，你将会有大麻烦。这里，我们将讨论管理与发起人的沟通的几个好策略。

首先，确定发起人想要的信息。准备开始一个项目的时候，你要去找发起人，询问他想了解什么信息，何时需要这些信息。发起人会利用你所传达的信息，最终为你的项目批准资金。发起人也许需要与你以前提供的信息不同的信息。不过这没关系。发起人给项目付钱，他们有权通过沟通获得他们想要的信息。

> **警告**　不要告诉项目发起人他会得到什么。例如，不要率先谈论所获得的价值，仔细倾听项目发起人的，直到他告诉你他想要什么。

其次，确保发起人定期获得信息。你应该每周至少 1 次向发起人提交状态报告。如果项目对发起人很重要，那么将有关项目的信息把持着而不告诉发起人不是一个好主意。如果有什么问题将影响项目，你应尽快告知发起人。

现在，是时候转向项目经理应该关注的另一个沟通热点：向上沟通中的信息过滤。

2. 向上沟通中的信息过滤和"报喜不报忧"

向上沟通中的信息过滤是一种奇怪的歪曲信息的方式，几乎在任何一种组织形式中都会出现，这也被称为"报喜不报忧综合征"。遗憾的是，如同失败的沟通管理一样，它会快速地扼杀项目。这里有两种类型的向上沟通信息过滤。第一种是有意抽取信息或遗漏信息。

这样的沟通除汇报好消息外，什么都没有。例如，向发起人汇报时，汇报人并不说公司的一幢建筑已经被烧成废墟，而是说一切都在控制中，并已经通知消防部门和保险公司，所有员工都很安全。当然，发起人需要知道这里面的有些信息，但是好消息过滤器只抽取事物的积极面，而这样做的代价是有失准确性。

一旦项目出现不良状况，应尽快让发起人知道到底发生了什么。告诉发起人你将如何解决问题是一个好主意，但是在向上汇报时将问题过滤掉会得不偿失。

第二种是保留信息。也许项目中存在一个你认为将来可以解决的某个问题，所以没有将当前的情况告诉发起人。这种做法的结果几乎总是会被反咬一口。所以，不要因为担心发起人的反应而保留信息，最好将所有的信息都告诉发起人，而不是希望自己能够解决它。这是因为如果你最终不能解决问题，情况就会变得越来越糟。把真相告诉发起人吧！

3．与其他相关方的沟通

发起人不是唯一的项目团队外部的相关方。团队成员的直线经理或将来参与用户验收测试的客户都是相关方。告诉他们信息的最好方法是将项目例会记录复印并发给他们，这样所有的相关方就都能了解项目进展情况。这种做法非常简单，却常常被忽视。有效的项目经理能够保证让与项目有关系的每个人都了解项目情况。如果某条信息只影响一位相关方，就应该立即告诉他。我再强调一次，在开始整个过程前一定要问相关方想在什么时候知道什么，然后去做。

项目中时时刻刻都有沟通。我已经忘记名字的一位教授曾经说过："你不能不沟通。"既然你不可能花费所有的时间管理沟通，那么最好自始至终了解团队及相关方的沟通需求。你越能满足他们的沟通需求，你成功管理项目的机会就越大。

8.7 分配资源

整合项目计划的最后一步是根据第 7 章编制的进度计划分配资源。到此时为止，我们已经识别出了项目中的活动，并且编制了满足期望的项目完成日期的进度计划。现在，你需要决定能否以现有的资源及其可用时间完成进度计划。本节将讨论一些可利用的工具和方法，帮你回答这个问题。

> **注意** 在某些情况下，根据进度计划，资源是不存在的。在这种情况下，项目经理将不得不转向最初的项目定义、预算、时间和资源分配，以解决进度问题。为了达到所要求的可交付成果和可交付成果进度，你也许需要额外的时间、预算和资源分配。

8.7.1 资源平衡

资源平衡是资源管理这一更宽泛课题的一部分，这是一个总给项目经理和项目进度带来问题的领域。号称可以平衡资源的软件包进一步加剧了进度问题。下面是组织不得不处理的一些情况：

① 在给定的期限内，给员工安排过多的工作，期望员工能有办法应付。实际上，这样

②更改项目的优先级而不考虑对现有资源规划的影响。

③缺乏资源管理职能，以衡量和监督资源库的能力及其已经分配给项目的程度。

④雇员调整没有反映在资源进度中。

任何一个组织，如果不能有效地处理这些情况，它就会发现自己的情况与图 8-4 中漏斗中的水流情况相似。

图 8-4 所示情况是资源进度问题的形象描述。漏斗的直径代表项目可用资源的总和。任务能够以某个速度穿过漏斗，但这个速度受到按任务进度可用资源能够完成的工作量的限制。你可以试图超出漏斗容量，强行塞入更多任务，但是这么做只能导致漏斗内的紊乱。经理可能试图在已经安排得很满的进度中加入更多的工作，你对此可能很熟悉，这样的结果只能是进度被拖延或者输出结果不能被接受，结果造成漏斗因为超载而破裂（周末和长时间加班是崩溃的根源）。

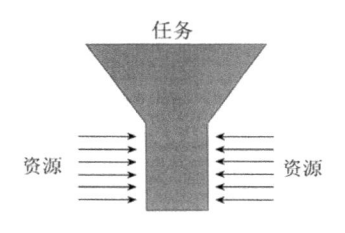

图 8-4 资源计划中的问题

核心的团队协作发生在管道的中心，这里是任务最能平顺地经过漏斗的地方，因为它基于一个执行得很好的进度计划。通常，分配给团队成员的工作沿着漏斗边缘发生。根据管道中流体的定律，沿管壁的流体会产生更多的扰动。可交付成果是已完成的工作，因为漏斗的直径是固定的，所以只有那么多已经完成的工作可以通过它。

太多的组织管理者认为在漏斗顶部加入更多，在漏斗底部就能产出更多。他们的理论依据是，如果人们知道他们被预期有更大的产出，他们将会更努力而高效地工作。尽管在某种意义上这一理论可能是正确的，可是它不符合项目的最佳利益，因为这将导致错误的和折中的质量。将过于野心勃勃的进度压力强加于人，其直接结果就是导致错误。在本章中，我们将制定资源均衡战略，项目经理可以运用这些战略避免漏斗例子中所描述的情况出现。

让我们回顾一下，创建项目网络图时，关键路径是试图在规定的日期完成项目的主要焦点，而资源超载或闲置没有被考虑。我们这样做是有原因的，即每次让你集中精力计划项目的一部分，这是非常重要的。如果严格按照活动必须完成的逻辑顺序，你都不能满足期望的完成日期，那么又何必担心资源是否超载或闲置呢？你应当先解决这样的问题。当完成日期被接受后，你再考虑超载及在某些情况闲置的问题就是合理的了。

资源平衡是一个过程，项目经理依据它来计划如何把每项资源分配给项目活动，以便在进度规定的开始日期和完成日期内完成工作。前面讲过，每项活动的计划开始日期和完成日期是受项目计划约束的，以便使其完全处于 ES—LF 时间区间内。若非如此，项目的实际完工日期将比其计划完工日期延后。当资源平衡后，它们必须被约束在所分配的活动的 ES—LF 时间区间内，否则项目经理必须寻找其他替代方法解决资源可获得性与项目进度之间的冲突。

资源计划之所以需要平衡，有两个原因：

①保证没有资源超载，即我们计划一项资源，不应超过它的可用时间的100%。

②项目经理希望在项目的整个生命周期中，资源（很多情况下是人力资源）的数量能够遵循一个符合逻辑的模式。你不会希望为项目工作的人数每天或每周剧烈波动，因为那样将导致太多的管理和协调问题。资源平衡可以保证项目中资源数量在任何时候都比较稳定，从而避免上述情况发生。在理想的项目中，人力资源数量在计划编制阶段应当是相对平衡的，在项目执行阶段逐渐增加到最大值，在项目收尾阶段逐渐递减。在一个计划良好的项目中，这种增加和递减是可管理和可预料的。

8.7.2 可接受的资源平衡计划

开始这一讨论时，我们应该先明确一点：你不太可能甚至根本不可能开发出这样一个资源计划，它能够同时满足我们讨论的所有预期特性。当然，你会希望并将尽自己所能制订出一个资源计划，它既能被管理层批准，又能得到那些管理项目资源的人的认可。当一个资源计划达到平衡时，平衡过程是在该项目的可获得资源范围内进行的。在第7章讨论任务估计和资源分配时，我们讲到资源不可能在任何一天都100%地用于一项活动，而且我们的观察表明，这个数字的范围在50%～75%。对于一个典型的工作日而言，这个值是"资源最大可获得性"，一些项目管理软件也称其为"最大可用性"或"最大单位"。有些软件允许这个值随时间段变化，另一些软件则不允许。

在理想情况下，我们希望一个项目的所有资源计划都在资源的最大可用范围内。但这几乎是不可能的，尤其是当项目的完成日期头等重要的时候，这意味着可能需要加班。我们对此都习以为常，然而加班应该是"不得已"的最终选择，你要慎重使用，并且只能短时间使用。开始一个项目时，应尽一切可能不要把加班视为正常情况。你可能在项目进行中的某个地方需要加班，所以还是应该把它视为管理储备的一部分。

8.8 资源平衡策略

你可以使用3种方法使项目资源获得平衡：
- 利用可能的时差。
- 改变项目完成日期。
- 任务平移。

下面将详细讲述每种策略。

8.8.1 利用可能的时差

在第7章，时差被定义为在不造成项目完工日期拖延的前提下，一项任务的开始或完成日期可以允许的拖延时间。它用时间单位来表示。回忆一下，时差是一项任务的ES—LF（是指ES到LF的时间跨度。——译者注）时间区间及工期之差。例如，如果一项任务的ES—LF时间区间是4天，任务工期是3天，那么时差就是1天（4-3）。

时差可以用来缓解资源的超载。采用这个方法，1个或多个项目任务可以被推迟到一个晚于最早开始日期而不晚于最晚完成日期的时间内。换句话说，这些任务可以被重新安排，但完成日期依旧在它们的 ES—LF 时间区间内。

寻找资源平衡时，如果有自由时差，那么就很方便了。正如第 7 章所提到的，自由时差是在不影响其任何后续任务最早开始日期的条件下，一项任务允许延迟的时间总和。当你需要解决进度中任务"堆积"的问题时，首先要看某个任务是否有自由时差。如果一个任务有自由时差，并且可以通过把任务重新安排到较晚的开始时间来解决资源超载问题，那么你的问题就解决了。如果通过移动任务的开始日期仍不能解决资源超载的问题，那么你就不得不利用总时差了，这时，至少有 1 项其他任务的最早开始日期会被推迟。

8.8.2 改变项目完成日期

不是所有的项目都是由完工日期驱动的。对于有些项目，资源可获得性才是最严格的约束条件。在这些项目中，为了满足一个可接受的平衡的资源计划，我们不得不延长关键路径。这很可能意味着，最初为了把结束日期提前，在活动网络图中曾将有些活动做出并行安排，现在则需要把这些并行进度恢复回去，即可能需要将开始—开始（SS）与完成—完成（FF）依赖关系改回到线性的完成—开始（FS）类型。

在一些情况下，一个项目在组织内的优先级非常低，主要被用来填补工作。如果是这样，项目的完成日期就不那么重要，项目的紧急程度也不像急于投入市场的项目那样紧迫。尽管如此，对于大多数项目而言，将完工日期推迟到超过期望的日期是最不可取的替代方案。

如果你面临这样一个进退两难的境地，即一方面是资源超载而又不能很好地平衡，另一方面是完成日期必须固定不变，你也许应该考虑缩减项目的范围。例如，你可以考虑将部分特性延缓到二期工程，作为解决这个问题的一种方法。

8.8.3 任务平移

你或许偶尔需要有限度的加班来保证工作在进度规定的活动开始日期和结束日期内完成。加班有助于缓解一些资源的超载，这是因为它可以在相同的开始日期和完成日期内做更多的工作。我称其为任务平移，因为通过它可以消除资源超载的情况，就像资源负载表中的峰值。实际上，你是把常规工作日要做的一些工作移到不工作的日子里去做。对做这项工作的人来说，这就是加班。

8.8.4 制定活动进度的其他方法

与其将任务列表看成固定的，并且受到资源均衡的约束，不如考虑进一步分解 1 个或多个任务来解决资源平衡问题。第 7 章中所提到的一个完整的 WBS 的 6 个标准之一是任务独立性。任务独立性是指一旦一项任务的工作启动，就可以在不受干扰的情况下持续进行，直到任务完成。通常，由于种种原因（如资源的可获得性），你可能不会将工作安排为连续进行状态，但是必要的时候可以这么做。

1. 活动的进一步分解

确切地说，资源的可获得性就是资源的稀缺性。这就需要项目经理在活动进度安排方面进行创新。假设一项活动在 5 天内需要 1 个人工作 3 天来完成，这项活动进度中有 2 天时差。换句话说，活动的 ES—LF 区间是 5 天，而活动工期是 3 天。项目经理当然希望将活动安排在最早开始日期启动，但如果在从 ES 日期开始的 3 个连续工作日内缺乏资源，则就要求把这项活动安排在一个较长的时间段内。一个解决方案是让资源（人员）在 5 天的区间内尽可能早地工作 3 个不连续工作日。继续讨论这个例子。我们假设资源在 5 天区间的前 2 天和最后 1 天是可利用的，为了简化资源的进度安排，项目经理可以把这个 5 天的活动分解为两项活动：一个 2 天的活动和一个 1 天的活动。这个 2 天的活动与 1 天的活动之间将是完成—开始（FS）的依赖关系。这两项活动的开始日期和结束日期将根据资源可获得性来设定。对于这个进度安排问题，我们还有其他解决方案，但是在此不做讨论。对于和这一例子相似的情况的解决方法，我们这里提出的是最佳方案。

2. 延长任务

另一个保持任务工作连续性的替代方案是，让资源以一个"比原来计划低的"每日百分比工作在任务上，从而将工作延长到一个较长的时间段。

让我们修改前面的例子来说明延长任务是什么意思。假设在 5 天区间内，资源每天有 80% 是可用的，那么你将需要 4 天的工作。因为资源在 5 天内的可用期为 5×0.8 天，即 4 天的工作。也就是说，你只需要资源工作 4 天。那么，你将如何在 5 天的区间内安排工作来完成你需要的 4 天工作呢？解决方案是将 4 天的任务延长到 5 天，并且安排资源在这 5 天为任务工作。因为资源只有 80% 为任务工作，这样资源就可以在 5 天内完成 4 个工作日的工作。

在这个简单的例子中，百分比在 5 天内是保持不变的，但它也可以遵循一些变化规律。假设你需要该资源工作 3 天，而该资源只在第 1 天和第 2 天全天可用，在余下的 3 天内只有半天可用，你就可以首先将任务分解为两项：一个 2 天的任务和一个 1 天的任务。这个 2 天的任务将充分使用资源并完成 2 天的工作。这个 1 天的任务将被延长到 2 天，资源将被安排在 2 天内各工作一半的时间，用来完成任务剩下的 1 天的工作。换句话说，你用 4 天完成了 3 天的工作，即前 2 天全天工作，随后 2 天工作半天。资源可获得性可以是任务如何在 ES—LF 期间延长而仍然从资源处得到所需工作量的决定性因素。

3. 分配替代资源

我们对于任务工期的估算基于这样一个假设，即完成任务所需的典型的技术熟练人员是可获得的。然而，由于资源的不可获得性，这一假设可能是不成立的，对于稀缺资源（如新技术）尤其如此。在这种情况下，项目经理就需要寻找其他策略。一个方法是使用不熟练的人员，从而延长需要的工作时间。对此，我们的想法是，不熟练的人员将需要更长的时间来完成任务的工作。

> **提示** 使用这个策略时应慎重，因为使用不熟练的人员会有额外的风险，并且不清楚使

> 用不熟练的人员究竟会导致任务工期延长多少。这个策略只对非关键路径任务有效,将其用于关键路径任务可能导致项目完成日期的延迟。

8.8.5 资源平衡对成本的影响

资源平衡几乎总会延长进度,这对你来说是显而易见的。如果在整个进度适当的环节有时差,就不会拖延进度。将一种资源的工作时间安排较长,不仅可以消除时间安排方面的冲突,而且可以避免对该资源的超载。然而,这样做会使项目工期延长,并产生以下后果:

① 如果资源按照花费的劳力计价,则项目成本没有增加。
② 如果资源按日收费,则项目成本会增加。通常,项目租赁的设备和场地会增加成本,有时也可能是人员成本增加。
③ 对项目提前结束给予奖励、延迟结束给予处罚,这也会影响成本。

8.9 确定项目计划

最后一版的项目计划是由 JPPS 计划团队完成的。那时,你知道了核心团队成员的名字,但对整个项目团队还只是了解头衔而已。现在,你已经知道了所有团队成员的名字,也拥有了最终确定项目进度的所有信息。团队成员的到位时间必须加在项目进度表中。其他的信息也会影响项目进度,如其他项目的进度安排及非项目时间的工作(部门会议、培训、每周工作进度表、预先获批的休假等)。

微观项目计划编制是对分配给个体成员的工作任务进行进一步分解,将它们分解成子任务。有时,这些子任务可能只是一个简单的工作列表,或者在较复杂的项目中可能是一个非常小的项目网络。要知道,你是在处理已经满足 6 个 WBS 完整性标准的任务,因此它们是工期相对短的简单任务。

微观项目计划编制始于 WBS 定义的最低层任务。因为它是 WBS 中的任务,所以项目经理会进行管理监督。项目经理会安排一位任务经理(或团队带头人)负责在规定的时间内完成该任务。该任务也许非常简单,只需任务经理一个人就可以完成。在较复杂的项目中,任务经理会带领小组成员来完成这项工作。在下面的讨论中,我们将使用"子团队"来表示负责该任务的人员,但这个团队可能只有一个人,即任务经理。

子团队要做的第一件事,就是继续像创建 WBS 那样对任务进行分解,但这次是分解到任务层以下。子任务可能只是一个按线性顺序完成的工作列表。更复杂的任务会产生一个任务网络图,其中包括各项任务及其相互依赖关系。记住,这些任务已经满足了第 6 章所讨论的完整性标准,历时都少于 2 周,因此构成任务的子任务的历时就更短了。分解应该很简单,每项子任务的历时最终为 1~3 天。如果一项任务再次分解后的任务有十余个,那么我会感到很惊讶。

使用项目管理软件包编制微观计划及对应的进度表有些大材小用。我们建议,在白板上用记事贴和标记笔定义任务,以及确定依赖关系和进度。图 8-5 给出了白板上的内容。任务包括 7 个子任务，图的上半部分标明了各项任务及它们的依赖关系；下半部分是为子团队 3 位成员安排的进度表；阴影部分表示非工作日和没有资源的工作日。半天是进度表采用的最小时间单位。

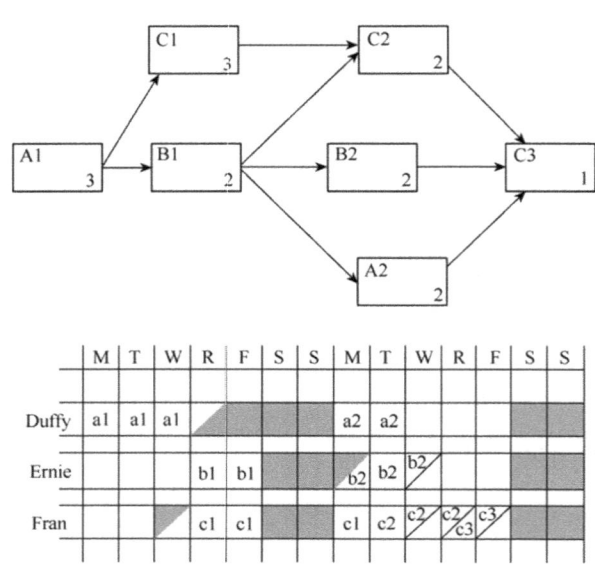

图 8-5　任务依赖关系图及标明时间的资源进度表

> **提示**　如果项目活动允许，你可以将时间表调整得更好。但是我发现这仅在有限的情形下有用。

这是项目计划中典型的一类任务。它很简单，所有工作都可以记录在白板上，更新也很容易。完成这类任务没必要使用软件，软件只会增加管理成本，对用于制作图表并加以管理而投入的时间并没有回报。

下一节我们将了解工作包。到目前为止，我们所做的就是将一项任务分解成子任务。换言之，我们有一份用来完成任务的工作列表。工作包描述的是如何通过所确定的子任务来完成任务。也就是说，它是任务的微型计划。

8.10　编制工作包

工作包是每个任务经理对计划如何在进度安排的开始日期和结束日期内完成任务的一项说明。它像一份保险单。对于项目经理来说，工作包是一个详细描述工作的文件。如果任务经理或任何为任务工作的人员不在（如他被解雇了，或者因其他原因不能到位），那么其他人也可以利用工作包了解如何以最少的时间损失继续进行工作。这对于那些必须避免进度拖延的关键路径任务尤其重要。

一方面，工作包可能包括若干任务，它们也许只不过是一个可以按任何顺序完成的工作一览表。另一方面，工作包也可以由多个任务组成，而且每项任务都是一个微型项目，可以用一个网络图来描述。在这种情况下,工作包被指派给一个人,我们可以称其为任务经理或工作包经理。这个经理负责按时、在预算内和根据规范完成任务,这听起来有点像项目经理。他被授权可以使用资源完成所分派的工作。

8.10.1 工作包的目的

工作包是所有项目工作的基础。它详细描述为完成一项任务的工作所需要执行的任务。除了任务描述,工作包还包括任务的开始日期和完成日期。

任务经理(或工作包经理)可以决定工作包内每项任务的开始日期和完成日期,以便任何有机会使用工作包的人了解如何实现完成工作的计划。

> **警告** 如果采用这种方法,你就应该小心,因为你是在鼓励项目经理进行微观管理。你说得越多,就越代表你鼓励反对意见,然而这之间需要有一个权衡,以便保护项目进度。在花费时间计划细节和花费时间完成工作之间总需要权衡,而不仅仅是来来回回地传递文件。

工作包也适用于状态报告。任务组成了需要做的工作。通过检查已完成的任务,可以衡量工作完成的百分比。有些组织将已完成任务的百分比作为工作完成的百分比。换言之,如果已经完成了 80% 的任务,那么所有任务的 80% 就完成了。这是一个简单却有效的尺度,可以用作挣值计算的基础。有关挣值的内容将在第 9 章详细讨论。

8.10.2 工作包的格式

我们推荐两种工作包文件。

① 工作包分配表。工作包分配表是一个特殊类型的电话簿,包括每个工作包及其经理的一些基本信息,可以作为项目经理的现成参考。

② 工作包描述报告。工作包描述报告是任务计划的详细描述,它包括很多与项目计划相同的信息,但是主要集中于任务而不是项目。因此,尽管它包含与项目计划相同类型的信息,但它有比项目计划简单得多的文档。

1. 工作包分配表

图 8-6 所示的工作包分配表是由负责管理工作包的团队成员创建的,仅供项目经理使用的报告。它包括每项任务的最早开始日期和最晚完成日期。这是少数仅提供给项目经理的资源之一,不应让除项目经理以外的任何人看到。例如,项目经理不太可能告诉一个任务经理,一项任务计划要在 7 月 15 日完成,但是由于时差,任务经理实际上只要能在 8 月 15 日前完成就可以。项目经理应该只交给任务经理所负责的任务的计划开始日期和结束日期。

工作包分配表对于小项目的价值有限,但在大型项目中有着不可估量的价值。我们参与过一个项目,它包括 4 000 多个任务,在 7 年的项目生命周期中,有 1 万多个任务经理参与。这个报告成了一个电话簿,随着团队成员的来去而需要不断更新。因为大型项目的复杂性和人员变化,项目经理需要一个有效果和有效率的方法,以便及时了解项目团队成员变更、谁被指派去做什么及他们将如何完成工作。

工作包分配表	项目名称		项目编号		项目经理
工作包		进 度			
序 号	名 称	最早开始时间	最晚完成时间	活动经理	联系方式
A	设计	03/01/18	04/01/18	ANNA LYST	
B	产品评估	04/02/18	07/02/18	HY ROWLER	
C1	确定地点：第1部分	04/02/18	03/04/19	SY YONARA	
C2	确定地点：第2部分	07/03/18	03/04/19	HY ROWLER	
D	产品预测	07/03/18	03/04/19	SY YONARA	
E	产品删除	03/05/19	06/02/19	HY ROWLER	
F	促销地区	03/05/19	07/06/19	TERRI TORY	
H	价格	08/04/19	02/05/12	HY ROWLER	
I	地点设计	06/05/19	08/03/12	HY ROWLER	
J	促销领导	07/07/19	11/05/20	TERRI TORY	
G	促销媒体	07/07/19	02/05/20	SY YONARA	
K	促销代理	10/07/19	02/05/20	TERRI TORY	
L	系统测试	02/08/20	05/10/20	ANNA LYST	
M	系统验收	05/10/20	06/10/20	ANNA LYST	
报告人	日期		批准人	日期	第1页

图 8-6 工作包分配表

2. 工作包描述报告

工作包描述报告是由任务经理准备的文件，其中任务经理将描述完成任务工作的细节。图 8-7 是一个很简单的工作包描述报告或工作描述的例子。

工作包描述	项目名称		项目编号		项目经理
工作包名称	工作包编号		工作包经理	联系方式	日期
开始日期	结束日期	关键路径 是 否	前置工作包		后续工作包
任 务					
序 号	名 称	描 述	时间（天）	责 任	联系方式
报告人	日期		批准人	日期	第1页

图 8-7 工作包描述报告

一旦项目计划被批准，生成工作包文档就是任务经理的责任。不是所有的任务都需要或应当有工作包文档，文档可能仅限于关键路径任务、近关键路径任务、高风险任务和使用非常稀缺或高技能员工的任务。项目经理决定哪些任务需要工作包描述报告。

在工作包描述报告中，描述必须完整，以便任何人都可以阅读并了解应当做什么来完成任务。每项任务都需要描述，以便可以比较容易地确定工作包的状态。在理想情况下，任务列表是一个检查表。一旦所有任务经过检查并确认已经完成，任务就完成了。每项任务还将附加一个工期估算；在一些项目计划编制会议中，这些估算可能被用作自下而上估计任务工期的依据。

讨论题

1. 你是刚被提拔的项目经理，你的团队成员中有高级技术专家。现在是制定项目运行规则的时候，你能够预见一些阻力，因为项目团队很有经验，而你在他们看来只不过是个没有经验的项目经理。面对这种情况，你应该怎么做呢？

2. 你的项目经理能够与所有的客户进行非常有效的沟通，只有一个客户例外。从该客户处获得反馈信息一直是令人头疼的问题。此时，你应该怎么做？

3. 过去的项目让用户胃口大开，只要遇到他们认为合适的情况，他们就会提出变更要求。他们经常用一种不受控制的态度提出需求，很多需求也未经过好好考虑。随着时间的推移，你想建立有效的管理控制。请说说你的计划。你打算如何实施好的项目范围变更控制过程？

4. 你的一些客户正在滥用变更需求过程，你看到不必要的变更申请的数量正在增加。因此，这种情况必须加以研究与控制，因为它正在夺走你的项目团队真正进行工作的时间。从对过程控制的角度出发，你将如何做？请详细说明。

5. 请你从保障策略的角度解读工作包的概念，说说它将如何成为一项保障措施？它应该包含哪些内容，才能成为一项保障措施？

第 9 章
实施 TPM 项目
How to Execute a TPM Project

当你湮没在数字中时，你需要一个系统来区别良莠。

——安东尼·亚当斯（Anthony Adams），美国著名食品公司金宝汤公司副总裁

两条线的交会点就是重点。

——欧内斯特·F.库克（Ernest F. Cooke），巴尔的摩大学

不能仅依靠简单的阅读报告来监控项目，你需要进行走访并亲自检查进度。

——罗伯特·K.威索基博士，EII 出版有限公司董事长

本章学习目标

通过学习本章内容，你应该能够：
- 理解实施项目控制的原因。
- 决定合适的报告计划。
- 测量和分析与项目计划的偏差。
- 使用甘特图跟踪进展情况，并识别进度问题的警示信号。
- 使用消耗图对比计划和实际的资源消耗。
- 建立和说明里程碑趋势图，以跟踪进度趋势。
- 使用挣值分析（Earned Value Analysis，EVA）跟踪进度和预算进度。
- 整合里程碑趋势图和挣值分析法，进行未来趋势分析。
- 建立并维护问题日志。
- 确定合适的纠正措施，使项目回归计划进度。
- 确定适宜的纠正措施和问题升级策略。

我们建议监控项目时尽量使用图示形式。图示形式非常直观，不需要过多的解释，也不需要花费很长时间进行阅读。高层管理者没有时间细看你的报告，你只要给他们想要的就行了。

所有的过程和细节都准备好了，现在我们可以开始实施项目了。实施 TPM 项目，主要就是监控在 PMBOK 中定义的那些活动，以及监控我们多年项目经验积累认为此项目应该完成的其他活动。

独特的价值命题
带有跟踪成本和进度偏差的里程碑趋势图是独特且直观的！

9.1 监控项目所用的工具、模板和过程

我一直坚持使用图形化的状态报告。对接收者来说，这些报告必须非常直观。这里有一些报告的工具，我使用了它们很多年。其中有些报告工具你可能非常熟悉，有些是我在本书前面定义且介绍过的，这些工具的实战效果都不错。

- 当前阶段报告。
- 偏差报告。
- 挣值分析。
- 累积报告。
- 甘特图。
- 里程碑趋势图和 EVA 综合表。
- 例外报告。
- 消耗图。
- 信号灯报告。
- 里程碑趋势图。

9.2 建立你的进展报告体系

一旦项目工作启动，你就需要保证项目按照计划进行。为了做到这一点，你需要建立一个报告体系，使你及时掌握项目的各种变动因素。这些变动因素反映了项目与项目计划相比是如何进展的。

报告体系需要具有如下特征：
- 提供及时、完整和准确的项目状态信息。
- 不用花太多的影响正常工作的管理时间。
- 项目团队和高层经理容易接受。
- 及时警告问题的发生，从而有利于及时采取行动。
- 对于需要了解的人，报告应易于理解。

为了建立这样的报告体系，你可以从项目管理软件包中所包含的很多标准报告文档中进行选择。一旦你决定了想跟踪的目标，这些软件工具就会给你提供能够达到你的要求的若干建议和标准报告。大部分项目管理软件工具允许你定制软件包中的标准报告，以满足非常具体的需求。

9.2.1 项目状态报告类型

这里一共有 5 种项目状态报告类型：当前状态报告、累积报告、例外报告、信号灯报告和偏差报告。下面对这五种报告类型稍加展开。

1. 当前状态报告

这些报告只涵盖最近一个报告期的工作。它们报告了这个时期开始的或按进度将要进行的活动的进展状况。报告可能重点指出已完成的活动，以及计划与实际完成日期的偏差。如果有活动没有按照计划进行，报告就应包括对偏差原因的讨论及将采取的纠正措施方案。

2. 累积报告

这些报告包含从项目开始到本报告期的项目历史。与当前状态报告相比，累积报告更有信息价值，因为它显示了项目进展的趋势。举例来说，你可能需要连续跟踪几个期间的进度偏差才能看到改进状况。累积报告可以是活动层次的，也可以是项目层次的。

3. 例外报告

例外报告显示与计划的偏差。这些报告是专门为管理层进行快速解读而设计的。为高层经理准备的报告值得引起特别的注意。高层经理没有很多时间来阅读一份报告，所以报告只要说明工作按照进度进行和没有发生严重问题就可以了。在这种情况下，1页纸的说明项目状况良好的总结报告就已经足够了。你也可以把一个更详细的报告作为附件提交给高层经理，以方便有兴趣的经理进一步查阅。对于例外报告也是一样的，即可以用1页纸的报告告诉高层经理感兴趣的计划内容的偏差程度，同样附上细节内容以方便查阅。

4. 信号灯报告

信号灯报告可以用作前面所提到的报告的备选项。我们希望所有的报告都尽量简洁明了，所以信号标示是项目经理应该尝试的技术。当项目一切顺利并满足进度和计划的要求时，你就需要在项目状态报告第1页右上角贴上绿色标签。这给了管理层一个明显的信号，即项目正在按照计划进行，此时管理层甚至没有必要阅读附加的报告。

当项目遇到问题时（例如，进度拖延情况），你可以在项目状态报告的第1页右上角贴上黄色标签。这个信号就是在告诉管理高层：项目偏离了进度，但你已经采取了适宜的恢复计划。在状态报告的第1页，你应该对这一问题及恢复计划进行总结，进一步的细节可以参考附加报告、描述问题和采取纠正措施的具体步骤，以及对状态恢复时间所做的一些估计。

如果红色标签出现在报告第1页的右上角，则说明项目失控了。我们应当不惜一切代价避免红色报告，但是它可以用于获得高级管理层和项目发起人注意的警示系统。红色报告表明项目遇到了严重问题，同时你无法向上级管理者提供良好的纠正计划或建议。越早发现和报告这种情形，对项目就越有利。高层经理显然会仔细阅读这些报告，因为它们表明项目出现重大问题。站在一个更为乐观的角度看，红色情况可能发生的某些原因超出了项目经理和团队的控制能力。

举例来说，当东海岸的电力系统发生严重故障时，多家公司的计算系统都会瘫痪。此时，众多公司纷纷向你所在的计算中心求救，导致该中心不堪重负，以致失去计算能力，使最终的系统测试严重拖后。对于这样的意外事件，你是无法控制的。

5. 偏差报告

顾名思义，偏差报告是用来报告计划与实际情况的偏差的。报告分为3列：
- 计划值。
- 实际值。
- 两者之间的偏差。

偏差报告可以有两种格式：

第 1 种格式是数字式的，显示若干行，每行显示实际的、计划的和偏差数据。偏差报告中，要跟踪的典型变量是进度和成本。举例来说，行表示在报告周期内启动的活动，列表示计划成本、实际成本和偏差。偏离计划的影响由偏差值的大小（偏差）来体现。

第 2 种格式是用图形表示数据（见图 9-1）。每个项目报告期间的计划数据用实曲线表示，每个报告期间的实际数据用虚曲线表示。你根本就不需要将偏差画出来，因为它就是任何时间点上两条曲线的差异。图形版本的偏差报告的优点是，它可以显示项目报告期间内偏差的趋势。数字报告只能显示当前报告期间内的数据。

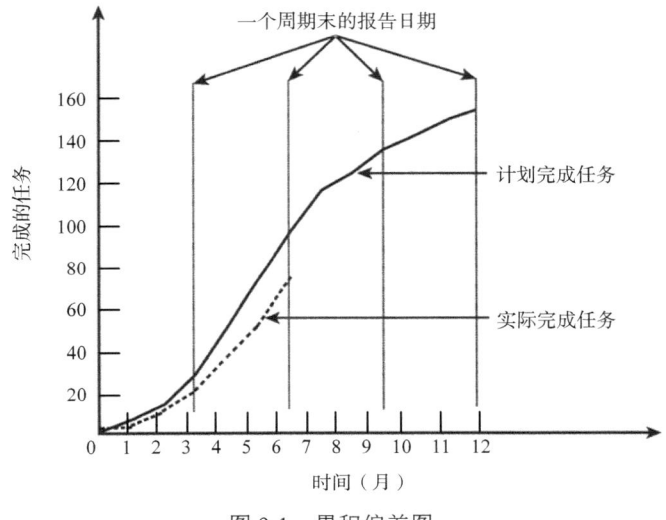

图 9-1 累积偏差图

典型的偏差报告是所跟踪实体状态的即时快照（当前报告期间）。大部分的偏差报告不涉及项目如何达到这个状态的相关数据。表明趋势的报告是原始的挣值报告，如图 9-1 所示。这将在本章后面的内容中进行讨论。项目偏差报告用于报告项目偏差，同样可以用于报告活动偏差。为了方便相关经理的阅读和理解，无论跟踪什么样的偏差因素，我推荐使用统一的报告格式。如果所有项目或项目内的所有活动的报告格式实现了标准化，那么项目经理的上级管理者将会感到非常方便舒适，当然也会使项目经理的工作轻松一些。

这里有 5 个理由可以说明你为什么需要测量工期和成本偏差：

①可以帮你尽早从曲线中发现偏差。你可以对照计划累积成本或累积工期绘制累积实际成本或实际工期。当两条曲线出现偏差时，项目经理就应采取相应的纠正措施来使两条曲线相吻合。如何使实际绩效和计划绩效重新吻合，这个话题将在本章后面的"挣值分析"中详细展开。

②有利于抑制波动。计划与实际绩效应呈现近似的变化趋势，两者间的剧烈波动是项目失去控制的信号。这样的项目将在一个周期内出现进度延迟或超支的问题，在下一个周期内对之加以纠正，再在下一个周期又失去控制。偏差报告将会发出这种情况的早期预警，使项目经理有可能在情况恶化前尽快纠正这种不正常的状态。小的波动总比大的波动容易

纠正。

③可以帮你尽早采取纠正措施。正如刚才所建议的，项目经理希望在问题恶化前尽早发现进度或成本问题。越早发现问题，就越有利于问题的解决。

④有利于判断每周的进度偏差。依据我们的经验，我们发现每周报告一次活动的进展是很适宜的。你应该在报告频率和项目经理采取纠正措施的最佳时机之间取得最佳的平衡点，而不应使情况恶化到难以解决的地步。

⑤有利于判断每周人工（人时/日）偏差。计划工时和实际工时的偏差将直接影响计划累积的成本和进度。如果实际工时少于计划工时，而相关的工作人员无法在接下来的一周中再增加用于活动的工时，就可能导致潜在的进度延迟。另外，当周工时超过计划而工作进展没有同比例地推进时，则可能出现成本超支情况。

尽早发现失控局面是非常重要的。发现问题越晚，我们使项目恢复到稳定状态所花费的时间就越长。

9.2.2 信息更新的方式和内容

对于每个报告的输入，活动经理和项目经理必须说明报告所覆盖周期内所有进行中的活动（换句话说，就是在报告周期内应当完成的工作）的进展。回想你对活动工期和成本的估计，它们是建立在信息非常匮乏甚至没有信息的基础之上的。既然你已经完成活动的部分工作，你就应该可以更好地估计工期和成本，这时应对完成活动所需的剩余工作进行重新评估，同时应当提供更新的信息。

下面是实际需要的报告清单：

①决定每周递交的日期和时间。项目团队应达成共识，在每周固定的工作日和具体时间前递交所有更新信息。项目监督员或另一个项目成员负责检查所有需要更新的信息是否在报告截止前都已经递交。

②报告相应的周期内实际完成的工作。计划完成的工作和实际完成的工作是两码事。为了不使项目经理失望，活动经理很可能报告实际工作已按照计划完成，他们希望拖延的时间能在下一个报告周期前赶上来。项目经理需要证实报告数据的准确无误，而不是简单地接受。随机抽查就已经足够了。

③记录历史数据和重新评估剩余工作（仅针对进行中的工作）。这需要报告两类信息：一类是"历史信息"。所有在报告截止日期前完成的工作都叫作"历史信息"，你可以通过它对偏差报告和其他跟踪数据的资料进行分析。另一类是"未来导向的信息"。在大部分情况下，该信息是对成本和工期的重新评估，以及对进行中的活动的完成进展（包括工期和成本）情况的评估。

④报告开始日期和完成日期。报告周期内要如实记录活动的实际开始日期和完成日期。

⑤记录完成的和剩余的工期。首先，要报告到目前为止实际用于活动的天数；其次，要重新评估剩余工作的工期。

⑥报告实际花费的工时（小时/日）和剩余量（针对进行中的工作）。报告上面的数据是日历时间。这里的两个数据代表活动工期内的人工时间：一个报告已经完成的工期内用完

的人工数，另一个报告剩余工期内依然需要的人工数。

⑦完成比例。在通常情况下，我们总是喜欢将已经完成的工作与所有的工作进行比较，所以完成比例成为我们记录工作进展最常用的方法。但是由于完成比例是一种主观评价，因而它不是报告进程的最好方法。当你问到他人"这一活动中，你完成的比例是多少"时，他会怎么想呢？他首先最可能想到的是"我应当完成的比例是多少"，紧接着便会是"什么样的数字能使大家都满意"。为了计算活动完成的比例，你首先需要量化工作。计算一项活动完成的比例有很多种方法，如工期、资源量、成本等。

9.2.3 收集和报告项目进展的频率

合理的项目进展报告频率是每周 1 次，通常在星期五的下午。当然也有些项目（如翻新大型喷气客机）在每次换班后记录进展，每天 3 次。我们也遇见过其他一些项目，它们的优先级较低或周期较长，只需每月更新 1 次。对于大部分项目来说，应在星期五的中午开始收集信息，以便让大家尽早从工作的最后一天中解脱出来。

9.2.4 偏差

偏差就是实际与计划产生了偏离。偏差有两种：正向偏差和负向偏差。

1. 正向偏差

正向偏差是实际与计划的偏离中，实际进度超前或实际成本节省的偏离。这种偏差对项目经理来说是个好消息，谁都希望看到进度超前和预算节约的情况。

正向偏差自身也有一系列的问题，甚至与负向偏差一样严重。正向偏差可以允许对进度进行重新安排，以尽早地或在预算约束内或在两者都符合的条件下完成项目。项目经理可以将资源从进度超前的项目中重新分配给进度延迟的项目。成本正向偏差很可能也是进度拖后的结果，这要考虑预算。低于预算意味着计划的花费没有被花掉，这很可能是因为在报告周期内计划完成的工作没有完全完成。我们在本章后面的"挣值分析"中将重新考虑这种情况。

另外，如果进度的超前是项目团队找到更好的方法或捷径的结果，那么项目经理会很高兴。然而，这也许只是个短暂的好处。超出进度当然很棒，但也会带来其他问题。比如，项目经理要保持进度超前的状态，他将不得不商讨修订资源进度计划。绝大多数公司都采用的是紧凑的项目组合，这将给大部分的企业增加很大的负担，因此它们很可能不会对资源进度做出变更。如此看来，进度超前简直就是项目神话。

2. 负向偏差

负向偏差也是实际与计划的偏离中，进度延迟或花费超出预算的偏离。进度延迟或花费超出预算不是项目经理及其上级愿意听到的事情。正如正向偏差不一定是好消息一样，负向偏差也不一定是坏消息。例如，项目可能超出预算，这可能是因为你在报告周期内比计划完成了更多的工作，只是在这个周期内超出预算而已。你也许用比最初计划更少的花费完成了工作，但这不可能从偏差报告中看出来。你需要从挣值报告中得到更多细节。更多的细节将在本章后面的"挣值分析"中加以讨论。

大多数情况下，负向时间偏差只有在其与关键路径上的活动有关时，或者非关键路径活动的进度拖延超过了活动总浮动时间时，才会影响项目完成日期。第 7 章已经定义了偏差。小的偏差会用完活动的浮动时间，更严重的一些偏差会引起关键路径的变动。

负向成本偏差可能是不可控因素造成的结果，如供应商的成本增加或者设备的意外故障。另一些负向偏差来自低效和故障。我们将用本章后面讲到的问题升级策略来解决这些问题。

9.3 应用图形报告工具

正如本章前面提到的，高层经理也许只有连续的几分钟时间可以用于研究你的报告，请注意一下那段时间。如果他们必须读完 15 页报告才能得到一些有用的信息，那么他们就不能完全阅读和理解你的报告。要读数页报告才能知道项目是按照进度进行的，这会使人伤脑筋，而且是在浪费时间。

9.3.1 甘特图

甘特图是我们在实践中碰到的最方便、最常用和最易掌握的项目活动描述方法之一。甘特图用两个维度表示项目进度，活动分别列在每行，与行垂直的列代表活动所需的时间。甘特图可以在计划编制阶段用于资源进度安排和状态报告。甘特图的唯一不足是它不包含依赖关系信息。有些项目管理软件中有一个选项可以显示这些依赖关系，但结果是报告看起来杂乱无章。在一些情况下，依赖关系可以通过甘特图猜测出来，但大部分情况下是无法猜测的。

9.3.2 信号灯报告

正如本章前面所说，信号灯报告是一种很有效的汇报项目状态的方式。它对高级管理人员来说很直观，没有阅读负担。当然，相关的解释说明要作为报告的附件一起提交，以方便有兴趣的管理者了解细节时进行阅读。

9.3.3 消耗图

消耗图是汇报项目状态的另一种很直观的工具。它能够展示累计消耗的资源，同样能看出投入资源的百分比或投入资源的数量。想要展现数量，你可以使用横轴表示最大有效资源。消耗图非常简单，但是通过对比计划资源消耗和实际资源消耗（见图 9-2），它的管理价值就提升了。作为更高级的资源使用情况展示，挣值分析被广泛使用。

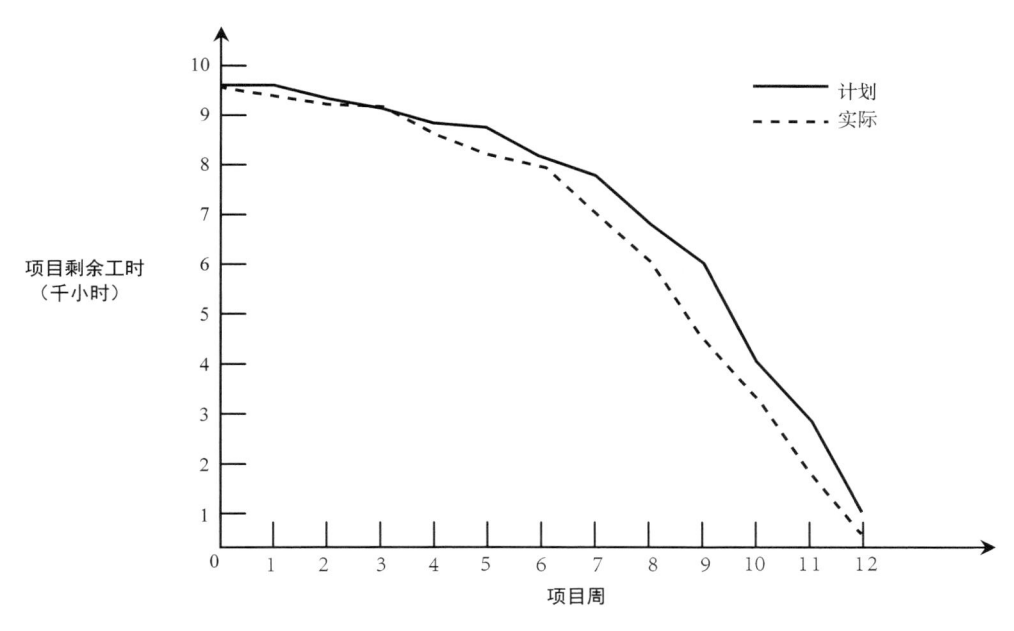

图 9-2　计划与实际工时对比消耗图

图 9-2 中所示的情况是一个实际与计划工时消耗很接近的例子。第 5～10 周，实际工时消耗超过了计划，但是之后就被纠正了。

消耗图也可以用于跟踪成本。这两种类型的消耗图都和 EVA 很像，可以被企业用于成熟的 EVA 中。EVA 同时展示了进度和成本状态。

消耗图也被用作预测工具。假设图 9-2 中的纵轴表示项目完成之前剩余的工时，那么折线的趋势则反映了未来资源消耗的可能模式，这可以用来推演出预计的项目完成时间。

9.3.4　里程碑趋势图

里程碑是你在项目生命周期内希望跟踪的重要事件。这些重要事件是零工期活动，仅代表存在于项目中的一个确定状态。例如，里程碑事件可以是若干不同部件设计完成后的批准事件。这个事件不消耗项目进度的时间，它只是简单地反映获得批准的事实。这个里程碑事件的完成可能是项目计划中若干待完成活动的前置事件。里程碑事件被安排在项目计划中的方法和其他活动是相同的。它们一般和前置活动及后续活动具有 FS 关系。

图 9-3 是一个假设项目的里程碑跟踪图。这个趋势图描绘了每个项目报告周期内项目里程碑的计划日期和估算日期之间的差异。在最初的项目计划中，里程碑事件计划发生在项目的第 9 个月；在里程碑趋势图上，它是最后 1 个项目月。水平线代表与预测里程碑日期的正负 1、2、3 标准差。项目中的任何活动都有一个预期完成日期，大致符合正态分布。完成日期的预期平均值和方差是自报告日期起的最长路径的函数。在这个例子里，计量的单位是月。对于这个项目，第 1 次项目报告（发生在第 1 个月）显示，新预测的里程碑日期将比计划日期晚 1 周；而第 2 次项目报告（发生在第 2 个月）预测里程碑事件将按时完成；接下来的 3 个项目报告分别显示要有 2 周延迟、3 周延迟、4 周延迟，最后是 6 周延迟（在项目的第 6 个月）。这就意味着里程碑事件将发生 6 个星期的延迟，我们只剩下 3 个项

目月的时间来消除这个延迟。显然，项目有麻烦了。项目看起来要失去控制，事实也是如此，这需要项目经理采取果断的修复措施。

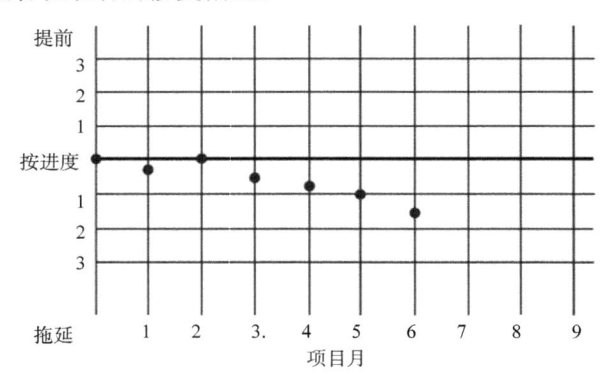

图 9-3 4 个或 4 个以上连续数据点向上或向下的趋势

某些图可以反映失控局面。这里给出图 9-3 至图 9-5，并进行适当解释。

①连续趋势。图 9-3 显示项目逐渐失去控制的局面，即每个报告周期总是比上一个报告周期发生更多的偏离。连续发生了 4 次这样的情况，虽然趋势在减弱，但项目经理还是应当采取特别的纠正措施。

②剧烈变化。图 9-4 确实显示了里程碑事件的超前进度，但也反映了项目报告期间所发生的剧烈变动。这可能是由于对活动工期估计过大或发生了数据错误导致的。在任何情况下，我们都需要做进一步调查。

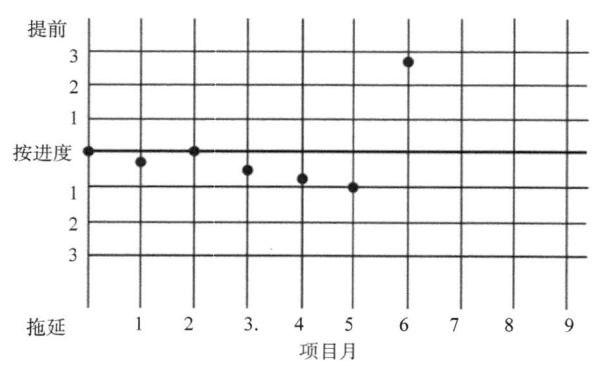

图 9-4 超过 3 个标准差的变动

③连续变化。图 9-5 显示项目也许发生了一个持续的进度变动。在这个例子中，里程碑事件的完成日期平均将要提前 1 个月。如果在接下来的两个月不发生意外，而且资源可以得到保障，那么里程碑事件将有可能提前 1 个月完成。但要记住，你已经为这两个月确定了资源进度，所以你现在要准备为重新申请加速进度的资源而努力。但不能确保你能提前获得资源。

④进度重大变化。图 9-6 显示了里程碑进度的一个重大变动。项目经理必须查明其中的原因，并采取适当的纠正措施。一种可能的原因是项目经理发现不再需要某个下游活动，

可以直接购买可交付成果，从而不再需要自己完成，所以相关的待完成活动将从项目计划中删除。

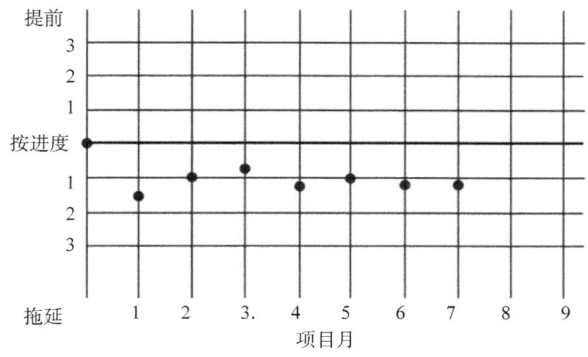

图 9-5　7 个或更多的连续数据点高于（或低于）计划里程碑日期

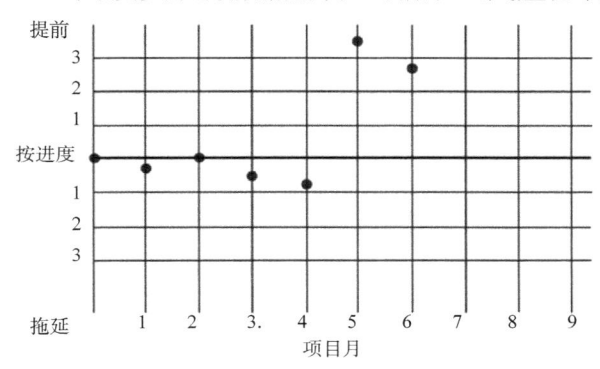

图 9-6　2 个连续时间点超出计划里程碑日期 3 个标准差

9.3.5　挣值分析

挣值分析用于测量项目绩效，传统上采用工作价值量作为计量单位。如果项目经理不直接管理项目预算，也可以用资源工时/日代替工作价值量。实际完成的工作可以与用这些等价物表示的计划工作和预算工作相比较。这些单位用来决定当前阶段和累积时间之间的进度与成本偏差。成本或资源工时/日不是用来测量绩效或进展的很好的客观评价指标，但也没有其他更好的客观评价指标。这里只剩下成本和人工时/日指标，但至少在其他环境中，我们还算熟悉如何使用这些指标。不过，它们当中的任何一个都不能完整地说明项目的状况，所以我们需要将两者结合起来。

这些计量指标的一个缺陷是它们只报告历史。虽然它们也可以用来外推出未来的状况，但它们基本上是用来评价项目总体的健康状况的，需要的时候，项目经理可能采取适当的纠正措施，使项目恢复到健康的状态。

图 9-7 显示的是一条 S 形曲线，用来表示最初的项目计划的进展基线。它可以作为参考点。你可以用实际的进展日期和这条曲线相比较，以此判断项目的状态。进展可以用成本或人工时/日表示。

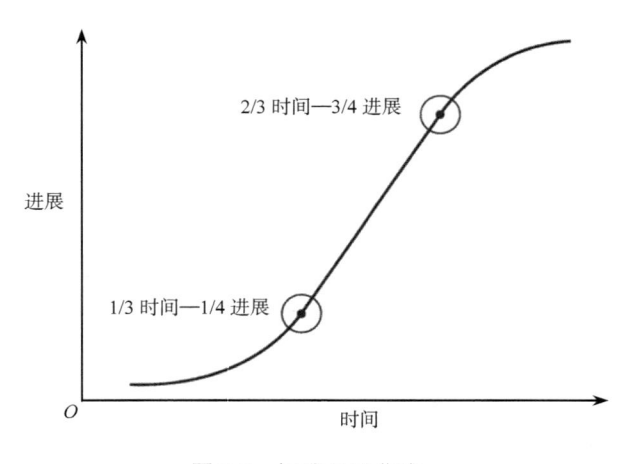

图 9-7　标准 S 形曲线

在基线中增加实际进展曲线时，你就可以对比实际状态和计划状态了。图 9-8 显示实际进展曲线低于计划曲线的情形。如果这里的状态是指成本，那么我们就该相信项目是符合预算的。确实如此吗？

通常，项目很少会符合预算。实际曲线低于基线的一个更普遍的原因是，按计划应该完成的活动没有完成，从而导致相关的成本和人工时/日低于计划预期。图 9-9 中标出了此种情况下可能的进度偏差。

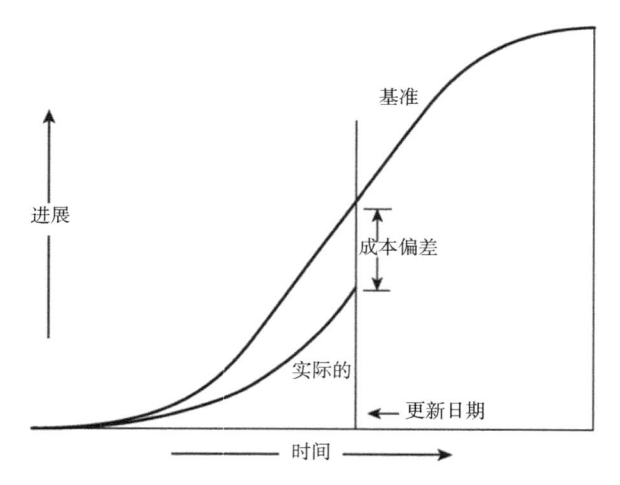

图 9-8　反映成本偏差的基线与实际成本曲线

要决定是否确实存在过程进度偏差，你还需要一些额外的信息。挣值分析需要比较 3 个基本指标：计划工作预算成本、已完工作预算成本和已完工作实际成本。通过 3 个基本指标，你可以计算出两个偏差——进度偏差和成本偏差。图 9-10 是 3 个基本指标的图形显示。

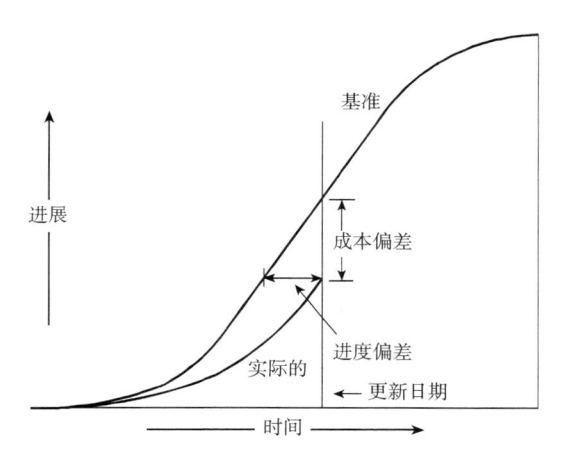

图 9-9　反映进度偏差的基线与实际成本

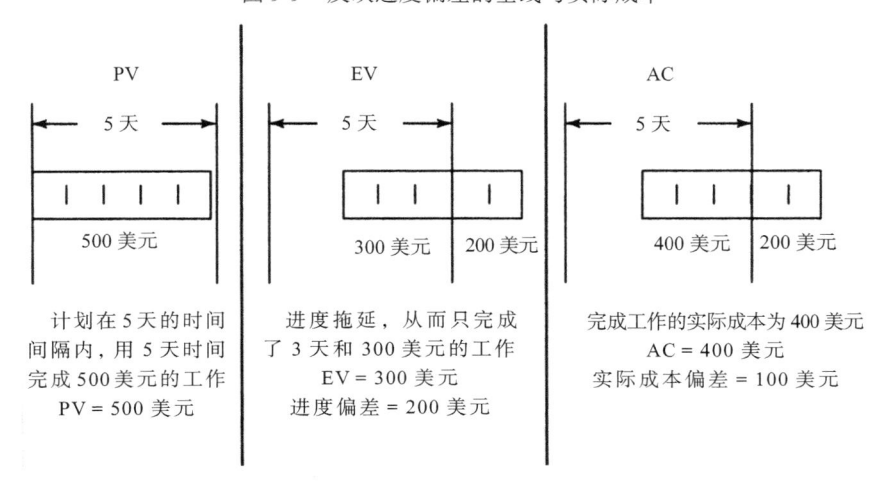

图 9-10　成本/绩效指标

图 9-10 中显示的这项活动，计划 5 天完成，预算是 500 美元；预算按比例分配给 5 天，平均每天 100 美元。图的左侧一块显示最初（基线）进度，活动在工作周的第 1 天（星期一）开始，在最后 1 天（星期五）完成。工作预算 500 美元按照计划在 1 周内完成，这就是计划价值（Planned Value，PV）。图的中间一块显示实际的工作情况。我们注意到进度拖后了，工作直到第 3 个工作日才开始。用平均每天 100 美元的预算来计算，在这个工作周，我们只能完成 300 美元的工作进度。这就是挣值（Earned Value，EV）。图的右侧一块显示了与中间一块相同的实际进度，但这里完成了 3 个工作日的工作，实际花费了 400 美元。这 400 美元是完成工作所花费的实际成本（Actual Cost，AC）。

PV、EV 和 AC 用来计算和跟踪两个偏差。第 1 个是进度偏差（Schedule Variance，SV）。SV 是 EV 和 PV 的差值，体现在例子中就是–200 美元（EV–PV）。SV 是实际工作和计划工作的进度偏差，用成本或人工时/日表示。第 2 个是成本偏差（Cost Variance，CV）。CV 是 EV 和 AC 的差值，体现在例子里就是出现 100 美元（AC–EV）的预算超支。

> **挣值分析术语**
>
> 对于那些熟悉在《PMBOK®指南》（第1版）（1996）中使用老的成本/进度控制术语的人来说，我曾经使用过《PMBOK®指南》（第2版）（2000）中的术语，现在使用的是《PMBOK®指南》（第6版）（2017）中的术语。老术语与新术语的对照如下：
> - ACWP 是实际成本（AC）。
> - BCWP 是挣值（EV）。
> - BCWS 是计划价值（PV）。

管理层也许在刚开始时对图 9-9 所显示的消息感到乐观，但他们也可能被草率的结论所误导。完整的情况只有在比较了成本偏差和进度偏差后才能知晓，如图 9-11 所示。

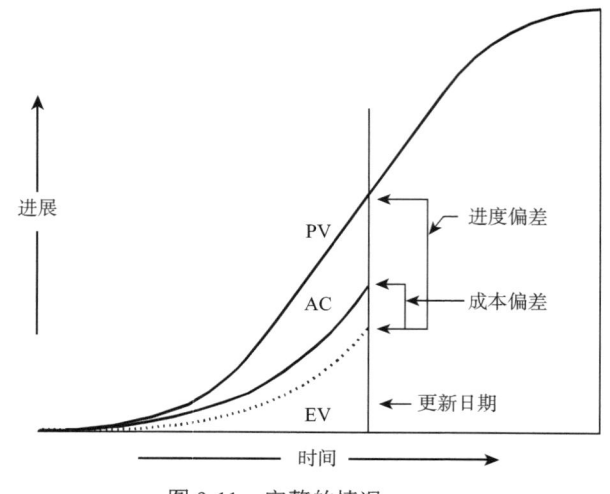

图 9-11　完整的情况

为了正确解读图 9-9 中的数据，你需要增加图 9-10 中的 EV 数据，从而形成图 9-11。比较一下 EV 曲线和 PV 曲线，你会发现没有花完预算是因为按进度应该完成的工作没有及时完成。比较 EV 曲线和 AC 曲线，你会发现已经完成的工作超出了预算。显然，管理层会被图 9-8 中所显示的数据所误导，当然前提是如果他们忽略了图 9-10 中所包含的数据。每个偏差只能告诉你一半的事实。

除了计量和报告历史，EVA 也能用来预测项目的状态。在图 9-12 中，报告日期纵切 PV 曲线，该纵切线会与 EV 曲线相交，将该曲线移至 EV 曲线的末端，就可以外推出项目预测完成的日期。这实际上是用最初的估计来预测剩余工作的完成日期。也就是说，如果按照现在进展的速度继续下去，实际完成日期将超出计划完成日期。对于曲线 AC，你同样会发现完成项目时将超出预算。这是判断"估计完工日期"最简单的方法，但确实说明项目进行中需要采取有力的纠正措施。

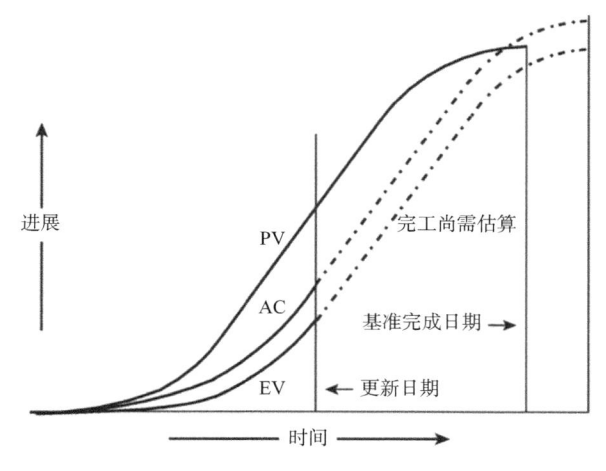

图 9-12　PV、EV 和 AC 曲线

3 个基本指标还可以用来做进一步的分析。进度绩效指数（Schedule Performance Index, SPI）和成本绩效指数（Cost Performance Index, CPI）是更精细的指标。它们这样计算：

$$SPI=EV/PV$$
$$CPI=EV/AC$$

①进度绩效指数。SPI 用来计量完成工作的实际进度与计划工作进度的差异。如果进度超前，EV 将大于 PV，因此 SPI 大于 1，这显然是我们希望看到的结果。如果 SPI 小于 1，则说明完成工作少于计划工作，这不是一件好事。

②成本绩效指数。CPI 用来计量完成工作的实际支出与计划支出的差异。如果你在已完成的工作上支出的比计划的少，则 CPI 大于 1；如果你在完成的工作上的支出超过了预算，则 CPI 小于 1。

因为将每个指数的基线设置为 1 直观又简单，所以有些经理更喜欢这种分析。任何小于 1 的值都是不利的，任何大于 1 的值都是好的。这些指数可以通过图表示为与基准值 1 相对应的趋势线。

9.3.6　综合里程碑趋势图和挣值分析法

在项目生命周期内，我们可以很容易地使用里程碑趋势图和挣值分析法。所有这些度量工具都能用来跟踪由过程改进计划所引起的实践的改进。毕竟，这些都是理论与实践相结合的产物。

1. 综合挣值

在每个报告日期，开始的工作任务或计划将要开始的工作任务可能处于以下 3 种状态之一：

①任务已经完成，因此积累值为 100%。
②任务还在进行中，因此积累百分比为已完成子任务的比例。
③任务还在进行中，且没有完成的子任务，因此积累值为 0。

汇总上次报告中的所有积累值，并将其增加到累计项目总数中，然后将此数据显示在基线 S 曲线上。

2. 综合里程碑趋势数据

在每个报告日期，开始的工作任务或计划开始的工作任务的任务经理应该更新项目文件。更新信息包括：

① 报告任务于某日完成。

② 某个百分比的任务已经完成（与前面提到的挣值报告相同），以及对将要完成任务的最新估计。

③ 没有进展可报告。

如果使用了项目管理软件，那么软件所产生出的更新后的项目文件会包含你所追踪的里程碑事件的最新预测数据。表示 SPI 和 CPI 数据随时间而变化所采用的形式，与报告里程碑事件趋势数据所采用的形式相同。下面给出 3 个样例。

图 9-13 所示的是一种常见情况。这里，虽然没有超出预算（图中用"C"表示），但是项目已经落后于进度（图中用"S"表示）。这很可能是由于安排的任务没有完成，因此与这些任务相关的成本尚未产生。

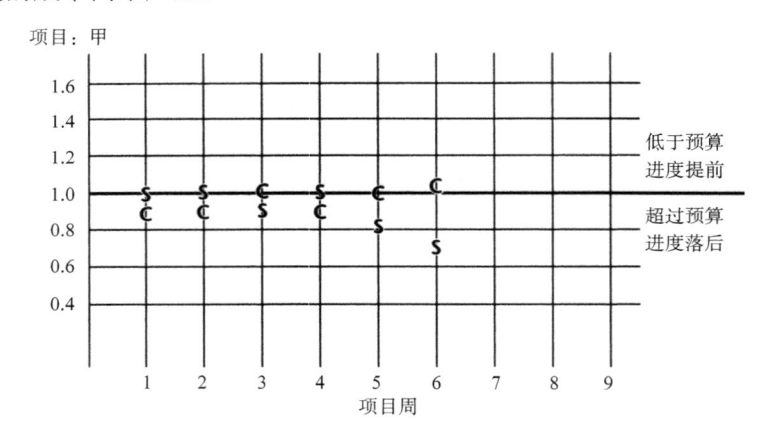

图 9-13 低于预算和进度落后的项目

图 9-14 所示的是一种很少能遇到的情况。图中显示，项目进度提前，同时没有超出预算。也就是说，项目经理发现并运用了成本更低的方法来完成任务，而且完成任务的时间比计划要短。如果你曾遇到过这样的情况，那便是一个非常独特的时刻，而且无论客户或管理层给你多少荣誉都不为过，因为你的确受之无愧。这样的情况真的不常发生。

图 9-15 所示的则是最糟糕的情况。这里无须多言。

同样的方法也可以用来跟踪项目组合随着时间所发生的变化，如图 9-16 所示。

图 9-16 展示了项目组合中各个项目的 SPI 值。对于总结从过程改进计划所产生的实践变化，这也是一个很有用的图。如果组合层次有一个明显的趋势，则意味着从过程到实践的成功转变。

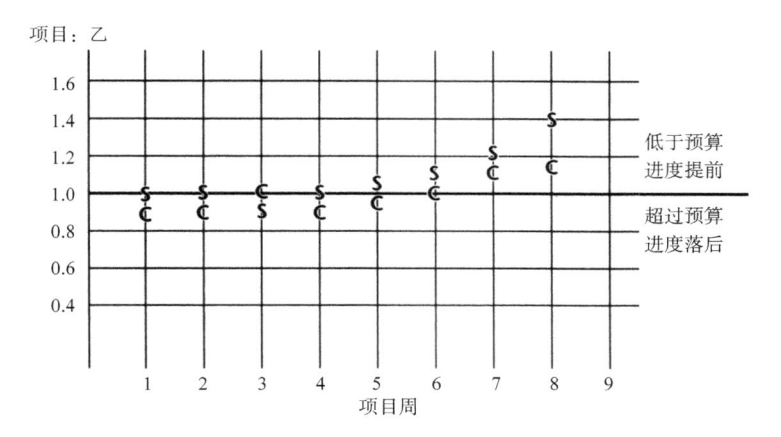

图 9-14 低于预算和进度提前的项目

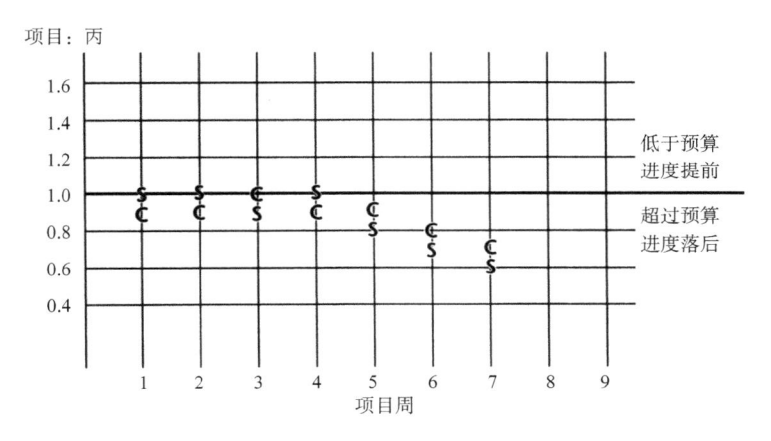

图 9-15 超过预算和进度落后的项目

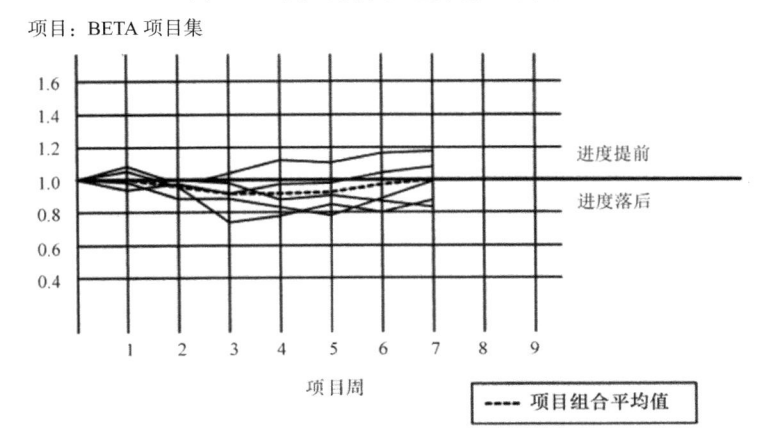

图 9-16 使项目生命周期适应项目组合进度

9.4　管理范围库

范围库在第 6 章已经做了介绍。我在这里想更加详细地介绍一下如何将范围库作为一个监控工具来使用。作为项目启动阶段的一部分，你已经建立了范围变更管理过程。范围库就是这个过程中不可或缺的一部分。回顾建立范围库的过程，其中预留了一定数量的天数。整个工时的 10%是比较合适的预留比例。项目进行中要确保客户了解何时使用这些时间来应对确认的变更，因为任何进一步的变更都会延长项目完成日期。作为项目经理，你的工作就是确保这些时间被有效地管理起来。客户的工作就是确保这些事件以最佳方式用于提升最终交付物的商业价值。变更申请和其他建议被提出来后，要在适当的时间进行决策，确定哪些建议需要实施及何时完成。分析需求和处理需求所需的时间来自范围库。

范围库的预留时间迟早会用完。这意味着在不补充时间的情况下，不能再接受或实施变更申请。补充时间可以来自尚未加入解决方案的相应的功能和特性所需的时间。为了实现这个目标，客户必须对尚未加入解决方案中的功能和特性，以及新变更请求加以优先排序。有的功能和特性没有那么高的优先级，就要从解决方案中去掉，以确保资源的平衡。

你只要在项目开始时向客户说明范围库的定义和管理办法，实施时就不会出现问题。重要的是，你一定要让客户时刻关注范围库的状态。

9.5　建立并维护问题日志

问题日志是一种动态的文档，用来记录项目过程中所提出的尚未解决的所有问题。这些问题的解决方案对持续推进项目非常重要。问题日志包括以下内容：
- ID 编号。
- 记录日期。
- 问题描述。
- 问题不能得到解决时的影响。
- 问题负责人。
- 采取的措施。
- 状态和日期。
- 结果。

如果还要维护风险日志，则两个日志通常会被合并在一起。每个项目状态或团队会议上，问题日志都要被评审并更新。

9.6　管理项目状态会议

要密切地跟踪项目进展情况，项目经理就需要定期从其团队成员处获得信息。项目状态会议就可以提供这些信息。这种会议应每周至少召开 1 次。在我们曾经实施的一些重大项目中，最初几个星期，每天都要召开状态会议；当每日报告不像以前那么重要的时候，我们才改成每周召开 2 次，最终定为每周召开 1 次。

9.6.1　谁应该参加状态会议

为了使状态会议召开得正确而有效，就需要确定哪些人应该参加会议，这是非常重要的。这应该是沟通计划的一部分。

确定参会人员时要考虑以下几点：

①起初，你确定的参会人员可能包括那些只参与计划编制的人员。如果其他项目成员没有必要了解相关信息，就不要让他们平白无故地参加会议。会议都有会议纪要，那些不需要实际参加会议的人可以看会议记录。

②项目状态会议进行时，有时两个参会人之间会陷入争论，而会议上的其他人对该争论毫无帮助。这种时候，你可以让展开争论的两个人单独开一个侧边会议（Sidebar Meeting），这样你就可以继续召开状态会议。侧边会议的参加人数有限，而且这种会议在状态会议以外召开更有效果，所以没有必要让状态会议上的每个人都聆听侧边会议的议题。

9.6.2　何时召开状态会议

通常，状态会议在一周快结束的时候召开。会议的时间必须是固定的，这样参加会议的人就会知道会议召开的确切时间，他们就可以为状态会议做准确的准备。

9.6.3　状态会议的目的

召开状态会议是为了让整个团队获取信息。在一些大型项目中，参加状态会议的人可能只是各部门的代表，你不可能让一个 250 人的团队每周开一次会议，所以一定要确保各部门的代表参加会议。会议召开的目的是鼓励信息的自由流动，也就是要确保那些需要按信息开展工作的成员能够从状态会议中获得需要的信息。再一次请你记住，要将会议记录发放出去，这样就可以让那些不能参会的成员了解会议内容。

> **提示**　项目大小可能是决定会议时间的因素，但我们通常以 1 小时为限。会议最长不超过 1 小时，但并不是每次状态会议都会历时 1 小时。这要在会议中做出良好的判断，一般尽量不要浪费与会者的时间。

9.6.4　状态会议的议程

状态评审会议的内容安排可以很灵活，但由于项目的需要，几个确定的议项应始终包含在每次状态会议中。我们建议你以从上到下的方式组织会议：

①项目发起人报告任何可能影响项目未来的变化。

②客户报告任何可能影响项目未来的变化。

③项目经理报告项目的整体状况与早先发生的问题的影响，以及所引起的变更和采取相应的纠正措施的影响。

④活动经理报告自上次状态会议后开工的与计划开工的活动的状态。

⑤未来活动的活动经理报告自上次会议后所发生的变化将如何影响项目状态。
⑥项目经理评审自上次状态会议后所发生问题的状况。
⑦与会者识别新的问题,并指派合适的人员负责解决(这里唯一可以进行的讨论是澄清目的)。
⑧项目发起人、客户或项目经理做总结发言。
⑨项目经理宣布下次会议的时间和地点。

每次会议的会议纪要都是正式项目文件的组成部分。经过评论、适当修改和分发后,会议纪要将被收集到项目手册内(我们希望是电子文件)。因为会议没有进行什么讨论,所以会议纪要只是如实记录会议内容,并包含下次会议的计划议程。会议纪要也包括参与者的名单、会议结论和责任分配。

项目监督人员应出席项目状态评审会议,以完成会议纪要并监督新闻通报。这个职责也可以由项目团队成员轮流承担。在有些组织中,这个人还要负责会议开始前分发会议议程和相关材料的工作。特别是在会议需要做出决策时,分发的工作尤其重要。大家首次看到重要信息时总会感到紧张,所以不要指望他们在阅读和理解的同时马上做出正确的决策。

9.6.5　15 分钟的每日项目状态会议

这些项目状态的小型会议通常被当作一种监控 APM、xPM 和 MPx 项目的工具。对一些小型项目(团队人员少于 10 人)来说,项目团队需要经常碰个头(例如,每天早上在项目作战室开 15 分钟会议)。对于大型项目来说,任务经理要每天碰面。在这些短会上,与会者主要汇报项目状态。每个未完成工作的参会者都要汇报自己的工作。未完成工作是指那些任务开始日期已过却尚未完成的工作。在他们的汇报中,参会者要说明自己的进度情况(提前、按期或落后)的小时数或天数。如果落后了,他们就要简单说明自己是否或没有进行良好的计划,以及何时能恢复进度。如果会上的人能够予以协助,他们要明确提出,并在会下沟通。问题和争议不是每日项目状态会上所要讨论的议题,它们应该被加入范围库和问题日志中。它们的解决方案或进一步明确的工作要由相关人员在会下处理。记住,不要让整个团队花时间去讨论只与几个人员相关的事情。

9.6.6　问题管理会议

问题管理会议为项目生命周期内所发现的问题的识别、监控和解决提供了全面的检查。每个项目都有自己的问题。无论怎样周密地计划或管理,项目通常都会有问题。很多问题只是偶然被提出来的。想象一下这样的场景:你的一个关键员工在正要开始关键路径上的任务时辞职了,而他的技能奇缺,很难被替代。他的位置空一天,就意味着项目拖延一天。这种事情看上去可能不会发生,但是你(作为项目经理)必须对这样的情况做好准备。问题管理会议就是推动所有人来定义问题、提出解决方案和解决问题的一种工具。

这是项目管理中很重要的手段,特别是对大型项目来说。问题经常会在项目状态会议上被识别出来,并且交给适当的人员去解决。作为项目经理,你可以分派一个小组去解决问题,他们会提交进度报告,并且在项目问题管理会议上进行讨论。问题管理会议经常开始于活动状态评审工作，这通常会引出问题。而通过对问题的陈述和讨论，可以确保每个人都对问题有相同的认识。这时，会议议题应该转移到问题解决阶段，这在第 8 章已做了详细说明。

9.7 定义问题升级策略

给项目计划带来风险的事情已经发生了。供货商的运输延误、设备故障、员工病假、自然灾害、员工辞职、优先级变更、工作错误和其他一系列因素，将会产生一些影响可交付成果、交付进度和资源进度的问题。项目团队需要对这些问题负责并且设法加以解决。

这里和项目经理处理客户变更申请的情形大不相同。变更申请被提出后，项目经理有与客户回旋的余地。客户提出申请，希望经过商讨得出一个可接受的解决方案，这与项目团队内出现的问题是不同的。项目团队内出现问题时，项目经理没有回旋余地，因而所面临的形势更加严峻。

意外情况发生时，项目经理需要准确判断谁负责该问题及问题的严重程度，并采取恰当的纠正措施。这些措施包括根据本章中讨论的问题升级等级，帮助问题负责人找到一种可接受的解决方案。当问题与项目计划的偏差很小时，可能不要求采取纠正措施。对项目经理来说，他可以采取若干个等级的纠正措施：为了解决问题，项目经理可以自上至下逐个检查升级等级，直到找到解决问题的方法。

这里有 3 个等级的升级策略：基于项目经理的策略、基于资源经理的策略和基于客户的策略。

9.7.1 基于项目经理的策略

如果问题发生在非关键路径的活动中，则可以动用自由浮动时间（定义见第 7 章）来解决问题。例如，你可以改变一项活动的 ES 和 LF，或者动用自由浮动时间，以延长该活动的工期。请注意，这个策略不会影响项目内的其他活动。如果为一项活动动用总浮动时间，则会影响该活动所有后续活动的资源进度。另一个方法是继续采用最初制订项目计划时所采取的进度压缩技术。这也将影响资源进度。最后一种方法是，项目经理应重新考虑自己所掌握的资源池。也就是说，项目经理需要考虑是否可以将非关键路径活动上的资源调配到出现问题的活动上。

9.7.2 基于资源经理的策略

一旦项目经理在他的权限内无法解决问题，就需要资源经理提供协助，这也许需要额外的资源或者重新安排现有的资源进度。这里需要一定程度的妥协。例如，你现在也许解决了问题，不过需要项目随后的活动做出牺牲，但这至少在解决了上游问题后赢得了一定的时间以解决下游的问题。如果项目经理同时负责其他项目的运行工作，那么跨项目的权衡将有可能解决问题。

9.7.3　基于客户的策略

当上面提到的所有策略都不能解决问题时，就不得不求助于客户了。第一个要考虑的策略是多次交付策略。也就是说，将一些产品功能提前交付，以平衡某些功能的延迟交付。这个建议也许是个很好的出发点。除此之外，我们就只能延长时间了。不过，这也可能没有想象中那么糟糕，也许客户对某些延迟交付的功能需求也会延迟，所以看到这些相关功能的交付延迟，客户也不会在意。

9.7.4　升级策略的层次

问题升级策略的前提是项目经理首先要在自己的权限内解决问题，无效时才能求助于资源经理，最后在不得已的情形下才能求助于客户。

需要指出的是，项目问题与可以协商的变更申请不同。前面提到，项目经理有协商的余地来解决客户的变更申请，而遇到项目问题时就没有回旋的余地了。如果客户得不到好处，他们就不太愿意合作。大部分情况是，问题的解决可以简化成如何挽回失去的时间。这里有6种方法：

①不需要采取行动（进度计划中的时差将会解决问题）。在这种情况下，非关键路径的延缓问题将自行解决。

②检查FS关系寻找进度压缩机会。回想一下，为了满足项目交付日期的要求，你当初是通过将FS关系更改为SS关系来压缩进度的。此时，项目经理将再次采用同样的技术。在开工以后，项目进度计划将经历几次变更，也许有新的机会来实现进一步的进度压缩，从而解决现有的问题。

③重新调配非关键路径活动的资源以纠正延迟。要做到这一点，项目经理需要控制分配给项目的资源。这样，项目经理就可以从非关键路径的活动中抽调资源，用于出现延迟的活动。这些非关键路径活动也许来自同一个项目，也许来自由同一个项目经理所管理的其他项目。

④要求额外的资源。当现有的资源耗尽后，项目经理就需要资源经理的帮助。为了挽回失去的时间，项目经理需要额外的资源。这可能需要更改合同，以增加人员或资金。

⑤采用多次交付策略。后面的两个策略将涉及客户。与变更申请这种情况一样，项目经理在使用多次交付策略时会受益颇多。举例来说，项目经理向客户通报问题，并希望客户排列项目计划中所要求特性的优先次序。对于高优先级的特性，项目经理将提前交付，而其他低优先级特性将晚于交付日期提供。换句话说，项目经理要求延缓交付进度，但这对于客户是有好处的，毕竟一些客户正需要的高优先级特性被提前交付了。

⑥请求客户延长工期。这是最后的选择。虽然它类似于多次交付策略，但没有给客户任何余地。因为进度已经拖延到这种地步了，唯一的解决办法就是要求延长工期。

项目经理试图解决问题的办法是，从这6种方法的第一种开始，逐步向后分析，直到找到解决方案。项目经理首先会依靠自己所掌握的资源解决问题，其次要用到资源经理所控制的资源，最后不得不用到客户控制的资源和约束条件。

9.8 获得项目收尾的批准

客户可以决定项目何时进入收尾阶段。这不仅是一个主观的决定，还要基于在项目计划初期制定并在项目过程中修正的验收标准。当范围变更申请获批时，受到影响的验收标准也要随之更新。

大多数情况下，验收标准就是一张根据客户需求制定的检查清单。当清单上所有的项目都被检查过并被认为令人满意地完成时，项目就可以进入收尾工作了。

讨论题

1. 作为项目经理，你需要检查由团队成员起草的状态报告的准确性。这样做有哪些优点和缺点？

2. 你已经正确地定义并向客户介绍了范围库，他们也同意使用这种工具。但是客户经常忘记他们的承诺。范围库需要补充时间来处理新的变更申请，而客户坚持要把最新的变更都加入进去，并且不能取消未整合进入解决方案的任何功能或特性。这使你陷入了一个僵局。此时，你要如何解决这种情况？

第 10 章
TPM 项目收尾
How to Close a TPM Project

我们用我们能做什么来评价自己，别人用我们已经做了什么来评价我们。

——朗费罗（Henry Wadsworth Longfellow），美国诗人

我们不应该忘记任何经历，即使最痛苦的经历。

——达格·哈马舍尔德（Dag Hammerskjöld），联合国前秘书长

本章学习目标

通过学习本章内容，你应该能够：
- 了解将项目有效收尾所需要的步骤。
- 正式和非正式的收尾策略比较。
- 识别项目文档的组成部分。
- 进行项目实施后审计。
- 解释每个项目实施后审计问题的意义。
- 为弥补本项目缺憾准备启动下一个工程。

项目收尾通常意味着开发团队和客户团队的解脱。也就是说，折磨终于结束了，每个人都将回到正常的工作中去。不过，很可能还会有后续的项目排在时间表上，等待你去实施。这些是你记忆中的收尾过程吗？或者你记忆中的收尾过程，就是项目成功后的庆功会吗？

在复杂项目蓝图中，项目交付成果常常不能满足期望的商业价值。为了弥补这一缺憾，我们就要着手准备另一个新项目了。在更新范围库时，应该把本项目中没有用到的若干设想和相关替代方案，都当作下一个新项目的重要历史信息。

独特的价值命题

客户和发起人联合做出了实施这个项目的决策。经过实施一系列的项目活动后，项目接近了尾声。还要提交项目成果和组织项目后审计。这些项目管理活动的文档都要进入范围库，在本项目展开过程中产生的且没在本项目中应用的时间、成本和可用资源等相关材料也要进入范围库，它们都将成为今后项目的历史信息。

10.1 用于 TPM 项目收尾的工具、模板和过程

通过使用以下工具、模板和过程，项目收尾将会成为一个有序且符合规定的过程。
- 验收测试程序（Acceptance Test Procedures, ATP）。
- 实施策略。
- 项目文档。
- 项目后审计。
- 最终项目报告。

10.2 制定并维护客户验收程序

为项目的完成而进行谈判的最差时机就是项目最后的阶段。如果你要等到这个时候才开始关注客户，那么就只能请求客户"怜悯"了。我曾在一家提供互联网和互联网解决方案的公司工作过，这家公司与客户签订的一般都是固定金额合同。这家公司在范围变更控制上非常松散，没有建立项目完成标准。结果，公司总是要面对最后一分钟的客户变更。公司的利润率当然是越来越低。实际上，该公司不止一次地让自己陷入困境，并花费比客户支付的更多金额来完成项目。痛苦始于失控。被派到这个项目的内部咨询师团队设计了一种项目管理框架，有效地管理了固定价格合同下的敏捷项目。只有极少数的咨询公司在互联网泡沫的破灭中生存下来。

情况很明显，编写并维护客户验收测试程序的过程，要在需求收集阶段就开始，并且在项目计划过程中形成文档，在项目实施过程中加以维护，最终在项目收尾阶段作为验收的唯一标准。

10.3 TPM 项目收尾

一旦我们得到客户对可交付成果的批准，就要开始进行项目收尾工作。项目收尾工作有 6 个步骤：

①得到客户对可交付成果的验收。
②确保所有的可交付成果被安装。
③确保所有的文档到位。
④客户签署最终报告。
⑤进行项目实施后审计。
⑥庆祝成功。

下面，我们将详细讲述每个步骤。

10.4 客户验收

客户决定项目何时完成，证实项目可交付成果（不管是产品还是服务）满足客户的需要则是项目经理的工作。对于小型项目，客户验收可以是非正式的和仪式性的，也可以是非常正式的，包括针对客户性能规范的广泛的验收测试。

10.4.1 仪式性验收

仪式性验收是客户的非正式验收，没有附带完工或验收文档的签署，验收活动很简单。这里有两种情况归入仪式性验收。

①验收涉及一个截止日期，客户必须在该日期按照项目已经完工来验收项目，无论项目是否满足规范要求。例如，如果项目是策划和召开一个会议，那么无论项目工作是否圆满完成，会议都会按时召开。

②项目可交付成果需要很少或者根本不需要检查是否满足规范要求，如计划和实施一次休假。我的一个同事和我分享了这个例子。这个项目涉及建议还是不建议更新一项托管IT 服务。这个项目没有客户需要被满足，仅仅需要做出一项决策。该项目以一种仪式性的验收方式结束，附带了建议文档。

10.4.2 正式验收

正式验收发生在那些你和客户已经编写好验收测试程序的情况下。在很多情况下，特别是在计算机应用开发项目中，编写 ATP 可能需要客户和项目团队内的适当人员的共同努力，而且 ATP 通常在项目生命的早期就已经编写完成了。ATP 要求项目团队证实客户的性能规范的每一要点都要与 ATP 相符。验收时可以使用检查表，要求根据性能测试表一项一项地签署各特性的测试结果。这些测试是由客户和适当的项目团队成员共同进行和管理的。

> **提示** ATP 检查表应包括通过测试验证的结果，以及未能通过测试验证的结果。检查表不必解释判断验证结果通过的理由。

10.5 安装项目可交付成果

项目收尾的第 2 个步骤是安装项目可交付成果，这通常发生在计算机系统工作中。安装可能包括若干阶段、切换或一些其他的首次展示策略；另一些情况下，安装所涉及的只不过是轻按一个开关。无论哪种情况，都有一些需要向客户移交的事件和活动，这将引发许多收尾活动。这些收尾活动大部分与文档编制或报告的准备有关。安装完成之后，交付物要提交给维护部门，项目就正式收尾了。

这里有 4 种常用的安装交付物的方法，下面将逐一进行说明。

1. 分阶段完成法

分阶段完成是将交付物按照合理的阶段进行划分，并按顺序分期完成。这种方法主要用于资源短缺且无法使用其他方法时。

2. 直接替换法

直接替换是用新的交付物一次性替换旧的交付物。使用这种方法时，对新的交付物的测试必须在测试环境下完全测试通过，并且测试环境要和生产环境完全一致。

3. 并行法

并行是指新的交付物安装上去，但旧的交付物并不撤换下来，新旧两套系统同时在生产模式下运行。这种情况适用于新的系统可能还没有完全按照生产环境进行测试。这是比较理性的方式。它能够让新系统和旧系统同时在生产数据中进行比较。

4. 按业务部门提交法

按业务部门提交是指新的交付物一次在一个业务部门里被安装。这通常是按使用系统的时间顺序来排的。类似于阶段完成法，这种方法适用于资源限制不允许一次提交的情况下。与按业务部门提交法类似的还有地理位置法，它将系统一次安装在一个办公地点。这种方式也适用于存在地理差异的情况。

10.6 项目文件归档

文件归档总是项目完工最困难的部分。编写文档几乎没有什么吸引力，然而这并没有削弱它的重要性。我们至少有 5 个理由说明为什么要进行文件归档：

①文档可用作可交付成果将来变更的参考。即使项目工作已经完成，也还会有进一步的变更以保证后续项目。通过使用可交付成果，客户可以确定改进的机会、需要增加的特性和需要修改的功能。刚刚完工项目的文件归档是后续项目的基础。

②文档可作为未来项目、活动和任务的工期和成本估算的历史记录。已经完工的项目是未来项目极好的信息源，但是只有当来自这些项目的数据和其他文件已经归档，才能便于检索和更好地被利用。已经完工的项目中，每项活动的工期和成本的估计值和实际值，对于估算未来项目的这些变量尤其具有价值。

③文档可作为新项目经理的培训资源。历史是个伟大的老师，没有比已经完工的项目更有意义的资源了。如何决定 WBS，如何分析变更请求和做出决策，问题的识别、分析和解决等经验是新任命的项目经理解决这些问题的无价之宝。

④文档可用作进一步培训和发展项目团队的依据。作为参考，项目文档可以协助项目团队更好地处理当前项目出现的情况。一个类似的问题或变更请求在过去是如何处理的，就是一个很好的例子，尤其是当它包括引起问题或变更的原因时。

⑤文档可用作职能经理评价项目团队成员绩效的依据。在很多组织，项目文档可以被用作评价项目经理和团队成员的绩效的依据。

> **注意** 使用这些信息时必须小心。可能在有些情况下，一个项目注定要失败，即使项目团队成员的表现非常出色。反之，即使项目团队成员的表现不尽如人意，有些项目也注定会成功。

要使文档有效和有用，一个完工项目的文档应包括但不限于如下内容：

- POS。
- 项目建议书和备份数据。
- 最初的和更新的项目进度。
- 所有项目团队会议的会议纪要。
- 所有状态报告的备份。
- 设计文件。
- 所有变更通知的备份。
- 所有书面沟通的备份。
- 突出问题报告。
- 最终报告。
- 可交付成果的样本（如果可行）。
- 客户验收文档。
- 项目实施后审计报告。

对于一个具体完工项目，项目经理需要决定哪些文档是有用的。选择项目时，应当始终考虑如何增值。如果一个项目材料对未来的项目具有很大价值，那么就把它放到项目文档中。同样需要注意的是，这个列表中很少包含那些不是在项目执行过程中自然产生的文件。项目经理所需要做的只是对维护项目笔记人员的任命。该人员的工作包括在项目文件生成的时候收集这些文档，并且保证文档的格式是可检索的（必须是电子格式）。

10.7 项目实施后审计

项目实施后审计是对项目目标和活动成果按照是否满足项目计划、预算、最后期限、可交付成果质量、规范和客户满意度等进行的评价。我们将项目活动的日志作为审计的基准数据。这里有 6 个重要问题需要回答。

1. 项目目标是否达到

这要从两个方面进行审计：一是项目是否做到了项目团队所说的应当做到的；二是项目是否做到了客户认为应当做到的。

项目的验证基于一个应当达到的目标。审计中，对项目目标是否达到及其原因这 2 个问题必须提供一个答案。这个问题可以从两个不同的方面提问与回答。提供者可能已经提出了一个对承诺的某些特定结果的解决方案。这是否发生了？另外，要求者可能承诺了只要提供者能够提供某一新的或改进的系统，就将产生确定的结果，这是否发生了？

2. 项目工作是否按时、在预算内并且按照规范完成

回忆第 1 章所讨论的范围三角形：项目的约束条件是时间、成本和客户的规范要求，还有资源的可获得性和质量。这里我们关心规范是否在预估的时间和成本的约束下被满足了。

3. 客户是否对项目结果满意

4. 商业价值是否实现（检查成功标准）

成功标准是建立项目商业论证的基础，也是项目获得批准的主要原因。我们是否实现

了承诺的价值？当成功标准是衡量利润或市场份额的增长或其他底线的参数时，我们只有在项目结束一段时间后，才能回答这个问题。

5. 关于你的项目管理方法需要吸取什么教训

已经拥有或正在开发一个项目管理方法的企业，可能希望用已经完工的项目来评估这一方法是否有效。所用的项目管理方法的不同部分可能只适用于特定类型的项目或在特定情况下有效，这些都要记录在审计报告中。这些经验对于改进项目管理方法，或者仅是记录在给定情况下如何采用这一方法，都会很有价值。这部分审计可能也会考虑项目团队采用该项目管理方法的成效，这与该方法本身是否有效是相关的，但又是有区别的。

6. 哪些工作做了，哪些没有做

这些问题的答案对于未来的项目经理和项目团队都将是有益的提示和建议。过去的项目团队的经验是真正的"未加工的钻石"，你应该将它移交给未来的团队。

对前两个问题的答案可能都是"是"，而对第三个问题的答案可能是"否"。为什么会这样呢？很简单，"满意条件"改变了，但没有人意识到。项目经理没有与客户协商来发现需求是否已经改变，客户也没有通告项目经理这些变更已经发生。

> **注意**　我们再次提醒你，在项目生命周期内的每个重大事件，包括项目团队的人事变动，特别是当项目经理和项目发起人发生变化时，重新审查"满意条件"是至关重要的。公司的重组、收购和并购也是需要重新检查"满意条件"的原因。

遗憾的是，没有几个项目会做实施后审计。之所以遗憾，是因为审计对于所有的相关方都有重大意义。审计被忽略的原因包括以下几个：

① 经理们不想知道结果。他们的理由是既然项目已经完成，事情是否按照他们所预想的进行又有什么区别。他们只知道，现在是结算转场的时候了。

② 经理们不愿意支付审计费用。因为预算的压力（时间和费用）大，所以他们宁可将资源花费到下一个项目，而不是那些已经完成的项目。

③ 没有高的优先级。另一些项目的工作正在等待有人去做，已经完成的项目不会在优先级表内有很高的级别。

④ 有太多的其他有利可图的工作需要完成。实施后审计是没有报酬的工作，项目团队成员有在其他项目中可以得到报酬的工作需要去做。

> **注意**　我强调项目实施后审计的重要性，是因为它包括了很多有价值的信息，并且可以用在其他项目中。公司在开展和改善其项目管理过程和实践中会遇到困难，不充分利用信息资源库来帮助就太不应该了。但是我不想误导你，做项目实施后审计很困难，因为还有很多别的任务等着你去完成，其中很重要的一个任务，也许是一个已经落后于进度的项目。

10.8　编写最终报告

项目最终报告是项目的备忘录或历史，其他人可以通过检查该文件来研究项目的进展和障碍。最终报告可以采用很多格式，但内容应该包括对以下几点的相关注释：

①项目的总体成功。按照我们所认为的衡量成功的所有标准，我们是否可以认为项目已经成功了？

②项目的组织。既然我们已经完成了项目，我们是否可以确定采用了最好的组织形式？如果不是，最好的组织看起来应该是怎样的？

③为得到结果所采用的技术。通过总结表的形式，你可以看看自己采用了哪些有助于获得结果的特殊技术。你可以在项目开始时就制作这张表。

④项目的优势或劣势。再次通过总结表的形式，你可以看看自己所采用的哪些特性、实践和过程被证实为优势或劣势。关于这些优势或劣势，你对未来的项目团队有什么建议？你可以在项目开始时就制作这张表。

⑤项目团队的建议。在项目的整个生命周期中，你可能获得很多领悟和建议。你可以在这里将它们记录下来，给后人以借鉴。你可以在项目开始时就制作这张表。

客户也会参与到项目收尾活动和项目实施后审计中。作为项目经理，你要想办法得到他们公正的意见，而且要让他们对最终报告的准确性和真实性予以签字确认。

10.9 庆祝成功

项目结束时，高层管理者必须对项目团队给予认可。这可以很简单，如给团队成员发放感谢贴纸、纪念杯、T恤衫、比萨饼票、球票等；这也可以比较正式，如给团队成员发放奖金。我们还记得在电子表格软件包 Lotusl-2-3 第3版支付时，团队的每个成员都收到了一盒录像带，录像带记录了项目团队在项目的最后一周的工作。这的确是一次好的体验，并且是一个可以让团队中的每个成员都长久怀念一起工作的情景的好方法。

虽然在刚刚开始的时候，团队好像"一群淘气猫"，但是刚刚完成的项目已经把团队磨炼成了一个真正的团队。在这个团队中，大家默契合作，新的友谊已经产生，师徒关系已经建立，单个的项目团队成员在与其他人的合作中提高了专业技能。现在是该继续进行下一个项目的时候了。这对团队成员来说可能是很伤感的，但是项目应该收尾了，这也正是庆祝成功的意义所在。我给高层管理团队发出的响亮而坚定的信息是，不要错过任何向项目团队表示感谢的机会。管理层的这一简单的行为，将提升专业队伍的忠诚、动力和承诺。

讨论题

1. 我们已经说明在项目收尾时将按照检查表进行验收测试。你能否提出其他的验收测试程序？请具体说明。

2. 你能否向管理层建议一种满足成本/收益的方法，以利于项目实施后的审计工作？请具体说明。

3. 项目后审计对于改进项目管理过程和实践非常重要，但是获得高级管理层和客户在这一方面的授权和参与很困难。了解到这些信息，你作为项目经理将怎样解决这些问题？

第 3 部分

复杂项目管理

第 3 部分讨论复杂项目管理在当下的几种主要类型。如果 TPM 是"幸福的方式",那么 APM 和 xPM 的幸福就会非常不同。复杂项目管理者享受的幸福不是一般人眼中的幸福,而是来自复杂项目管理的挑战。他们要做"主厨",另一些人只是"厨师"。厨师们在遇到项目挑战时不知道怎么办,只好享受一份现成的"食谱"所带来的舒适,而不敢去冒险。

在复杂项目中,项目开始时,目标和解决方案至少有一个不是已知的。这通常意味着 TPM 模型不起作用,需要对其做一些调整。TPM 项目所使用的阶段及其工具、模板和过程在复杂项目中依然适用,只是与 TPM 项目中使用的方式不同。

第 11 章介绍了项目蓝图的复杂性和不确定性及其对大量的项目可变因素的影响。

第 12 章讨论目标清晰但解决方案不清晰或部分清晰的项目,我们把这类项目叫作敏捷项目。这类项目的问题是,即使项目解决方案被发现可以带来商业价值,但它的交付结果不被接受。遗憾的是,这些项目只能努力去寻找最好的方案。发起人、客户和项目团队必须迎接这项新的挑战,开发新的项目管理模型。这种特殊的 PMLC 模型会在第 14 章讨论。

迈向复杂项目世界的第二步是,讨论目标不能清晰定义的项目。也许它的最终目标根本不可能达到,但我们关注此类项目的结束状态。这就是第 13 章所说的极限项目。另一类复杂项目正好与上一类项目相反,它可能是去寻找问题的解决方案。这就是极度项目。我们也会在第 13 章讨论。

第 14 章是第 8 版全新的部分。第 7 版出版后调查发现,只有不超过 2%的组织的项目管理现状达到了 CMMI 三级成熟度或以上的水平。如果你认为这意味着其他 98%的组织的项目管理都在"自娱自乐",那太过于武断了。但他们在做些什么呢?第 14 章混合项目管理将给出答案。

第 15 章比较 TPM 和 CPM 模型,帮助组织决定哪种模型或框架是最适的,怎样把它应用到项目解决方案中。

第 11 章
项目蓝图的复杂性和不确定性
Complexity and Uncertainty in the Project Landscape

要基于项目变化的特性而设计、调整和应用项目管理生命周期和模型,并要遵循有效的项目管理原则的指导。

不要让阶段和过程过于僵化,否则会制约团队和个人的创造力!

要建立和支持鼓励创造行为的环境。

——罗伯特·K.威索基博士,EII 出版有限公司董事长

本章学习目标

通过学习本章内容,你应该能够:
- 知道复杂性和不确定性对项目蓝图的影响。
- 知道在选择和使用项目管理生命周期模型时要考虑已有的需求、灵活性、适应性、变更、风险、团队凝聚力、沟通、客户参与度、说明书及商业价值。
- 使用二层需求收集过程作为最适决策模型的关键。

你现在已经完成了被我称作基础的传统项目管理过程的学习。它曾经是管理项目的唯一方式。然而,复杂性和不确定性纷至沓来,市场需要速度和敏捷度。自 2001 年的敏捷宣言(Agile Manifesto)发表后,敏捷时代便正式启动,我们从此进入了敏捷项目管理方法聚集的 21 世纪。在第 3 部分的章节中,我将把所有的方法放入第 1 章定义的蓝图中,并且讨论何时使用它们、它们的优点和缺点,以及如何调整它们,以适应将要遇到的不同的项目管理挑战。你可以对第 1 部分和第 2 部分的材料做出调整,使其适应这些特殊的和具有挑战性的高风险情景。本章将描述这个充满复杂性和不确定性的项目世界。

独特的价值命题

在项目中复杂性和不确定性程度越高,就越需要使用混合项目管理模型的一些形式去满足项目的需求。为了这种混合模型的设计,要求我们去开发一种新的框架。

11.1 什么是复杂项目管理

APM 是这个领域的新概念（作者把 APM 当作 CPM 的典型例证。——译者注）。你可能说 APM 的发展就是敏捷项目本身的发展。其实，它的历史能够追溯到 25 年前。2001 年，敏捷软件开发第一次通过由 Martin Fowler 和 Jim Highsmith 推出的"敏捷宣言"（见下文）而形成规范。最初的敏捷宣言有 17 位发起人。

> **敏捷宣言**
>
> 我们通过使用它和帮助别人使用它来发现更好的开发（产品）的方法。通过这项工作，我们形成了如下价值观：
> - 个体与交互重于过程和工具。
> - 工作软件重于理解性文档。
> - 客户合作重于合同谈判。
> - 响应变化重于遵循计划。

这就是说，尽管右边的条目也具有价值，但是我们更看重左边的。

敏捷宣言是所有 APM 模型的指导原则，包括本书所讨论的模型。敏捷宣言标志着敏捷活动的正式开始。多数 APM 模型源自软件开发，因此对软件开发实践的针对性很强。原型法（早于 APM）和混合项目管理模型是仅有的适用于所有类型的复杂项目管理 PMLC 模型。

本章涵盖了几种不同的 TPM 和 CPM PMLC 模型，但无论使用哪种模型，所有 APM 项目都围绕着两个大主题。对此，你要特别注意。在本章中，我将介绍它们，你可以在学习各类模型时了解它们。

11.1.1 实施 CPM 项目

向解决方案中增加更多功能和特性并同时加以完成，这听起来很不错。客户和最终用户会从解决方案中获得商业价值，同时能在更短的时间内看到解决方案、研究解决方案，并向开发者提供有价值的反馈，说明对解决方案的后续增加和修改。这样做却要面对解决方案的不断修订问题。迭代和周期都很短——通常是 2～4 周。如果你让最终用户每几周就根据新的解决方案来改变工作方法，他们就会放弃并退出项目。你的组织又会怎样呢？组织的发展速度是什么？它能这么快地接受变化吗？大多数组织不能也不愿意。这样的话，客户和项目经理该怎么做呢？定期收集客户反馈对发现完整的解决方案并最终实现项目成功是至关重要的，但是组织不能像 APM 模型要求的那样快速接受变化。项目团队支持频繁交付的能力也是个问题，这需要培训、文档和支持小组的配合。让我们看一下，你还会使用什么交付方式呢？

下面介绍两种我为几个客户解决这种困境的方法。

1. 分季度或半年给最终用户提交具有部分解决方案并提供全面支持的产品版本

这种方法比较适合在企业内实施变更的情况。因为不需要进行评审，可以据此看看变更和现在正在做的事情有什么差异。你可以将从最终用户和那些影响或受解决方案影响的人员那里收集的信息作为输入，这是最有价值的信息。这样做的优点是会有更长的时间进行试验并让新工具用得更加舒服。另外，你还能获得宝贵的建议，并且将其加到解决方案的属性中去，然后看看学习曲线是怎样的。

这种方法不一定非要项目团队按季度去提交产品。你要记得在项目计划时间中加上必需的工作和支持时间。

2. 每 2～4 周向焦点小组提交中间非产品版本

你不能只是坐等最终用户对各季度发布版本的反馈，否则就违反了要尽早并经常交付商业价值的目标。相反，你要组建一个由受人尊敬及有权评论解决方案的员工和经理组成的焦点小组，让他们对每个版本的解决方案进行评审和评价。通过焦点小组对开发中的解决方案的评价，你就能得到学习曲线的提高。焦点小组要包括项目团队里的客户成员，以及一些其他关键的最终用户。10 人组成的焦点小组是很好的工作小组。当然，小组的具体规模需要你自己来决定。你所选用的决策模型也对小组规模有影响，如你是否需要奇数的成员来进行投票。项目团队和焦点小组在每个版本的解决方案上要密切合作——哪些要按季度提交给最终用户，哪些不需要提交。要尽量减少焦点小组所需要的、用来理解非发布版本的那些文档、培训和支持。如果你选择的焦点小组成员能够代表所有的客户群体，他们还能对最终用户在季度或半年的产品版本提供少量支持，这样他们就成了最终用户与项目团队的中间桥梁。

11.1.2 同地协作的 CPM 项目团队

每个 APM 方法的支持者都建议使用小型的、同地协作的团队，而且团队成员要由能完全投入项目并不受监管能独立工作的高技能专业人士组成。这是一个值得奋斗的目标，但它在现在的商业环境中不太可行或不太可能。至少 5 年，我在我的客户里没有遇到过一个同地协作的团队的例子。这种可能性正在逐渐减小。

大多数迭代和所有的混合 PMLC 模型都要求项目团队成员是非常熟练的人员。混合项目团队把高度熟练的人员当成自我管理团队，他们能在没有监管的情况下非常有效地工作。

我的一个同事曾管理过 APM 项目，她从来没有见过也不可能见到她的团队成员。她甚至没有团队成员的选择方案，没有人 100%地为她的项目工作。他们可被使用，但分布在各地。项目中没有让团队成员出差的预算。她把大家的照片存在计算机里。显然，项目的成功依赖这些团队成员知道自己的任务，并在少量或者没有监管的情况下完成它。开放和诚实是她成功的关键因素。我的经验告诉我，项目越复杂，地理上分散的项目就越有可能失败。

1. 项目间的关联关系

想想这个场景：Harry 是唯一的数据仓库设计师，他完成 A 项目的数据仓库设计工作后，开始了 B 项目的数据仓库设计工作。这会带来以下管理问题：
- Harry 的工作负担是否过重了？
- 如果项目 A 被延迟，这对项目 B 的影响是什么？
- 如果 Harry 的进度安排发生冲突，谁来决定项目的优先级别？
- Harry 在项目 A 中的工作与在项目 B 中的工作是否能重叠？
- 如果 Harry 离开公司，那么应该怎么办？

这些问题回答起来又困难又复杂，但是必须回答。你最好在你的风险管理计划中寻找这些答案。

2．项目组合管理

我们可以使用项目组合管理过程来缓解那些可能引发上述问题的大多数情况。你可以根据人力资源管理系统（Human Resource Management System，HRMS）来批准一个项目加入组合之中。这个系统包括所有员工的技术存储库、他们当前和未来的任务，以及他们是否能够接受额外的项目工作。遗憾的是，没有多少企业建有这样的系统。相反，它们把项目加到组合中的依据是项目的商业价值。这很有效并且很好，但还不充分。

什么是有效的？你可以采用什么方法？Graham-Englund 模型（Graham and Englund，2003）给出了答案。它回答了下面 4 个问题：
- 我们该做什么？
- 我们能做什么？
- 我们将要做什么？
- 我们将怎样做？

第一个问题的答案就是根据商业价值而列出的潜在项目优先级别的清单。回答后两个问题时，可以只根据技术储备和这些技术在组合计划范围内的到位情况，以及组合中的项目进度需求。有效地管理项目组合中的项目要依靠可靠的 HRMS。市面上有针对不同资源约束的组合管理的商业软件。为了达到最大效益，HRMS 应该建立在项目支持办公室中。

迭代 PMLC 模型强烈建议项目团队成员同地协作，也要求在混合 PMLC 模型中团队成员这样做。如果不能实现，敏捷项目仍能生存并且成功。这需要面对有效的项目管理的挑战，克服地点分离和时差的困难。

在类似的约束下，我开发了有效的复杂项目管理。我的团队由 35 名高级人员（大型的敏捷项目团队）组成，分布在 12 个时区之间。项目是为外部客户提供互联网/局域网的应用进行整合的软件研发 PMLC 过程的设计和实施，用的是固定价格合同，即使在最好的环境下，这也是很高的要求。因为我们必须在项目实施前解决几个逻辑问题，我们需要每天召开 15 分钟的团队会议！当然，我们对会议时间进行了一些调整，以尽可能地减轻对团队成员的折磨。

这里，各种技术都能帮上忙。网络会议、即时消息和电子白板都是性价比很高的选择。有些 ECPM 开发团队的成员会收集幻灯片文件并提前将其分发给要参加每日团队会议的人或者要举办其他会议的人，其他团队成员会建立一个简单的控制面板，这样所有的团队成员都能很快地在每日工作会议上发布正在进行的工作状态。这并不是空想，它确实能让工作做下去。这样做的底线是这些东西能让分散的 ECPM 团队正常工作起来，这仅仅需要一点点的努力和一些创意。最重要的是，这些工具所带来的价值能够抵消创建和维护它们的时间。为敏捷项目强加非增值工作是一定要避免的。

11.2 什么是精益敏捷项目管理

精益敏捷项目管理意味着过程中的每个不产生商业价值的步骤都应该被剔除。每个精益项目管理过程都拥有这些具有不同效率的步骤。

精益实践可以用 7 条准则来描述：

①消除浪费。如果精益项目不能增加商业价值，它就被定义为浪费。闲置的物品是浪费，没有增加价值的过程步骤也是浪费。你能做的就是找出客户想要的，尽快进行交付。

②增进学习。厨师根据食谱烹饪，主厨创造食谱。APM 过程是迭代的，通过迭代可以了解和发现解决方案。

③尽可能迟地做决定。APM 过程创建学习和知识。决策应当建立在合理收集大量信息的基础上。保留选择，直到必须做出决定。你可以根据针对该时点收集的大量信息做出决策。

④尽可能快地交付。客户和开发者都会从 APM 过程中学习。尽可能快地向客户交付，能够给他们额外的输入，从而保证他们的学习和发现。

⑤向团队授权。团队必须在开放、诚实和创造性的环境中工作，不应被沉重的过程和程序所束缚。团队所处的环境是非正式的、不受管理限制约束的，但是从创造性的角度来说，这种环境也是找出迄今为止尚未发现的解决方案的最有效率的方式。

⑥内置完整。当客户说"这就是脑海里所想的"时，交付物就是成功的。这和最终交付物的市场成功是一样的，都是因为其完整性。

⑦全局观。专家们经常只关注他们所负责解决方案部分的成功，而不太考虑整个解决方案的效率。这种狭隘的想法会拖有效 APM 过程的后腿。

11.3 了解项目的复杂性/不确定性领域

4 象限项目蓝图（见图 11-1）首先会将项目分类并归入某个象限中，然后根据象限选择最适合的 PMLC 模型。即使根据目标和解决方案的明确性完成分类并选出最适合的 PMLC 模型，工作也还没有结束。现在，项目已经变得更加不确定，而且伴随着不确定性的增加，复杂性也在增加。不确定性是市场条件变化的结果，它要求快速灵活地产生解决方案，以增强竞争力。复杂性是解决方案无法追踪、很难发现的结果（见图 11-2）。有效应对这些困难对项目经理来说是一个挑战。因此，项目管理的复杂度也增加了。不确定性和复杂性肯定是相辅相成的。最后，伴随着复杂性和不确定性的增加，风险也会增加。

图 11-1　项目蓝图

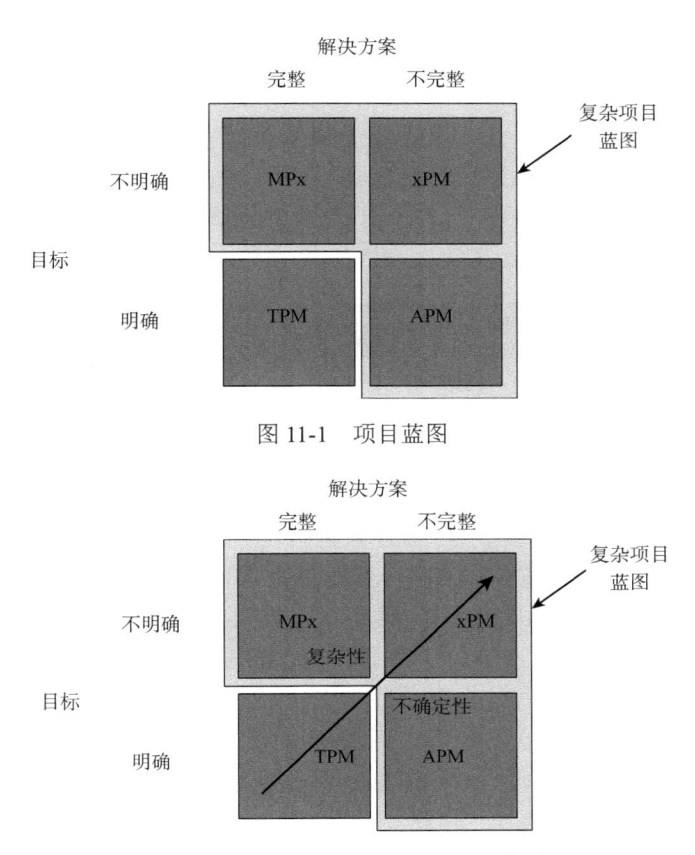

图 11-2　复杂性和不确定性项目蓝图

当项目从明确到不明确、从确定到不确定的象限之间移动时，项目管理方法必须跟上项目的需求。项目在象限之间移动时，要记住"多很糟，少更好，最少就是最好"的原则。换言之，不要耗费精力制作不需要的计划和文档，以免给自己和项目团队增加过多负担。我的同事 Jim Highsmith 在他的《敏捷项目管理：建立革新产品》（第 2 版）一书中说："充分结构化的理念固然重要，但不要太结构化，否则会驱动敏捷的项目经理持续地问'我能偏离架构多远'这个问题。太多的结构会遏制创造力，太少的结构会带来低效率。"

TPM 项目是计划驱动型的，多过程、多文档，因此是非常结构化的项目。当项目从第 2 象限移到第 3 象限时，项目也会从重型项目变为轻型项目。此时，计划驱动让位于即时计划，即需要变更驱动和价值驱动，严格的过程要让位于适应性过程，文档将被隐含的知识所取代并在团队成员之间分享。具有这些特点的方法会落在 APM、xPM 和 MPx 象限。你将学习如何选择并调整基于敏捷的模型和方法。

这里要注意，重与轻的比较非常有趣。我经常感到在使用某个项目管理工具、模板或过程之前，项目经理必须发现它们的价值。如果要给他们增加很多他们认为是非增值工作的负担，则会起到相反的作用，而且他们会避免使用这种方法，并从心里不愿意去使用它。在你所管理的项目是 TPM、xPM 或 MPx 类型时，这种情况更加明显。更糟糕的情况是，项目经理会进行对抗，你要费力地加以说服。我的整体宗旨是，干扰项目经理的非增值时间和工作越少，你所得到的结果就越好。用增值工作代替非增值工作能增加项目成功的可能性。这是精益方法用于复杂项目管理的基础（见第12~14章）。对每个项目来说，时间都是很宝贵的（也是稀缺的）资源。你需要遏制那些对最终交付物没有直接作用的工作。在某种程度上，项目经理还要判断项目过程和文档的增加值是什么。决定要使用什么、何时使用及怎样使用是项目经理的职责。优秀的管理者应尽可能地帮助他的项目经理获得成功，为他们提供更宽松的工作环境。

> **定义：非增值工作**
> 非增值工作是指消耗资源（通常是人员或时间）但不能为最终产品或过程产生商业价值的工作。

项目蓝图中的每个象限都有不同的情况，包括风险、团队、沟通、客户参与度、规格、变更、商业价值和文档等方面。这一节说明了项目从一个象限移到另一个象限时的变化。

复杂性和不确定性是相辅相成的。当项目变得更复杂时，也就变得更加不确定。

在TPM中，你知道要往哪里去，以及如何到达目的地。"你要往哪里去"将在RBS中描述，"如何到达目的地"将在WBS中描述。你的计划反映了所有的工作、进度和资源，能够支持你达到目标。这里没有什么复杂性。你一旦从清晰的解决方案中转移，就意味着你已离开TPM世界而到了APM世界。此时，一切就不那么美好了。一旦项目中的不确定性增加，其复杂程度就会增加。你必须调整计划来适应这种复杂性。这就会增加风险——你也许不能发现所有的遗漏，或者当你发现的时候，它们却和你已经建立的东西格格不入。此时，你只能后退两步，取消先前的工作，对一些工作进行返工。这样，计划就会因此而改变，进度也将随之变更，很多前期工作就等于白做了。这意味着你做了很多无用功，这还是在你已经知道问题存在的情况下。

对解决方案掌握得越少，非增值工作对项目的影响就越大，时间将被白白浪费。APM中的模型比TPM模型能够更好地应对项目中的这种不确定性和复杂性。模型是在必须找到解决方案的前提下建立的。计划的编制不再是一次性的工作，而是可以尽可能迟一些完成的即时性任务。你对计划的依赖越少，对项目团队的潜在知识库的信赖就越多。这并没有降低项目的复杂性，但可以提高其适应性。因此，即使项目从TPM移动到APM，再到xPM，最后到PMx，其复杂性有所增加，而作为一名项目经理，你也能有办法应对，以提高客户满意度、提高自己的能力和智力。记住，项目管理是条理化的常识，并且它总是和良好的商业决策相联系的。

11.4 与项目复杂性/不确定性领域有关的因素

11.4.1 需求

让你首先感受到复杂性的地方将是需求分解结构。随着项目复杂性的增加，明确的需求可能越来越少。对于所有的观察来说，你看起来已经定义了必要且充分的需求，这些需求被置入解决方案后会传递期望的商业价值。因为复杂的交互关系，需求的价值可能未被发现。或许遗漏的需求即将出现。在一个更基础的层面上，项目范围可能需要扩展，以包含达到期望商业价值的附加的需求。复杂的软件开发项目中包含着海量的需求、功能和特性，也包含着矛盾、冗余和遗漏的信息。很多需求、功能和特性，直到设计、开发甚至整合测试的时候才会变得清晰明确。

我回忆起一个开发工资薪金管理系统的项目。我设想该系统会提前完成，并且只要充分使用已有的技术和软件开发工具就可以了。我是公司的高级预算总监，也是这个项目的商业分析师和客户代表，负责促进该过程以收集和记录需求。我熟悉收集需求的所有的常规过程，并做得很出色。结果，RBS 和 WBS 文档用了 70 页纸，列出了超过 1 400 个功能和特性。回顾这个项目，我不觉得有谁可以理解这 70 页的文档，然后总结出 WBS 是完整的。我们假设它最终被发现是不完整的。

11.4.2 灵活性

越是复杂的项目，越需要灵活的过程。复杂性的增加需要创造性和适应性。在流程僵化的公司中，创造性和适应性都无法得到充分发挥。APM 的项目很容易为大量的过程、步骤、文档和会议所累，其中很多的过程、步骤、文档和会议都和与结果驱动的方法没有关系。这些都已是计划驱动管理方法时期的遗物了。当需要增加 APM 和 xPM 中项目的灵活性时，也要同时增加适应性。正在进行方法变革的公司会面临重要的和不同的文化变革及业务变革，这些方法可以同时处理 TPM 和 APM 的项目。例如，商业规则和项目操作规则会发生根本性的变化，但是你无法阻止这种变化。

这里的灵活性，是指项目管理过程的灵活性。如果你要使用万能管理法，则毫无灵活性可言。过程就是过程，如果这个过程违反常识，而且影响了向客户提供价值的能力，那么情况就很不乐观了。你为什么不能采用那些能够适应情况变化的策略呢？

TPM 的项目一般遵循固定的 TPM 方法。在这种项目中，计划随同交付进度和其他里程碑事件一起被制订出来，正式的变更管理过程也是计划中的一部分。对照计划跟踪项目进展情况，采取相应的纠正措施，以确保对进度和预算的控制，这的确是个很清晰明了的方法。这个方法一直被应用得不错，直到这些过程妨碍了产品的开发。例如，如果商业形式和优先级发生了变化，并且紧急地提出范围变更请求以适应新的商业氛围，那么接下来就要在损害增值工作的情况下，在变更请求的处理和重新计划进度上耗费大量的时间。在这种情况下，项目进度一拖再拖，无法挽回；项目计划一变再变，混乱不堪；无论最初的计划和进度多么完整，它们也会在这些变化中丧失殆尽。

APM 的项目则完全不同。和所有项目管理一样，APM 实际上只是一些条理化的常识，因此当过程阻碍生产时就可以加以改变。对过程做出改变，是为了能够让时间和精力集中在对商业产生价值的工作上。与 TPM 不同的是，APM 的过程期望和包含的变更是改进解决方案，并且在时间和预算范围内将商业价值最大化的一种方法。这就意味着选择并持续改变 PMLC 模型，使之能够增加由项目产生的商业价值。要知道，在复杂的项目管理世界中，范围是可以在某种程度上进行调整的。

xPM 和 MPx 项目甚至更加依赖于灵活的方法，这就要求我们在整个项目过程中不断地学习和挖掘，也要求项目团队和客户必须随时调整项目的方法。失败的风险非常高，所以我们使用可用资源的方式必须获得项目管理过程的保护。

11.4.3 适应性

项目的需求、功能和特性越不明确，就越需要项目的过程和步骤具有相应的适应性。适应性与团队成员的行动被授权程度直接相关。当授权机制深入人心时，团队的适应能力就会增强。记住，要保证团队成员的生产力，你就尽可能地不挡他们的路。不挡路的方法之一，就是明确定义并让团队成员认可要做什么及何时去做，并在有效的项目经理应做的范围内告诉他们怎样完成这些工作。不要强制使用阻碍团队和个人创造力的过程和范围，否则会宣判任何一个复杂项目的死刑。相反，要建立鼓励创造的环境，不要妨碍团队成员工作，同时去掉那些对交付物商业价值没有用的事情。你还要仔细挑选项目经理和团队成员，充分信任他们，使其发挥作用，最终实现客户的最佳利益。

11.4.4 风险与复杂性和不确定性领域

当项目从 TPM 移动到 APM，再移动到 xPM 和 MPx 的时候，风险是增加的（见图 11-3）。在 TPM 中，项目目标和解决方案都很清晰，项目计划也是明确的；模型经过时间的检测，使用它们的风险很小；引起项目失败的风险也很低。此时，工作重点可以放在过程风险控制上。根据以往的类似项目，你可以编写一个候选风险驱动因素清单，这些风险的可能性、影响及应对措施都是已知的并被记录的。就像一名优秀的运动员那样，你已经事先考虑到了可能发生的情况，并且知道如何采取应对措施。而复杂项目要经受高风险，所以，要从团队成员中指派一人担任风险管理员。

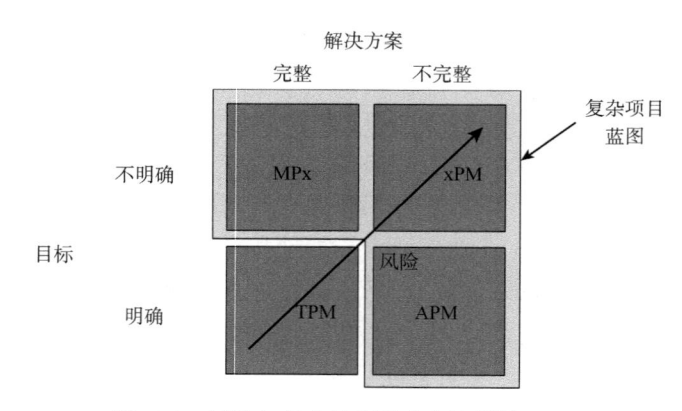

图 11-3　风险与复杂性和不确定性领域

当项目具有 APM 的特性时，两种力量便会发生作用。首先，PMLC 模型变得更加灵活、简便。此时，项目管理的关注点从项目计划的执行上转移到了项目所交付的商业价值上，项目过程的负担减少了。同时，项目风险增加了。风险的增加与解决方案的未知程度相关。

这就意味着，当项目在 APM 中移动，并且看起来更像 xPM 项目时，应该将工作重点放在风险管理上。以往的经验对这些风险的作用不大，因为这些风险是所开发产品特有的风险。在 xPM 和 MPx 项目中，风险值达到最高，因为项目处于一种研究和开发的状态。由于 xPM 和 MPx 项目非常灵活，因此其过程的风险几乎不存在，但是产品的风险很高。项目产品会有很多问题，因为 xPM 和 MPx 项目本身就有很大的不确定性，这会导致项目失败。不过没有关系，这些问题的出现是在预料之中的，如果能够在有效的时间和预算范围内找到解决办法，那么这些问题会使项目团队逐步形成解决方案。即使在最坏的情况下，这些问题也会排除一条或多条调研路径，从而缩小未来项目的解决方案的可能范围。

11.4.5 团队凝聚力与复杂性和不确定性领域

在 TPM 中，成功的团队甚至可以不是一个团队。把一组专家集中起来，在适当的时候为其分配任务。他们的职位并不重要。他们可以在地理上分散，然后仍然获得成功。计划是神圣不可侵犯的，计划指导着他们完成任务。根据计划，他们可以知道做什么、何时做及任务完成的确认，所以 TPM 计划必须非常详细、明确和完整。每个团队成员都知道自己的专业，他们组成一个团队，在需要的时候将自己的技能和能力用于一组特定的任务。工作任务完成后，他们可以离开团队，以后有需要的话再回来。

当项目属于 APM、xPM 或 MPx 项目时，情况会发生急剧变化。首先，团队组成由"专家组"变成"通才组"。当项目移到这些象限时，团队具有自主管理、自我满足和自我指导的特性。TPM 的项目团队是松散的，团队成员不必一起工作；尽管一起工作会让项目经理的生活更容易一些，但这不是必需的。图 11-4 反映了高凝聚力团队的精髓。

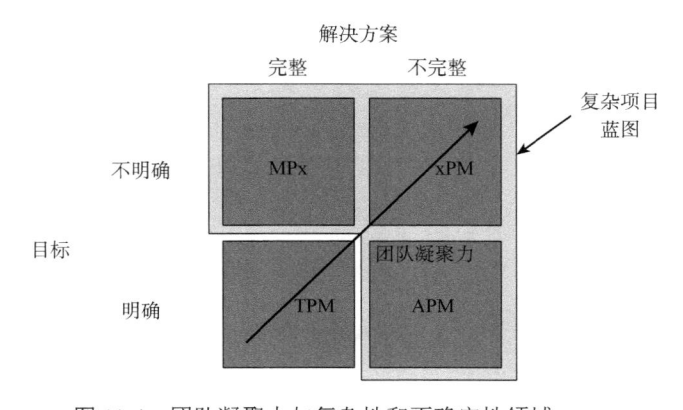

图 11-4　团队凝聚力与复杂性和不确定性领域

而在 APM、xPM 或 MPx 的项目团队，团队成员必须共同工作。研究表明，共同工作的团队可以大大提高项目成功的可能性。然而，常见的情形是不大可能一起工作。不在一起工作会给项目经理带来沟通和协调问题。绝大多数复杂项目需要建立创造性的环境和一支能够一起工作的团队，使项目运作简单一些。我所管理的第一个 APM 项目是一个有 35 人的团队，团队成员分布在 12 个时区。我们还是会每天召开 15 分钟的团队会议。虽然有沟通障碍，项目还是成功地完成了，但是我要承认，这个项目的管理费用比在一起工作的项目要高得多。

11.4.6 沟通与复杂性和不确定性领域

在过去 10 年或更长的时间里，Standish 集团的研究发现，缺乏及时、明确的人与人之间的沟通，是项目失败的最常见的原因。这里的沟通包括书面和口头交流两种方式。下面是 Standish 集团在 CHAOS 2010 报告中列出的项目失败的 10 大原因排行榜。

1）缺乏客户参与。
2）不完整的需求和规格。
3）变更的需求和规格。
4）缺乏执行层支持。
5）技术不成熟。
6）资源缺乏。
7）不切实际的期望。
8）目标不明确。
9）时间框架不切实际。
10）新技术。

列表中的前 3 项都涉及人与人的沟通，包括直接沟通与间接沟通。当项目的复杂性和不确定性增加时，沟通的需求和要求也在增加和变化（见图 11-5）。

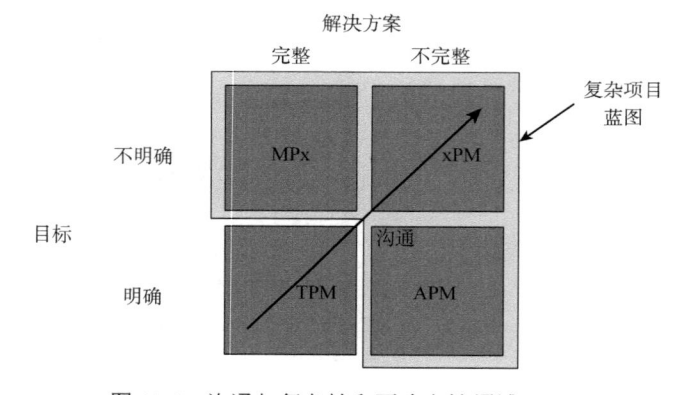

图 11-5　沟通与复杂性和不确定性领域

当项目的复杂性和不确定性较低时，主要的沟通方式是单向的（例如，书面形式）。状态报告、变更请求、会议记录、问题报告、问题决议、项目计划更新及其他书面报告很常见。上述很多方式都可以通过项目网站进行公开发布。当项目的复杂性和不确定性较高时，单向沟通让位于双向沟通，所以书面沟通让位于会议或其他形式的口头沟通，分散型团队结构让位于集中型团队结构以支持沟通方式的变化。此时，计划驱动方法的负担减轻，取而代之的是价值驱动方法的交流需求。

价值驱动的交流方法来自客户的有意义的参与。通过讨论，推动项目状态的更新和计划的进行。因为高复杂性和不确定性的项目变更很频繁，书面交流的效率太低，书面交流的准备、分发、阅读和相应的回复性的书面交流在这些项目中都被视为沉重的负担和非增值工作，因此这些工作都要被舍弃，从而让大家把精力集中在增值工作上。

11.4.7 客户参与与复杂性和不确定性领域

如果回想某个项目，其目标和解决方案都是最明确的，那么你会非常确定它的需求，并且没有变更（是的，这类项目可能只是一个白日梦，但是带给我怀疑的好处）。对这样一个项目，也许有人会问，为什么除对里程碑事件进行仪式性的签署之外，还需要客户参与呢？这个问题提得好。在理想情况下，这类项目并不需要客户的参与，但是在另一种极端的情况下，即目标和解决方案都不清楚的情况下，客户作为团队成员（或至少作为主题专家）则完全有必要参与其中。这里所说的极端情况是指项目蓝图中的极限情况。

TPM 项目是以计划驱动和团队驱动的项目。客户的参与，通常仅限于对所出现问题的澄清，以及在项目生命周期的各阶段进行签署和审批。确切地说，在 TPM 项目中，客户参与是消极的、被动的。但是当项目移动到 APM 时，情况就会有所变化。客户在 APM 项目中比在 TPM 项目中起着更加积极主动的作用。对于 xPM 项目，客户的有效参与是完全必要的。实际上，客户应该承担积极主动的角色。如果没有客户这一层次的认可，则项目根本无法进行下去。图 11-6 显示了随着项目复杂性和不确定性的增加，客户的有效参与也在不断增加。

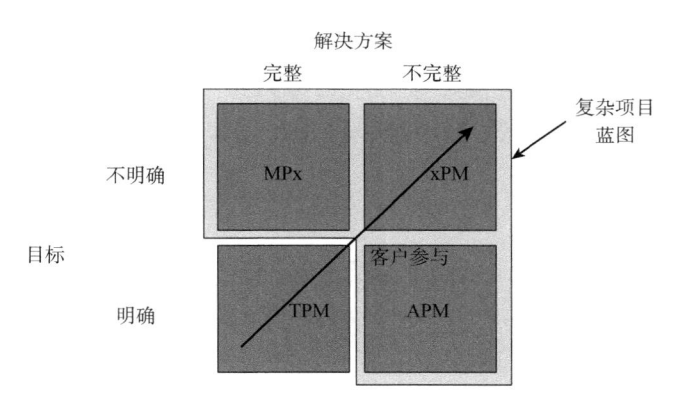

图 11-6　客户参与复杂性和不确定性领域

寻找项目的解决方案不是仅靠个人努力就能完成的。在 TPM 中，项目团队在项目经理的领导下承担着实施已知解决方案的任务。有时，客户虽然会被动地参与，但是很大程度上还是由项目团队解决问题的，甚至客户是否能够被动参与项目也取决于项目团队在项目中如何对待客户。客户只是一种跟随者的角色。如果让客户参与项目计划的制订，他们可能赞同并帮助你，但是不能指望他们都会这样。从 APM 开始，并延伸到整个 xPM，你会发现，项目的执行越来越倚重于客户的有效参与——客户从跟随者转变为合作者，甚至领导者。在保持客户关注和传递商业价值的过程中，你是在处理商业问题而不是技术问题，所以你不得不找到商业解决方案。还有谁能够比客户对项目的帮助更大呢？毕竟，项目所处理的是客户的业务，在寻找解决方案的过程中，客户不正是最好的帮助资源和合作伙伴吗？你必须尽最大努力促使这种专业资源和洞察能力加入项目中。这种参与至关重要，因为没有客户的参与，就不可能取得复杂项目的成功。

取得和维持有效的客户参与是一个令人望而生畏的工作。其原因至少包括以下3种。

1. 客户的适宜范围

20世纪50年代以来，客户已经习惯了项目中的被动角色。我们把他们训练得非常好，现在我们不得不再次训练他们。在很多情况下，客户的角色不够正式而更像在走形式。他们不理解要批准的东西，但是除签字同意外别无他法。客户对里程碑事件的审批也是一种形式，因为他们不明白工程师在说什么，担心不签字会导致进一步的拖延。他们对开发工作并不了解，因而无法提出问题，也不知道何时提出问题，更不知道何时应该让步。现在，你要求他们扮演一种新的更积极的角色，并且真正地参与到项目生命周期中，他们中的很多人还不能承担这种职责。当项目移动到APM并趋向xPM时，解决方案的清晰度越来越低，而客户所承担的责任将会越来越大。此时，项目团队需要客户在整个项目过程中的参与，这对项目成功至关重要。在xPM项目中，客户的参与更要积极主动。xPM的项目要求客户与项目经理共同承担领导者的角色，以确保项目能够向增加商业价值的方向推进。

同时，客户变得更加聪明，他们的舒适区也在扩大。客户进行技术参与也很常见。他们参加会议，讨论关于技术方面的内容，也知道如何进行取舍。他们明白解决方案应包括什么，也会使用电子表格及其他工具自己编写解决方案。这一点具有两面性，即这样的客户既可以支持也可以阻碍项目的进展。

因此，我的建议是获得并保持有效的客户参与。培训、培训、再培训。我在项目准备阶段和项目执行阶段都会对客户（和团队）进行培训。这两个阶段的培训取得了很好的效果。

2. 客户所有权

建立客户对APM和xPM项目产品及过程的所有权非常重要。组建由研发方和客户组成的、以联席经理为核心的项目团队，可以确保这种所有权。双方对项目成败都负有同样的责任，这样能够将既得利益直接放在客户经理的肩上。我的经验告诉大家，联席经理的方法是建立和维护有效客户参与的唯一成功方法。

不过，这说起来容易做起来难。客户经常会说："这是一个技术项目，我又不懂技术，怎么能够进行管理呢？"回答很简单。比如："是的，您的确不是技术专家，但这并不重要。您对项目的真正价值在于不断将业务关注点提交给项目团队，这一点您可以做得比任何一个技术人员都好。在此项目每次需要决策的时候，您都是不可或缺的人员。"所有权非常重要，以至于有时我会因为客户不能派出有资质的代表参加项目计划会议而推迟项目启动。当客户派出项目代表时，你要注意观察他是不是仅仅因为当时有空而被派来，或者一位对业务不了解的项目代表，或许这个人不忙是有原因的。

3. 客户审批

这通常是最急切地需要客户完成的工作。有些客户认为，他们审批通过一个文档或一个可交付成果时，就表示这个文档或成果绝对正确。你必须纠正这种认识，因为这个世界是一个不断变化、快速发展和充斥着风险的世界。既然是这样，又有什么理由要求今天起作用的东西在明天还能有效呢？今天需要的东西，也许在下周就会从公众的视野中消失。所以无论什么项目，不管你多么确定已经完成了 RBS，你也不能指望 RBS 在项目进行过程中保持不变。需求保持不变这种情况不可能发生。这意味着你最好在每个项目中都将变化视为 PMLC 模型的一种生命形式。

客户审批在联席经理方法中不是问题。因为客户完全明白项目目前的状况，他们事实上参与了形成现在这种状况的决策制定。他们的焦急和害怕将被缓解。

11.4.8 规格说明与复杂性和不确定性领域

这意味着什么呢？简单地说，就是根据自己对项目的理解程度选择 PMLC 模型，并且将已经完全和明确定义的内容形成文档，保证不会由于规格说明的缺陷而导致项目范围的变化。当规格说明的确定性逐渐降低时，最好选择 APM 的迭代策略，然后是 APM 的适应策略——在项目进展过程中，逐渐明确和完善解决方案，或者在项目开始后发现解决方案（见图 11-7）；最后，如果发现无法形成明确和完整的规格说明，那么 PMLC 模型就要采用 xPM 和 PMx 象限的研发模型。

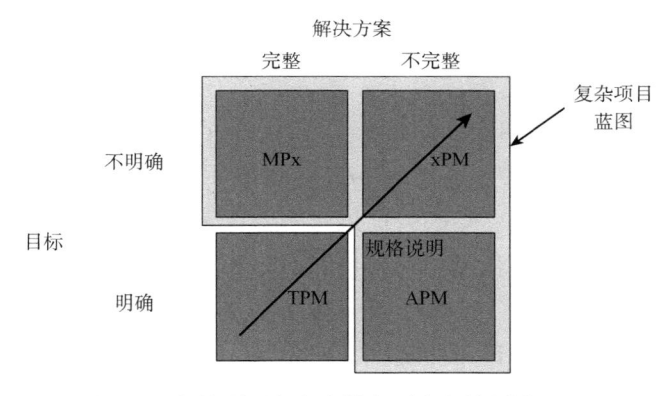

图 11-7 规格说明与复杂性和不确定性领域

对规格说明的确定性要求较高的 PMLC 模型（线性和增量）无法适应变更。在这种情况下，项目生命周期的早期就会发生很大的变化。这些变化会导致很多计划工作白做，还会使很大一部分工作需要重做，这样所花费的时间就属于非增值工作时间。如果能够提前预见这些变化，那么就可以选择更能适应和支持变化的 PMLC 模型，非增值工作就会大大减少或完全消除。精益敏捷模型强调非增值工作的问题。混合项目管理框架（Hybrid Project Management Framework，HPMF）是精益敏捷模型的一个例子（见第 14 章）。

如果仔细研读规格说明文档，你就会发现更多的细节信息，这有助于选择更好的 PMLC 模型。规格说明书由 RBS 和 WBS 组成。这些内容本身的层次结构如第 5 章介绍的 RBS。

分解结构的最高级别是需求。这是满足期望商业价值的必要充分集合。即使最复杂和具有综合性的需求，也需要完整的层级，以便更好地被理解。在大多数情况下，需求只能分解到部分层级。记住，定义层级的目的是让客户和项目团队清楚地理解需求所包含的内容。你可以利用你的常识来决定具体的分解内容，分解没有客观的标准。

需求的不确定性比功能上的不确定性更能影响你对 PMLC 模型的选择，而功能上的不确定性比特性上的不确定性影响更大。尽管你所有的努力都是为了使它们确定，但你还是会遇到这 3 项对于决定和最佳工作有显著影响的要素的变化。这是你作为项目经理每天都会遇到的意外。

判断规格说明书的完整性通常是主观评估。根据主观评估，你选择一个 PMLC 模型，并加以适当调整，希望你做了正确的选择。时间会告诉你一切。

11.4.9 范围变更与复杂性和不确定性领域

复杂性增加，接收和实施变更需求的需要也会增加。计划驱动的项目管理方法没办法很好地回应变更。变更打乱了事情的顺序，项目计划的部分工作可能白做了，必须返工；资源进度被破坏，可能需要花费成本进行重新谈判。变更越多，花费在评估和实施变更上的时间就越多。对于项目来说，这意味着时间永远地流逝了。这些时间本应该花在增值工作上，却被用来处理变更需求。

为制订 TPM 项目计划花费了很长时间，但是你最后发现不得不改变它。这就是 TPM 的实际情况。范围变更看起来总是增加工作。你曾经接到过客户要求删减需求内容的范围变更请求吗？不大可能。现实是客户发现他们应当要求加入解决方案的其他内容，而这些内容是他们在项目开始时没有意识到或者不知道的。这会导致更多的工作。使用 TPM 模型的决策是很明确的。当规格说明变动不大时，可以使用 TPM 模型。APM 和 xPM 模型构造能够知道规格说明的稳定性是如何影响 PMLC 模型的选择的，所以设计了期望变化和准备适应它的方法（见图 11-8）。援引即时计划模型就是这样一种技术。你将在第 12 章更详细地了解 WBS 的稳定性和完整性是如何影响 PMLC 模型的选择的。

对需求、功能和特性了解得越少，变更就会越多。在 TPM 中，假设你和客户完全了解项目的需求、功能和特性，WBS 和 RBS 是完整的，然后假定在项目进行中几乎没有或完全没有引起变更的内部力量。但是外部的情况不是这样的。竞争对手的行动、市场压力及技术升级都会导致变更，而且每个项目所能预料到的情况也仅限于此。企业能够做得最好的，就是在不可预知又必然发生的事件面前保持一定的灵活性。

APM 的情况又是截然不同的。这一象限中的任何变更均来自所必需的学习过程。当客户检查和测试部分解决方案时，他会回过头来要求项目团队将其他需求、功能和特性的解决方案包含其中。

要求的内容通常会超出预算的涵盖范围。项目经理要帮助客户确定要求是否真的是需求，并由此确定是否要将其集成到解决方案中。如果客户无法确认所要是否真的所需，那么就将这些要求列入期望清单。这个清单一般不会有人再提。相反，如果客户真的确认了这些要求的价值，那么它们就应当被转化为确实的需要。项目经理应将这一新的需求、功能和特性加入解决方案中，并且在尚未加入解决方案的需求列表中划分优先级别。COS 会议是做这些决策的最佳场合。你经常需要使用根源分析法获得对此做法的支持。在 xPM 项目中，项目会更加依赖变更来产生高商业价值的产品。事实上，xPM 项目需求变更让我们有机会去发现成功的方案。变更是通向解决方案的唯一手段。

最后要说的是，当项目类型在蓝图中移动时，范围变更管理过程也要发生变化。

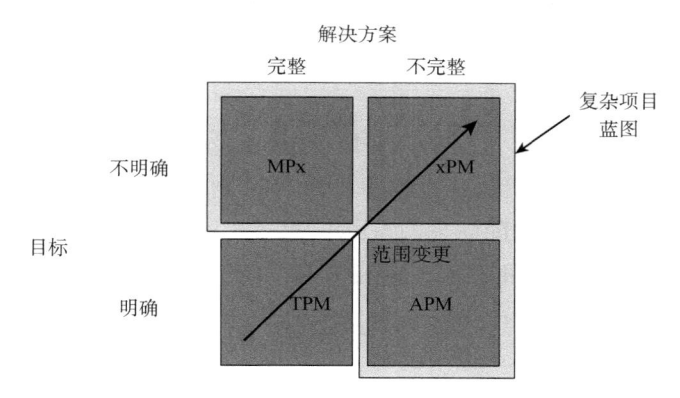

图 11-8　范围变更与复杂性和不确定性领域

11.4.10　商业价值与复杂性和不确定性领域

商业价值与复杂性/不明确性领域似乎没有必要提及。毕竟，不是所有的项目都是为了交付商业价值而设计的。完成这些项目是为了它们给企业带回的价值。的确如此。但是 TPM 项目关注于满足计划驱动的要素：时间、成本、范围。最初提交时，解决方案都是按照最好的商业环境设计的。在静止不变的环境下，这种情况也可能存在。但遗憾的是，商业世界并不是静止的，客户需求也不是静止的。这个底线是，要交付的商业价值是一个移动的目标。TPM 的 PMCL 模型是没有合适的方法来交付商业价值的，它是按照成本和时间限制进行交付的。在最终分析中，它对传递商业价值没有什么影响。只有 APM、xPM 和 MPx 模型关注商业价值。图 11-9 表明了商业价值与复杂性和不确定性领域的正相关。

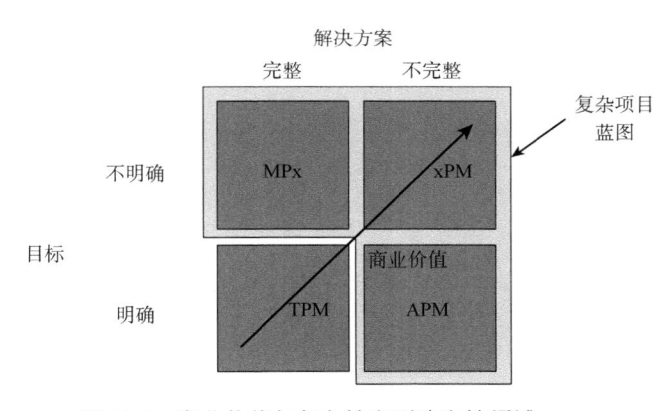

图 11-9　商业价值与复杂性和不确定性领域

由此可知，TPM 所能提交的商业价值最小；而随着项目由 TPM 移动到 APM 和 xPM 时，商业价值逐渐增加。与此同时，在不同象限的移动过程中，项目风险也有所增加，所以项目应具有更高的商业价值。要知道，一个项目的预期商业价值是 1 减去风险（1−风险）后与商业价值的乘积。这里的风险是指失败的概率。因此，成功的概率就是 1 减去风险（1−风险）。所以，如果你能够多次重复这个项目，其平均商业价值就是（1−风险）和价值的乘积。

这意味着什么呢？很简单，即无论采用何种 PMLC 模型，它必须能够适应商业条件的变化。项目中的不确定性越高，就越需要相应的手段来调整方向，以便利用变化了的条件和机会。

当项目从 TPM 向 APM、xPM 移动时，它就会越来越面向客户，所关注的焦点也逐渐从遵照计划转移到交付商业价值。TPM 项目关注计划的执行，如果碰巧能够交付最大的商业价值，那么多半是意外产生的结果，而不是有洞察力的项目计划产生的结果。在所有 APM 和 xPM 的项目中，我们关注的焦点在于交付的商业价值。这是设计它们的目的。

讨论题

1. 假设两个项目具有相同的期望商业价值。项目 A 的估计商业价值很高，失败的概率也很高；项目 B 的估计商业价值较低，失败的概率也较低。如果你只能做一个项目，那么你会在哪种情境下选择哪个项目？

2. APM、xPM 和 MPx 项目都是编制即时计划，而 TPM 项目是在项目一开始就编制计划。你如何解释 TPM 项目在项目蓝图中花费的时间比其他任何项目都长这一观点？

3. 当你从风险较低的 TPM 项目转移至风险较高的 APM、xPM 和 PMx 项目时，你的风险管理方法如何转变？

4. 你应该通过做什么事情来增加有效的客户参与？

5. 变更对 TPM 项目经理来说很糟糕，对 APM 项目经理来说却是必需的。客户可能对变更的角色有所疑惑，你应该怎么做来缓解这种疑惑呢？

第 12 章
敏捷复杂项目管理模型
Agile Complex Project Management Models

> 当组织因为项目失败而承受的痛苦达到一个临界点时，业务的健康就要受到伤害，并触及底线。如果所有的纠正措施计划失败了，高级管理层就要看看是怎么回事了。
>
> ——罗伯特·K.威索基博士，EII 出版有限公司董事长

本章学习目标

通过学习本章内容，你应该能够：
- 学习并掌握敏捷项目管理的历史。
- 描述 APM 和知道何时使用 APM。
- 解释精益方法及它与 APM 的关系。
- 使用并调整迭代项目管理生命周期模型和变量。
- 说明如何使用迭代 PMLC 模型及获得的收益。
- 识别并解决使用迭代 PMLC 模型的潜在问题。
- 使用并调整适应性 PMLC 模型。
- 说明使用适应性 PMLC 模型的好处。
- 识别并解决使用适应性 PMLC 模型的潜在问题。
- 识别并解决使用极限 PMLC 模型的潜在问题。

在本章中，你会非常详细地了解适合使用敏捷方法的项目。这类项目所关注的问题没有可接受的解决方案，或者具有尚未成功挖掘出的商业价值。这些项目的特点是高复杂性和高不确定性，对企业来说是个巨大的挑战。实际上，这些高风险的项目所具有的成功竞争力对企业非常关键。这些项目是对项目经理、客户团队和开发团队创造力的挑战。

独特的价值命题

四象限复杂项目蓝图适合为特殊的敏捷 PMLC 模型判定最好的机会，也适合用它去满足项目的要求。敏捷项目希望你做主厨而不是厨师。我已经给了你充足的食料，请开始你的主厨之旅吧。我希望你有勇气开始这段旅程，并持之以恒。

12.1 迭代项目管理生命周期

随着确定到不确定，模型将会按照线性、增量、迭代、适应性、极限型的顺序依次排列。迭代和适应性模型的目标都是为了克服很多项目经理在尝试明确分解需求但不知怎么做时所面对的困难。第6章所描述的 RBS 收集过程的两个阶段避免了这些早期的分解问题。在有些情况下，困难是由于客户没有明确的需求想法而造成的；在另一些情况下，困难是由于解决方案未知而造成的。无论哪种情况，你都可以使用 APM 方法。

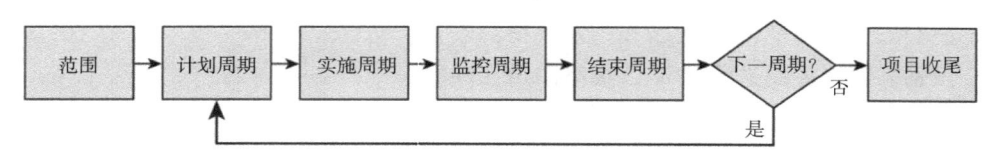

12.1.1 迭代 PMLC 模型的定义

迭代 PMLC 模型由多个过程组构成。这些过程组在一个迭代周期中按顺序重复，并在每个迭代结束时返回且形成一个循环。根据客户的意愿，一个迭代内的最后一个过程组可以提交一个部分解决方案。

迭代方法是在有了初步版本的解决方案但这个解决方案缺少某些特性或功能时使用的。迭代周期可以识别、挑选和整合解决方案中遗漏的部分。我们可以将迭代 PMLC 模型看作产品原型方法的一种演变。中间阶段的解决方案已经产生，但是在最终版本完成前不能由客户提交给最终用户。中间版本给客户提供了一些研究的方案，用于了解和发现其他需要的特性。客户可以选择提交部分方案给最终用户，从他们那里得到更多未来解决方案的细节信息。

迭代 PMLC 模型的过程组视图如图 12-1 所示。

图 12-1 迭代 PMLC 模型

迭代模型要求解决方案必须在功能层次识别需求，只是在特性层次还缺少某些细节。换言之，在项目开始阶段，功能已知，通过大量迭代被定义并加入解决方案，但细节（特性）还不被完全知道。这些缺少的特性将随着客户研究最新解决方案的原型视图而逐渐为人们所知。迭代 PMLC 模型是实践出真知的模型。它将通过研究中间版本解决方案来发现完整解决方案的细节。

迭代 PMLC 模型有多种类型的迭代。迭代能用于需求、功能、特性、设计、开发、解决方案及其他解决方案组件中。一个迭代由计划、实施、监控和结束 4 个过程组构成。结束一个迭代和结束一个项目不一样。

当以下情况中的一种发生时，则可采用迭代 PMLC 模型：

- 已经明确知道解决方案的大部分但不是全部。
- 想要选择增量 PMLC 模型，但是有种强烈的怀疑——会有很多的范围变更请求。
- 想要选择适应性 PMLC 模型，但是达不到客户参与度的要求。该决策具有一些附加风险。

1．已经明确知道大部分解决方案

这就是说，解决方案的部分细节缺失。在某种程度上，我们也许知道如何将细节（也就是特性）加入解决方案中。现在，我们要做的就是让客户看到这些特性将如何被部署到解决方案中，并获得他们对未来变更如何部署的批准和建议。这是你所遇到的最简单的迭代状况。产品原型法是通常的选择。原型 PMLC 模型将在这章的后面介绍。根据项目团队所知，所有的功能和子功能已经被识别并且整合到了当前的解决方案中。当特性加进来后，有些功能和子功能在解决方案中的部署就会发生变动，因此未来会有变更。这是迭代方法的本质。它将持续这种情况，直到客户说你已经完成任务，或时间或金钱已经用完。

2．很可能发生多个范围变更请求

这只是直觉，或者客户在过去的项目中有多变的名声。安全总比遗憾好。现有的增量 PMLC 模型没有在项目进度中留有接受和处理范围变更请求的时间。与其冒险承担这样的后果，不如选择迭代 PMLC 模型，因为它的项目进度为客户及最终用户的反馈和处理范围变更请求留有时间。

3．缺少客户参与度

由于有了来自项目蓝图中的适应性 PMLC 模型，如果你选择使用迭代 PMLC 模型，你就需要知道其中的风险。你会有一定程度的客户有效参与，但这个程度不会是你所需要的那种。如果不依靠客户的有效参与，你就必须猜测完整的解决方案是什么。客户参与越多，你需要猜测的就越少。你可能猜得很准或者你很幸运，但那也只是猜测。你的团队对客户的系统和过程了解得越多，你的情况就会越好。

如果有多个客户群，而不同的部门都要使用同一个解决方案，你就要做好处理纠纷的准备。第一个要做的准备就是最终解决方案的结束。这会很困难，你要为可能出现的反对情况做好计划。形成一个解决方案是可能的，但是它要容纳每个客户群的不同需求。你甚至可能要对每个需求进行结束工作，但并不能结束解决方案。这些差异可能开始于用户的不同角度，并扩展到不同的特性甚至不同的功能。所以，解决方案的设计会变得更加复杂，但还是能达到客户需求的。

12.1.2　迭代 PMLC 模型的范围确认阶段

迭代 PMLC 模型的范围确认阶段比线性或增量 PMLC 模型要复杂一点，它所需要的决定并不包含在线性或增量 PMLC 模型中。决定使用迭代 PMLC 模型的关键输入是通过需求分解结构所展示的需求定义。你和客户要评审并讨论 RBS，此过程中要特别注意你们认为 RBS 的完整性是怎样的。除了在最简单的情况下，你和客户都不能确定 RBS 是完整的。这是一个主观的判断。防止判断出错的建议是，认为 RBS 不完整而非认为它是完整的。因此，选择迭代 PMLC 模型而不是线性 PMLC 模型，或者选择适应性 PMLC 模型而不是迭代 PMLC 模型，这样才比较安全。

12.1.3 迭代 PMLC 模型的计划阶段

迭代 PMLC 模型中的计划有两个级别。初始计划阶段会制订高级别计划，但不是很详细。原因是在初始阶段并不能掌握所有细节。功能已知，模型的设计和开发可以通过任何数量的迭代进行计划。迭代 PMLC 模型中有两种方法用来构造高级别计划。

1. 建立已知解决方案的完整计划

在这个计划中，第一个迭代的期限较长，包含建立整个但不完整的已知解决方案的产品版本。如果你感觉这个迭代的周期过长，那么你可以考虑使用工具为解决方案建模。你可以在整个项目过程中使用这个模型，然后在项目结束时建立完整的解决方案的产品版本。

建立这个计划要使用第 5 章所介绍的规划过程组，而且要记住，你还没有一个完整的解决方案。

2. 高优先级功能的部分计划

使用这个方法时，你首先要对初始 RBS 中的功能和特性进行优先排序，然后开始进行部分计划。优先排序的原则很可能是依据商业价值的大小，这样一个迭代的交付物就可以提交给最终用户。如果是客户，他们就会这样选择。另外，优先排序的原则也可以是风险或复杂度的大小：高风险的功能排在前面，或者最复杂的功能排在前面。通过在项目早期开发这些功能，你能保证项目整体的成功。在某些情况下，所有已知功能和特性都要在前几个迭代中完成，后续的迭代将进一步进行特性识别和开发。这是你要考虑的所有开发方案中最有效的一个方案。当然，另一个策略是先开发风险最高的部分。这样做能为后续的迭代去除最有害的因素。最后一个规则是，你选择的功能或特性要满足尽可能多的用户。在一个协作型团队结构中，怎样确定优先级，什么方法可以用来确定优先级战略，需要整个团队成员都付出努力。

在每个迭代中，你都会使用并行泳道——每人开发功能的一部分或扩展某些特性。决定性因素是团队成员的资源池。如果你需要压缩开发时间，并能建立类似于线性 PMLC 模型的项目结构，则可以通过增加并行泳道来开发解决方案的不同部分，并实现从线性 PMLC 模型转向快速线性 PMLC 模型或特征驱动开发（Feature-Driven Development，FDD）线性 PMLC 模型。

迭代是为了帮助客户选择额外性能或详细性能而设计的，要求客户和最终用户花些时间来研究当前部分解决方案。一个迭代会给用户提供选择，使其确定在下一个迭代中要在解决方案中增加什么。根据推测，这些新发现的特性或特性细节会被优先排序并被增加到解决方案的下一个版本中。迭代会持续 2 周或更短时间。我曾管理过一个项目，其新的原型解决方案就是用了一个通宵做出来的。

12.1.4 迭代 PMLC 模型的实施阶段

TPM 项目的项目团队和 APM 项目的项目团队存在很大差别。表 12-1 总结了这些差别。

表 12-1　TPM 项目团队和 APM 项目团队的差别

特　　性	TPM 项目团队	APM 项目团队
规模	可能很大	通常少于 15 人
技术水平	所有水平	技术最高的
地点	集中或分散	集中
经验水平	初级到高级	高级
工作职责	须监管	无须监管

迭代 PMLC 模型的团队结构可以比较松散，而适应性 PMLC 模型的团队结构有更高的聚集性。

除了要考虑项目团队的差异，你还要考虑一个主要差异，它体现在范围变更的处理上。TPM 项目中必须有正式的范围变更管理过程，但在 APM 中不是这样的。APM 项目中不必有正式的范围变更管理过程，因为所有的了解和发现都发生在 APM 项目的迭代中（如范围库），并在两个迭代之间进行评审。为了在下一迭代中整合并进入解决方案，范围库中的条目会进行优先级排序。

12.1.5　迭代 PMLC 模型的监控阶段

在迭代 PMLC 模型中，监督和控制阶段开始于变更。由于迭代策略的推测性质，很多重量型的文档和状态报告让位于非正式报告。很多形式的工作是非增值工作，增加了团队的负担，对团队发现最终解决方案没有作用。你要注意，不要让架构师和开发人员承担过多的这种工作，而是要让他们相对自由地从事项目的创造性工作。在两个迭代之间的评审中，你可以评审解决方案定义的状态和进展，并做出必要的调整。

12.1.6　迭代 PMLC 模型的收尾阶段

迭代 PMLC 模型的收尾阶段和 TPM 的 PMLC 模型的收尾阶段很相似，即迭代或周期内提交的完整的交付物都必须满足客户确定的标准。这一标准是在迭代计划中定义的。每个迭代都要有结束标准，但只考虑迭代周期内的可交付物。其中的区别在于，在收尾阶段中，项目已经收尾（所有的时间或金钱已花完），可能还有些特性没有加入解决方案中。这些要在最终报告中体现出来，并且要考虑是否在解决方案的下一个版本中完成。

在这一阶段，总结经验和教训也很重要，即项目团队和客户在迭代 PMLC 模型的项目中学到了什么，或者在下一个迭代或项目中应如何对方法加以改进。

12.2　应用和整合 APM 工具箱

APM 的 PMLC 模型为我们创设了这样的一个世界，这个世界对于主厨们是一个充满诱惑的挑战；对于厨师们，则是一个使其不知所措的问题。

主厨会考虑项目目标和解决方案的当前特征，从他的工具箱中为所在项目选择最适合的工具、模板和过程。在很多情况下，他们尽情发挥自己的创造力去满足管理的需要。

厨师们也试图从他们的工具箱中翻出 APM 的 PMLC 模型来使用，但他们失败了。他们的组织会将他们的选择限制在已经建立的 PMLC 模型中的一种，这其实已经播下了失败的种子。我会给他们怀疑的权力，他们很有可能选择最适合的工具、模板或过程，然后强制让它们来适应项目，也同样会出现挫败感和高失败率。

想要成为主厨，你就要变得更加灵活，能够洞察自己在做的事情。这里没有什么能代替思考，你必须考虑如何全神贯注在 APM 项目中。因此，我要描述一些典型的要求灵活性和适应性的情况。

本节将给你简略地介绍一下 APM PMLC 模型的各个部分，带你看看如何使用或调整过程组的工具、模板和过程，使 APM 项目获得最大收益。

12.2.1　确定下一迭代/周期的范围

范围过程组包括以下内容：
- 挖掘客户真正的需求。
- 记录客户需求。
- 和客户讨论如何满足这些需求。
- 编写 1 页纸的项目描述。
- 得到高层管理者批准进行的项目计划。

前 3 项工作其实就是完成 COS 和 RBS，正确的做法非常重要。要记住，你是在一个 APM 项目中挖掘未知情况。项目是一个关键任务项目，你无法负担在定义阶段存在的未知情况。如果客户弄不清要求和需求，你可能需要考虑使用根本原因分析方法。记住，要求通常伴随的是客户认为问题的解决方案应该是什么样的，他们可能甚至没有对你说过；需求是你需要开始制订的解决方案的内容。关于 RBS，认为它不完整是避免错误的方式，这会指导你选择更适合的 APM PMLC 模型。

POS 是一个模板，用来推介你的目标和说明目的，以保证项目获得批准。最重要的是，它必须使用所有人都能看得懂的语言，同时必须基于所有人都同意的事实（第 6 章中的问题/机会描述）。成功标准必须明确说明项目成功实施后可量化的商业价值。你不用将商业价值在 POS 中说得太好，它必须以自己的优点征服大家。

12.2.2　规划下一迭代/周期

规划过程组包括以下内容：
- 定义所有项目工作。
- 评估完成工作所需的时间。
- 评估完成工作所需的资源。
- 评估工作的整体成本。
- 对工作进行时间排序。
- 建立初始项目进度。
- 分析并调整项目进度。
- 编写风险管理计划。
- 记录项目计划。
- 获得高层管理者批准来实施项目。

大部分的工具、模板和过程都是传统的计划项目的方法。它们的使用在第 7 章中介绍过。APM 项目的风险比 TPM 项目的风险高，所以你需要对风险管理计划多加注意。你可以让一名团队成员负责管理这个计划，还可以将这个计划作为每天 15 分钟团队会议的一部分进行讨论，同时要评审和更新风险管理计划。

12.2.3　实施下一迭代/周期

实施过程组包括以下内容：

- 招聘项目经理（通常是范围阶段的一部分）。
- 招聘项目团队成员（核心团队的招募在范围阶段）。
- 编写项目描述文档。
- 建立团队运作规则。
- 建立范围变更管理过程。
- 管理团队沟通。
- 确定项目进度。
- 编写工作包。

在 APM 项目中，这些过程只运行一次。你不需要一个范围变更管理过程。客户检查点会对过程进行评估和反馈，并重新形成按优先级排序的功能和特性列表。

12.2.4　监督和控制下一迭代/周期

监督和控制过程组包括以下内容：

- 建立项目执行和汇报体系。
- 监督项目执行。
- 监督风险。
- 报告项目进度。
- 处理范围变更请求。
- 发现并解决问题。

我能给出的最好的建议是，在迭代或周期计划的中间不要进行任何变更。事实上，在计划的时间内就应该按计划行事。各种想法和变更建议会在迭代或周期计划中出现。这是非常自然的事，因为 APM 项目就是学习和发现的项目。把想法和建议提交给范围库，然后等到迭代或周期结束，再在客户检查点阶段决定如何处理它们。

12.2.5　结束下一迭代/周期

与 TPM 项目中进度会拖延或变更的情况不同，APM 项目不会发生这样的事。APM 项目周期的时长是固定的，它不能为了某个延误的泳道工作而扩展。迭代或周期会在所有泳道工作都提前完成的情况下结束。

12.2.6　决定实施下一个迭代/周期

实施下一个迭代或周期，这是 TPM PMLC 模型中所没有的，它是 APM 和 xPM 所特有的。这个决策阶段由客户驱动。当前解决方案和在范围库中的历史记录是输入。如果你收集的信息显示解决方案已经逐步达到目标，这就是个好理由，可以用来继续实施其他迭代或周期。

你要记住，决策过程中要考虑以下方面：

- 客户管理决策过程。
- 客户必须全面参与这个过程。
- 气氛必须是完全公开和坦诚的。
- 决策的确定必须基于预期商业价值。

- 解决方案必须趋向于目标一致。

12.2.7 项目收尾

收尾过程组包括以下步骤：
- 获得客户已满足项目需求的确认。
- 计划并安装交付物。
- 编写最终项目报告。
- 进行实施后审计。

发生以下情况时，一个 APM 项目会宣告结束：
- 时间和预算用完。
- 根据预期商业价值发现了可接受的解决方案。
- 项目被终止了。

在收尾过程组中，APM 项目和 TPM 项目的所有过程都是一样的。APM 项目的范围库在项目结束时还会留有一些改善解决方案的建议和想法。它们和当前解决方案的经验一起指导下一个版本。

讨论题

1. 直到现在，你的敏捷项目进展顺利，没有什么意外出现。没有任何预兆，客户经理（你的合作项目经理）突然离职，由他的下属接替他的职务。新的项目经理不想让他的下属像前一个项目经理那样参与项目，你发现这会严重影响项目进展。此时，你会采取什么措施？为什么？如果你已经在项目风险管理计划中识别了客户经理流失的问题，那么你会采取怎样的缓解策略？

2. 所有的想法都是由开发团队而不是客户团队提出的。你已经发现，如果没有客户更多参与，最终的产品不会像预期中那样好。你如何应对这种情况？为什么？如果你在风险管理计划中识别了客户参与度不高的风险，你的缓解策略是什么？

案例练习

3. 你正在管理库存管理子系统项目，产生 RBS，并需要你选择要用的模型。请你将模型从最适合到最不适合进行排序，并说明你排序的理由。请你从线性、增量、迭代和适应性 PMLC 模型中选择所需要的模型并加以具体说明。

4. 在案例练习中，你会在哪个子系统中使用敏捷模型？详细说明你要选择哪个模型及其原因，然后列出决策结果的优点和缺点。

5. 如果你的客户不愿意或不能参与项目，那么你会为一个敏捷项目选择何种方法？你所选择的方法的优点和缺点各是什么？

6. 如果你的客户深入参与项目但对团队的生产力产生了负面影响，那么你会使用哪种方法？你所选择的方法的优点和缺点各是什么？

7. 你在考虑义务管理一个关键但很有挑战性的项目。它是一个适应性项目。你已经阅读了本书，并且学到了很多关于适应性项目的知识，而且这是个完全的适应性项目。最重要的是，你希望适应性项目成功，但你的公司并不支持适应性项目。在这种情况下，你会怎样做？你是一个勇于挑战的人，放弃本项目不能成为一种选择。

8. 很清楚，监控阶段非常依赖项目团队中的人。APF会清楚地向团队成员描述他们将要完成的工作。如果你正在管理一个APM项目，具体说说你将怎样去平衡你已经明了的需求和授权团队成员去完成项目任务的需求？

9. 在TPM项目和APF项目中，当项目团队成员离开团队且不再参与项目时，他们各自会发生什么情况？每种方法会产生什么影响？通过变化使用什么方法将不会发生太大影响？在做这种比较时，要把一个完整的TPM计划和APF生命期计划进行比较。

10. 为这种主张做个辩护：APF就是一个精益敏捷过程。你在辩护中如何去阐明APF过程的所有7个精益原则。

案例练习——比萨快递业务（PDQ）

11. 这个项目是为PDQ工厂定位软件应用制作RBS。请说明功能和定义缺失或定义不完整的情况。产生RBS时要考虑以下问题：会有多少工厂需要定位？工厂会建在哪里？评估位置的标准是什么？需要多少辆送货卡车？

第 13 章
极限复杂项目管理模型
Extreme Complex Project Management Models

> 毫无疑问，作为实体，团队从来就没有什么创意，只有个人才能产生创意。但是当一伙人在一起时，可以通过彼此刺激来产生创意。
>
> ——埃斯蒂尔·I.格林（Estill I. Green），贝尔电话实验室前副总裁

> 根据对全世界超过 10 000 名项目经理的抽样调查数据显示，超过 70%的项目都是使用持续学习和发现的项目解决方案过程才管理好的。
>
> ——罗伯特·K.威索基博士，EII 出版有限公司董事长

本章学习目标

通过学习本章内容，你应该能够：
- 了解何时使用极限项目管理或极度项目管理。
- 使用并调整极限 PMLC 模型。
- 预见并解决使用极限 PMLC 模型的潜在问题。

在复杂项目蓝图中，流行着三种不同的解决方案。在第 12 章中，我们已经学习了复杂敏捷项目管理中的解决方案。本章你将学习其他两种解决方案，即极限复杂项目和极度复杂项目管理中的解决方案。大部分极限和极度项目主要是研发项目。在 xPM 象限中的项目，其目标靠猜测，通常反映了提议者对于项目应该达到的理想化结束状态的想法。不可轻视这种猜测，第一种解决方案 xPM，针对的是以寻找解决方案为目标的项目。第 2 种解决方案 MPx，针对的是已知解决方案而寻找目标的项目。但也不必担心，我们会对此类项目时刻保持着警醒。

独特的价值命题

极限和极度项目与敏捷项目一样具有同样的价值命题。

13.1 复杂项目蓝图

在第 1 章"什么是项目"中,我们已经介绍了复杂项目蓝图,如图 13-1 所示。

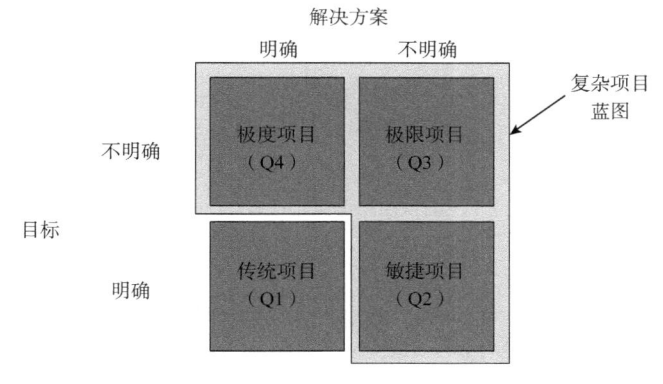

```
                解决方案
          明确          不明确
       ┌────────┬────────┐
  不明确│ 极度项目 │ 极限项目 │ ← 复杂项目
       │  (Q4)  │  (Q3)  │    蓝图
目标    ├────────┼────────┤
       │ 传统项目 │ 敏捷项目 │
  明确  │  (Q1)  │  (Q2)  │
       └────────┴────────┘
```

图 13-1 复杂项目蓝图

极限项目和极度项目彼此非常相似,尽管它们分享同一个 PMLC 模型,但角度不一样。极限项目有一个目标,尽管这个目标可能并不比期望的结束状态大(如治疗癌症),但它的解决方案是不可知的,或者是不能清晰定义的。经过几次迭代后,癌症治疗小组期望从几种治疗方案中提炼一种有可能产生商业价值的方案。极度项目正好相反。它有一个可知的解决方案,比如一个新的人力资源管理系统,但不知道这个方案能否解决什么突出的 HRM 问题。经过几次迭代后,HRM 系统开发团队期望提炼一种 HRM 系统的应用功能来找到可接受的商业价值,推动方案的实施。尽管它们的目标是不同的,但这两类项目应用了同一个 PMLC 模型。

13.2 什么是极限项目管理

极限项目管理(xPM)是第 2 章定义项目蓝图的 5 个模型中最没有结构,并且最具创造性的管理。极限项目的边界是项目蓝图中最远的,其不确定性和复杂性也是最高的,因此在所有项目类型中,极限项目的失败率也是最高的。较高的失败率是由于极限项目的本质造成的——这些项目在寻找从未有过的目标和解决方案。目标通常仅是经过努力可发现的不确定的期望结束状态的表达;解决方案常常完全没有被开发,最多时有几个可选的开始研究方向。即使及时获得解决方案,它也仅仅可用于修改目标说明。最终目标及解决方案的商业价值还是存在问题。这样的项目具有风险性,不是吗?寻找有商业价值的目标和解决方案,就像在一间黑暗的屋子里寻找一件东西,它不在这个房间里,但它有可能在另一间房子里,我们就是要想法找到另一间屋子。所以,xPM 项目主要的挑战是尽早结束几乎确定将会导致失败的方向选择,以节省资源、重新确定方向。

13.2.1 极限项目管理生命周期模型

极限 PMLC 模型是项目蓝图的 5 个主要模型中最复杂的一个。图 13-2 展现了一个极限 PMLC 模型。我们首先要注意这个模型是由阶段组成的，而且不断用线性方式重复所有阶段组（我在这个模型中将其称为阶段，以区别在本书前面提到的模型中的增量、迭代、周期）。如果决定进入下一阶段，这个阶段就开始于定义项目的变更方向。这样做的原因是刚结束的阶段可能建议让项目朝着与最初计划完全不同的方向推进以找到解决方案。通过重复范围阶段，你会发现目标可能由于项目推进的新方向而发生了变化。

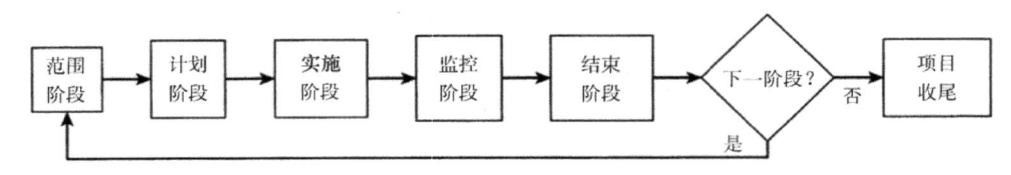

图 13-2　极限 PMLC 模型

13.2.2 定义

极限 PMLC 模型由一系列重复的阶段组成，每个阶段的建立都基于其对目标和解决方案的有限了解。每个阶段都从前一个阶段中学习，并对下一个阶段重新定向，试图寻找可接受的目标和解决方案。根据客户的意愿，一个阶段可能产生部分解决方案。每个阶段由 5 个过程组成，每个过程按照范围—计划—实施—监控—收尾的顺序执行一次。

实际上，一个阶段就是一个完整的项目生命周期，很像增量 PMLC 模型，但是你要在每个阶段结束时选择提交部分解决方案。

13.2.3 什么是极度项目管理

如果你还没有猜出来，那么我告诉你：Emertxe 就是 Extreme（极限）反过来拼写得到的。实际上，极度项目就是一个极限项目，但是要反过来做。你不是在寻找解决方案，而是在寻找目标。请原谅我做文字游戏，但这是这类项目最好的命名方法。

13.2.4 极度项目管理生命周期

极度 PMLC 模型和极限 PMLC 模型非常相像（见图 13-2）。我们在极限 PMLC 模型中所说的每件事在极度 PMLC 模型中都没有发生变化。

不同之处在于项目目标。极限 PMLC 模型开始于项目目标有很大商业价值，并要寻找一种方法（解决方案）实现商业价值。解决方案也许改变目标。如果修订目标仍具有很大商业价值，项目就宣告结束。极度 PMCL 模型开始于有解决方案但没目标。极度 PMLC 模型要回答的问题是："存在解决方案能达到且具有商业价值的目标吗？"

两种 PMLC 的共同点在于力求同时获得目标和解决方案，但是它们努力的角度不同——一个是找到解决方案，另一个是找到目标。

13.2.5　何时使用极度 PMLC 模型

任何通过在现有产品、服务或过程中加入新技术来寻找商业价值的项目，都可以选择极度 PMLC 模型。这里有两类项目必须使用这种模型：研发项目和问题—解决方案项目。

①研发项目。这是此类模型最明显的应用。对于这类项目，你要考虑如何让新技术为公司提供商业价值。寻找目标的努力，可能将你的团队带向一个显而易见的方向，也可能将他们带向一个非常令人困惑的方向。

②问题—解决方案项目。在大多数情况下，你会开始将适应性模型用于这类项目，为一个重要问题寻找解决方案。因此，目标要被明确而完整地给予说明，你正在开始寻找和定义一个完整解决方案之旅。项目开始不久，你和你的客户就得出结论——不太可能找到问题的完整解决方案。你可以放弃项目，但这可能不是一个可接受的决定。此时你也许接着问个问题：我能解决什么问题？现在的目标没有被明确说明，目标变得不清晰了。祝贺你，你现在已经满足极度项目的条件了，但是你还在使用适应性模型。你是要更换模型还是继续使用当前的模型？在当前情况下，两个模型有很大区别吗？你知道 APF 是适应性的。你能调整 APF 以应对现在的状况吗？

这些问题的答案很简单。继续使用引入探索泳道的策略，向着可能达到的程度，来完成当前的解决方案。你可以通过改变 APF 周期策略来增加探索泳道，以便尝试找到其他解决方案或者能够修补现有解决方案的其他方案。模型没有发生太大变化，你可以叫它适应性或极度模型——没有任何区别。

13.3　使用工具、模板和过程最大限度地提高极限 PMLC 模型的效率

这其中的关键在于营造一种环境，使团队成员能够不受阻碍地发挥其创造力，并且不受非增值工作的困扰。推崇敏捷的人士会说这种环境是轻快的而不是沉重的。

这一部分将很快地介绍一下极限 PMLC 模型的各个部分，带你看看如何使用或调整过程组工具、模板和过程，使极限项目团队获得最大收益。

13.3.1　确定下一阶段范围

范围过程组包括以下内容：
- 收集客户真正需求。
- 记录客户需求。
- 和客户讨论需求如何被满足。
- 编写 1 页纸的项目描述。
- 取得高层管理者的审批以进行项目计划。

结构松散的 COS 是下一阶段起点。不要做任何具体化的尝试，这不是极限项目的本质。如果这个阶段是项目的第一阶段，则要让大家关注对解决方案的高层级理念的研究。进一步定义可能性的时候会出现一些想法。它们是非常初级的想法，也必须被这样看待。在识别了一些可能性后，要启动更多的探索泳道来深挖这些想法的可行性。这些想法只要有效，POS 就可能简单到只有几段话，但它会很快和经常被取代。真正进行阶段计划要由客户批准。

13.3.2 规划下一阶段

规划过程组包括以下内容：
- 定义项目所有工作。
- 评估完成工作的时间。
- 评估完成工作所需的资源。
- 评估工作的整体成本。
- 对工作进行时间排序。
- 建立初步项目进度。
- 分析并调整项目进度。
- 编写风险管理计划。
- 记录项目计划。
- 获得高级管理层批准以实施项目。

在 xPM 项目中，计划是一个两层次过程。第一个层次是满足高层管理者要求，获得项目的批准。获得批准后，计划就进入阶段层次。阶段层次是第二个层次。在阶段层次，计划就是决定哪个探索泳道有效，并且在阶段时间内能够完成。所以，你不需要制订特别详细的计划，只要是在泳道级别完成的计划即可。子团队会计划要做什么及谁来完成。在项目早期，不要给团队增加无用的计划文档和报告工作，要让他们自由地采用自己的方法来完成泳道任务。详细的关联图通常也不需要准备。但是团队成员之间应该有口头沟通，以交流泳道状态。

xPM 项目的风险很高，需要一个持续更新的计划。和 APM 项目一样，在 xPM 项目中，你要指定一个团队成员来监控计划。计划本身和其他类型的项目计划有不同的特点。这里有一个我曾成功使用的风险计划，即在你能识别的解决方案应包含的需求或功能范围内，在考虑实施时从最大风险到最小风险进行优先排序。早期阶段会自上而下地关注清单中的风险。如果你能分解风险需求或功能，你就能将其他需求或功能分解到列表的更低级别。当然，在有新的经验或发现时，这个列表要及时变更。经常解决项目最具风险的部分也是重要的。

13.3.3 实施下一阶段

实施过程组包括以下内容：
- 组建项目团队。
- 编写项目描述文档。
- 建立项目运转规则。
- 建立范围变更管理过程。
- 管理团队沟通。
- 确定项目进度。
- 编写工作包。

我认为这里的工作和 APM 项目完全一样（参见第 10 章）。你可以一次完成各项工作，然后就把它们忘掉。你不需要范围变更过程。你需要使用实施阶段决定如何处理范围变更请求。

13.3.4 监控下一阶段

监控过程组包括以下内容：
- 建立项目绩效和汇报体系。
- 监督项目绩效。
- 监督项目风险。
- 报告项目状态。
- 处理范围变更请求。
- 发现并解决问题。

如果你能有效地召开每天 15 分钟的团队会议，我认为就不需要其他监控方式。我还是坚定地认为不要干预创造性过程。作为项目经理，你的主要职责是激励和推动团队，别挡着他们前进的道路。

13.3.5 结束阶段

第 10 章对 APM 项目提出的建议在这里同样适用。

13.3.6 决定实施下一阶段

我要再次强调，这是客户驱动的决策过程，总想把项目抓在手里是没有意义的。如果在第一个阶段结束时取得的可接受的解决方案没有明显进展，则要认真考虑是否取消项目并从其他方向重新开始。你需要节省时间和金钱来从事更有成果的工作。

13.3.7 结束项目

收尾过程组包括以下内容：

- 得到客户已经满足项目需求的确认。
- 计划和安装交付物。
- 编写最终项目报告。
- 进行项目后审计。

第 10 章对 APM 项目提出的建议在这里同样适用。

13.4 使用工具、模板和过程最大限度地提高 xPM 和 MPx 效率

这其中的关键在于营造一种环境，使团队成员能够不受阻碍地发挥其创造力，并且不受非增值工作的困扰。推崇敏捷的人士会说这种环境是轻快的而不是沉重的。

这一部分将很快地介绍一下极限 PMLC 模型的各个部分，带你看看如何使用或调整过程组工具、模板和过程，使 xPM 项目团队获得最大收益。

13.4.1 确定下一阶段范围

范围过程组包括以下内容：

- 收集客户真正需求。
- 记录客户需求。
- 和客户讨论需求如何被满足。
- 编写 1 页纸的项目描述。
- 取得高层管理层的审批以进行项目计划。

结构松散的 COS 是下一阶段起点。不要做任何具体化的尝试，这不是 xPM 项目的本质。

如果这个阶段是项目的第一阶段，则要让大家关注对解决方案的高层级理念的研究。进一步定义可能性的时候会出现一些想法。它们是非常初级的想法，也必须被这样看待。在识别了一些可能性后，要启动更多的探索泳道来深挖这些想法的可行性。这些想法只要有效，POS 就可能简单到只有几段话，但它会很快和经常被取代。真正进行阶段计划要由客户批准。

13.4.2 规划下一阶段

规划过程组包括以下内容：

- 定义项目所有工作。
- 建立初步项目进度。

- 评估完成工作的时间。
- 评估完成工作所需的资源。
- 评估工作的整体成本。
- 对工作进行时间排序。
- 分析并调整项目进度。
- 编写风险管理计划。
- 记录项目计划。
- 获得高级管理层批准以实施项目。

在 xPM 项目中，计划是一个两层次过程。第一个层次是满足高层管理者要求，获得项目的批准。获得批准后，计划就进入阶段层次。阶段层次是第二个层次。在阶段层次，计划就是决定哪个探索泳道有效，并且在阶段时间内能够完成。所以，你不需要制订特别详细的计划，只要是在泳道级别完成的计划即可。子团队会计划要做什么及谁来完成。在项目早期，不要给团队增加无用的计划文档和报告工作，要让他们自由地采用自己的方法来完成泳道任务。详细的关联图通常也不需要准备。但是团队成员之间应该有口头沟通，以交流泳道状态。

xPM 项目的风险很高，需要一个持续更新的计划。和 APM 项目一样，在 xPM 项目中，你要指定一个团队成员来监控计划。计划本身和其他类型的项目计划有不同的特点。这里有一个我曾成功使用的风险计划，即在你能识别的解决方案应包含的需求或功能范围内，在考虑实施时从最大风险到最小风险进行优先排序。早期阶段会自上而下地关注清单中的风险。如果你能分解风险需求或功能，你就能将其他需求或功能分解到列表的更低级别。当然，在有新的经验或发现时，这个列表要及时变更。经常解决项目最具风险的部分也是重要的。

13.4.3　实施下一阶段

实施过程组包括以下内容：

- 组建项目团队。
- 编写项目描述文档。
- 建立项目运转规则。
- 建立范围变更管理过程。
- 管理团队沟通。
- 确定项目进度。
- 编写工作包。

你可以一次完成各项工作，然后就把它们忘掉。你不需要范围变更过程。你需要使用实施阶段决定如何处理范围变更请求。

13.4.4　监控下一阶段

监控过程组包括以下内容：

- 建立项目绩效和汇报体系。
- 监督项目绩效。
- 监督项目风险。
- 报告项目状态。
- 处理范围变更请求。
- 发现并解决问题。

如果你能有效地召开每天 15 分钟的团队会议，我认为就不需要其他监控方式。我还是坚定地认为不要干预创造性过程。作为项目经理，你的主要职责是激励和推动团队，别挡着他们前进的道路。

13.4.5 结束阶段

第 12 章对 APM 项目提出的建议在这里同样适用。

13.4.6 决定实施下一阶段

我要再次强调，这是客户驱动的决策过程，总想把项目抓在手里是没有意义的。如果在第一个阶段结束时取得的可接受的解决方案没有明显进展，则要认真考虑是否取消项目并从其他方向重新开始。你需要节省时间和金钱来从事更有成果的工作。

13.4.7 结束项目

收尾过程组包括以下内容：
- 得到客户已经满足项目需求的确认。
- 计划和安装交付物。
- 编写最终项目报告。
- 进行项目后审计。

第 12 章对 APM 项目提出的建议在这里同样适用。

讨论题

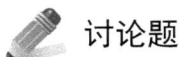

1. 适应性 PMLC 模型和极限 PMLC 模型的相同和不同之处在哪里？请详细说明。

2. 如果要你在适应性和极限 PMLC 模型之间做出选择，你会选哪一个？为什么？一个项目中，是否会有条件很明确地建议使用一种模型而不使用另一种模型？说明你的理由。

第14章
混合项目管理框架
Hybrid Project Management Framework

目前只有 1%~2% 的组织处于（CMMI）成熟度 3 级，能够始终坚持一致性过程。

——马克·穆拉利

我们并未被迫墨守成规。

——J.格奥尔格·贝德诺尔茨，IBM 研究员及诺贝尔奖获得者

本章学习目标

通过学习本章内容，你应该能够：
- 理解混合项目的实际形式。
- 知道三阶段混合项目管理框架的概念。
- 知道混合项目经理的两种类型。
- 知道混合项目经理的预期。
- 使用有效的复杂项目管理框架的 12 个步骤。
- 能够将 ECPM 框架嵌入 TPM 项目。
- 知道联席经理模式的重要性。
- 知道项目支持办公室的作用。

上面马克·穆拉利的话可能让人产生疑惑：其他 98% 的组织在做什么呢？它们所使用的方法非常宽泛，可能是不规范的"自娱自乐"模型，也可能是一个商业模型经过仔细设计和监控后的改编版。ECPM 框架创设了一种强健的项目管理环境，并通过商业挑战和团队创造力而蓬勃发展起来，并把变更过程当作发现解决方案和坚定信念的驱动器。

独特的价值命题
• 联席经理模式。 • 定制的头脑风暴过程。 • 捆绑式变更管理过程。 • 用经过验证的工具、模板及过程组合，以便建立并能持续适应所选的 PMLC 模型。

14.1 什么是混合项目

图 13-1 显示的是项目蓝图。复杂项目四象限是本书的基本点。马克·穆拉利说，在 CMMI 成熟度 3 级进行项目管理的组织不到 2%。难道你不想知道剩下的 98% 的组织都在干什么吗？我将从一个高层级来描述一下。

混合 PMLC 模型主要应用于复杂项目四象限内的项目。全球范围的调查数据表明，超过 80% 的项目都处于复杂项目蓝图中的三个象限内。一些复杂项目与既有的 PMLC 模型不符合。项目经理们知道这一情况，并试图将 PMLC 模型进行改编以适合项目的具体情况和条件。但改编的模型使用得并不好。这些定制化的方法就是混合 PMLC 模型。文档资料里不会有这个，因为它们针对具体项目需求，独一无二，并常常包含组织业务过程，很少有文字存档，而且可能都有专利。

14.1.1 什么是混合项目管理

如上所述，如果另外那 98% 的项目经理都没有在成熟度 3 级或以上进行项目管理，他们都在做什么呢？有些人，可能是在"自娱自乐"，希望这个数字很小。另一个极端是，项目经理必须遵循由项目管理办公室设计的模型，并受到合规监督。在这两个极端之间的是我所说的混合项目管理。这个特意造出的词有力地表明了 HPM 的组成是什么，与其说它是一个模型，不如说它是一个框架，它可以用来设计出一种模型，且可以和具体项目的特性和环境相适应。

> **定义：混合项目管理**
>
> 混合项目管理是一种项目管理的方法，基于：
> - 项目的物理及行为特性。
> - 项目的组织文化和环境。
> - 在供需市场的动态条件下，利用已经验证的工具、模板及过程组合，专门针对各自项目需求设计的一种项目管理方法。

14.1.2 强健的混合 PMLC 模型

图 14-1 从高层级对强健的混合项目管理生命周期框架进行描述。无论你用哪种模型或方法管理项目，这三个阶段都适用。在不清楚解决方案或目标细节的情况下，这一框架比敏捷或极限模型更有用。这个框架可以引导你穿越任何独特项目中的未知领域。出于种种原因，在有些情况下，商业上已有的模型或组织内使用的模型都不适合项目情况。混合 PMLC 框架正是为这些情况而设计的。记住，这些混合模式的关注点依然是发现解决方案。混合模式的每一次迭代，不仅要完成新定义的功能和特点任务，也要通过发现功能和特点进一步确定解决方案。

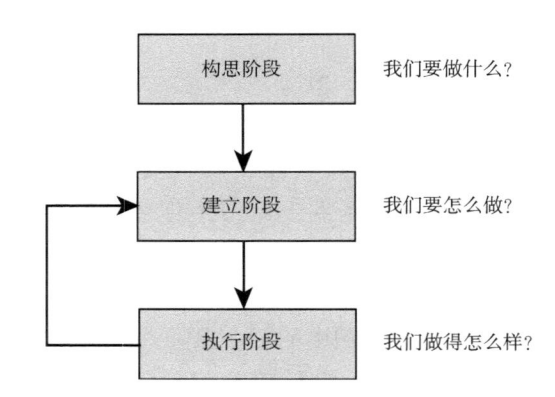

图 14-1　强健的混合项目管理模型

1. 构思阶段

因为对解决方案知之甚少，因此构思阶段是 PMLC 模型的高层级活动。对于混合 PMLC 模型而言，构思活动仅设定了边界及高层级参数，它们奠定了继续学习和发现的基础。构思阶段回答了如下问题：

①项目将要处理的商业情景是什么？
②处理这种商业情景需要做什么？
③你将做什么？
④你将如何去做？
⑤你如何知道目标是否实现？

2. 建立阶段

混合 PMLC 模型在这一阶段，整个项目的大致计划已经完成，第一或下一个迭代已经详细计划。做好计划要依赖下列因素：

- 项目及其绩效变化。
- 项目执行的当前环境。
- 竞争者变化、新兴技术、新产品/服务、需要的轮班情况。

高层级计划一般是构思阶段的一部分。基于将在未来周期内建立的功能性和特征，就可以制订详细计划。这一计划会使用组织定义的所有已经验证的工具、模板及过程。

3. 执行阶段

执行阶段通常包含的工作内容有建立团队工作规则、决策过程、冲突管理、团队会议及解决问题的方法。

在项目执行中，将会有适合当前版本的监控功能。同时也需要维护项目绩效矩阵中积累的历史信息。这些矩阵应该让项目团队知晓这样的信息：将要产生的可接受解决方案的收集速度。变化频率、变化严重程度及相似的矩阵，这些信息都很重要。作为控制功能的一部分，团队将收集和记录所学所察。所有变更请求也应保留下来，作为未来过程调整的参考。

在所有项目工作内容完成后，将会进行成功标准验证，可交付物安装及项目后审计。

14.2 什么是混合项目经理

为了与本章内容相呼应，我把混合项目经理（Hybrid Project Manager，HPMgr）分为两种。
- 临时项目经理（Occasional Project Manager，OPM）。
- 职业项目经理（Career Project Manager，CPM）。

14.2.1 临时项目经理

第一类项目经理为临时项目经理，有时也被称为偶然或暂时项目经理。对于OPM而言，项目管理是其工具库中的一种工具。他们主要对功能业务领域或行业感兴趣。他们中很少是PMI或其他项目管理专业协会的成员。他们对在名字前加个PMP的称呼没有兴趣。基于此种不同，OPM的项目管理方式很明显与典型的项目经理也不同。OPM执行混合项目管理的角度和典型的项目经理也完全不同。

典型的OPM创造独特管理方法的能力有限，可能只能对既有模型进行适应性调整。如果他们选择的是使用或者调整既有的PMLC模型，他们用的可能是别人开发的模型并得到其组织的支持。如果由于任何原因他们没能遵循既有模型，他们就无法工作，或者将其项目强行塞进既有项目管理流程中，把项目引入歧途。

14.2.2 职业项目经理

第二种类型的项目经理为职业项目经理。他们可能是专业协会成员，如项目管理协会，并取得像PMP这样的专业资格。项目管理是他们的嗜好。他们通常对改进所使用的过程及这些过程的实践感兴趣，并对自己的经验教训进行了总结。此类书和文章不胜枚举。这类项目经理会基于已确定的过程和实践经验来实施HPM。

当我们研究HPM的构成细节时，我们会从不同项目经理的角度出发。OPM和CPM的需求不同，管理项目的方法也不同。

一位CPM不会限于之前存在的项目管理方法，甚至是那些他们在前一个项目自己创造的方法。当发现项目特殊情况无法符合既有模型时，他们或是调整既有模型，或是创造一个新的模型以符合项目特性。CPM不会依赖于任何具体方法，他们总是从自己当下的实际状况来做出选择。

14.2.3 混合项目经理

HPMgr可能是一名OPM，也可能是一名CPM。HPMgr在遇到一些项目管理的特定状况时，需要使用混合方法。他们有两种选择：将既有的PMLC模型进行适应性调整以适应项目的具体需要，或者利用他们熟悉的或从前使用过的工具、模板和过程创造一种独一无二的管理方法。

毋庸置疑，这两种类型的 HPMgrs 都是需要的。在某些情况下，一名 OPM 可能是一位有抱负的 CPM，需要为其业务部门提供项目管理。在通常情况下，CPM 这一角色是通过经验和名声获得的。除在专业技能上（一般项目管理过程和实践很普遍）接受培训外，在工作中接受培训可能是成为一名 CPM 最合理的方式了。这一职业发展道路可以被称为"火线考验"或"艰苦磨炼"。

从现实意义上而言，让一个 OPM 跟着 CPM 学，可能不实际，或者让人力资源感到紧张。在业务部门内，可能没有一名 CPM 能指导 OPM。在通常情况下，项目可能是这位 OPM 或业务部门的第一个项目。业务部门的规模及项目管理的需求程度可能是决定 OPM 及 CPM 资源宽度及深度的主要因素。

在传统项目象限内的标准化重复项目中，业务部门通常会使用 OPM。通过过去的项目，OPM 已获得了必要的项目管理技能。但你的业务部门也许有在复杂项目象限中的项目，对于这些项目而言，就需要 CPM。除大型组织外，CPM 骨干可能与项目支持办公室联盟，从而被指派到项目中去。

在某种程度上，在业务部门的项目组合中，会将 OPM 和 CPM 混合使用。在大多数情况下，CPM 骨干可能仅有少量的 OPM。项目未来前景决定了当前员工的职业发展道路。业务部门的经理会想着与 OPM 骨干结盟，以满足为其所在业务部门承担的当前项目和未来项目组合管理的需要。

作为一名 OPM，你可能成不了你想要成为的那种类型的 OPM。而你的工作特性又明确要求你必须成为那种类型的 OPM。在一个小的业务部门内，可能只有一个职位具备项目管理责任。谁在这个位置，谁就必须发展必要的 OPM 技巧。在给一个项目指派 OPM 时，业务部门经理可能不会从他们管理的 OPM 和 CPM 骨干中仔细挑选。只要那个项目需要一名项目经理，而你又正好是 OPM，你可能就会随时被指派上任。所以，你要随时准备着！

1. 遵循及创造菜谱

你要怎样做准备呢？让我们从菜谱中来学习吧。你是愿意按照菜谱做菜，还是自己独创一套菜谱？据《韦氏新世界词典》定义，主厨是"厨房里的头，他是餐厅厨房里的责任厨师，他是大厨"。厨师则是为餐饮准备食物的人。这些定义给了我们"思考的食粮"。

OPM 类厨师需要引领项目，并通常拥有一个小的项目团队。然而，OPM 类厨师可能还不具备教授、示范正确行为，以及了解现实的经验和知识。获得这些技能都需要经历。经历是不可替代的。然而，我们想提供一种框架，可使 OPM 类厨师加速学习曲线，尽快达到领导力的某种层次，以便他们可以快速成长为 OPM 类主厨，获得管理变化的能力和以敏捷方式克服困难的能力。

在某种程度上，OPM 类主厨就是 OPM 类厨师的导师。OPM 类主厨虽然拥有更多的经验，但仍然需要一个框架，可让他们通过一种允许变化的标准化方式应用经验和知识。OPM 框架内的工具、模板和过程可以为 OPM 类厨师和主厨提供标准，同时也可适应 OPM 项目持续变化的蓝图。

现在我们继续深究一下创新菜谱或者遵循菜谱的想法。《韦氏新世界词典》将菜谱定义为准备"一道菜或饮料"的材料或操作清单；为达成某事的任何程序。

作为一名"在家"烹饪的厨师，我需要那个"材料或操作清单列表"以及烹饪的程序。但我还需要一些别的东西。

我有菜谱，但我发现我的小苏打不够了，怎么办？我能不能用发酵粉替代？试过以后，我知道两种的结果不一样。我缺乏经验，不知道是能够替代，还是我需要暂停项目，跑去买缺失的材料？

2．混合项目经理的特点

尽管 OPM 的数量远远高于 CPM 的数量，但他们的需求基本上完全被忽略。这让人无法接受，因为作为一群专业人士，他们对于企业和组织项目的贡献是无可衡量的。大部分中小企业和组织没有支持 CPM 骨干的预算，因此 OPM 完成了各种项目及活动。

3．什么是混合项目经理想要的

一名 HPMgr 想走一条"无固定过程阻碍的道路"，并期望能完全控制它。他们避免无增值的工作，无论他们是否自知，他们本质上是"精益实践者"。然而，如果没有结构性的指导，他们的"精益实践"可能在无意当中将他们和他们的业务部门置于不利之地。他们的项目管理过程并非固定，而是由他们进行了适应性的调整，以适合手头的项目。惯例和既有做法不太重要。重要的是完成项目，让项目发起人（通常是管理层）满意。在理想状态下，他们的项目管理环境特点有如下 12 种基本参数。

①直觉性工具、模板以及过程的组合。OPM 不会在意是否使用由 PMO 维护的工具、模板和过程，也不愿意参加太严格的项目管理培训。他们凭直觉随手选择工具、模板和过程，拿起就用。这意味着 OPM 的工具、模板和过程组合必须是 CPM 使用过的最新版，或者由 PMO 测量后的可替代版。

②最少的文档和报告。OPM 不会在意程序化的文件归档和更新任何详细的绩效或状态报告。他们贴近项目，完全了解过程和绩效，能确定行动的今后进程。他们愿意面对面地向各自的主管汇报。OPM 的文档可能很简单：一页纸的执行总结和一个描述项目"按时按预算"完成的基础报告，或者为什么没有完成的最基本原因。这通常是所有项目发起人想要的。如前所述，项目发起人通常是繁忙管理层中的一员，他们只想知道项目的最新状况——"好还是不好"。

③最小化无增值工作和避免浪费。无增值活动耗费资源，对项目或项目发起人及客户定义的产品的价值没有什么直接贡献。本章对于浪费的定义：
- 任何对项目没有增值的。
- 任何对符合客户满意无帮助的。
- 任何客户不愿意支付的。
- 任何你可以从项目中移除而不会对期望的最终结果有负面影响的。

④精益系统视角。通过持续改进所有产品和服务，从系统角度对浪费和无增值活动进行识别和排除，对于 HPMgr 而言非常关键。这要依赖员工参与、标准化、问题解决和以客户为中心的团队文化。

⑤满足项目需求的工具、模板和过程的灵活性及适应性。工具、模板和过程怎样组合，对于 HPMgr 而言是各有千秋的。他们会审查由 PMO 提供的组合是否适合当前的项目。除 PMO 提供的组合之外，他们还可能用经自己验证且管用的组合。

⑥理解传统、敏捷和极限项目管理过程的操作。在项目蓝图中，多数都是复杂项目，需要敏捷和极限项目管理过程才能成功完成。使用传统过程并不能管理复杂项目。没有 PMO 的指导，OPM 有可能强硬地用传统 PM 过程去管理复杂项目，无意中导致项目失败。

⑦按要求和当被要求时，有教练、顾问和导师。没人期望 HPMgr 是个英雄，他只是一名项目经理，但他应该明白，其他人的贡献可以有助于他们的项目走向成功。在需要时，他们必须愿意接受他人的建议和咨询。但项目仍然是由 HPMgr 负责的。

⑧支持性的 PSO，而非合规监控性的 PMO。如果项目支持办公室不能创造一种环境，真心地支持 OPM，随时准备为他们服务，那么 PSO 就会让寻求帮助的 HPMgr 失望。OPM 需要的是经常性的帮助，CPM 需要的是经常性的咨询支持。

⑨有效的相关方参与。相关方的参与是困扰 HPMgr 最重要也是最容易被忽视的概念之一。相关方可以对 HPM 项目产生积极或消极的影响。对 HPMgr 项目产生积极影响的相关方，他们热情地投入项目中，推动项目走向成功。另一些对 HPMgr 项目产生影响的相关方，不仅不参与项目，而且还提出反对意见，对项目执行造成潜在障碍。相关方的参与不仅仅只是识别和总结，它的深远意义是有效协作。

⑩主题专家的合作性参与。很多核心的项目管理文章都很大程度上忽略了合作这一理念。"将他人纳入对话中"的方法论是 HPMgr 项目成功的关键。因为 HPMgr 并非传统意义上的项目经理，可能职衔上都没有"项目经理"的字眼，他通常只有一个兼职或人数有限的项目团队。因此，OPM 可能更依赖主题专家，以帮助他做决策。同这些 SME 的合作可以让 HPMgr 在管理项目中走得更远，获取更多的知识源，产生更大的影响力。

⑪与商业分析师建立伙伴关系。每个项目都有两个明显的部分：一部分是 HPMgr 提供和管理的过程，另一部分是这个过程设计的可交付产品。在设计方案时，把产品开发的管理工作指派给 HPMgr 比指派给商业分析师更好，因为 HPMgr 有丰富的产品知识，知道如何实现产品功能。这样的机会不应被忽略。HPMgr 的多领域知识筹备有益于他们做出更正确的决策。

⑫风险评估和风险减轻策略。HPMgr 可以通过使用之前讨论过的工具、模板和过程进行风险评估及选择减轻策略。通过鼓励项目团队、相关方和 SME 的积极参与，HPMgr 可以找到最佳机会去减轻不合理的风险，平衡合理风险。记住，树立"不要独自面对"的理念是关键。

14.3 有效的复杂项目管理框架的缘起

20 世纪 90 年代，在 ECPM 框架初版引入之前，我们公司正在同时为两个独立的客户服务。一个是新产品设计项目，另一个是过程改进项目。两种项目唯一的共同点是客户都不知道如何确认能达到他们明确陈述目标的最终解决方案。每个项目的目标都非常清楚，如何实现这些目标却不清楚（解决方案不清楚）。现在，我们可以把这些项目正确地归属在项目蓝图的"象限 2"的复杂项目中。

很显然，两种项目都需要某种类型的敏捷方法。然而两种项目都不全是软件开发项目，那个时候，既有的所有敏捷方法都是为软件开发项目设计的。有些项目经理可以适当调整他们的软件开发过程加以适应。结果有好有坏，可交付成果一般是相互妥协。我深感需要开发一种强健的管理方法，能用在这些非软件类开发项目上。

这一情况让我开始思考现实，即我们都把项目定义为独一无二的，每一个项目的条件不会在同样的情景下重复出现。这一描述无疑是正确的。但不明确的地方在于，那么为什么这些独特项目的最佳项目管理方法不是独一无二的呢？我们并不生活在"一尺量天下"的项目管理环境中。有些组织试图统一推行单一的方法论，结果是惨遭失败。它们学到了沉痛且昂贵的一课。

20 世纪 90 年代项目的结果让人吃惊，这两种项目开始的时候好像都可以使用同样的项目管理方法，实际上，却产生完全不同的项目管理结果。这让我开始了寻解之路，最终在 1994 年开发出了 ECPM，20 年的运用后，又开发出了第二代 ECPM。

14.3.1 ECPM 包括什么

ECPM 包括所有你需要交付的一个成功复杂项目所需"菜谱"的原料。原料的组合包括已被验证的工具、模板和过程。我们有时候会经常说到它，而且会称它为"ECPM 工具箱"。

每个 ECPM 项目包括的内容有：
- 从一个未解的商业问题/机会开始。
- 策划一个商业项目来验证项目投资。
- 获取可接受解决方案的高层级要求。
- 选择最适的 PMLC 模型模板。
- 评估商业问题/机会的特点。
- 评估内外环境对项目的影响。
- 对所选的 PMLC 模型模板进行调整，以适应当前的环境条件。
- 执行项目。
- 维持所选 PMLC 模型模板与项目的变化属性一致，直到项目完成。

> **提示** ECPM 工具箱的内容
>
> ECPM 工具箱是组织为创建和维护项目管理生命周期模型而将要使用的已经验证的工具、模板和过程的组合。这些模板用于具体项目的成功管理。ECPM 工具箱可能包括：
> - 知识体系（PMBOK、PRINCE2、微软解决方案框架）。
> - PMLC 模型模板的具体组合（Scrum、FDD、DSDM、PRINCE2、RUP 等）。
> - 工具、模板和过程。
> - 定制报告（项目概要说明书、项目建议书、挣值分析、里程碑趋势图、燃尽图）。
> - 业务流程模型。
> - 专业人员培养计划。
> - 解决问题模型。
> - 决策过程。
> - RASCI 矩阵。
> - 组织需要的其他项目管理业务流程。

首先，要记住 ECPM 并非一种方法论。如果你是名厨师，需要有人给你一份菜谱来管理你的项目，ECPM 并不适合，因为它没有任何菜谱，没有人会告诉你要做什么。然而，如果你是名主厨，准备为管理项目制定一份最佳方法的菜谱，那么 ECPM 就是你的最佳选择。实际上，在现有文献中，ECPM 也是你可找到的唯一选择。

ECPM 框架含有 ECPM 工具箱，其内容对于 HPMgr 并不陌生。组织内的 ECPM 工具箱的详细内容对于每个组织的需求而言都是独一无二的。你的复杂项目团队将利用这一 ECPM 工具箱对项目进行定义、分析和计划，并持续地为要实施的项目匹配最优 PMLC 模型模板。这一过程持续整个项目生命周期。为满足主厨需要，ECPM 必须从所有项目管理过程模板中理性地进行选择和调整，建立最优匹配。ECPM 也最适合进行这种匹配。随着项目管理过程数量的增加，ECPM 工具箱的宽度和深度也进一步增加。对每个组织而言，ECPM 工具箱的深度开发是一个过程优化项目，永远都不会结束。如波尔多红酒一般，ECPM 环境只会随着时间推移越来越绵厚。

14.3.2 ECPM 过程流

如果你把 ECPM 看作决策模型，其目标是在现有的项目管理模型之外，再去设计一个项目管理模型，那么你对 ECPM 的解读就有了一个良好的开端，它会让你所有复杂项目管理的方法发生革命性的变化。我开始的假设是项目都是独一无二的，对他们进行管理的最佳方法也一样。没什么菜谱，只有可以为这些独特且永远变化的项目设计菜谱的项目管理专家。他们就是 ECPM "主厨"。有效的复杂项目管理并非通过遵循预订的菜谱完成的。有效的复杂项目管理只能是一开始设计一个适用于具体项目的项目管理方法，然后遵循它，并且假设在项目完成之前，这一方法会发生变化。但这就是 ECPM 指导下的项目特质！因此，ECPM 项目经理必须是一位富有创造力和勇气的领导者，绝不会是一位跟随者。

ECPM 包含三个独立的阶段：项目构思（1～3 步）、项目建立（4～7 步）及项目执行（8～12 步）。

- **项目构思阶段**。ECPM 起始于一个未经验证的想法，即解决识别出的问题或是利用未开发的商业机会的可能性，最后以一份简要的项目策划书而结束。关口#1 在 POS 得到批准后接受，并获得授权进入项目建立阶段。
- **项目建立阶段**。决定执行项目管理的最佳方法论，并确定如何将其调整为管理手上具体项目的最适方法。在 PMLC 模型配适后，就通过了关口#2，并可开始进入项目执行阶段。
- **项目执行阶段**。使用项目建立阶段中确定的最适方法开始执行项目，并不断地反馈调整，以便在整个项目生命周期维护方法与项目变化的最适匹配。高层项目计划批准后，通过了关口#3，可用使用预算开始实施项目了。

图 14-2 展示了图 14-1 中显示的三阶段、确认这三阶段的 12 个步骤和连接项目执行阶段的第 11 步及项目建立阶段的第 5 步的反馈关系。

ECPM 包含三个独立的关口：

- 关口#1。项目构思阶段的可交付成果是 POS。POS 的目的之一是获得发起人的批准，继续进入项目建立阶段，明确了完成项目建立阶段所需的最少资源。意味着从成功项目可能交付的商业价值角度看，项目有效性的商务方案已经获得了证明。
- 关口#2。在关口#2 获得批准是为了确认 PMLC 的可操作性及获取资源完成项目计划。这不是批准实施项目。实施项目是后面的事。
- 关口#3。对于 TPM 类项目，关口#3 的批准就是执行项目计划前的最后一个批准，对于复杂项目，关口#3 的批准是进入下一轮计划前的最后一个批准。

每个关口都是项目生命周期的一个里程碑事件，提供了让高层管理者、发起人及客户审查的机会。

14.3.3　项目构思阶段

必须先有一个简单和直觉性的过程，以便企业每一位创造商业价值的人，都会提出自己的想法，不用提供任何预先的分析，也没有文档格式要求。

①步骤 1：进行商业论证。在发起人的推动下，客户和项目经理（可能）一起参与，开始进行商业论证，并形成文档。商业论证包括以下过程：

- 明确要解决的问题或未开发的机会。
- 识别可选择的解决方案。
- 收集与每个可选择的解决方案相关的数据。
- 对可选方案进行分析、优先级排序，最终选择一个方案。
- 对所选的方案进行归档。

这没什么新鲜的。每个 ECPM 都是由商业论证开始的。它要弄清楚项目是"什么"，"为什么"要做这个项目，项目有什么商业价值。为达成此目的，它至少要完成上述那些任务，才能进一步制订与具体的企业流程和实际情况相匹配的项目方案。

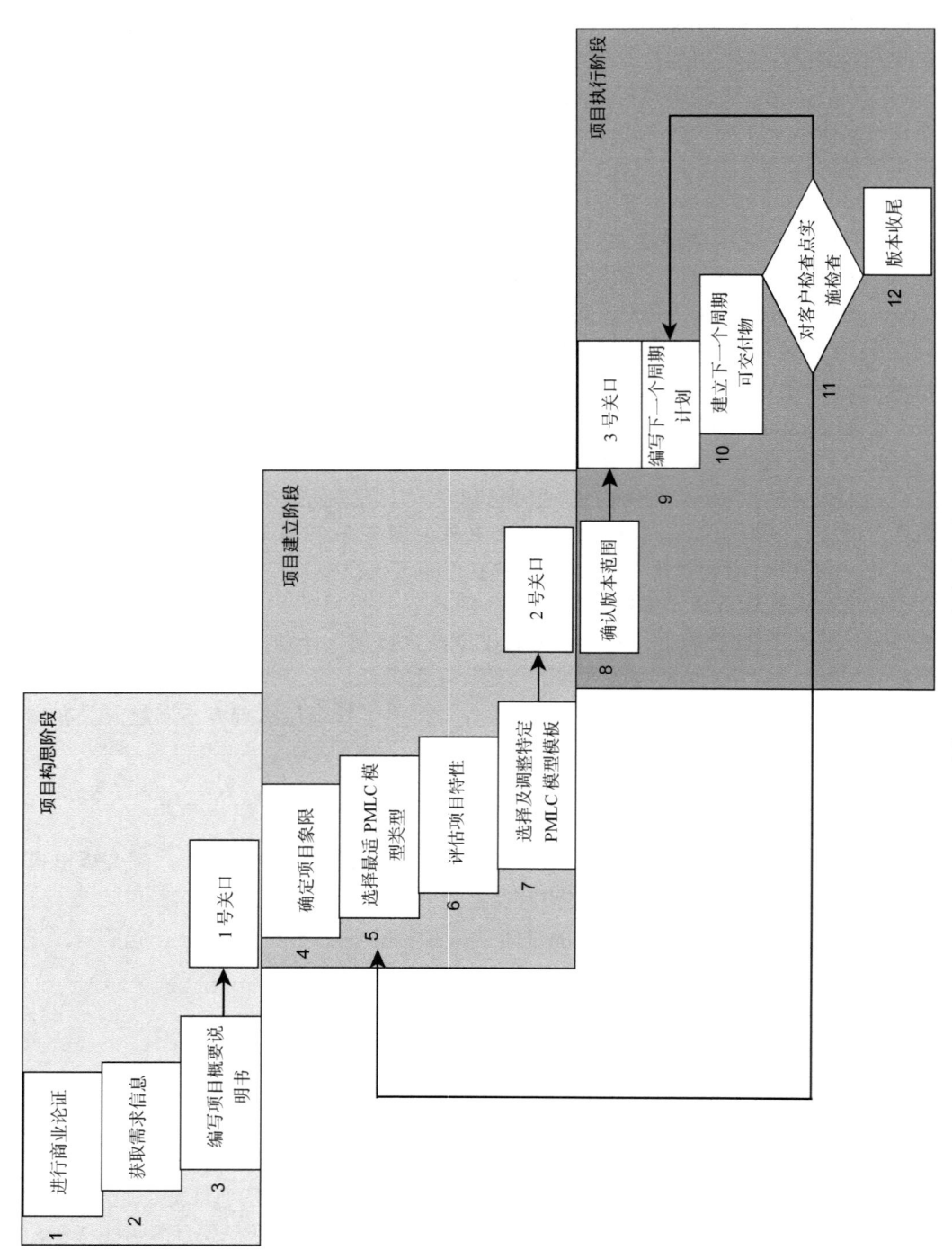

图 14-2 ECPM 框架过程流

② 步骤 2：获取需求信息。在一个 ECPM 项目中，获取需求信息分两部分工作。第一部分工作是收集一个可接受的解决方案必须满足的必要和充足的高层级需求清单。这个清单一般会记录在构思阶段步骤 3（编写项目概要说明书）。获取需求信息的第二部分工作会在 ECPM 执行阶段步骤 8（确认版本范围）中出现。在步骤 8 中，高层级的需求会被分解，以便更好地理解定义这些需求的功能和特征。这就是需求分解结构，说明了必须做什么，但没说如何去做。然后 RBS 进一步被分解为工作分解结构。WBS 明确了如何做才能创造项目交付成果。RBS 和 WBS 在 ECPM 各项目周期中反复迭代进行。

如果项目情况简单，上述第一部分工作就可满足条件。如果项目情况复杂，则要从多个需求信息获取方法中选择一种。

③ 步骤 3：编写项目概要说明书。这是一份分为五部分但只有一页纸的文档。具体包括：
- 商业问题或未开发机会的说明书。
- 项目目的。
- 项目目标或高层解决方案需求。
- 量化商业价值及成功标准矩阵。
- 风险、假设、障碍。

项目概要说明书用商业语言编写，以便组织中任何一位有机会参阅 POS 的人都能准确理解其含义。

14.3.4　项目建立阶段

POS 是这个过程中的输入，用以确定项目是否值得进入下一步的研究。若需要，发起人会配备资源并授权进行项目规划。有 POS 作为输入，项目建立阶段剩下的步骤包含项目归类，从线性、增量、迭代、混合和极限项目类型中选出最适的项目；在选好的项目内，选择一种特定的 PMLC 模型模板，以便与项目特性和内/外部环境相匹配。

项目建立阶段包含四步。这和许多组织中使用的方法完全不同。实际上，许多是在无意识的情况下发生的。他们的项目管理方法组合仅限于几种选择，基本不需要分析和关口仪式就建立了项目。

> **警告**　标准的瀑布式和 Scrum 是许多组织内 PMLC 模型模板组合的唯一项目管理方法论。若要 ECPM 有效，这么做就太过局限了。

④ 步骤 4：确认项目象限。基于对目标和解决方案的初步理解，项目可被归入图 13-1 所示的四象限项目蓝图中的适当象限内。

⑤ 步骤 5：选择最适 PMLC 模型模板。线性、增量、迭代、混合或极限类型（见图 14-3）中有几种具体的 PMLC 模型模板。

每个企业都有自己的针对这五种项目管理类型的 PMLC 模型组合，包括具体的 PMLC 模型模板，如瀑布型、Scrum 及其他（见图 14-4）。组织越大越复杂，PMLC 模型模板组合就越丰富。

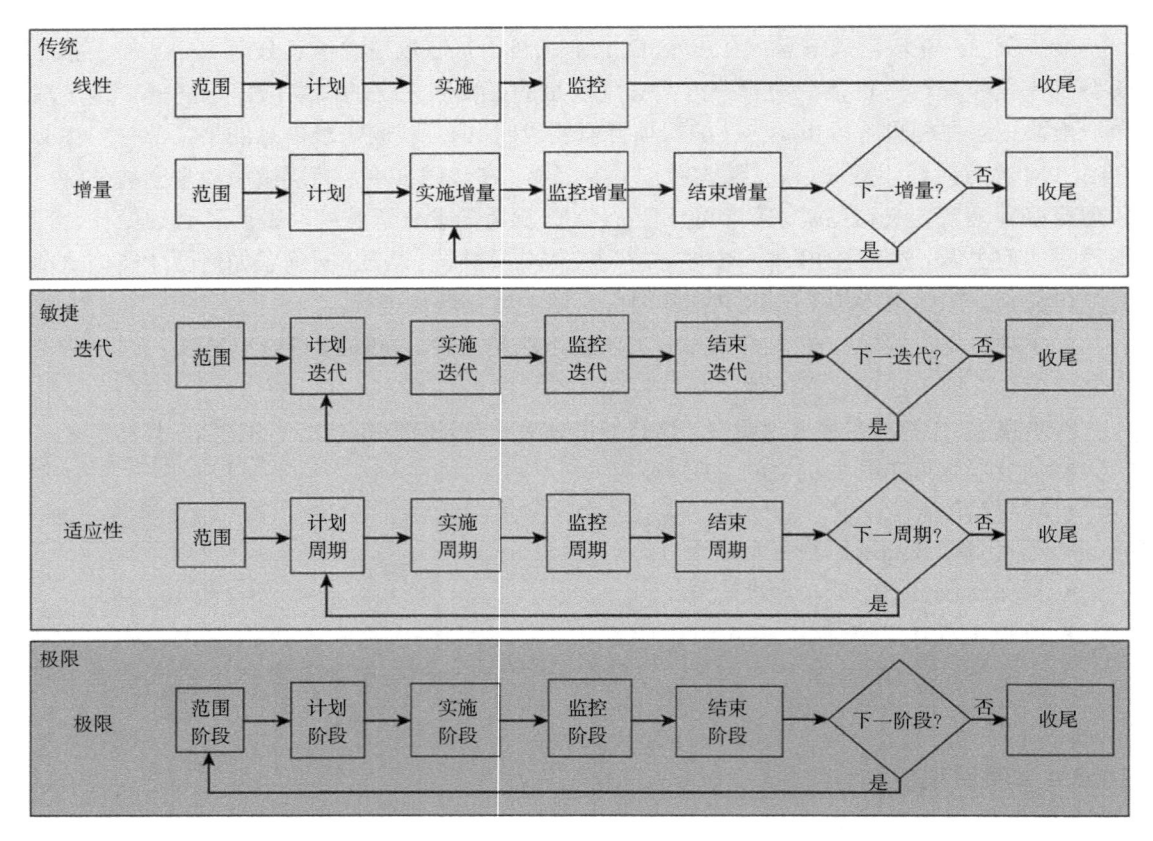

图 14-3 五种 PMLC 模型类型

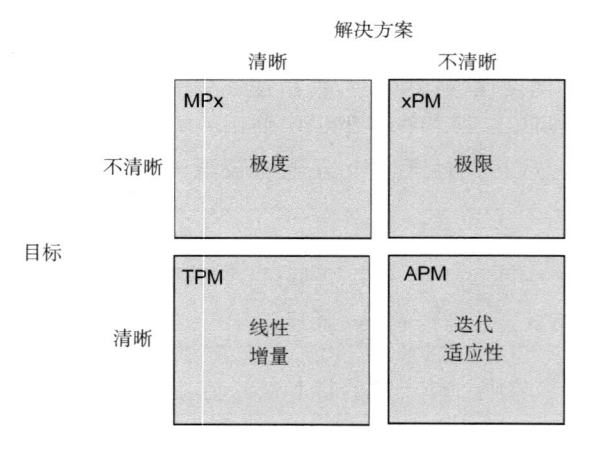

图 14-4 项目管理类型在项目蓝图四象限内的分布图

除公司自己的模型外,图 14-5 展示的 12 种具体 PMLC 模型模板的一些子集是大部分组织内所使用的仅有模型。这一组合内容是经过仔细挑选和建立的。具体的 PMLC 模型模板必将涵盖广泛潜在的项目类型。

一旦选定了 PMLC 模型模板组合,组织的下一个任务就是建立项目经理和开发专家的技能骨干团队，去使用 PMLC 模型模板组合。这不仅仅是展开培训，还要做培训计划，选拔培训人员。这必须与复杂项目经理及其开发团队的需求相匹配：需要多少培训？什么时候需要培训？这需要人力资源经理凭借其技能和能力预测培训需求。不要低估了他们所面对的挑战。这个工作量巨大，需要生涯及职业发展计划，并与组织将要面对的未来项目类型组合相匹配。

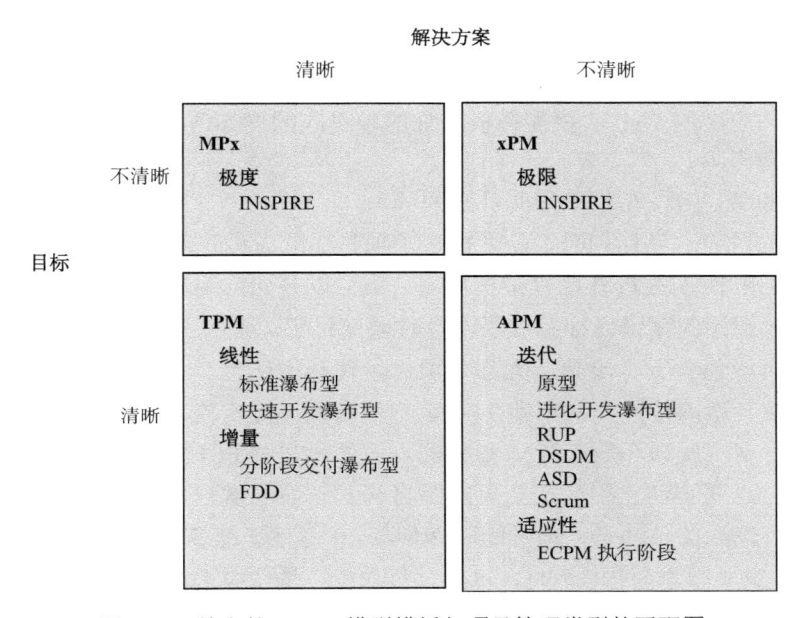

```
                        解决方案
              清晰                    不清晰
         ┌──────────────────┬──────────────────┐
         │                  │                  │
   不清晰 │  MPx             │  xPM             │
         │  极度            │  极限            │
         │    INSPIRE       │    INSPIRE       │
         │                  │                  │
 目标    ├──────────────────┼──────────────────┤
         │                  │                  │
         │  TPM             │  APM             │
         │  线性            │  迭代            │
         │    标准瀑布型    │    原型          │
    清晰 │    快速开发瀑布型│    进化开发瀑布型│
         │  增量            │    RUP           │
         │    分阶段交付瀑布型│  DSDM         │
         │    FDD           │    ASD           │
         │                  │    Scrum         │
         │                  │  适应性          │
         │                  │    ECPM 执行阶段 │
         └──────────────────┴──────────────────┘
```

图 14-5 特定的 PMLC 模型模板与项目管理类型的匹配图

⑥步骤 6：评估项目特性。有几种变量可以影响选择的 PMLC 模型模板是如何使用的。除项目的具体特性外，也包含内部商业环境及外部市场环境，以及所选 PMLC 模型模板本身造成的影响。

⑦步骤 7：调整 PMLC 模型模板。项目是动态的。它们会因为各种原因发生变化，包括商业环境和优先级，以及其他步骤 6 中列出的内外部环境因素。这个会转化为一种需要，即持续审视所选的 PMLC 模型模板是否合适，是否需要重新考虑其他模型。例如，在一个 Scrum 项目迭代的某个点，客户说："哈，我现在知道整个解决方案是什么样了！"项目经理回答道："我也知道如何搭建这个解决方案了。"那么，举个例子，这是不是就意味着为了一个分阶段交付瀑布型模型，就应该舍弃 Scrum？这个问题很难回答，因为存在许多要考虑的变化因素。比如，比较明显的影响有。

- 资源需求和开发团队人员的变化。
- 由于资源可用性产生的计划变更。
- 放弃 Scrum 及替换为分阶段交付瀑布型模型的成本。
- 预算影响。

这些额外的成本需要与变化带来的利益进行平衡，包括：
- 产品/服务的价格变更。

- 销售和市场对产品/服务下线日期的影响。
- 成本规避的影响。

相应地修改管理模型，准备增加收入、规避成本和提高服务的商业建议书，并评估以商业建议书为基础的具体量化矩阵。

14.3.5　项目执行阶段

此时，你要反思使用 ECPM 项目执行项目的当前舒适程度。比如：

- 你知道你的项目是如何与战略计划，特别是战略优先级保持一致的吗？
- 你知道你应用的 PMLC 模型模板与你的项目匹配度如何吗？还存在什么可能的潜在问题和障碍吗？
- 你应用的精益方法是基于即时计划的吗？
- 你有好的风险减轻计划吗？是否指定了项目团队成员管理风险减轻计划？

选择并修正了具体的 PMLC 模型模板后，就可以开始启动项目工作了。在 ECPM 过程流的这个时点，初始的菜谱已经完成了，是时候交付了。

项目执行阶段包含五个步骤，大部分项目经理都很熟悉。与传统的模型对比，在项目执行中遇到的唯一新的特点是从步骤 11（客户检查点）到步骤 5（选择最适 PMLC 模型模板）的反馈环。这个反馈环是 ECPM 独有的。另外，它对 ECPM 所保护的精益原则也做出了贡献。总之，这两步和它们的历史可追踪目标和解决方案已经收敛到达清晰和完整的状态。在具备这些信息的条件下，项目团队为步骤 10 做好了准备。

⑧步骤 8：定义版本范围。POS，包括项目目标，是这个 ECPM 版本高层级的描述。在预期未来可能的项目中，那些可能进展到可交付商业价值的阶段，我称它为"版本"。版本范围包括一些例如周期长度、周期数量及周期目标说明书之类的初步计划活动，它可以为项目有关的发起人和客户提供帮助。

⑨步骤 9：计划下一个周期。版本范围说明书是识别学习、发现及部署周期的基础。在项目是传统项目的简单情况下，项目将只有一个周期。在较复杂的项目中，会有包括未确定周期数量的多个周期。纵观所有项目类型，周期长度可以是几小时（原型），也可以是几个月（阶段交付瀑布）。目标和解决方案清晰度是决定周期长度的主要因素。目标和解决方案清晰度越大，周期就越长。

⑩步骤 10：建立下一个周期可交付成果。一个周期计划的可交付成果是固定的，不受任何范围变更要求的影响。任何有关范围变更的建议都保存在范围库中，并在步骤 11 进行考虑。一旦可交付成果产生或周期持续时间用完，则周期结束。任何不完整的可交付成果都会返回项目范围库，重新进行优先级排序或在某个后面的周期再考虑。有些情况会导致周期计划偏离，这一点在项目建立阶段已经有所论述。

⑪步骤 11：对客户检查点实施检查。这是项目周期中的关键里程碑。客户检查点要分析如下内容：

- 比较累计计划与所有完成周期所交付的实际需求。
- 范围库，包括尚未满足的需求的优先级清单。

- 未来探索泳道和综合泳道各自的优先级清单。
- 审查为所需变化采用的 PMLC 模型模板。
- 决定下一个周期及其需求。

a. 从客户检查点到选择 PMLC 模型类型的 ECPM 反馈环。从项目执行阶段对客户检查点实施检查到项目建立阶段选择最适 PMLC 模型类型是一个反馈环，它是 ECPM 的独有特性。这一点对绝大多数读者而言比较陌生。其他已知 PMLC 模型都没有这个特性。

反馈环的唯一目的是保证项目执行与项目独特及变化的本质一致。项目的独特性使诸如此类的反馈环对复杂项目执行的成功很关键。它基于这个事实：我们对解决方案知道得越少，我们对管理项目的最佳方案知道得就越少。随着对解决方案了解的改变，项目管理的方式也可能改变。我们在某个后来周期最初选择的 PMLC 模型模板可能在未来的周期里就是错误的选择。虽然最初的选择是基于当时对解决方案的了解，但对目标和解决方案的学习和发现可能让当初的决定不再有效。

也就是说，项目执行中出现的变化可能导致重新考虑选择 PMLC 模型模板。这些选择可以很简单，也可能具备重大意义。复杂项目管理会存在许多自己独特的挑战和风险，但我并不想管理方法论成为项目成功的障碍。

在项目中间改变 PMLC 模型模板并不是一个轻易就能做出的决定。有几个需要考量的竞争因素。以下是重估 PMLC 模型模板选择的几个可能原因。

- **项目优先级发生重大变化**：这种变化比预期发生的还要频繁。我们可能开始时一切良好，但结束时一败涂地。项目会重排优先级、中断、推迟、重新进行范围计划，甚至终止项目，而且资源会被重新分配到其他项目上。这些变化往往由政治、机构重组、发起人变更及同业压力引发，而未必是明智的商业决策所导致的。针对投资风险规避的最佳措施就是，尽可能经常地使用 PMLC 模型模板，创造出可生产的交付产品。这意味着要采取周期长度尽可能短的模型，尽可能地经常地产出达到产品等级要求的可交付成果。

- **有重大意义的建议导致范围变更**：市场力量和变化一般都无法预料，或者说我们知道它们会出现，但不知道什么时候出现。为了应对市场的变化，一般会对范围做出重大调整，或是范围缩减，或是范围极大扩展。这样，就要在新条件下重审模型选择，期望找到更好的匹配模型。在传统项目中，范围变更是项目的敌人，但在复杂项目中未必如此。由于解决方案未知，必须通过迭代去学习和发现解决方案。这就意味着，会有几次错误的开始和重新定位。团队越是有"变更惊叹"的领悟，前往寻找难以找到的解决方案的过程就越正确。因此，不仅要鼓励变更，而且变更也是必要的。**计划下一个周期**步骤中的具体设计特性会将错误开始和错误理解方向的情况降到最低。

- **丧失稀缺资源**：它会对进行中的 ECPM 项目产生毁灭性的影响。如果风险管理计划未能识别出这一风险，那么它的影响会更大，会造成项目中止。短期的解决方案是到市场中雇用一位具有管理失去稀缺资源技能的顾问。使用同一个稀缺资源的项目会产生相同的问题。最可能的影响就是范围缩减，删除所失资源的需求，或者调整 PMLC 模型模板，以适应缩减的范围。良好的风险管理计划应该能识别出该风险，并有相应的风险减轻计划。一般的风险减轻计划包括风险跟踪和使用外部分包商。
- **竞争者的行为**：竞争者的功能增加、价格降低及其他行为会让你的 ECPM 项目中途终止。有时，增量产品发布战略可能是应对竞争者行为的最佳战略。更快地进入市场可以占领先机，让竞争者难以应对。
- **新竞争者的进入**：新的竞争者可能是个小公司，由来自印度孟买一间小公寓餐厅的操作员控制。他们提供的产品或服务，和你提供的看上去完全一样，但价格低廉。因此，当你设计 ECMP 环境时，注意建造准入壁垒。
- **新技术的发布**：会影响整个市场，以及进入市场的速度。也有个不需要使用最新技术就进入市场的战略：一旦技术成熟，在下一次产品发布的时候立即使用它。

b. 项目执行中调整或更改 PMLC 模型模板。在项目执行中对 PMLC 模型模板进行更改或替换，并不是个轻易就能做出的决定，原因如下：

- **要考虑更改模板的成本**：你要放弃一个 PMLC 模型模板，并将其余的项目执行转到另一个不同的 PMLC 模型模板。在这种情况下，成本不能仅仅用钱来衡量。在复杂项目情况中，项目执行中获取的知识不一定会被记录，只存在于客户和开发团队的经验中。ECPM 项目经验是直觉性的，可用在适用的地方。在项目执行中改变 PMLC 模型模板会丧失这种知识及其带来的后期其他收益。是的，你可以在项目进行中进行适当的归档管理。你可以这样做，但你现在还要记住下面两点：
  — 如果 PMLC 模型模板更改了，创建文档需要的实际成本是值得花的。
  — 如果 PMLC 模块模板不更改，创建文档需要的实际成本就成了无增值工作，这违背 ECPM 的"精益"原则。
- **模板更改对资源要求和已承诺进度的影响**：模板更改对项目执行的持续性有各种影响，包括：
  — 新的 PMLC 模型模板可能需要的开发团队人员的数量和经验都会变化。
  — 客户团队及/或开发团队可能对新的 PMLC 模型模板没有任何经验，而他们又被带出了舒适区，怎么办？为了缓解他们的焦虑感，可能需要进行相应类型的工作坊活动。但工作坊是需要时间和金钱的。
- **对其他项目进度的影响**：在项目执行阶段变更 PMLC 模型模板不仅仅对你的项目进度有粗暴的或者破坏性的影响，也会对使用同样资源的其他项目产生影响。主要担心的是对近期计划的影响，如有下列情况之一的，在下一个周期前的近期计划都不宜过细：
  — 如果目前使用的 PMLC 模型模板是一个线性或增量模型，剩余的进度计划和完成计划将会受到严重影响，如同任何使用同样资源的项目进度一样。
  — 如果目前的 PMLC 模型模板是迭代或混合模型，因为复杂性和不确定性增加，这种影响可能更大一些。

并非所有的 PMLC 模型模板都会导致成本增加，增加无增值工作或进程延误。也许还有一些益处：

- **使用更简单的 PMLC 模型模板**：一般来说，更改的 PMLC 模型模板会是更简单的模型（比如，从敏捷 PMLC 到传统的 PMLC 模型模板）。这就可以让新的模型利用已知完整的解决方案的计划和进程的精华。这样，增量或周期之间的时间可以减少，也有助于精益。
- **使用经验和技能更少的团队成员**：这对减少资源成本有重大好处。分布式开发团队成员可以这样做，而敏捷项目不行。
- **减少风险**：模型越简单，风险越低，项目成功的可能性越高。

⑫步骤 12：版本收尾。版本收尾同传统项目收尾没什么不同。会有客户和发起人认为已经满足的接收标准，并伴随收尾活动清单。如果是个 ECPM 项目，收尾活动还包括当前版本下工作完成时对范围库内容的评估。最终的范围库内容将会是决定进行版本 2 解决方案的输入。

⑬差异。我们看到了 ECPM 不仅预测了这些应用步骤，而且期待着这些步骤发生。我们已经讨论了 ECPM 不是一个闭着眼就遵循的菜谱。取而代之的是，ECPM 框架提供了一个结构性框架——一个战略——用以思考怎样去最好地管理项目。当然，ECPM 更加适合前述章节指出的情况。我要提醒你注意另三种 ECPM 的改编应用。前两种展示了 ECPM 是如何作为概念验证工具在修改版本计划中应用的。

⑭概念验证。有时，已有充足的商业论证，项目已被批准。如我们会使用原型法理解客户功能定义，我们也可以在第一个周期采用同样的理念，让 ECPM 的第一个周期成为概念验证周期。概念验证承担下列任务：
- 创建标志性原型。
- 可行性研究。
- 编写使用方案。
- 记事板。
- 现金流、盈亏平衡分析、ROI 及其他分析。
- 任何其他展示潜在商业价值的活动。

然而，概念验证活动持续时间不宜过长，这一点很重要。客户及批准人的兴趣会减弱。你需要趁热打铁，见机行事。

⑮修改版本计划。有时，最初的版本范围不对。项目的复杂程度和不确定性越高，发生这种情况的可能性就越高。通过前几次周期中大量新的发现及经验教训，你会认识到这种错误。这些发现及经验在项目原始方向和现在正确方向之间出现了严重的脱节。换言之，继续沿着原始版本范围走的话就是浪费时间和金钱。记住,你建立的只是一种简略式的 WBS，并以此为基础制订了周期计划。通过学习和发现导致的众多变化可能使原 WBS 不再适应。很明显，修改版本计划是个主观判断。我宁愿在修改这边犯错，也不愿意固守一个前往错误方向的计划。很难强迫"ECPM 专家"（我为实践 ECPM 的人们专用的尊称）去做任何可能浪费客户时间或金钱的事情。ECPM 专家断定计划偏离轨道，应立刻舍弃。正确的做法是重新修改（甚至替换）当前版本计划，推倒重来。

> **建议** 项目早期，结果可能并非如期出现。不要害怕"枪毙"计划。基本上在所有论证中，都需要对决策进行更改。放弃是昂贵的，但比起在没有目标的项目上浪费资源和时间，要好得多。

⑯在传统项目管理中嵌入 ECPM。目前，我们仅考虑了在整个项目中应用 ECPM。ECPM 的应用比这个更混杂！图 14-6 是其短暂历史中出现过几次的例子。图 14-7 是到目前为止能显示的 ECPM 嵌入 TPM 的简化例证。

图 14-6　ECPM 与 TPM 的混合

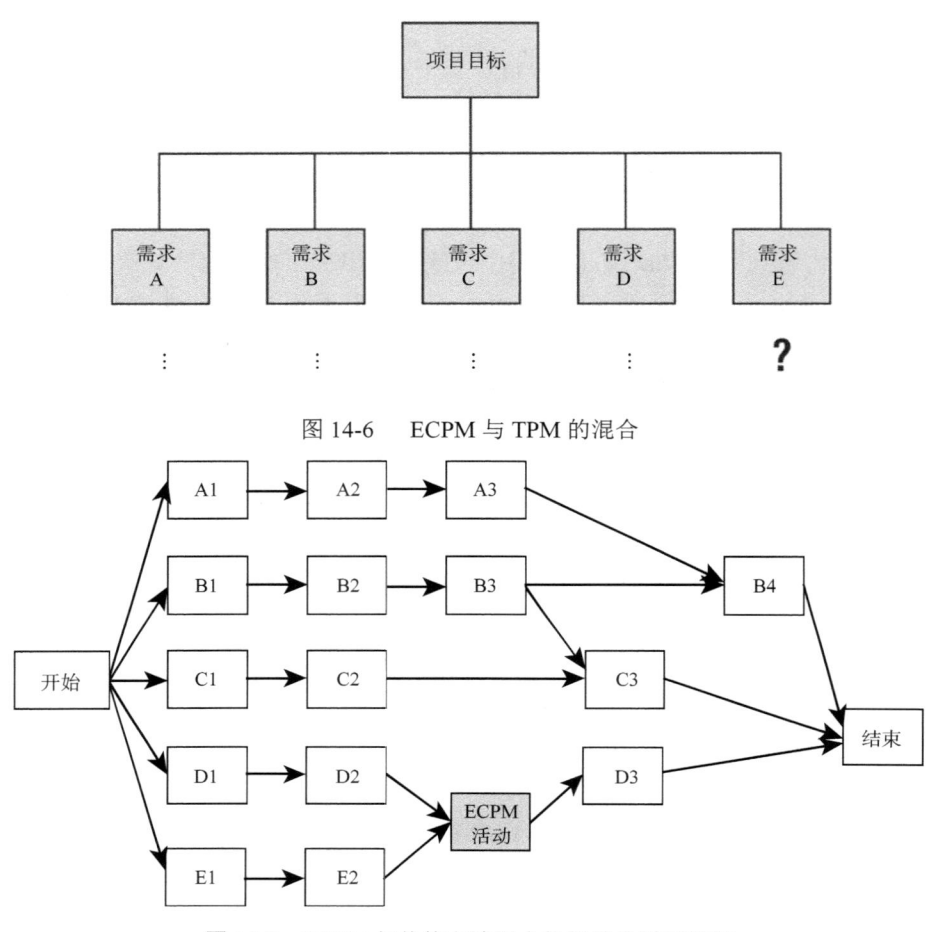

图 14-7　ECPM 与传统方法混合的紧前关系网络图

在 ECPM 与 TPM 混合例子中，我们有一个项目是由五个高层解决方案需求来满足目标的。除一个外，五个需求都很清晰，可交付成果都被完整定义。如果不是需求 E 不清楚，TPM 就会是个完美匹配。在这种情况下，你也可以得到你想要的结果。

如图 14-6 所示，A 到 D 的需求都进行了清楚的定义和记录。与 E 相关的需求不可知。为举例，未清楚的需求将在紧前关系图中被暂时当作一个任务，如图 14-7 所示。例子很简单，但能说明问题。

当不清晰的 ECPM 活动是一项任务时，这就是项目完整的紧前关系图，可以就此对待。由于 ECPM 活动是个非常高层级的任务，它会有几个紧前和几个紧后，但它可以嵌入一个紧前关系图和进程中。基于分派给 ECPM 活动的任务时长，可以制订一个完整的项目进度计划。在实际操作时，可以计算出 ECPM 活动的最早开始和最晚结束，这样项目的完成日期就不用妥协。ECPM 活动的最早开始日期是任务 D2 和 E2 最新的最早结束日期。ECPM 活动的最晚结束是任务 D3 的最晚开始日期。使用这些计算的最早开始和最晚结束日期作为 ECPM 活动实际的进度开始和结束日期意味着它处于关键路径。ECPM 活动就是一个 ECPM 项目。现在它的开始和结束日期都已确定。客户可以为寻找交付 ECPM 活动解决方案设定预算。通过使用 ECPM 方法，所有 ECPM 活动要满足的参数都已设定。现在我们就将一个 ECPM 项目嵌入了一个传统项目中。

实际上，ECPM 可以嵌入任何线性或增量 PMLC 模型模板中。举个例子，在一个阶段性交付瀑布型 PMLC 模型模板中，某个泳道就可能是一个 ECPM 项目。ECPM 泳道和其他任何泳道之间禁止任何约束依赖，ECPM 项目在第一泳道开始的时候开始，在最后泳道完成的时候结束。

ECPM 的确可以灵活和混合使用，而且在多种不同情况中，已经灵活和混合使用过。正如其名所示，比起我们目前已讨论的那些项目模型，ECPM 可以在多种情况下良好运作。在随后的部分，我们会探究项目执行中 ECPM 的一些变化和应用。

灵活和混合的方法比你预想中更有力量。换言之，"ECPM 是由创造性良方调制出的有序常识"。若有任何步骤或过程不能变成常识，那就更改它让它变成常识。我最不想听到的是"ECPM 不能做那个"或者"用 ECPM 我做不了这个"。这违背了设计 ECPM 的目的，ECPM 是管理项目的强健方法。

> **ECPM 框架备注**
>
> 你可能发现还有其他一些原因需要调整 ECPM。放心去做。ECPM 并非没问题要遵循的僵化结构。底线永远是做对客户正确的事。如果在某些建立的过程或程序中没有做到这一点，你需要仔细评审过程或程序。可能它并没有为你的需求服务，至少没有为项目服务。你可能需要为你的发起人和经理们重新进行概念验证。

⑰混合 PMLC 项目类型。HPMgr 必须首先确定他们管理的项目类型以选择最佳方法。我们来看看 HPMgr 最可能遇到的三种 PMLC 项目类型（传统混合项目、敏捷混合项目和极限混合或极度混合项目），以及每种类型面临的独特挑战。

HPMgr 管理的项目可以非常简单，也可以相当复杂，每个项目要求的管理程度与项目范围都会有所不同。项目持续时间可以用日、周或月来衡量。团队规模一般是 1~6 人。将所有的项目限定用单一的方法来管理，并不符合业务部门的最佳利益。如果不用单一工具，那么 OPM 就需要有足够灵活的项目工具才能应对多种项目。我们先从正式理解这些项目类型开始，看看他们是如果进行最佳管理的。

一个 HPM 项目会确定一个目标，然后寻找解决方案。HPM 项目蓝图定义了两个变量：目标和解决方案。每个项目都必须有一个目标，以及为达到此目标的一种解决方案。然而，项目初始时，解决方案未知。项目发起人提议一个项目时，有期待的结果，但并没有提出明确的解决方案。于是，HPMgr 就被置于一个艰难的境地，由他自己或带领他的项目团队去寻找一种可能的解决方案。

双值矩阵是最简单的测量目标和解决方案的工具。它适合目标和解决方案两者中有一个定义清晰或两者都不清晰的情况。多值矩阵也可以用作测量工具，但会增加不必要的复杂情况。双值就足够了。将双值应用到目标和解决方案上，会产生四象限项目蓝图。每个象限都包含不同类型的项目，每类项目都要求有不同的项目管理方法。

HPMgr 管理的每个项目，在 HPM 项目生命周期的任何一点，仅被归类为四象限中的一种类型。这种确定的项目分类是 HPMgr 决定怎样最佳地管理项目的起点。

本章中的决策框架是考虑了项目蓝图和项目特性的框架，同时兼顾项目内外环境力，考虑了它们可能对项目、项目团队和 HPMgr 的影响。HPMgr 可对这些力和潜在机会（风险评估）进行分析，为项目实施确定最有效的管理方法。我们已经开发了一个框架，足够强健灵活，可以支持 HPMgr 的过程和实践，并通过项目执行战略引导他们。

⑱传统混合项目。当一想到 HPMgr 管理项目时，印入脑海的就是传统项目，就是那些目标和解决方案都清楚定义的线性项目。或许这是我们之前做过许多相似项目而引起联想的结果。它们一般都是简单项目，大部分情况下工期也短。范围确定、计划制订和项目执行，都很少有变化。这些项目都是 HPMgr 的领域。

大型传统项目是 CPM 的领域。使用的是相同的线性过程，但团队庞大，持续时间超过一年。在不同阶段，可能涉及部分外包商，在管理形式上也更加正式和复杂。此类项目绝大部分都需要进行变更和风险管理。

⑲敏捷混合项目。当技术飞速前进时，产品、服务及商业过程变得越来越复杂和不确定。不是因为有了 OPM 或 CPM 管理项目，商业环境就静止不动。两种项目经理类型只说明项目工期短，范围有限。若是把一个长期项目分解为一系列短期项目，会怎么样呢？风险降低，商业价值增加。变更可以在项目间进行，保证了商业利益递增交付。实施长期项目，会增加失败的风险，往往也会减少商业价值的交付。因此，HPM 项目是典型的时间虽短但又能持续产生可接受商业价值（成功执行复杂项目的 OPM 框架会在稍后部分提及）的项目。

⑳极限混合项目。一般在 OPM 项目组合中不经常出现这些项目。它们是研发项目，通常项目生命周期较长，主要依赖组织的资金支持。极限项目都是战略型项目，而 OPM 项目更具策略性或操作性。职能型的商务部门不太可能出现研发项目，因为它们一般是高风险项目，需要资金支持，远超过单个商务部门的能力。极限项目要求 CPM 的技能和能力。这些项目超出 OPM 的范围，将不在本章赘述。

㉑极度混合项目。尽管这些项目同极限项目非常相似，但它们也处于策略和操作层，因此会在 OPM 项目组合中出现。除时间是颠倒的之外，极度项目和极限项目一样。可以将极度项目想成有解决方案，但要去寻找目标问题。

举个例子说明一下极度项目。在射频识别技术（Radio Frequency Identification，RFID）早期，沃尔玛对在产品识别、自动化立体仓库及其物流系统中检索产品中应用 RFID 很有兴趣。所以，现在有个解决方案（RFID），需要一个商业目标（自动化立体仓库及配送）。当时不能明确的问题是可预期的投资回报率。过了几年以后，RFID 的精确度和可靠性才达到了能产生可接受 ROI 的程度。此时，RFID 成为有效进行仓库管理及其他物流作业的技术，并集成在沃尔玛库存管理系统中。

14.3.6 混合项目类型

我们已经定义了 OPM 项目蓝图，在这个蓝图中包含了许多类型的 OPM 项目。我们讨论了三种类型的项目，但并不意味着没有其他类型。在项目管理过程和实践中，每种类型的项目都会涉及其他既有 OPM 必须适应的商业过程。每种类型项目的具体例子在所有四个象限中都会出现。

下面要讨论的这三种项目类型在每个纵向行业中都存在。在某些纵向行业中，会有这三种类型的特定变种形式，但它们都适应 OPM 混合框架。

①过程/产品设计类项目。在 OPM 的过程/产品设计类项目世界中，OPM 通常由设计一个过程或产品的工程师或工程经理来担任。要求的成果可能已知，但完成这些成果的解决方案并不清晰。在这种情况下，工程师（就是 OPM）必须决定如何完成这个项目。时间上允许组建一个多样化多技能的团队吗？如果是这样，谁应该加入团队，又该拥有什么样的技能呢？基于过程的项目可能需要更多的工程师。基于产品的项目可能需要研发或质量团队成员。如果项目横跨过程和产品，那么可能就需要大量的混合技能。

②过程/产品改进类项目。过程/产品改进类项目可能需要同上面说到的过程/产品设计中一样的工具、步骤、计划及团队成员。另外，过程/产品改进项目要求应用精益方法论，可能还需要精益系统的一位内部或外部资源的 SME 加入。项目整个过程应该关注需求识别和消除成本浪费。在这种情况下，OPM 应是位精益工程师或组织内部的精益专业人士。精益工程师（就是此项目的 OPM）要决定传统工程师、研发、质量、维护及生产人员作为团队成员或关键相关人所需的参与程度。无论哪种情况，他们的参与都非常关键。

③问题解决方案类项目。借用一句套话"休斯顿……我们有个问题"，这可能代表 OPM 负责的大部分项目情况。他们消除问题或寻找解决方案的热情，常常会创建一个项目。这种类型的项目所选拔的项目经理常常毫无准备，马上就成了 OPM。有的可怜人甚至还没有项目经理的称号，但担负项目经理的责任。这就是通过定义问题创建项目。

在这种情况下，速度和效率最重要。管理这些项目，往往是管理他们感受的某种痛苦：通常是财务痛苦。"必须有人阻止铺张浪费！"就这样，在一个董事会或高级管理会议中，某人被临时指派给这个项目，当了 OPM。或许这就是"临时项目经理"的来历。

④标准和混合框架。OPM 的 PM 框架需要提供一种标准（就如菜谱），它要有灵活性，允许项目管理方法的变通使用。为了理解这句话的重要性，我们必须首先来看一下标准的定义。

再次借用多伦（Doren）的话说，标准是为有效和持续执行任务、制订计划，或者管理项目而确定的顺序。标准是确定正常的、可重复的和可持续的条件体系的最基础因素。标准的定义可能包括：

- 制定某物作为对比的规则或基础。
- 内容、价值、质量、尺寸。
- 平常我们知道的：重量、高度、体量、宽度。

- 还有质量或数量。
- 卓越情况的等级水平、目标或衡量。

标准强调的是何为正常条件或何为非正常条件（除非你没有标准）。当把项目和标准项目方法论进行对比时，只可能出现两种情况：你的项目要么处于控制中，要么失控。

当我们说到标准时，我们实际上考虑的是标准工作。多伦说："标准工作确定了目前利用可用人员、设备及材料持续管理项目或制造产品及服务的最佳实践。"相似地，操作标准化是减少浪费、解决问题、质量控制及持续改进的基础。标准的目的是：

- 为持续改进建立基准。
- 减少过程或项目任务中的变化形式。
- 确保团队成员持续执行相同任务和流程。
- 识别"增值"任务。
- 建立过程或项目，去满足客户或发起人的需求。

那么，标准或标准化工作/操作这种想法会让人们感到自由还是死板呢？标准化的难点在于，人们认为标准是死板的、不灵活的和无法改变的。抗拒标准的主要原因是人们觉得他们不该被标准捆绑，或者觉得不够自由。这只是人们把标准的控制作为借口而已。其实，标准控制的是项目过程，而非人员或项目团队。

麦当劳的巨无霸制作过程可以看成一个项目，只不过它是一个小项目。作为客户，我们预期每次收到的是"芝麻面包上有两个全牛肉饼、特配酱料、生菜、奶酪、酸菜、洋葱"。我们不想项目经理改变组装过程，或者改变巨无霸的标准。这样，我们接收到的东西和我们期望的东西才能一致。

让我们回到遵循菜谱或知道如何制造菜谱这个概念吧。新手OPM需要一个菜谱来遵循。OPM的PM框架为OPM提供了标准菜谱。经验丰富的OPM仍然需要OPM的PM框架，只不过他具备了根据可能发生变化的条件将其修改的经验和知识。因此，OPM的PM框架既会帮助OPM主厨创建一个菜谱，也会给OPM厨师一本可以遵循的菜谱。

在本章中，无论项目是什么分类或类型，我们为临时项目经理介绍了一个适应性的框架，用作菜谱或者管理项目的起点。这一框架使得OPM可以控制项目管理过程，而不是被过程所控制。

在抽象化的最高层级（构思、建立和执行），OPM项目管理框架适用本章前面所定义的三种OPM项目。这些项目类型都出现在之前定义的OPM项目蓝图的四象限中。这意味着OPM项目类型的范围是既广又深的。他们可以是简单的，也可以是复杂的，每个项目都要求不同的有效项目管理方法。OPM项目管理框架必须包括这些方法，并能提供同之前描述的OPM预期相一致的模型。图14-8对这些项目类型进行了总结。

首先要注意这三种项目类型的相同和不同之处。每个项目类型的项目构思阶段都不同，但构思阶段的某些步骤适用于每个类型的项目。每个项目类型构思阶段的可交付成果都一样。每类项目建立阶段和项目执行阶段的步骤实质上都一样。然而，每种项目类型的解释方式不一样。这些特点要求OPM加强项目管理。他们在舒适区待得太久了，必须面对不同项目类型采用不同的管理方式。

	新产品开发项目	过程持续改进项目	解决问题项目
项目构思阶段	进行头脑风暴 创意优先级清单 准备商业论证 收集产品需求信息 编写项目概要说明书	确定"当前状态" 进行头脑风暴 "理想状态"想法优先级清单 准备商业论证 收集"理想状态"需求信息 编写项目概要说明书	确定问题 完善相关信息 进行头脑风暴 备选解决方案优先级清单 准备商业论证 收集解决方案需求信息 编写项目概要说明书
项目建立阶段	产品开发项目分类 制订产品开发计划 评估项目特性 选择 PM 方法 编写项目计划	过程优化项目分类 制订优化改进计划 评估项目特性 选择 PM 方法 编写项目计划	问题项目分类 制订解决方案计划 评估项目特性 选择 PM 方法 编写项目计划
项目执行阶段	确定范围 计划下一个增量 建立下一个增量 执行客户检查点 部署增量	确定范围 计划下一个增量 建立下一个增量 执行客户检查点 部署增量	确定范围 计划下一个增量 建立下一个增量 执行客户检查点 部署增量

图 14-8　不同项目类型的 ECPM 框架步骤

⑤项目构思：我们要做什么？划定商业问题或机会的范围和边界，可以从非正式到正式。OPM 可以根据项目范围，确定项目构思阶段的长短。以下是一个头脑风暴过程的正式版本（见图 14-9），用在框架中回答"我们要做什么？"的问题。这是一个关键过程，并适用于每个 OPM 项目。

⑥输入阶段：明确问题或机会。可以把这个想成是范围练习。尽管它跨越项目蓝图，并包含各种大小和复杂程度的项目，在这里，我们将它限制在只属于 OPM 领域的项目中。它会把问题或商业机会限制在单个经营部门内。即便有这样的限定，它仍然可以成为三种 OPM 项目类型中的任意一种。

a. 发散、发展及聚敛阶段。必须有个简单易懂的过程，这样，公司里任何一位有商业价值创意的人都能说出他们的创意，不需要做任何预先的论证，也不用编写大量的文档。**发散阶段**允许"获取创意之网"撒得足够大。无须对潜在的头脑风暴过程进行任何修改，它可以在公司和经营单位进行。这是一个在高层级进行的讨论。**发展阶段**是对发散阶段获得的创意进行高层次过滤。目的是聚焦出一个或几个方向，为未来项目形成创建类型组。在这个过程中，还会出现其他新的创意。**聚敛阶段**是项目实际形成的阶段。使用经营单位特定的商业标准，对项目进行定义、分析和优先级排序。提出一个项目建议，如有需要，预留一些其他项目建议。

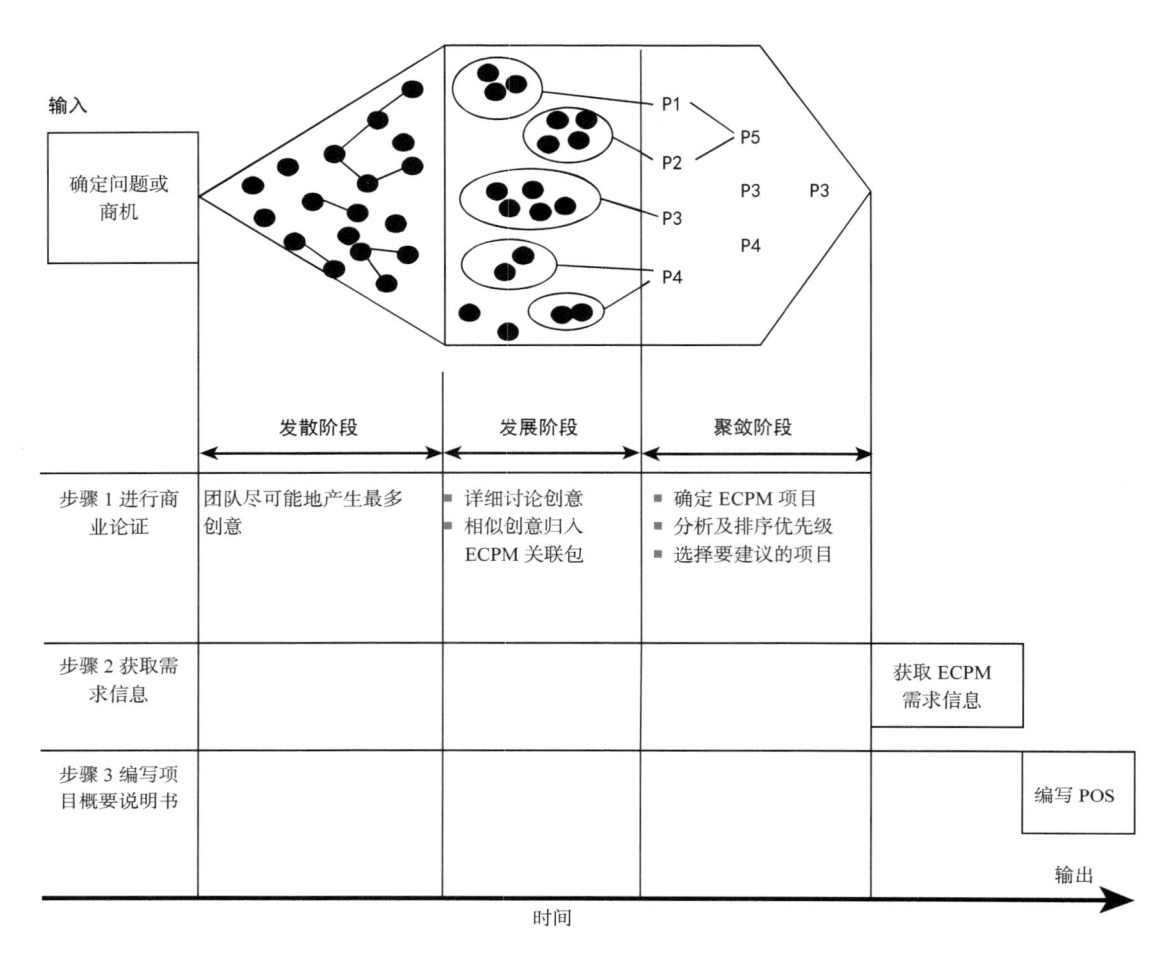

图 14-9 ECPM 框架头脑风暴过程

b．项目构思可交付成果。项目构思阶段有三个可交付成果。每个成果都是经营单位的一个产品，会影响其文化、过程和实践。在某些情况下，它会形成非常不正式的环境；在其他情况下，则是形成非常正式的环境。究竟形成哪种环境，经营单位的问题或商机的大小、复杂程度和关键程度常常是决定因素。

- **商业论证**。在经营单位经理（项目发起人）的驱动下，OPM 会进行项目商业论证。这不仅确立了本项目预期商业价值，也在其他项目竞争同一经营单位资源的情况下提供了对比数据。商业论证内容、递交原则及评价标准都由此经营单位确定。论证的内容将构成建议项目类型的一个功能。细节不在本书讨论范围内。
- **高层级需求**。在 OPM 项目中，获取需求信息分为两部分工作。第一部分收集为满足交付预期商业价值，可接受解决方案必须满足的必要和充分的高层级需求清单。这个清单往往包含在下面描述的项目概要说明书中。这些需求识别了解决方案的"是什么"。对这些需求的进一步分解可识别出功能、过程和特点，就详细到了工作分解结构的层级，这一层级描述的是解决方案的"怎么办"。
- **项目概要说明书**。项目构思阶段的最终可交付成果是一份由五个部分构成且只有一页纸的文件（POS），包括：
——商业问题或商机的说明书。
——项目目的。
——项目目标或解决方案的高层级需求。
——量化商业价值及成功标准矩阵。
——风险、假设和障碍。

POS 以商务部门的语言书写，以便任何有机会读到它的人都能理解。

⑦项目建立：我们将怎么做？这是 HPM 项目的创造性部分。三种项目类型中的每一种项目都为 OPM 设立了项目管理模型。输入都是相同的模型，HPM 会在 HPM 项目中进行使用，为成功完成项目，项目会要求对此菜谱进行修改，或者创建新的菜谱。

HPM 项目持续时间很少有超过三个月的。如果有，它应被分解为一系列较短的项目、阶段或周期。每个阶段或周期应交付商业价值。这种管理模型定义了 HPM 项目建立阶段的工作。项目建立阶段有四项可交付成果：

- **项目归类**。基于对项目目标和解决方案的初步了解，项目被划分到四象限项目蓝图的适当象限中。
- **HPM 模型模板**。每种项目都有一个模型。对于 HPM 而言，这些模型直接应用于项目执行阶段，这些模型是项目建立阶段的输入，针对项目的具体特性及其环境条件，可进一步分析和调整。
- **HPM 项目特性**。有几种变量会影响所选的 HPM 模型模板在使用时是如何进行调整的。除项目的具体特性外，还包括内部商业环境和外部市场环境，以及它们对所选 HPM 模型模板的影响。
- **调整的 HPM 模型模板**。项目都是独特并持续变化的。它们可以因为各种原因发生变化，包括无法预计的商业情况和优先级的变化，以及其他内外部环境因素。这些会导致需要持续对所选的 HPM 模型模板进行审查，以便进行修正，甚至推倒重来。

⑧项目执行：我们做得有多好？对 HPM 来说，项目执行并不陌生。如果他们是"厨师"，他们会遵循一个菜谱。如果他们是"主厨"，他们会创造一个将要使用的菜谱。项目执行阶段通常包括以下五步：

a．确定版本范围。涵盖项目目标的项目概要说明书是对这个版本内容高层级的描述。（在一些商务部门，这可能是项目章程、工作说明书或是执行摘要。）预计能交付商业价值的可能未来项目，我们称之为"版本"。版本范围包括一些类似于周期长度、周期数量及周期目标说明的初步计划活动，为与项目相关的发起人和客户提供帮助。

b．下一个周期计划。版本范围说明书是识别学习、发现和部署周期的基础。简单的传统项目，仅有一个周期。复杂项目可能包括多个周期。不同项目类型，持续时间可以是几小时，也可以是一个月。目标和解决方案的清晰度是确定周期长度的主要因素。

c．下一个周期可交付成果。一个周期计划的可交付成果是固定的，不会受到任何范围变化要求的影响。任何范围变化的建议都会归档保存，以备未来参考。一旦可交付成果产出或周期到期，意味着周期就结束了。任何不完整的可交付成果会归档保存以备未来参考。

一般不会有偏离周期计划的情况出现。

　　d．客户检查点。这是项目生命周期中的关键里程碑。客户检查点包括对实际项目绩效和预期项目绩效的分析。分析结果会引发 OPM 项目后续计划的调整。

　　e．版本收尾。版本收尾同传统项目收尾一样，包含客户和发起人认为已经满足的接收标准，以及随后的收尾活动清单。

　　⑨混合团队结构。每个 HPM 项目都有两个独立的角色，必须体现在 HPM 项目团队中。最好的办法是联席项目经理模型。一位经理是 HPMgr，另一位经理是顾客、客户、商业分析师或主题专家。所以，一位是过程联席经理，另一位是产品联席经理。在项目生命周期里，两位经理通常对决策过程有平等的权利。然而，最终决策权一般是项目发起人，他代表顾客、客户、BA 和 SME。

　　团队结构对于建立和维护有效的客户参与非常重要。通过联席经理模型，大大减少了所有权和执行问题。

　　有时，项目非常简单短暂。在这种情况下，项目团队可能是 HPM 协同 SME 与在现场的项目发起人共同合作。有时，HPM 既要管理项目执行，还要提供同产品相关的所有主题专家。这种情况通常在小的商务部门出现，或是在有限定范围和复杂程度的项目中出现。HPM 可能是商务部门的元老，通过个人的贡献赢得了当 HPM 的权利，HPM 也可能是一位成熟的 SME。

　　图 14-10 呈现了一个完整的 HPM 项目团队，但也存在几种变化的结构，一位项目团队成员可能同时扮演多个角色。

　　比起通常的 HPM 项目，这看上去有些过犹不及，但记住，这是个强健的模型，它是一种适合项目的好结构。图 14-10 描述的是由 HPM 管理的较大项目的全体团队成员。对一位典型的 HPM 而言，六个人的团队就比较大了，项目持续时间一般少于 30 个工作日。对于规模更大、工期更长的项目，CPM 是更好的选择。

　　对于较小的团队，团队成员承担多种角色。例如，一位工程师既承担过程职责，同时也承担产品责任。再如，一位安全经理既承担项目职责，同时也承担安全责任。

　　团队成员很少百分百只分配到一个项目上，他们都要在其他项目和过程中担负全责。比如，OPM 本身可能是工程经理、维护经理或运营经理，还承担着其他重要责任。另外，工程师、维护或电气技术人员及 IT 人员一般在 HPM 项目团队中都是兼职。

　　由于竞争优先级，项目进度经常会遇到问题，如资源冲突问题。正如项目的所有权一样，优先级和进度计划的最终决定是商业部门经理或项目发起人的责任。然而，真正的决定可能是私下团队成员权衡后决定的，而非通过正式进度计划决定的。HPM 项目一般不会有确切时间表。但这并不意味着就应该忽略进度计划，认为它没有价值。比如，一位团队成员被指派去完成一项任务，需要两天时间完成，这个团队成员并没有承诺说在下个周二和周三就完成并交付成果，而是只能承诺下周某个时候能完成。这意味着灵活的进度计划就很普遍了。HPM 应该试图在哪里获得一个承诺日期呢？或许两天的工作意味的是这位兼职项目团队成员只需要干 4 天，每天干 4 小时。

由于团队成员受到的各种限制，HPM 很难长时间维系团队成员关系。这就需要应用项目可交付成果的增量发布。

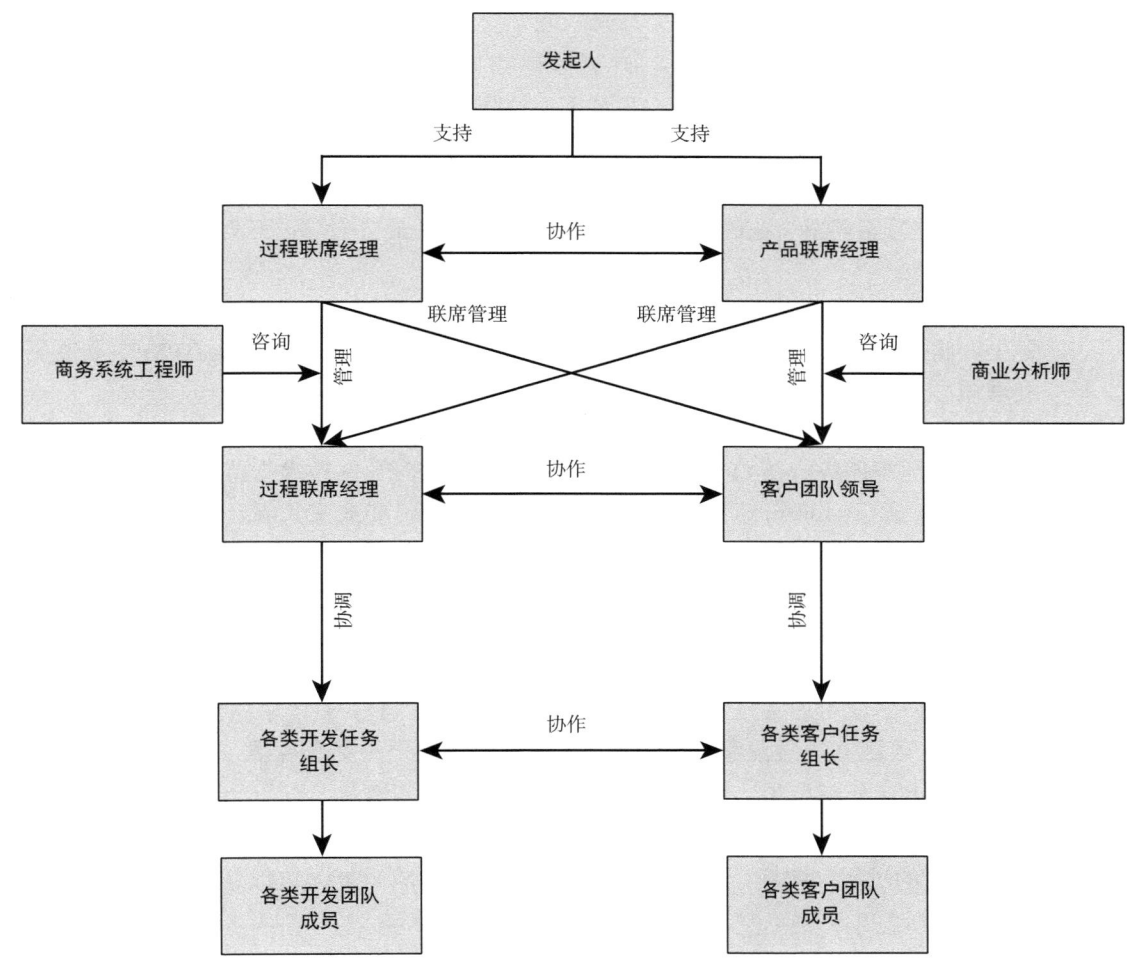

图 14-10 联席经理项目团队结构

⑩联席项目经理。采用联席经理模型的主要目标是确保客户的有效参与。HPM 项目一般从单个商务部门产生，因此客户的有效参与应该没问题。然而，也不能只凭假设。

存在多种联席经理的可能性。最简单的是 HPM 代表联席项目经理模型的双方。也就是说，HPM 充分了解项目管理和产品/服务，能代表项目的两方。但这种方式的风险是，如果项目持续时间较长，又没有继承者或后备计划，一旦失去 HPM，就会对项目造成灾难性影响。尽管在 HPM 世界，一般不要求项目文件归档和项目状态报告，但若 HPM 是独自工作，没有应急计划的话，项目发起人还是有必要做好文档资源的管理，以备 HPM 离职时的急需之用。

在有些 HPM 项目中，客户的积极参与也是必要的。这和 HPM 作为业主代表的例子有间接联系。在这种情况下，HPMgr 实际上就是客户。听上去让人迷惑？但它确实客观存在。

这就是 HPM 所在的世界。另外，还有更复杂的 HPM 项目，负责的 HPM 可能并不了解项目产品或服务方面的详细知识。因此，一位联席经理负责过程，另一个联席经理负责过程交付的产品。联席经理是以合作伙伴关系来共同负责的。在与开发团队和客户团队成员打交道时，他们必须用同一个声音说话。联席经理间的异议会让项目面临困局。关着门的激烈争论通常有助于验证最佳行动路线，然而，一旦联席经理离开了他们"合署办公的秘密空间"，他们必须保持一致。这并不意味着决策对于双方而言是第一选择，但它意味着双方达成了统一意见，可能其中一位联席经理会说，"我能忍受这个"。

- HPM 联席项目经理。在简单的 HPM 项目上，OPM 最有效率，不会遇到复杂的决策过程。
- CPM 主厨联席项目经理。CPM 可以管理任何 HPM 项目，但如果用在复杂 HPM 项目上，将会最有效。如果这些项目有客户的有效参与，将会最有效。CPM 主厨联席经理模型更可以确保如此。
- 开发团队。开发团队仅包括一位 OPM 或一两位其他的技术团队成员。然而，这些并非典型的全职任务。在 OPM 需要的时候，会要求 SME 的技术支持。
- 客户团队。客户团队可能仅包含一位客户方的代表，如业主代表。他们能充分地代表客户的需要，并拥有必要的主题专家，为他们所代表的商务部门做决策。
- 商务系统工程师。非项目全职团队成员，但在需要时就会参与。他们的作用主要是 OPM 的顾问，并直接参与开发团队的工作。
- 商业分析师。商务部门中的产品/服务支持专家，需要时，多种 SME 都可成为商业分析师。他们的作用主要是 HPM 的顾问，通常直接参与客户团队工作。

⑪临时 PM：项目支持办公室。传统项目管理办公室是一个基于标准、惯例进行项目监控的单位。在绝大部分模型中，都是高层管理者负责合规和绩效监控，为项目团队提供各种职能性和支持性服务。PMO 可以设置在企业层，也可以设置在更大更复杂组织的一个部门内。CPM 使用的过程和实践，都在 PMO 的控制和管理下。CPM 可以获得各种职能性和支持性服务，包括：

> **警告** 说到公司项目管理办公室时，临时 PM 通常都被排除在外。他们需要项目支持办公室提供专有服务，包括订制工具、模板、过程及定向辅导和培训。

- 项目行政支持和资源配置。
- 方法和标准。
- 软件工具和培训。
- 咨询和指导。
- PM 培训和教育。
- 确保项目管理协议得以遵循。
- 创建组织的项目管理政策和程序。
- 项目经理的职业规划（和 HR 合作）。

这八个方面是一个专门的职能部门——项目支持办公室为企业、商务部门和 CPM 能提供的职能性和支持性服务。有了这些服务固然很好，但 OPM 需要的 PSO 和定义的 PSO 是非常不同的。PSO 可以根据 OPM 的要求，为商务部门提供一些职能性和支持性服务，但这些支持性服务必须适应 OPM 的需要。除了支持 OPM，有时商务部门经理可能还会要求对困难项目提供干涉支持。与 CPM 的 PSO 不同，这里没有合规监控职能。

无论是企业层面，还是部门层面，PSO 都支持 CPM 和 OPM。两种层次的支持非常不同，但都很重要和必要。PSO 为 OPM 提供的职能和支持服务可以存在于企业层的 PSO 内。这些职能和支持服务是提供给 CPM 的定制化版本，或者对 OPM 而言完全是独一无二的。

PSO 可以为 OPM 提供定制服务。经营单位本身都是孤岛，因此单位之间的沟通没有形成工作共同体。与 CPM 之间的联系相比，政策及标准联系是最小的。通过对比，你可以看到，对 OPM 的支持是很不一样的。对于 OPM 而言，"工作共同体"通常没有或不存在。回想一下，OPM 不是传统的项目经理，和 PSO 可能没有任何常规或直接的隶属关系。虽然项目发起人或商务部门经理可能提供 PSO 作为一种资源，但官方的 PSO 可能视 OPM 为门外汉，因为 OPM 通常是偶然或临时的项目经理。这让 OPM 处于一种"排除在外"的尴尬位置。

基于这些情况，PSO 通常给 OPM 和 OPM 项目团队的支持比较被动。

⑫已审核的工具、模板及过程组合。对于 CPM 而言，这个组合广且深。它是一个文档化的组合，为满足企业复杂项目管理的需求，一直都在发展及演化。对于 OPM 而言，项目管理需求则不同。常识、直觉及便于使用是它们的组合基石。这对 PSO 是个挑战，因为 PSO 的过程和实践通常与五个项目管理过程组和十个知识领域密切相关，这反过来同它们所支持的 CPM 的需求一致。OPM 是客户清单上一个全新且不熟悉的例外。

为 HPMgr 验证过程工作，有三个方式：

- PSO 审查和验证 HPMgr 开发的工具、模板和过程。这个服务是 HPMgr 及其管理的保险政策。它确保 HPM 不会以有害的方式工作。
- PSO 修改 CPM 工具、模板和过程，并对其进行验证以适用于 OPM 使用。这里，PSO 凭直觉，建议可能匹配 OPM 使用的工具、模板和过程。OPM 及其管理层应审查及批准 PSO 提交的工具、模板和过程。
- PSO 审查 OPM 的项目计划以确保没有任何关键差距或遗漏。这可能对 OPM 比对 HPM 更关键。如果经验和知识都是已知或明显的，比起审查 HPMgr 的计划，PSO 可能花费更多的时间审查由 OPM 制订的项目计划。无论哪种情况，OPM 都从 PSO 的监控中获益匪浅。OPM 为他们的项目计划是否准确有效获得了保证，也有机会通过 PSO 的指导、监督和引导获得知识和经验，避免犯错的风险。

⑬辅导和咨询。OPM 并非 CPM，他们会遇到他们能力不及的情况。OPM 需要承认这一现实，并鼓足勇气寻求帮助。PSO 可以提供必要的帮助，但是他们必须明白一个典型的 OPM 不是一位 CPM。如上所述，PSO 必须了解到 OPM 自身的知识和经验程度不一，因此，帮助必须是合作型的而非指导性的。寻找并执行解决方案是一个合作性的工作。尽管有时候需要一些"手拉手"的帮助，但 PSO 应小心从事，不要高高在上，颐指气使。在 PSO 里工作的人必须注意他们面对 OPM 的非言语性行为，记住 OPM 往往是发起人或商务部门经

理强塞给他们的责任，要完成项目可能超越他们先前的项目管理经验。同时，有些 OPM 可能极富经验，如果 PSO 过于专横，则会引起他们的反感。因此，软技能、合作及适度的参与将同时服务于 PSO 内的工作人员，也服务于 OPM，只有这样，才有机会形成成功的合作伙伴关系。

⑭定向及定制培训。为跨越纵向行业，培训最好由项目类型确定。OPM 很少有机会接受培训。以下现有的培训可以尝试：参加一两天在本地大学或通过培训机构诸如 Fred Pryor 或 Skill Path 举行的项目管理论坛；加入当地的 PMI 团队，与其他 CPM、OPM 及对项目管理感兴趣的专业人士建立联系；阅读入门级的 PM 书籍，掌握一些严格以 PMBOK 为基础理念的替代方案（尽管很少）；向更有经验的 OPM 主厨请教，或者向那些愿意同新任的 OPM 或 OPM 厨师分享知识和技能的 CPM 学习。

⑮PSO 为商务部门经理提供支持服务。当商务部门经理发现绩效问题时，他们需要帮助，也会要求 PSO 干涉。这种干涉的形式可以是辅导、咨询，甚至可以是短期培训。OPM 需要将这种干涉视为一种合作，目的是改正绩效问题。如果 OPM 将此干涉视为威胁，那么所有潜在的学习机会将会丧失，项目的成功也会有风险。

讨论题

1. 你所在的组织中使用 Scrum 进行管理的项目都很成功。你接到了一个新项目的要求，所有条件都显示出应该要使用 Scrum，只有一个例外。客户的商业单元没有任何既有的或有资格的产品负责人。你有什么备选方案吗？你该如何进行下去呢？

2. 如果你的 PMO 必须转化为一个 PSO，支持其整个 HPMgr 社团（CPM 及 OPM），你能遇见的挑战是什么？把第 7 章作为你的模板，编制你将达成此转变的计划。

第 15 章
比较 TPM 和 CPM 模型
Comparing TPM and CPM Models

不要非把圆的项目变成方的,那样只会失败。如果你的项目不能很好地适应你的方法,则要寻找、使用并调整能够适合项目的方法。

——罗伯特·K.威索基博士,EII 出版有限公司董事长

本章学习目标

通过学习本章内容,你应该能够:
- 说明如何使用线性 PMLC 模型(标准瀑布、快速开发瀑布)及其优点。
- 说明使用增量 PMLC 模型(分阶段交付瀑布、特征驱动开发)的优点。
- 说明如何使用迭代敏捷 PMLC 模型原型、进化开发瀑布法、统一软件开发过程、动态系统设计方法、适应性软件开发和敏捷开发及其优点。
- 说明如何使用适应性敏捷 PMLC 模型(适应性项目框架)及其优点。
- 说明如何使用极限 PMLC 模型及其优点。
- 了解使用以上 12 个 PMLC 模型所产生的挑战。

本章集中介绍了 12 个具体的 PMLC 模型的信息,为项目发起人、项目经理及项目团队提供信息,帮助他们就哪个 PMLC 模型最符合项目实际情况做出决策。我就曾运用过这些 PMLC 模型,或者给运用过这些模型的客户做过咨询和培训。当然,还有其他的一些模型,如微软解决方案框架(Microsoft Solution Framework)、PRINCE2、IT 基础架构库(ITIL)、Crystal、Rolling Wave、Chunking 等。我本来可以把 12 个模型及其他一些模型都写进本书,但我无意将这些特定的 PMLC 模型写成一本无比厚重的书,否则这本书的厚度就要翻倍了。这本书现在还需要继续写下去。

本章内容包含了你做出关于项目计划的最佳决策时所需要的信息,而这个项目计划关乎项目成败。

独特的价值命题

混合项目管理初探是一个过程,在这一过程中,应用或设计一种基于项目特征、组织结构、环境和市场动态状况的 PMLC 模型。

15.1 线性 PMLC 模型

线性 PMLC 模型是项目蓝图的 5 种模型中最简单和最直观的模型。它假设在合理预期范围内有近乎完整的关于项目目标和解决方案的信息。这种情况可能来自多个类似项目的经验或一个简单却定义清晰的项目。范围变更申请等偏差会导致规划驱动模型出现大波动。图 15-1 提供了一个线性 PMLC 模型的示意图。

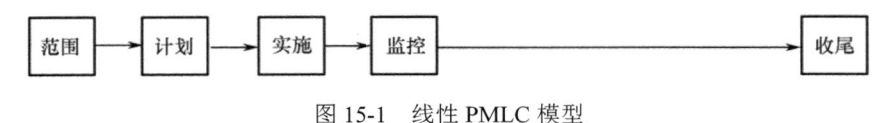

范围 → 计划 → 实施 → 监控 → 收尾

图 15-1 线性 PMLC 模型

首先需要注意的是，在这个模型中，要先完成一个阶段的工作才能进入下一个阶段的工作。一个阶段的工作结束后，它是不能被返回来修改的。这里没有反馈回路。线性 PMLC 模型不是学习型模型，这也是其最大诟病。当今的商业世界也是不断变化的，世界不会因为你在管理一个项目而静止不变。所以，只有不受外界影响的项目使用线性 PMLC 模型才能获得成功。基础设施项目一般就属于可以使用线性 PMLC 模型即能取得成功的项目。在办公场所安装网络就属于这类基础设施的项目。建筑项目是线性 PMLC 模型的极佳范例。每年或以更高频率重复的项目使用线性 PMLC 模型也能收到不错的效果。

15.1.1 特点

线性 PMLC 模型在具有以下特点的项目中使用收效最佳：
- 目标、解决方案、需求、功能和特性都完整并定义明确。
- 预期范围变更请求很少。
- 有常规和重复的工作。
- 使用已有模板。

1. 目标、解决方案、需求、功能和特性都完整并定义明确

你首先要对项目要实现什么目标有一个明确的认识。这能引导你和客户一起制定项目目标。目标建立后，你和客户就能定义为实现这个目标需要做什么。要做什么的说明可以通过需求收集过程加以细化，该过程列出并记录了清楚地说明需要做什么的细节的功能和特性。如果你和客户认定需求文档是完整的，那么线性 PMLC 模型就可以用于该项目。

尽管重复，但我还是要强调，需求的细节是否完整是一种很主观的判断。你永远也不会真的知道需求细节是否完整。换言之，你也可能知道一些细节是不完整或不明确的。

2. 预期范围变更请求很少

你不太可能遇到没有任何范围变更请求的项目，因为我们生活和工作在一个不断变化的动态环境中。在我超过 45 年的项目管理工作中，从来没有遇到过一个没有变更的项目。如果你和你的客户希望你的项目不会发生变更，那未免太过分了。如果你有任何疑虑，就要在项目进度最后加上储备性任务，并向客户解释如何使用。如果你能成功地根据最初的计划进行项目管理，并且不会影响进度的范围变更请求，项目就会按最初预计时间完成。如果不是，你就要去处理可能出现的变更。如果你觉得变更很多但具备使用线性 PMLC 模型的所有其他条件，你还是应该选择其他的模型，我认为迭代 PMLC 模型可能是最佳选择。

3．有常规和重复的工作

虽然每个项目都是独特的，但它们仍然会具有重复性。它们的独特性来源于作用于项目、你的客户、你的团队及你的组织的外部因素。如果你所管理的项目是常规的和重复的，这里有些建议能让你的工作容易些，并且能够增加管理这些项目的有效性。

①建立和使用模板库。这可能是你从重复的项目中得到的最有价值的工具。我曾帮助我的客户建立并使用模板，从完整的 WBS 到部分 WBS，从风险事件列表到特定风险事件的应对计划及验收测试标准情况、供应商选择策略、信息邀请书、建议邀请书和报价邀请书（Request for Quote，RFQ）的提纲，以及项目日志提纲、课程设计、会议议程等。如果你有一个 WBS 模板，模板中很可能还包括持续时间、资源需求、项目网络图和 WBS 模板的进度计划。这能让你在一开始就拥有项目计划的主体。你可能还要对项目计划的特定部分进行修改，但你至少有了开始，并且有可以借鉴的经验。

建立模板库基本不需要额外的工作，你只需开始收集在项目工作中产生的可修改文档。在将来开展项目管理工作时，再对这些被收集起来的文档进行修改以适应当下的项目需求。把修改后的文档加入你的模板库中，你就会建立有关这类文档的丰富的案例资源。这些就是你的模板。我和我的客户们发现，模板库能节省大量的时间并减少错误。这些模板还能作为很好的培训工具。你的项目管理办公室也许已经在维护一个模板库了。如果没有，你要建议建立一个。

另外，你还要知道一个注意事项。太多的项目经理正在寻找一个万能解决方案，所以模板被滥用了。模板与整个项目或部分项目的适应程度必须很仔细地进行验证。你最好对模板进行调整，而不是完全照搬。

②保存风险、应对计划和结果的历史。风险历史和任务持续时间历史一样，是一个很简单的文件。指标变量包括以下 1 种或全部：

- 风险类别。
- 风险类型。
- 风险描述。
- 资源人员。
- 应对计划。
- 实际发生的风险事件。
- 结果。

负责维护风险日志的团队成员也负责维护风险历史文件。风险日志提供了风险历史文件中的所有信息。你的 PMO 可能应提供风险历史服务。如果没有，你必须要求他们这样做。

4．使用已有模板

如果使用得当，模板库的确能减少计划时间，显著提高项目管理性事务的完成质量，降低项目失败风险。使用模板的好处包括：

- 增加标准做法。
- 为新项目经理提供学习模块。

- 建立项目产品档案。
- 提供过程和做法改进计划的输入。

①增加标准做法。如果模板是有价值的,那么它就会成为形成做法的基础。案例能够支持学习。当模板被使用时,使用者会找到改进它们的方法,并且最终改进它们所支持的过程。

②为新项目经理提供学习模块。模板能够被整合到教室和网络课程中使用,作为培训项目经理的教具。因为你用的是你所在组织中项目的实际模板,这会使参加培训的人获得最大收益,他们也能马上在工作中加以应用。

③建立项目产品档案。实际项目中的产品能帮助项目经理跨越所有过程组。项目经理需要简单直观的方法,以便从过去的项目中获取信息,判断对自己所管理的当前项目最有用的是什么。项目产品的集合增长很快,这就需要有好的索引和检索系统。我的一个客户曾建立了准入功能来完成存档。没有人能直接增加内容,所有提交的建议文档都必须通过准入功能,并在增加前进行可接受性筛选,同时建立索引。

④提供过程和做法改进计划的输入。通过模板,你就能一眼看到过程组。它们反映了客户、项目经理和项目团队是如何应用 PMLC 模板的。你会发现,其中有些做得很正确,有些则不是。所以,负责归档工作的人要检查提交物的符合度。

15.1.2 优点

线性 PMLC 模型的优点:
- 整个项目在开始时就进行了进度安排。
- 资源要求从开始就已知。
- 不需要最熟练的项目团队。
- 项目团队成员不需要同地协作。

1. 整个项目在开始时就做出了进度安排

对于那些不喜欢意外的人,这是必需的,而且计划要完整。项目经理和每个团队成员都知道要做什么、谁来做及何时必须完成。这里没有意外——当然,你希望没有太多、太严重的意外。

2. 资源需求从开始就已知

在线性 PMLC 模型中,你不仅知道需要什么类型的资源,你还要知道何时需要使用资源、使用多久,用这些资源去做什么。对于人力资源,你甚至要知道分配给项目的人员名字。这能帮助你完成项目预算。你还要知道所有资源的成本及你何时会遇到资金困难。

人力资源管理和计划能从线性 PMLC 模型中获益。由于你知道现有项目计划需要具有什么样技能的人、何时需要及需要的数量,你就能据此与现有技术人员的储备及何时到位进行比较,也能从中发现存在哪些差距,知道哪些方面要培训,哪些方面要重新规划。这样,你就有机会采取纠正措施来填补这些技术差距,通过培训和调整计划(如劳务外包)来满足人员需求。

3. 不需要最熟练的项目团队

这是线性 PMLC 模型最强的优势。因为项目计划很详细,某些任务已经编写了工作包,一个中等熟练的人员就能在少量或没有监督的情况下工作。这确实是一个加分项。

4. 项目团队成员不需要同地协作

同样,因为项目计划是完整的,执行任务的人员无论在哪儿都能完成工作。这也许需要一些额外的文档。外包和使用国外开发人员离岸工作(美国人在软件项目开发中发明的一种不用本国工卡,在公海上同时区的一条船上雇工的方法。——译者注)也是可能的选择。

如果开发团队分布在不同的时区,你就要运用一些策略。例如,我曾经在美国开发程序,便会将代码发给欧洲和亚洲的工作人员进行测试。第二天早上,美国的开发人员就会得到测试过的代码。所以,虽然团队分布在几个时区会产生管理问题,但还是对工作进度有好处的。

15.1.3 缺点

线性 PMLC 模型的缺点:
- 不能很好地适应变更。
- 成本过高。
- 在产生交付物前耗时过长。
- 要求有完整和细致的计划。
- 必须遵循严格的过程组顺序。
- 不关注客户价值。

1. 不能很好地适应变更

几乎所有获批的范围变更请求都会产生进度问题。项目团队成员处理这些请求及编写项目影响说明所用的时间都要加入进度中,这可能造成项目完成时间的延迟。这还只是两个问题中的小问题。更严重的问题是,要对所有任务都已做好安排的进度进行调整,调整所用的时间也要加到进度计划中。逐渐地,每个团队成员的进度都受到了影响。如果这些进度变动过大,变更请求可能被延期直到更晚。我确信,你能看到由于增加很多管理时间来应对变更请求的可能性。

2. 成本过高

客户看不到任何交付物,直到项目进度的最后一刻——当需求满意度检验通过验收测试标准时。通常,这会出现验收问题。此时,很多工作必须做,但已经没钱做这些工作了,因为钱已经基本花完了。

3. 在产生交付物前耗时过长

正如我所说,客户在项目后期才能看到交付物。那时,即使有钱,也没有时间做变更了。项目的结束日期很快逼近,项目团队成员也准备按进度从事其他项目工作。简单的项目中一般没有什么问题,而且大家也是这样做的。在更复杂的项目中,任何获得客户验收的额外的工作都需要计划外的时间,而且通常出现在项目结尾。而此时,项目团队成员的注意力已经转移到下一个工作上了。

4．要求有完整和细致的计划

一个完整的计划可能是在浪费时间，这听起来有些奇怪。在你指责之前，请让我做出解释。做项目经理的早期，我陷入了总是要求有完整计划的陷阱。遗憾的是，我没有见过一个计划能够不变地执行下去。每个获批的变更请求都要求对项目计划进行修正——从加入变更发生的时点开始到项目结束为止。

5．必须遵循严格的过程组顺序

一旦选择使用线性 PMLC 模型，你就必须按规则来做。规则就是不能后退。记住，你选择这种模型，是因为你不希望后退。

6．不关注客户价值

线性 PMLC 模型是由按时间、在预算内和根据客户要求的需求来驱动的。它并没有说必须产生商业价值。如果满足客户要求的交付物能带来商业价值，那样更好。遗憾的是，有很多客户告诉我，他们得到了他们所要求的，但他们得到的不是他们所预期得到的。回到第 6 章对要求和需求的讨论，你就会发现其中的原因了。

15.1.4 何时使用线性 PMLC 模型

已经重复多次的项目是线性 PMLC 模型的最佳选择。一般情况下，你已经建立了关于这些重复项目的模板库。当然，你也会遇到为每个识别的风险制订应对计划的情况。意外情况即使有，也会很少。简单的短期项目也是线性 PMLC 模型的好选择，它在一个部门内且不用使用部门外部资源。建造和安装项目特别适合使用线性 PMLC 模型。

15.1.5 特定的线性 PMLC 模型

这里，我们将讨论两个线性 PMLC 模型：标准瀑布模型和快速开发瀑布模型。

1．标准瀑布模型

图 15-2 给出了一般使用的标准瀑布模型。在实践中，这是一个永远不会后退的模型。在这个模型中，一旦一个阶段完成，就会马上进入下一个阶段。早期的版本还允许有反馈回路，但它已经成为历史。标准瀑布模型已经有 50 多年的历史了，并且在任何关于系统开发生命周期的好书中都有讨论。它最初出现在软件开发项目中，但在非软件开发项目中也有应用。

2．快速开发瀑布模型

快速开发瀑布模型是较近期产生的并被广泛使用的模型。它通过将群组发展成平行甚至独立的"泳道"来使产品更快地进入市场。群组对于有效的和快速的开发都是挑战，它需要泳道彼此之间尽可能地相互独立。图 15-3 描绘了那些平行的泳道。在这样一个开发进度的计划中，你需要思考几个问题。首先就是风险。通过将工作压缩到一个更短的时间框架，产生错误和员工进度计划冲突的概率就会增加。这样，工作的数量不仅没有减少，而且需要在更短的时间内完成。将工作分配到同时进行的泳道可以缩短项目持续时间，但增加了完成项目的风险。把更多的工作塞到更短的时间内，犯错误的时间会更少，从这些错误中恢复的时间也更少。在项目进度计划中设置平行的泳道，增加了在最初进度计划中出现的潜在的资源进度计划冲突进一步恶化的可能性。最后完成的那条泳道决定了这个开发项目的完成时间。很明显，快速开发瀑布模型比标准瀑布模型的风险大得多。

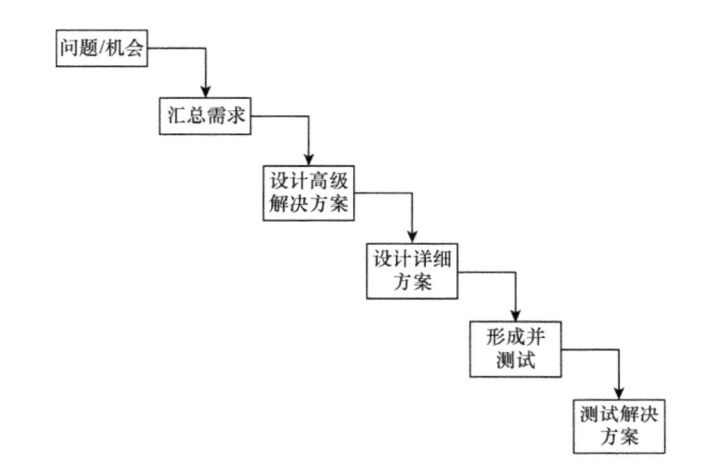

图 15-2　标准瀑布模型

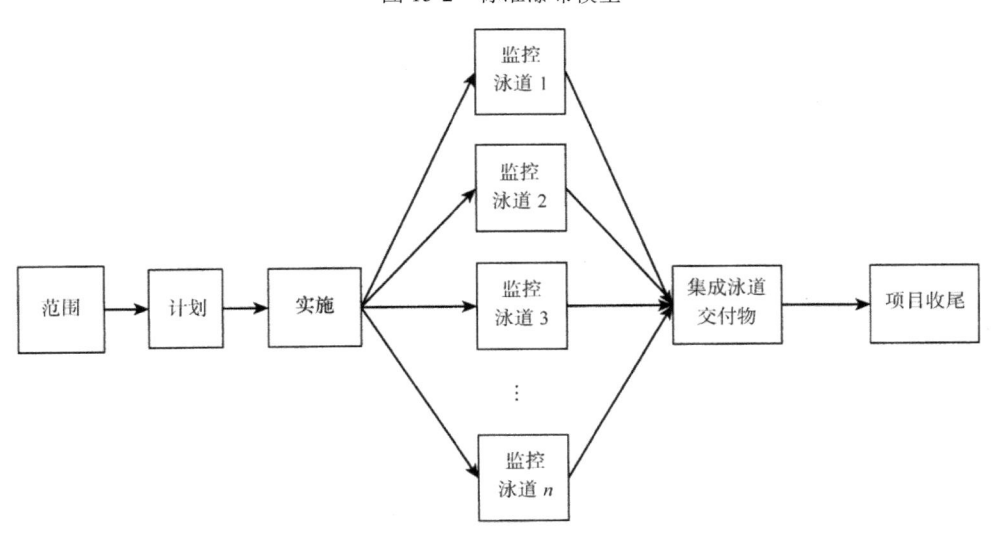

图 15-3　快速开发瀑布模型

快速开发瀑布模型经常被用于产品开发项目。图 15-3 是这个模型的图形化描述。这种模型的目标是尽快完成项目并使交付物尽快发挥作用。运用这种模型通常是为应对尽早将新的或修正的产品引入市场的压力。

在快速开发瀑布模型中，由于每条泳道都定义了一个线性路径，因此，顺序性在每条泳道都得到了完全贯彻。快速开发瀑布模型有整合过程，这是标准瀑布模型所没有的。每条泳道的交付物及相应的测试必须进行整合,以生产最终的可交付物,这样做会在进度计划中增加时间,而所增加的时间在标准瀑布模型中是看不到的。

使用这种模型的决定必须在计划阶段中做出。需要注意的是,在标准瀑布模型中,只需做一次计划。计划的目标是将功能和特性分派到各个独立的泳道中,这样泳道内部的依存度就很高(最大内聚),而泳道之间的关联度就最小或不存在(最小耦合)。这允许每个泳道独立于其他泳道而工作。泳道的并行减少了额外的管理时间。如果存在交叉泳道,而其中一个泳道出现问题,就会对其他相关泳道产生负面影响。

最小内聚的一个主要障碍是资源在独立泳道之间的争用。泳道交叉使用的团队成员也是另一个要注意的问题。如果一个泳道发生延误,它会延迟团队成员在另一个泳道开始工作的时间。不要希望在快速开发瀑布模型中避免这种资源争抢问题,这是不可能的。你要了解这种风险,并尽可能减小其影响。

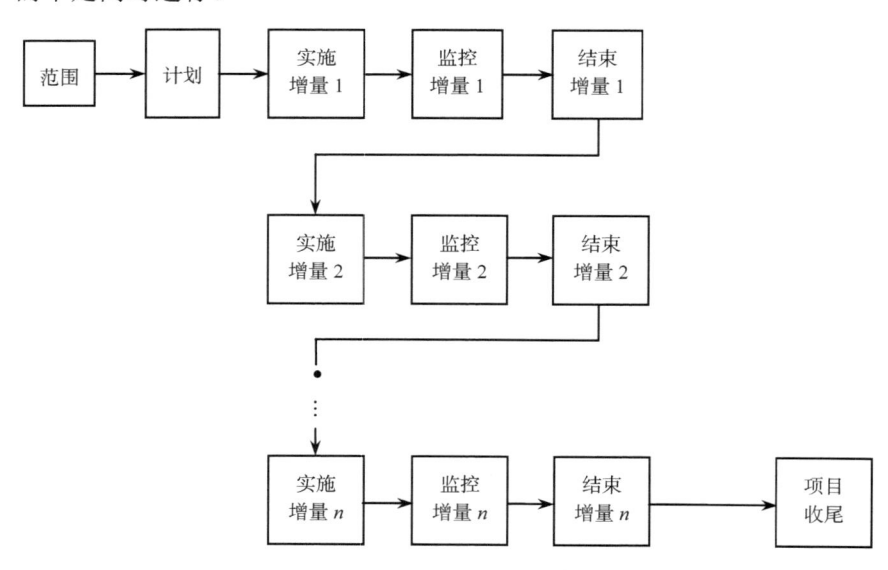

15.2 增量 PMLC 模型

增量 PMLC 模型是 TPM 方法的第二种类型。它最初用于让产品和服务更快地进入市场,但被贴上了"残缺的解决方案"的标签,即这种解决方案的功能不完整。之所以设计它,是为了确保客户能够进入一个新的市场或扩大现有市场的份额。

值得注意的是,在增量 PMLC 模型中,每个顺序由实施、监控和结束步骤构成,重复 n 次。每次重复都会整合解决方案的其他部分,直到第 n 次重复,当解决方案的最后一部分被整合后,项目便进入收尾步骤。

图 15-4 是增量 PMLC 模型的图形化展示,我们从中能看出增量的依赖关系。增量按顺序进行,而不是同时进行。

图 15-4 增量 PMLC 模型

增量 PMLC 模型是由按预先规定的顺序完成的多个相互依赖的增量组成的。每个增量包括这个增量中的功能和特性的实施、监控和结束步骤。每个增量都要整合解决方案的其他部分，直到最终增量完成，这意味着解决方案的剩余部分被整合了。

15.2.1 特点

为了被更有效地使用，增量 PMLC 模型需要具备：
- 和线性 PMLC 模型相同的特点。
- 在更紧迫的进度中提交交付物的需要。

15.2.2 优点

增量 PMLC 模型具有以下优点：
- 能够在项目中更早地产生商业价值。
- 能够确保更好地安排稀缺资源。
- 能够适应在增量之间进行小范围变更的请求。
- 能够提供产品改进机会。
- 比线性 PMLC 模型更关注客户价值。

1．能够在项目中更早地产生商业价值

和线性 PMLC 模型相比，增量 PMLC 模型能够在项目中尽早提交部分产品或服务，产生市场份额和价值，因此能够更早地获得投资回报。从市场观点来看，早期进入有好处，而增量 PMLC 模型支持这种进入。

计划这些增量时，你要考虑企业的快速发展。这里的快速指的是企业的执行力和吸收变化的能力。例如，如果增量是 2 周，你认为企业能每两周变化一次，那么你就是在骗自己。你要考虑这些增量。我看到过很多短期增量带来的实际问题。另外，如果增量很长，就会对市场成功产生负面影响。我的大部分客户都会制订季度或半年交付计划。年度交付通常是发布新的版本，关注于问题和重大的产品升级，而不是部分产品交付。

2．能够确保更好地安排稀缺资源

增量围绕功能和特定的依赖性进行定义，但是也会围绕稀缺资源的可用性进行定义。当稀缺资源只在某个时间窗口可用时，使用线性 PMLC 模型会造成资源争夺的问题，使稀缺资源可能在需要的时候不能到位。如果使用增量 PMLC 模型规划项目，就可以把功能和特性配成增量，这样就能够在稀缺资源到位的时间安排工作进度。剩下的增量和进度也可以围绕使用稀缺资源的增量而进行规划。如果有几类稀缺资源，同样可以使用与上面相同的策略。

3．能够适应在增量之间进行小范围变更的请求

当提交部分产品或服务给最终用户的时候，你最好能预料到这些最终用户会找理由进行变更。因为有些事总能做得更好。虽然变更在 TPM 中不被支持，但使用增量 PMLC 模型是允许变更的。注意，不要忽视这些变更请求的可能性；相反，你需要通过为每个增量增加管理预留任务来计划这些变更请求。

> **提示** 你必须告诉客户，你已经增加了管理预留（见第 7 章），并确保他们理解这样做对项目进度的影响。

4．能够提供产品改进机会

通过增量向最终用户或客户提交功能和特性为反馈提供了余地，并且可能改善后面的增量。这里要注意一点，即你所希望的是增量之间的时间很短。两个增量之间的时间越长，越有可能在时间超过计划长度时让你流失那些短期工作的团队成员。如果增量之间的时间很短，最终用户或客户就不会有时间进行测试和反馈。所以，你要给最终用户或客户提供尝试其他东西的机会，并提出变更建议，不过这样做需要你做更好的应对准备。

5．比线性 PMLC 模型更关注客户价值

只要给客户了解部分解决方案并提出改进反馈的机会，你就已经比使用线性 PMLC 模型更加面向客户了。

15.2.3 缺点

增量 PMLC 模型的缺点：
- 团队成员可能不会在增量之间保持不变。
- 模型要求在增量之间交接文档。
- 模型必须遵循已定义的过程组。
- 必须根据功能和特性的依赖性而不是商业价值来定义增量。
- 必须有比线性 PMLC 模型更多的客户参与。
- 增量 PMLC 模型要比线性 PMLC 模型花费更长的时间来执行。
- 功能的分隔可能成为问题。

1．团队成员可能不会在增量之间保持不变

这可能是一个增量 PMLC 模型中最严重的风险，但在线性 PMLC 模型中不是一个严重的问题。连续的增量之间的时间越长，你就越可能流失 1 个或多个团队成员。如果他们不忙于你的项目的工作，你认为他们会做什么？别的项目经理会发现你的团队成员不那么忙，然后提出"占用他们一点时间"来为他的项目做事情。我的经验是，这"一点时间"通常会被延长，你要么失去这些团队成员，要么让你的项目延期以等待他们回来。

在一个阶段（Stage）结束和另一个阶段开始之间不可避免地会有一些延迟。这种延迟可能很危险，因为在等待阶段可能让团队成员去做其他短期任务。这种短期任务可能变成更长期的工作，从而危及下一个阶段的工作。

2．模型要求在增量之间交接文档

使用增量 PMLC 模型时，你不得不假设下一个增量中的工作团队可能不是完成刚结束或之前完成增量的团队。此外，你还要假设你与那些可能被安排到未来增量中的人之间可能没有面对面或即时的沟通。不过，新团队还是必须捡起旧团队留下的东西。

这意味着处理当前增量的团队必须为处理下一个增量的团队建立文档。这会增加增量的持续时间，因此会延长项目的完成时间。幸运的是，不是每个增量都会要求这种额外的非增值工作。

3．模型必须遵循已定义的过程组

这和线性 PMLC 模型相同。

4．必须根据功能和特性的依赖性而不是商业价值来定义增量

选择将功能和特性加入某个增量的约束要素中是功能和特性之间的依赖关系。大多数情况下，属于某个功能的特性应该加入这个功能所在的增量中，这会更加充分地使用开发资源。一个好的开始是建立功能的网络图，它将是你给增量分派功能的指南。图 15-5 是一个简单的示例。

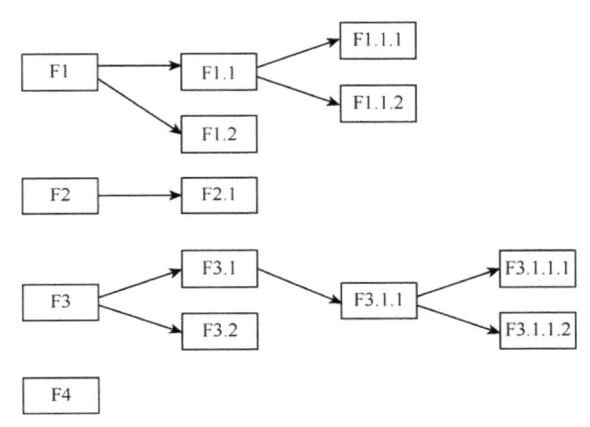

图 15-5　给增量分配功能

假设客户希望产品或服务通过 3 次交付完成。一种划分的方法是寻找最长的依赖路径并把这条路径分为 3 个增量。最长的依赖路径是开始于 F3 的那一条。这里有几种分配最长路径的选择方案。

选择方案 A
　　增量#1：F3
　　增量#2：F3.1, F3.1.1
　　增量#3：F3.2, F3.1.1.1, F3.1.1.2
选择方案 B
　　增量#1：F3, F3.1
　　增量#2：F3.2, F3.1.1
　　增量#3：F3.1.1.1, F3.1.1.2
选择方案 C
　　增量#1：F3, F3.1, F3.2
　　增量#2：F3.1.1, F3.1.1.1
　　增量#3：F3.1.1.2

你会选择哪个作为最佳方案呢？标准是资源可用性、增量持续时间、增量风险和商业价值。如果你要从 2 个或多个完成分配中选择，上面的标准也同样适用。

5. 必须有比线性 PMLC 模型更多的客户参与

线性和增量 PMLC 模型的客户参与程度的最大差别是增量规划。线性 PMLC 模型中只有一个增量，这没有实际意义。增量 PMLC 模型中，客户会关注增量持续时间和商业价值，开发团队则关心符合增量、风险和资源可用性之间的依赖关系。这样，客户的需求和开发团队的需求很可能发生冲突，所以要进行一些谈判。

6. 增量 PMLC 模型要比线性 PMLC 模型花费更长的时间来执行

产生额外时间的原因如下：
- 增量之间的延误。
- 增量之间交接文档的需要。
- 更多的范围变更请求。
- 支持临时解决方案（例如，培训和文档的提供）。
- 增量之间团队成员的流失。
- 整合最新的增量交付物。

7. 功能的分隔可能成为问题

如前所述，你会遇到需要进行谈判的情况，谈判的结果会要求双方都做出让步。此时，性能分配会帮上忙。所以，你需要为某个特定功能制作一份可分到几个增量中的特性清单——从功能被开发的增量开始。通过分配特性清单来平衡增量，能够达成某种折中。

15.2.4　何时使用增量 PMLC 模型

判断是否使用增量 PMLC 模型，要看该模型是否能比其他模型更快地提交部分产品、服务或过程给最终用户。在很多情况下，更早地进入市场会增加自身优势，但同时增加的风险也比选择线性 PMLC 模型更高。

> **注意**　不要使用增量模型来解决问题，因为这不是增量模型的目的。你必须有一个明确定义的目标和明确定义的解决方案，这样才能使用这些方法。如果解决方案不明确，迭代和适应性方法将更适合你。

15.2.5　两种特定的增量 PMLC 模型

增量 PMLC 模型其实只是线性 PMLC 模型的一个变体，但还是值得单独拿出来讨论的。增量 PMLC 模型同线性 PMLC 模型一样需要清晰定义和记录的目标和解决方案。然而，线性 PMLC 模型是一次性生产和提交可交付物，增量 PMLC 模型是分为多个时间阶段生产和提交可交付物。因为市场和早期销售的原因，这些模型可能被选择。例如，增量 PMLC 模型经常被用在一些阶段销售产品以检验市场接受度及其他变量。增量 PMLC 模型的缺点是客户试图在增量之间提出范围变更请求。不过这没有关系，但最初的经过评估且可操作的项目工期计划中必须留有客户提出的那些范围变更请求的时间。管理储备（见第 7 章）是作为一个任务额外加到项目规划最后的时间，以提供处理和整合变化所需要的时间。这是增量 PMLC 模型中经常被忽视的一个细节。开发团队在增量之间有停歇期，这对他们的资源经理来说是个诱惑——他会临时重新分配那些团队成员到其他地方工作。资源经理经常会承诺说当下一个阶段准备开始的时候，他们就会回到团队中，但这很少兑现。

1．分阶段交付瀑布模型

考虑使用增量 PMLC 模型时，你需要考虑增加的风险。图 15-6 是分阶段交付瀑布模型的一个例子。

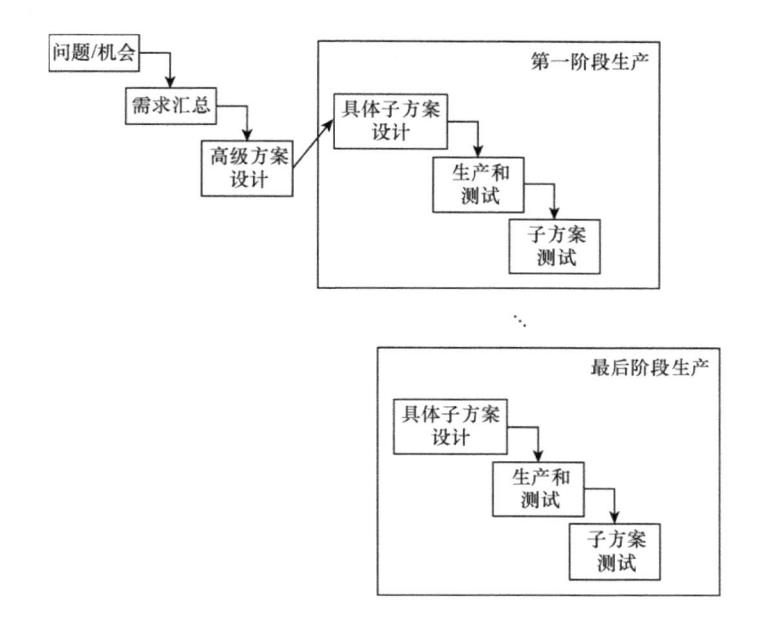

图 15-6　分阶段交付瀑布模型

分阶段交付瀑布模型和其他增量 PMLC 模型承担同样的风险。每个增量的内容都是这个模型的限制条件。增量"N"产生的交付物必须包括之前"N-1"增量中生产的交付物。这有可能危害或延误增量拥有足够的商业价值，以保证能给最终用户或市场提交产品。这个过程最好是渐增的。也就是说，不是每个增量都有足够的商业价值，但最后几个增量可能提供足够的商业价值。

增量 PMLC 模型鼓励范围变更，但不应该被应用于进一步确认部分解决方案或改良现有的方案之中。这是 HPM 的工作，我们将在本章后面讨论。

2．特性驱动开发模型

特性驱动开发（Feature-Driven Development, FDD）不是一个面向客户的模型。它是并行提供部分解决方案的模型。技术上凝聚力增量指的是特性组。FDD 最早在 Coad、Lefebvre 和 DeLuca 所著的《用 UML 建立 JAVA 模型》一书中出现。对 FDD 更深入的介绍能在 Palmer 和 Felsing 所著的《特性驱动开发实践手册》中看到。

图 15-7 是 FDD 模型的高级别过程视图。要注意，计划只做一次，所以解决方案必须已知，才能有效地使用 FDD。一个模型的解决方案被开发出来并被用于建立功能 WBS。这种功能型的 WBS 由非常详细的特性列表构成。这些特性列表会被分为更小的特性组，并按优先顺序开发。FDD 在设计和建造这些特性组时发生迭代。

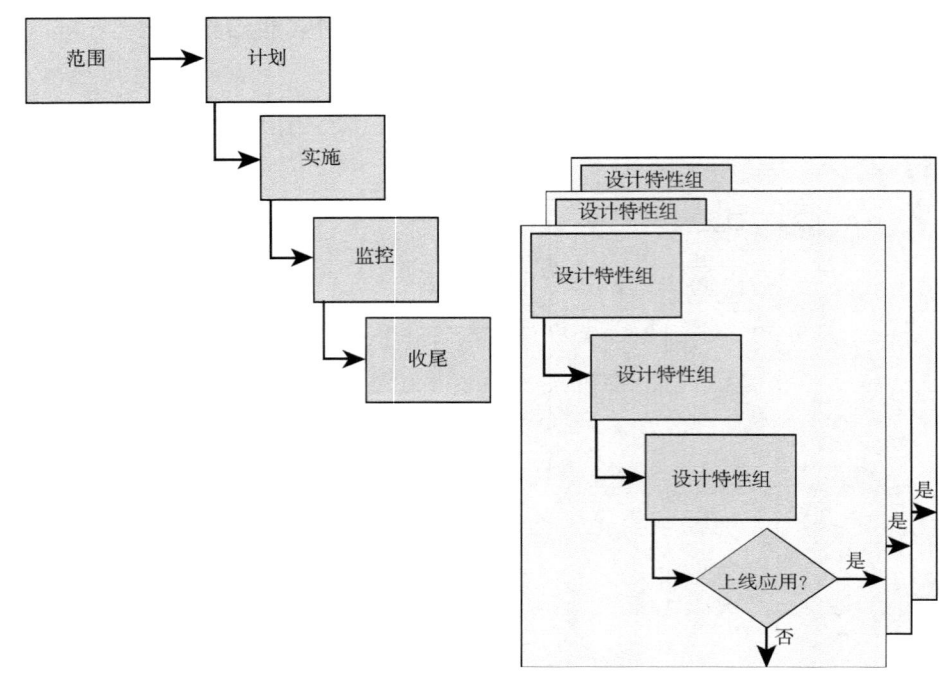

图 15-7 FDD 模型

就像快速开发瀑布模型一样，FDD 模型也会对解决方案各部分进行优先排序。但是这次排序是特性驱动的。和快速开发瀑布模型一样，你要有多个设计或建设泳道在 FDD 线性 PMLC 模型中按顺序运转。和快速开发瀑布模型不同的是，FDD 模型的交付物由具有技术关系而不是功能联系的特性组构成。在客户满意之前，你要完成多个特性组，这样会聚的特性才有足够的商业价值。FDD 模型可以使用并行泳道、顺序阶段或两个都用。

为了成功地使用快速开发瀑布模型或 FDD 模型，你要在建立项目网络图时就开始做准备。你的目标是定义泳道的顺序。每个泳道必须包含解决方案的部分功能和特性。汇总后，所有的泳道，包括合并泳道，都必须提供完整解决方案的功能和特性。这些泳道必须具有以下属性：

- 一个泳道的功能和特性应独立于其他泳道的功能和特性。
- 泳道之间没有资源依赖。
- 泳道之间没有进度依赖。
- 每个泳道的总体持续时间必须相近。

如果这些属性不能被满足，那么至少泳道之间的交互必须最小化。考虑到当前急于进入市场的整体环境，虽然这个演变看上去很有吸引力，但还是存在一些问题的。

建立这样的积极进取的进度时，你要考虑一些事情。在把工作挤压到更短的时间框架内时，你必须记住整体工作量是没有减少的——只是要在更短的时间内完成。最后的并行泳道的完成日期就是开发项目的完成日期。压缩进度会造成以下结果：
- 增加管理时间去处理泳道内部或泳道之间的问题。
- 增加资源争抢的可能性。
- 忽略交叉泳道依赖的可能性。
- 只有较少时间从错误中恢复。

所有的结果都增加了项目失败的风险。所以，如果迫于压力而要使用快速开发瀑布模型或 FDD 线性 PMLC 模型代替线性 PMLC 模型，则要评估复杂性和潜在风险的影响。你也要评估项目团队成员的技术与能力，看看他们是否能适应这样紧张的进度。

15.3 迭代 PMLC 模型

用传统项目管理方法管理的项目，变化很少。进度是已经规划并被确认的，变更的成本很高昂。对于敏捷项目管理来说，变化是正常的，有必要发现解决方案缺失的部分。两者的差异很明显，并导致完全不同的管理这类项目的方法。TPM 项目将会使用前面讨论的某些形式的线性或增量 PMLC 模型，APM 项目会使用接下来将会讨论的某些形式的迭代或适应性 PMLC 模型。TPM 项目是计划驱动的，APM 项目使用即时规划。因此，当解决方案没有被清晰和完全定义时，你必须使用合适的敏捷 PMLC 模型来处理像敏捷项目之类的项目。敏捷项目有两类：

①解决方案大部分已知的敏捷项目。这类项目的目标是被明确界定和记录的，它的解决方案完全决定于一个或更多特性的最终描述。我将这些项目称为最低敏捷项目。

②解决方案大部分未知的敏捷项目。这些项目的目标是被明确界定和记录的，但它的解决方案的特性和功能没有被明确界定和记录。换句话说，方案中的很多地方还没有被界定。我将这些项目称为最高敏捷项目。这些项目将使用本章介绍的适应性 PMLC 模型。

进化开发瀑布和统一软件开发过程是本书定义的最低敏捷方法。Scrum 和适应性项目框架是最高敏捷方法。在实践中，我见到过很多项目经理在符合最高适应性的项目中使用最低方法。他们使用那种方法可能取得一些成功，但使用最高敏捷方法会更好，因为它就是为这类项目设计的。

然而，迭代 PMLC 模型在有些情况下会运行良好，即解决方案只有很少部分（典型特征）没有在方案中被界定。迭代 PMLC 模型是最低敏捷方法。迭代 PMLC 模型在这种情况下最为有效，即我们和客户都确信，所有的功能都是已知的，而仅有一些特性是未知的。

15.3.1 特点

迭代 PMLC 模型被用于那些解决方案模糊不清以至于不能使用增量 PMLC 模型的项目，尽管有些项目经理出于需要或由于缺乏迭代 PMLC 模型的实践经验也会使用增量 PMLC 模型。迭代 PMLC 模型具有以下特点：

- 目标定义清晰完整。
- 解决方案基本都被定义。
- 需求不完整。
- 期待某些范围变更请求。
- 解决方案已知，但没有达到应有的深度。
- 经常使用符号化或模拟的原型来发现完整的解决方案。

1. 目标定义清晰完整

这和线性 PMLC 模型是一样的。

2. 解决方案基本都被定义

迭代和适应性 PMLC 的几个模型，可以按照解决方案从几乎完全知道到几乎完全未知来排序。这个排序很重要，因为最佳的选择经常需要尽量少的创造性，这意味着这个选择要尽量接近这个排序的开始部分。

3. 需求不完整

需求是可以很容易地被最高程度地诱导出来的，且经常被用作项目目标陈述。然而，需求分解结构就是另一回事了。在一个复杂项目的初期建立完整的需求分解结构基本是不可能的。项目管理领域的思想领袖们通常持有这种观点。一个完整的需求分解结构需要对解决方案有深入理解，而且从定义上来说这并不是一个复杂项目的特征。通过为这类项目选择特殊的迭代或适应性 PMLC 模型，你可发现更详细的需求。

4. 期待某些范围变更请求

解决方案几乎是完整的，而且只需要很小的范围变更来完成解决方案。这些将在项目执行阶段被发现，而且所需要的范围变更也是为了更好地完成项目。

5. 解决方案已知，但没有达到应有的深度

在迭代 PMLC 模型较简单的应用中，特性并没有被明确定义。你要这样做还是那样做呢？这些备选方案要提供给客户，用于决定哪种方法最适合他们的标准。客户也许让最终用户也参加决策。在更复杂的情况下，一个迭代可能进行并发现可能的多种备选方案。

6. 经常使用符号化或模拟的原型来发现完整的解决方案

在更加复杂的情况中，你需要使用建模的方法快捷有效地找到解决方案。在这种情况下，经常使用适应性 PMLC 模型而不是迭代 PMLC 模型。选择哪种 PMLC 模型的最好决策几乎都是主观的，但它还取决于除清晰的解决方案之外的其他因素。

15.3.2 优点

迭代 PMLC 模型具有一系列优点：
- 基于即时规划。
- 能很好地适应变化。
- 关注形成商业价值。

- 客户能通过评审当前部分解决方案提出改进建议。
- 在迭代之间可以进行范围变更。
- 能根据商业条件的变化而进行调整。

1．基于即时规划

所有的传统 PMLC 模型都是规划驱动模型。这意味着要实施项目就需要一个完整的规划。这个规划可能发生变化，但为了使事情继续，还是需要它的。由于范围变更，即时规划方法像任何规划驱动型方法一样消除了所有的修订。迭代 PMLC 模型只为那些肯定会是解决方案一部分的活动制定规划，而不为那些将来可能成为解决方案一部分的活动制定规划。消除非增值工作是任何试图变得"精益"的过程的特征。

2．能很好地适应变化

由于变化是敏捷或极限 PMLC 模型必不可少的一部分，一个有效的范围变更就是必要的。这个过程会经常收集在迭代中产生的变更请求，并将它们分组以供客户检查时进行分析和决策。同时，这清除了与产生范围变更请求相联系的大部分非增值工作。对于被批准的范围变更，只有一个进度修订是需要的，而不是每个被批准的单个范围变更请求都需要一个进度修订。

3．关注形成商业价值

很多项目管理思想领袖并不建议关注会议时间、成本和需求。这些限制对项目发起人和客户期望产生的商业价值没有帮助，同时会导致他们的不满。敏捷和极限 PMLC 模型是基于实现商业价值的，它们把委托项目放在第一位。商业价值是 POS 的必要组成部分。

4．客户能通过评审当前部分解决方案提出改进建议

对客户来说，除研究或使用部分解决方案外，没有其他代替方式。描述、过程流程图和设想图都很好，但它们不能为很多客户和最终用户所用。它们需要看到并且试用你所建议的解决方案。通过客户的持续评审，可以保持解决方案不会偏离商业需求。

5．在迭代之间可以进行范围变更

尽管简单的迭代模型能在迭代之间接受并处理范围变更，你还是要保持控制，在每个迭代中向客户提出备选方案和建议。有的时候，客户看到了解决方案的改进方面而你没有看到，其结果就是客户提出范围变更而你必须加以处理。要在迭代之间处理客户所提出的请求，如果获批，就要在下一个迭代中加入这些变更。

6．能根据商业条件的变化而进行调整

我已经说过，世界不会因为你在管理项目而停止不变。除内部项目或者不受外界影响的项目外，你要做好准备应对在你的控制之外的变更需要。如果你选择不接受变化的模型（如 TPM 模型），当要进行变更时，你就会置项目于风险之中。

15.3.3 缺点

迭代 PMLC 模型有如下缺点：

- 迭代过程中有流失团队成员的风险。
- 迭代过程中可能失去优先权。
- 在项目实施阶段，资源需求不清晰。
- 比 TPM 项目要求更高的客户参与度。
- 要有同地协作的团队。
- 实施中间版本解决方案可能有困难。
- 最终解决方案不能在项目开始时确定。

1．迭代过程中有流失团队成员的风险

如果在一个迭代项目刚完成和下一个迭代项目要开始之间有延迟，那么团队就可能面临成员流失的风险。你可以设想这样的场景："既然 Harry 在等下一个迭代项目开始，我能先借用他一个星期吗？"然后，不知为什么，这一个星期变长了，然后 Harry 就流失了。

2．迭代过程中可能失去优先权

如果一个迭代项目刚刚完成，可交付成果也刚刚设置好，这就可能损害一个迭代项目。因为其他的竞争项目可能获得了更高的优先权，而你的项目被推迟，你的资源也被重新分配给竞争项目。

3．在项目实施阶段，资源需求不清晰

如果解决方案没有被完全掌握，那么就可以合理地推断出发现和发展缺失部分所需要的资源需求也是不清晰的。此时，如何能有效地保证规划会照常进行呢？

4．比 TPM 项目要求更高的客户参与度

发生变动的可能性越高，越需要客户更多地参与，以便更好地对变动进行商业决策。随着参与度而来的是参与项目的客户的所有权的问题。如果你没有参与度和所有权，项目可能受到伤害。那些只是偶尔参与的客户，他们经常会提出想当然的需求而非真正的需求，从而导致计划失控。关注点应持续保持在真正的商业价值上。

5．要有同地协作的团队

要有集体办公的团队通常不太可能实现，但这会给高变动的项目带来很高的风险。我曾管理过高变动的项目——团队分布在全球各地，但是它们要求更多的管理，否则就会出现问题。在高变动的项目中，实时的沟通是项目管理必不可少的。所以，如果不能同地协作，你就要花更多时间来开发沟通管理计划，特别是在项目团队内部和客户沟通方面。客户更高的参与度可能帮助克服团队不能同地协作时产生的部分问题。

6．实施中间版本解决方案可能有困难

企业承受变化的能力如何，你对中间版本解决方案提供支持的能力如何，这些都是实施中间版本解决方案时要解决的问题。每个季度实施一个部分解决方案是大多数企业所能接受发生变化的最高频率。同时，你也要做好提供支持的准备。

7. 最终解决方案不能在项目开始时确定

最终解决方案是变化的。你在开始时对解决方案知道得越少，在结束时对解决方案就越无法预料。你可能开始时想解决整个问题，但最后只解决了一部分，因为时间或预算已经被用完了；或者你发现有一部分问题是无法解决的，你只能尽力而为。

15.3.4 何时使用迭代 PMLC 模型

迭代 PMLC 模型是学习和发现模型，这是它与线性 PMLC 模型的显著不同，也是迭代 PMLC 模型的一个优点。所以无论何时，只要对解决方案的清晰度和完整性心存疑问且需要安全保障，就可以使用迭代 PMLC 模型。如果一个项目明确地需要从迭代 PMLC 模型中获得利益，那么就不要试图使用线性 PMLC 模型。通过迭代，这些模型允许检查部分解决方案和下一阶段规划的产物。当这些模型具有意义时，它们会允诺提供资源，而且可能以最有效的方式提供资源。

15.3.5 特定的迭代 PMLC 模型

我根据自己的经验和客户的实践选择了 6 个迭代 PMLC 模型：
- 原型（Prototyping）PLMC 模型。
- 进化开发瀑布模型。
- 统一软件开发过程（RUP）。
- 动态系统设计方法（Dynamic Systems Design Method, DSDM）。
- 适应性软件开发（Adaptive Software Development，ASD）模型。
- 敏捷开发模型（Scrum）。

这些模型是按照我所认为的解决方案的完整性递减的顺序排列的。在某种程度上，解决方案变得模糊，迭代 PMLC 模型就只能让步于更稳固的适应性 PMLC 模型。

1. 原型 PMLC 模型

从法老时代起，原型 PMLC 模型就在被应用了。工程师和工业建筑业在大多数项目中都使用原型模型。早期的原型应用是建立按比例缩小的实物模型。其他的原型模型包括符号化原型和模拟原型。当客户不知道他们需要什么或是无法解释他们的需要的时候就经常会用到原型模型。符号化原型和模拟原型经常被作为谈话的开端。迭代 PMLC 模型中使用的原型被称为产品原型。一个产品原型是已知解决方案的工作版本，它随着项目团队使用当前原型化的解决方案并对解决方案的了解的增多而发展进化。中间版本的解决方案的部署是由客户决定的。

很明显,有效的客户参与是 APM 方法成功的关键。客户通过研究解决方案的某一版本，给项目团队提供反馈，提出他们对改进解决方案的建议与变更要求。这个过程持续地在一个版本接一个版本中发生。原型 PMLC 模型没有一个真正的规则，用来规定你完成工作后就可以进入项目收尾阶段。在某个时间点，客户要么会花完所有金钱或时间，要么会满足于所有已实现的需求而认为解决方案已经足够好，此时项目团队才会进入收尾阶段。要注意，这个模型经常要为客户提供一个系统的准产品版本，随后的版本仅会增加一些特性和功能。

迭代 PMLC 模型绝对是学习和发现型的。在图 15-8 所示的原型迭代 PMLC 模型中，学习和发现的过程很明显。随着每次迭代，解决方案越来越明晰并被加以执行。这让客户和开发人员有机会试用当前的解决方案，并能对其做进一步完善。

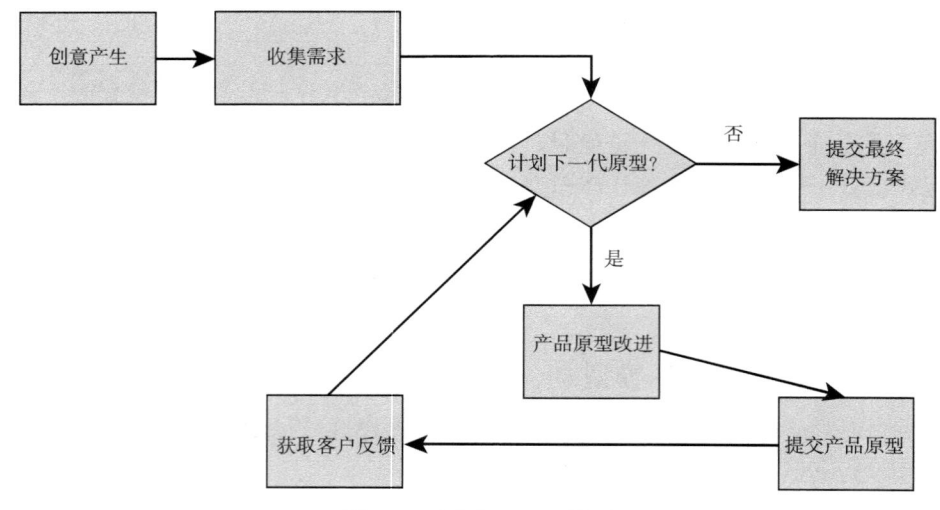

图 15-8　原型 PMLC 模型

2．进化开发瀑布模型

迭代模型是最低敏捷方法。迭代 PMLC 模型在这种情况下最为有效，即我们和客户都确信，所有的功能是已知的，而仅有一些特性是未知的。进化开发瀑布模型就是典型的代表。

在这个方法中，项目像标准瀑布模型那样开始。基于当前需求，解决方案已知的部分被发展。通过进化开发瀑布模型（见图 15-9），解决方案未来迭代的细节将会被实施。因为提交需求所需要的特性和功能已经被发展了，需求可能变更，但我们预期原来的需求只会有很少的增加或减少。当前版本的 WBS 也会随着持续时间、成本和资源需求而被创造。这个模型跟已经流行很多年的产品原型方法很相似。

很明显，与传统模型不一样的是，有效的客户参与是敏捷模型成功的关键。在进化开发瀑布模型中，客户使用解决方案的一个版本，并向项目经理提供反馈，帮助特性和功能在未来发生增进和改变。这个过程随着版本的改变而不断继续。直到某个时候，客户所有的需求都得到了满足。还要注意的是，这个模型经常向客户展示解决方案的一个准产品版本。

从图 15-10 中可以看出，在进化开发瀑布模型中学习和发现经验是很明显的。随着迭代的发生，我们对解决方案的掌握也越来越深入。这会导致客户和开发者有机会使用接下来的解决方案。对于只需要简单和明确提高的项目，这个方法能很好地被运用。

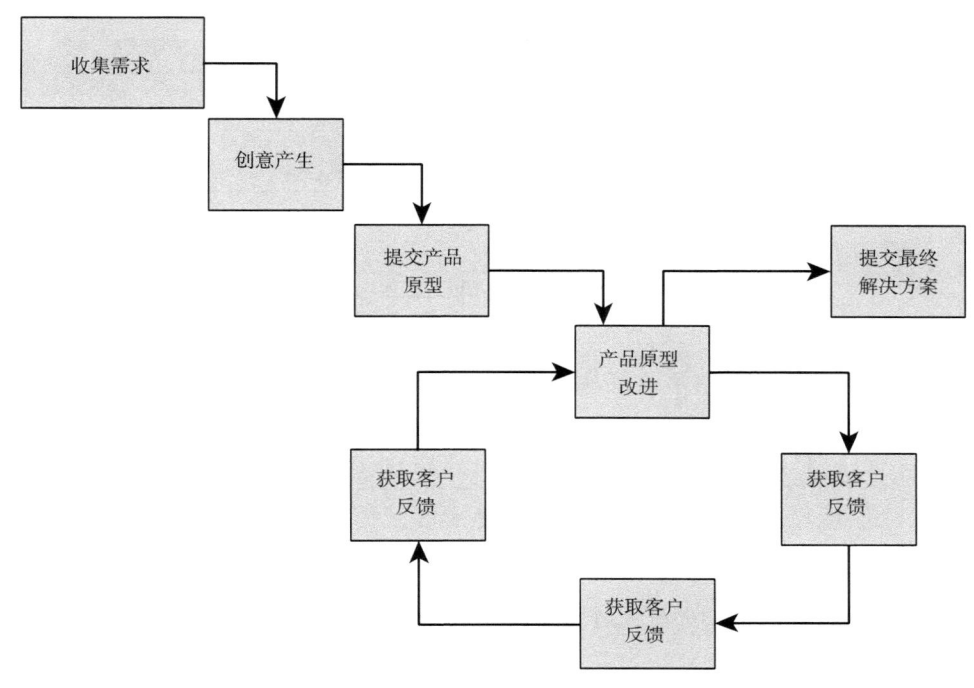

图 15-9　进化开发瀑布模型

有一个变量有必要在这里提一下。你可能遇到这样的情况：解决方案设计的迭代可能出现在版本迭代的前面。这可能是适应性模型的早期努力的结果。它们用在这里会起到很好的效果。设计迭代能帮助客户提高学习曲线和理解解决方案的概念。有了理解，客户就能更好地准备参与版本迭代，设计迭代很快就能完成。根据我的经验，如果你有正确的设计工具，设计迭代只需要几天就能完成，而不用几周或几个月。

额外特征的发现是一个客户完全参与到与开发者有意义地交换的过程。客户和开发者都使用原型——有时是独立使用，有时是合作使用。合作将会努力决定如何在下一个或后续迭代中继续新的或重新定义的特性。

进化开发瀑布模型在那些只有部分解决方案被清晰定义的情况下也能很好地运行。例如，在小部分解决方案不清晰的情况下，如何在解决方案中体现一个特性。开发项目仅仅向客户展示了可选择方案，提出决定选择哪个方案并执行这个方案。但当解决方案的缺失部分更重要的时候（如如何做出特定的决策），就需要一个更有力的方法。这个更有力的方法可能就是适应性 PMLC 模型的一个类型。

3．统一软件开发过程（RUP）

RUP（见图 15-10）是一个完整的文档化的软件工程过程，通过迭代的方式建立解决方案。有人可能认为 RUP 属于最高敏捷方法类型，我却选择把它放在这里。关于 RUP，有大量的参考书和网上资源可以使用。

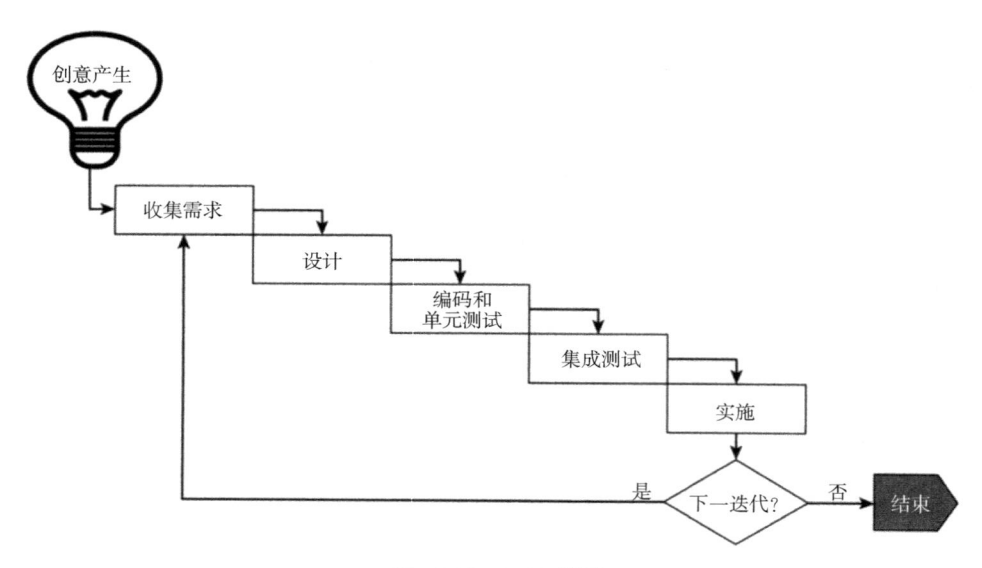

图 15-10　RUP 模型

RUP 可能是最知名的迭代软件开发过程了。它非常适合从注重烦琐文档到简略文档的过程。RUP 的基础是可复用代码、需求、设计等的资料库。这个资料库可以通过以前的项目经验来建立，这意味着 RUP 能够有很长的回报周期。这个资料库必须通过投资回报的观点充分加以补充才能有用。做完 4~5 个项目就可以看到一些回报。

RUP 在项目蓝图上有很宽的覆盖范围。当解决方案的完整性和复杂性较低但没有被完全定义时，RUP 被认为是重量型过程。它特别要求考虑代码复用的文档。

要注意，RUP 迭代开始于需求收集。它的前提假设是之前的迭代已经清晰地为即将实施的项目及那些将会在下一个需求收集工作中得到充实的项目指明了未来的方向。RUP 项目选择的方向倾向于对需求收集活动做出反应。另外，HPM 框架是一个主动通过探索泳道寻找解决方案缺失部分的模型。HPM 框架并不完全依靠被动地发现解决方案，而是依靠积极主动的设计来学习解决方案的活动。正是这种特性使 HPM 框架和其他敏捷 PMLC 模型得以分离开来。

RUP 包括同时贯穿于所有迭代的 4 个概念：初始、细化、构建、交付。

①初始。通过迭代中一系列的需求收集过程，对于开发努力范围的理解得到了一致认可，关于如何开发范围的渐增的解决方案也就可以开始了。不管解决方案的那部分有没有被执行，值得期待的是，迭代开始时的需求收集过程将揭开这些缺失的部分。

②细化。初始关注要做什么，细化关注怎么做。这是技术设计活动，使用合适的技术规格和计划作为交付物。RUP 是一个以技术为中心的过程，所以这些技术规格必须在之前的所有迭代中与交付物进行技术上的整合。与 HPM 框架不同，RUP 不是以客户为中心的过程。在 HPM 框架世界中，RUP 的前两个概念等同于版本范围阶段和周期规划阶段。

③构建。这是 RUP 迭代的建造阶段。这和 HPM 框架项目的周期建造阶段是相同的。

④交付。如果客户对这个方案的商业价值感到满意，并且这个方案能够得到组织的支持，那么这个解决方案将会被付诸实施。这和 HPM 框架项目中提出的决策是一样的。

4．动态系统设计方法（DSDM）

DSDM 是在无重力世界中的标准瀑布模型。反馈循环是将 DSDM 从标准瀑布模型中分离出来的定义特征。DSDM 的倡导者声称，DSDM 方法比任何 TPM PMLC 模型提交结果更快、质量更高、成本更低。DSDM 是一个适应性模型，反馈循环有助于指导客户和项目团队发现完整的解决方案。商业论证应包括反馈循环在内，这样项目的基础与合理性都能被修订。DSDM 声称自己是唯一公开可用的框架，包括整个系统端到端的生命周期。

下面列出了 DSDM 的 9 个关键原则。需要注意的是，这些原则与我们之前定义的成功实践很相似。

①必须有积极的用户参与。
②DSDM 团队必须有权进行决策。
③关注于周期交付的产品。
④适应商业目标是交付物验收的必要指标。
⑤汇总准确的商业解决方案必须使用迭代和增量开发方法。
⑥开发过程中的所有变更是可逆的。
⑦需求是一条高水平的基线。
⑧测试要贯穿整个生命周期。
⑨所有相关方的团结合作是必需的。

大部分敏捷 PMLC 模型都有相同的原则。除了有些很小的变动，这些原则跟 HPM 框架 PMLC 模型是共通的。本章后面的部分也将进一步谈到关于 HPM 框架的内容。

图 15-11 所示的就是 DSDM 方法。

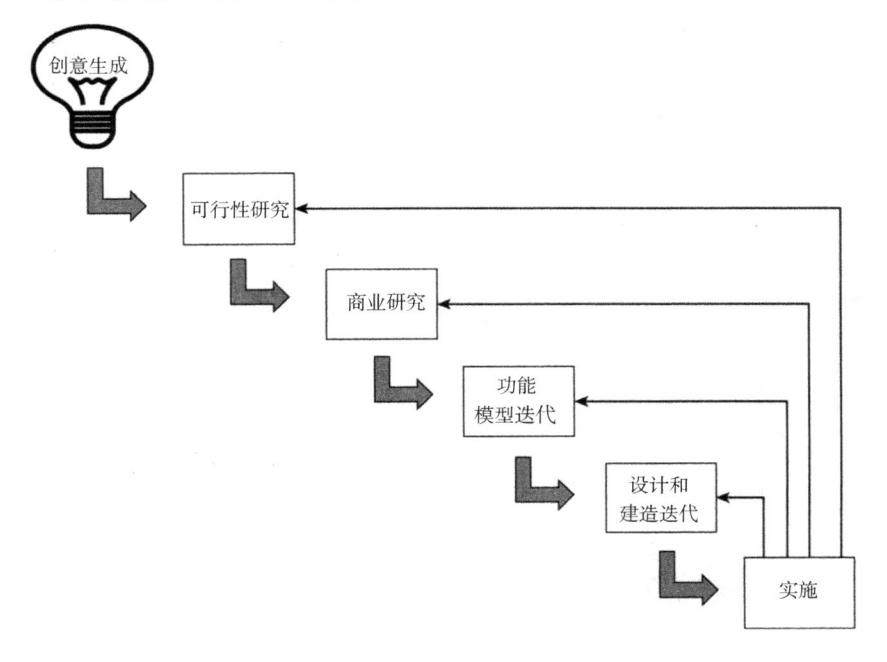

图 15-11　动态系统设计方法

DSDM 的一个独有特性是在每个周期结束时都要增量交付，并且实施一个产品系统。需要注意的是，设计、建设和功能模型迭代的重复都在实施阶段。DSDM 向客户提供商业价值，作为整个过程设计的一部分。其他方法可能作为变量起到同样的作用，但 DSDM 把它们当作方法设计本身的一部分。

①项目前期。这个阶段包括某种类型的项目概览、章程或高层次商业论证，以支持实施项目的决策。一旦做出了支持项目的决策，项目就会得到资助，可行性研究也就可以开始了。

②可行性研究。必须决定是否在这个项目中使用 DSDM，这就是可行性研究。典型的可行性研究已经做出，但还有关于 DSDM 合适性的其他问题。作为对这个问题回答的一部分，我们需要考虑 DSDM 从组织和可用的项目团队成员能力方面得到的支持。DSDM 可行性研究不是一个彻底的专题，却是很高层次的研究。这个阶段最多应当分配 2 周的时间。记住，你只需要决定是否使用 DSDM。

③商业研究。与开发团队合作的客户团队将会对受项目和确认信息需求影响的商业过程做高层次的调查。调查最好能在有合适的主题专家参与的工作环境中开展。高层次调查和数据流图是经常会产生的。在这种情况下，需求被文件化了。系统架构也是被定义了的，但有一个附带条件，就是它可能随着项目进展而改变。最终，一个高层次规划被开发出来。它将会在功能模型迭代和设计与建造迭代阶段定义所期望的原型（如果有）。

④功能模型迭代。这个阶段，功能模型和信息需求通过以下任务的重复循环而不断精练：
- 定义下个阶段你将做的事情。
- 决定如何去做。
- 实施。
- 检查做得是否准确。

⑤系统设计和建造迭代。这些迭代将会选择优先的需求并进行设计和建造。产品原型也会被正常开发。每个迭代中都会产生部分解决方案，这个阶段也会以交付物的形式产生完整的解决方案。

⑥实施。这是从开发到产品的转换过程。所有典型的执行活动都发生在这个阶段。这些活动包括入职、培训、文档、运行支持和用户支持。

⑦项目后期。执行后审计将在软件运行通过后的恰当阶段进行。升级和其他系统变更已经被接受，并通过新的提交整合到了系统内。

5. 适应性软件开发（ASD）模型

James A. Highsmith III（2000）的《适应性软件开发：整合管理复杂系统的方法》一书对 ASD 进行了全面介绍。ASD 有 3 个阶段：猜测、协作和学习（见图 15-12）。

①猜测。猜测阶段就是对最终目标和解决方案应该是什么样的做一个猜想。它可能是正确的，也可能错得很厉害。它和最终分析没有什么区别，因为 ASD 具有自我修正的本质，最终会带领团队得到正确的解决方案。这个正确的解决方案经常是"在最后才能得到"。

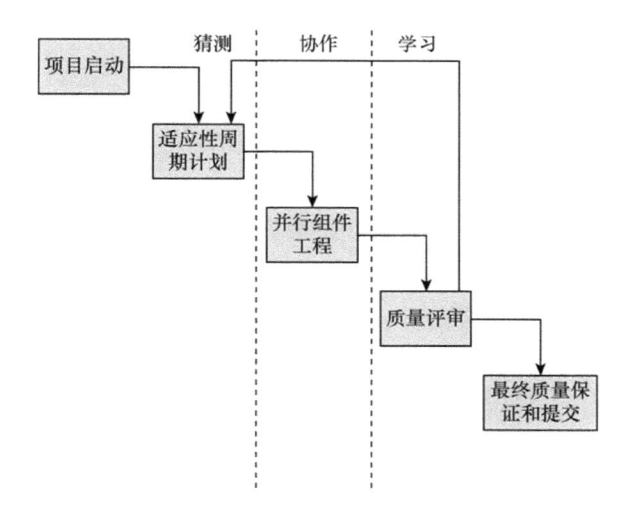

图 15-12　适应性软件开发模型

②协作。猜测阶段结束后，就要让项目团队和客户一起考虑最终解决方案。团队和客户应当通过协作来发现解决方案。整个项目团队会发现怎样的惊喜呢？在下一个迭代和后续迭代中，项目将走向何方呢？

③学习。总结从刚结束的阶段中学习到了什么，以及确定项目团队在下个阶段要如何重新定义方向，是这一阶段的主要任务。

这里着重介绍适应性软件开发生命周期模型。

图 15-12 展示了 ASD 的具体阶段。

①项目启动。项目启动阶段的目标很明确，即在项目发起人、客户、核心项目团队及其他相关方之间建立项目预期。这是讨论、协商和审批项目概要说明的好时候。对于长期项目（超过 6 个月）来说，还是召开至少要持续 2～3 天的开工会为好。在这个时候，需求被收集并加以记录，同时编写 POS。作为项目启动的一部分，每个迭代中目标的简要说明也要准备。这些会随着解决方案细节的发展而改变，但至少项目发起人、客户和开发团队会知道他们所要努力的方向。

②适应性周期计划。开工会议的其他交付物应该包括项目期限、最佳周期数量及每个周期的期限，并要对每个周期的目标进行说明。每个周期开始于计划在接下来的周期中要做什么。这些计划是高层级的计划。功能被分配给子团队，详细计划由他们制订。这对于 TPM 项目来说很奇怪，因为 TPM 要求对详细计划进行有组织的管理。ASD 在这些管理过程中属于轻量级的方法。

③并行组件工程。这一阶段要为每个功能性组件建立几个并行的泳道。每个子团队负责当前周期规划功能中的一部分。

④质量评审。这是客户进行评审的时间，其间要检查按日期完成了哪些工作并进行适当修改。这一阶段，新的功能可能已经出现，并且要为下一个周期重新进行优先排序。

⑤最终质量保证和提交。在某些程度上，客户要求需求被满足，这将导致最终验收测

试过程的产生和产品的交付。

6．敏捷开发模型（Scrum）

Scrum 不是缩写词，而是来源于橄榄球运动的术语。Scrum 将一个团队比喻为一个在非常混乱的场地上移动的球。所有的迭代方法中，敏捷开发模型是针对混乱的开发环境而定义的。敏捷开发模型的软件开发团队是自我指导型的，在 1 个月的迭代期内进行运作，每天召开项目会议，持续为客户提供当前解决方案的演示，在每个迭代结束时调整开发计划。

在本书中所介绍的所有开发模型中，敏捷开发模型是最具有客户驱动色彩的方法。客户定义了功能和特性，并设置了优先级，项目团队按优先顺序被分到各个阶段，并且在一个阶段建立这些功能。过程允许客户随着在前面迭代中发现的解决方案的程度而变更功能和特性。根据敏捷开发模型所使用的工作定义，这是一个严格的迭代方法，或者可能近似于下面章节所介绍的适应性方法。

敏捷开发模型过程如图 15-13 所示。

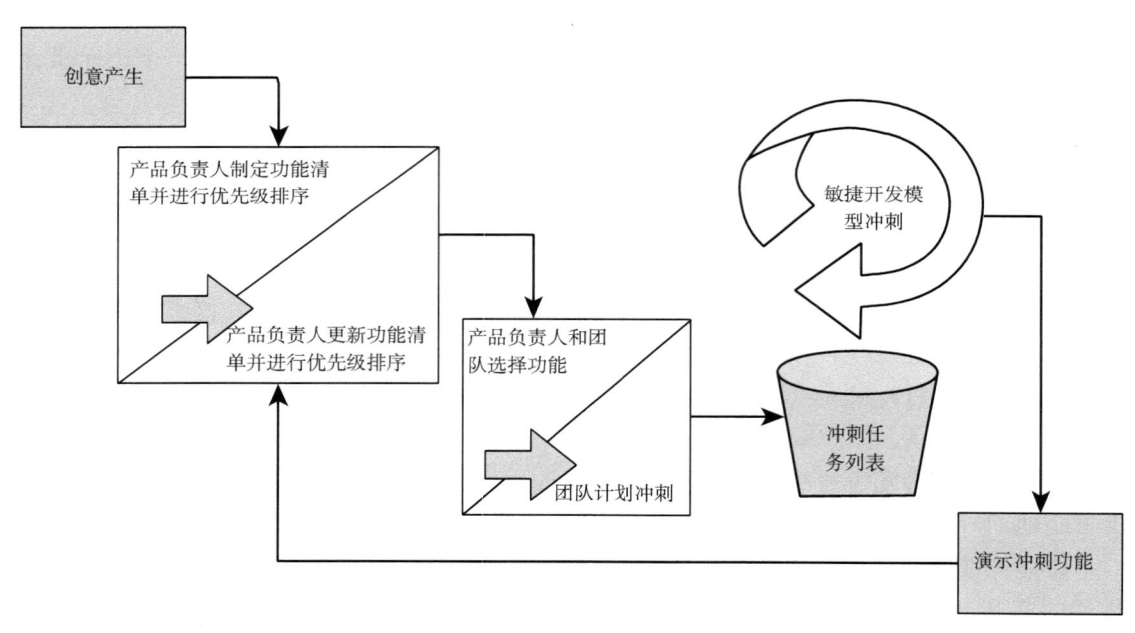

图 15-13　敏捷开发模型流程

①创意产生。系统最初的创意是很模糊的。它可能用一种商业术语的形式加以表达。功能层次的描述作为范围阶段的一部分被写出来，但还没有达到客户要求的详细程度。这个阶段的创意还不能用系统语言加以表达。

②产品负责人制定功能清单并进行优先级排序。产品拥有者有责任制定这个清单。这个清单被称为产品未完项。它能够帮助团队成员更详细地了解项目创意，并帮助他们对如何实施项目形成一些方案。

③冲刺规划会议。这是一个将持续 8 小时的会议。它包括两个独立的部分，每个部分 4

小时。在会议的第一部分，产品所有者会向开发团队展示排序后的产品未完项。这为项目团队提供了提出问题的机会，以明确功能的每个部分。另外，团队将向产品所有者承诺功能将在第一个 30 天冲刺中被提交。团队用剩下的 4 小时来制订高级别的计划，说明如何完成这个冲刺，所要做的工作也包含在冲刺任务列表中。冲刺任务列表是当前冲刺中未能完成的功能的列表。

④冲刺任务列表。这是在 30 天冲刺中运行当前冲刺中未能完成的功能的列表。

⑤演示功能冲刺。在冲刺的最后阶段，团队向客户展示解决方案，以及被增加或变更的功能。在这一阶段，产品未完项也得到了升级，并为下一个冲刺重新进行优先级排序。整个过程持续进行，直到产品未完项清空，或者客户对当前冲刺版本满意并认可最终解决方案。

> **注意** 敏捷开发模型是一种不需要项目经理的方法。实际上，项目经理的位置并不存在，但角色是存在的。这一角色包含在高级开发者的团队中，作为自我管理的团队得以运行。同地协作对敏捷开发模型来说是很关键的。超过 10 个人的敏捷开发模型团队就会表现得功能失调。

敏捷开发模型的一个有趣应用

我的一个客户报告了敏捷开发模型的一个有趣的应用。你虽然是裁判，但可以保持开放的心态。他们将所有的软件维护项目都分配给了一个项目维护未完项文件。产品维护未完项经理要对这些项目进行优先级排序，同时负责估计每个维护项目的人力和资源需求。这是指派给项目管理办公室的项目管理顾问的工作。不是所有的开发者都被完全委任或是在他们的项目分配中都有延误。他们还负责定期检查产品维护未完项，并处理被发现的维护项目。目标是清空未完项。定期报告未完项的规模和日期能衡量目标的完成程度。

15.4 适应性 PMLC 模型

适应性是指持续关注实施和管理项目的整体环境。环境中的任何变化都会引发对其影响及后果的研究，以便决定继续开展该项目的最好方法。这包括选择最合适的 PMLC 模型。当前只有一个 PMLC 模型包含这些特征——混合项目管理框架。本节将对此进行详细讨论。

适应性 PMLC 最适合解决方案的大部分还没有被确定的情况。在最复杂的情况下，不完整性可以延展到需求上。APF 是适应性 PMLC 模型的第一个例子，它是我在 1994 年和两个独立参与的客户合作开发的模型（威索基，2014）。HPM 框架是 APF 在当代的改进版，它不仅很适合软件开发项目，而且还具有更广阔的应用空间。尽管 HPM 是 APM 的 PMLC 模型中的一员，但它的最初设计是在非软件开发项目中使用的。HPM 框架的最初定义用于过程设计项目和产品设计项目上。

15.4.1 特点

一个有效的适应性 PMLC 模型具有如下特征：
- 迭代结构。
- 即时规划。
- 关键任务项目。
- 通过学习和发现所激发的变更取得进展。
- 能够不断检查并适应变化的环境。

1. 迭代结构

适应性 PMLC 模型围绕着迭代进行架构，设计这些迭代是为了发现和完成解决方案。每个适应性 PMLC 模型都会以不同的方式发现和定义解决方案。

2. 即时规划

对于所有的适应性 PMLC 模型，计划被限制在下一个迭代之内。这不是对解决方案所要包含的内容加以猜测，然后计划做些什么，否则就可能是在浪费时间。

3. 关键任务项目

因为适应性项目的复杂性和不确定性，项目的风险很高。然而，伴随着高风险的是高收益。实施这些项目是因为它们的成功完成对企业非常关键。

4. 通过学习和发现所激发的变更取得进展

学习和发现是适应性项目和迭代项目的区别所在。只有客户高度参与到项目中，学习和发现才能产生。随着跨越适应性蓝图，你对客户参与度的依赖也在不断增加。

5. 能够不断检查并适应变化的环境

如果选择 PMLC 模型是为了与项目及其动态环境的变化需求保持同步，则不断检查并适应变化的环境就是必要的。下面的"注意"介绍了有效的复杂项目管理的潜在假设。

> **注意** 项目是独特的、动态的，所以，对项目进行有效管理的方法也是如此。

换句话说，没有万无一失的配方可以使项目管理获得成功。那种配方是厨师的地盘。如果你想在复杂项目的世界获得成功，你就必须成为一名主厨。

15.4.2 优点

适应性 PMLC 模型具有如下优点：
- 能够不断重组项目管理过程以适应变化的环境。
- 不会在非增值工作上浪费时间。
- 可以避开所有范围变更请求中的管理工作。
- 不会在不确定的规划上浪费时间。
- 能够在给定的时间和成本约束下提供最大的商业价值。

1. 能够不断重组项目管理过程以适应变化的环境

在写这本书的时候，HPM 框架成为唯一这样做的适应性 PMLC 模型。对于解决方案了解得越少，选择的 PMLC 模型就越可能不是最合适的。因此，随着解决方案通过迭代逐渐清晰，从对 PMLC 模型的细微调整到彻底更换 PMLC 模型，都可以使项目的执行受益。重组项目管理过程绝不是一个小的决策，本章结束部分的讨论会说明这一点。

2. 不会在非增值工作上浪费时间

这是精益项目管理的一个基本原则，也是所有适应性 PMLC 模型的一个非常重要的优势。

3. 可以避开所有范围变更请求中的管理工作

适应性 PMLC 模型中没有正式的范围变更管理过程。不像线性或增量 PMLC 模型中的范围变更请求处理过程那样，在适应性 PMLC 模型中，范围变更请求就是范围库中一个简单的记录。这个条目随着其他尚未被整合到解决方案中的功能和特性一并考虑，并进行优先排序。最好的情况是，它不需要占用团队成员的工作时间，并且可以在周期之间的规划时间段完成。

4. 不会在不确定的规划上浪费时间

没有人能预知未来，所以不必浪费时间对未来进行猜测并加以规划。我曾遇到很多项目经理，他们的项目很明显适合使用 APM 模型，但是他们非要使用 TPM 模型。如果这是你以前的做法，那么现在就要停止这种做法。这样，你就不再会有那么多烦恼和项目失败的经历。把你的时间花在规划项目明确的部分，把不确定的部分留给未来吧（你会在适当的时候发现它们。）

5. 能够在给定的时间和成本约束下提供最大的商业价值

在每个周期结束时，整个项目团队都会考虑解决方案还有什么缺失，以及如何发现并加以整合。这些缺失的部分要根据商业价值和要整合的发现进行优先级排序。所以，每个周期结束时，解决方案都会比前一个周期更加完整，而此时新的解决方案也会有最大的商业价值。如果任何人要取消项目，客户最好将已经投入的精力、时间和金钱全部带走。这对所有使用线性 PMLC 模型的项目及大部分使用增量 PMLC 模型的项目来说都是不可能的。

15.4.3 缺点

适应性 PMLC 模型具有如下缺点：
- 必须有客户的有效参与。
- 不能识别项目最终结束时能够提交什么。

1. 必须有客户有效的参与

要知道，迭代 PMLC 模型能够从客户输入中获益。这是一种被动的输入——你向客户进行演示，他们给出评价，然后进入下一个迭代。在适应性 PMLC 模型中，客户参与的状态由被动转为主动，整个项目团队围绕当前解决方案紧密合作，对下个版本的解决方案提建议的职责由团队中的客户成员和开发团队成员平等承担，客户必须全面参与并接受和开发团队一起工作的职责。在敏捷 PMLC 模型中，客户参与度会逐渐增加。

2. 不能识别项目最终结束时能够提交什么

习惯于线性和增量思维的人，在不知道要交付什么的时候的确会出现问题。在一个敏捷项目的初期，我还清楚地记得潜在客户说："你的意思是，我要给你 50 万美元和 6 个月时间，而你不能告诉我能得到什么？"

"是这样的，"我说，"但是如果你投入这些金钱和时间，你会得到最大的商业价值。你和我一起解决这个必须解决的问题，我们会在你愿意投入的时间和金钱范围内，尽最大的努力来解决它。"

15.4.4　何时使用适应性 PMLC 模型

你对解决方案了解得越少，需要适应性 PMLC 模型的可能性就越大。尽管迭代 PMLC 模型看起来和适应性 PMLC 模型一样，但其表象具有很强的欺骗性。此时，HPM 框架是唯一满足这类情形的适应性 PMLC 模型。

15.4.5　混合项目管理框架

在本书出版时，只有一种适应性 PMLC 模型，它就是 HPM 框架。它为那些仅仅有一点点解决方案思路的关键任务项目，创造了一种完全不同的管理方法。HPM 框架的主要特性就在于它是一种寻找解决方案的主动方法，而所有其他敏捷 PMLC 模型基本上都是被动的。对于那些被动模型来说，解决方案自己出现而不是被设计转化为实际行动。HPM 框架使用与综合泳道同时运行的探索泳道寻找解决方案的缺失部分。探索泳道有多种类型，它是特殊的 HPM 框架。本节后面将对此再做介绍。

15.4.6　混合项目管理框架是一种强有力的模型

HPM 框架是为管理复杂项目而特定设计的，它有三个阶段：构思阶段、建立阶段和执行阶段。构思阶段主要集中在明晰需求；建立阶段是这种模型的独有特点，它包括选择和应用最适 PMLC 模型；执行阶段设计了五大步骤，让我们去发现解决方案并贯彻落实，向客户或发起人交付最大化的商业价值。图 15-14 提供了这三个阶段的更多细节。在介绍该图之前，有必要进行一些初步的探讨。我要先介绍一些初步的想法和概念，这样你就能理解后面的相关讨论了。我发展了 HPM 框架的概念和实践，我想要你保持开放的思维，不要把自己的想法束缚在旧的实践和旧的宗旨上。HPM 框架能给你们展现一个众多可能性的全新世界。它也可应用在临时项目经理管理的项目中。具体细节本章后面会介绍。

HPM 框架是强健的。简单地说，它就像一把雨伞，包含所有已知的 PMLC 模型的特殊情况。根据这个框架，你可以选择最合适的 PMLC 模型并使它适应于具体的项目特征和内外部环境。

APF 是动态的。它会随着项目的实施而发生变化。项目环境也是会变化的。这些变化需要你去修订 PMLC 模型以使其成为最适模型。开始时，有意义的模型也许不再是最佳商业决策。

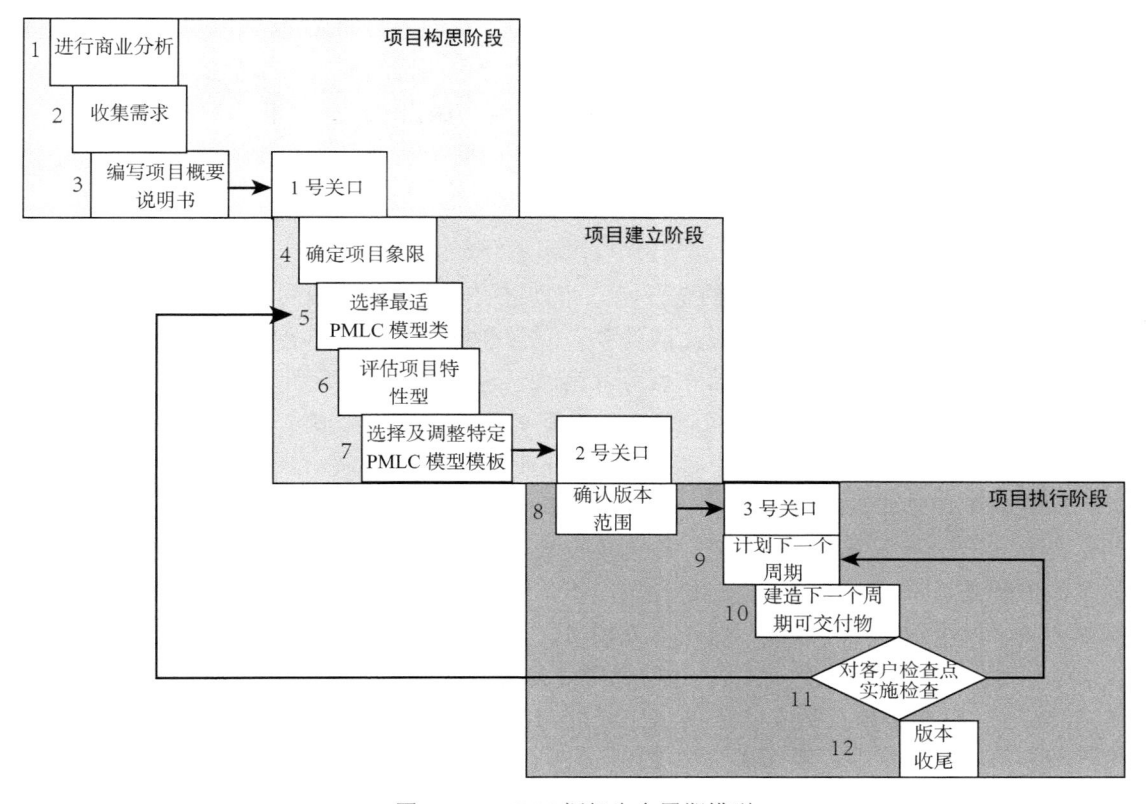

```
┌─────────────────────────────────────────┐
│ 1  进行商业分析         项目构思阶段    │
│ 2  收集需求                             │
│ 3  编写项目概要  1号关口                │
│    说明书                               │
│    ┌────────────────────────────────────┤
│    │ 4  确定项目象限      项目建立阶段  │
│    │ 5  选择最适                        │
│    │    PMLC 模型类                     │
│    │ 6  评估项目特                      │
│    │    性型                            │
│    │ 7  选择及调整特定  2号关口         │
│    │    PMLC 模型模板                   │
│    │    8  确认版本         ┌───────────┤
│    │       范围      3号关口 项目执行阶段│
│    │                  9  计划下一个     │
│    │                     周期           │
│    │                 10  建造下一个周   │
│    │                     期可交付物     │
│    │                 11  对客户检查点   │
│    │                     实施检查       │
│    │                 12  版本           │
│    │                     收尾           │
└────┴───────────────────────────────────-┘
```

图 15-14　HPM 框架生命周期模型

1．HPM 框架项目团队

HPM 框架项目团队包括客户团队和开发团队。对于某些 HPM 框架项目，客户团队可能是一位有决策权的个人。对于更大的 HPM 框架项目，客户团队可能有多个成员，以便能涵盖业务流程或涉及的功能。在项目过程中，客户团队成员可能发生变化。客户团队应当有一名掌握决策权的成员。这个人将成为整个项目的联席项目经理。开发团队包括负责生产交付物的技术人员。开发团队成员最有可能在项目生命过程中发生变化，通常也会有一位核心开发团队成员参与整个项目。开发团队也有一个人拥有决策权，这个人和客户团队经理一起作为联席项目经理共同管理项目。

这些联席项目经理平等地分享项目的成功或失败，而且都拥有关于这个项目的决策权。如果客户联席经理在做决策时需要获得管理层的批准，那么你的 HPM 框架项目将会受到严重的束缚。这个项目经理模型是 HPM 框架独有的，也是类似项目获得成功的关键因素。这个管理模型最重要的特征是双方都被授予了平等的权利并对项目负责。我使用这个组织结构超过 20 年了，事实证明它是有效的！根据我的经验，很多实施中的难题不会在这个共有所有权模型中出现。

HPM 框架项目团队是非常特殊的团队。在复杂项目蓝图中，它的成员是高级专业人才，工作可以不受监督。他们正在做的项目是复杂的，同时充满了一系列的不确定性，如果想找到一个可接受的解决方案，他们必须富有创造力。有创造力的人通常是很独立的，他们也因此不会是一位循规蹈矩的团队成员。这将会给合作项目经理带来管理上的挑战。随着他们的创造性而来的是他们要求独立，不受组织限制和僵化的过程约束。

当项目需要这种特性的时候，开发团队或客户团队会被涉及。当我使用项目团队这个术语的时候，我指的是由客户团队和开发团队构成的一个团队。

2. HPM 框架的根

APF 以两个同时运行的客户约定开始，而且它们碰巧有很多相同之处。第一个约定是和零售商的。零售商想在商店内设立广告亭。广告亭将提供关于产品特色的最新信息和产品存储位置的信息，并提供其他客户服务。第二个约定是和一个软件开发公司的。它要求为客户设计、建造因特网和内部网应用。该公司的商业模型使用固定标价来定义，而且在复杂项目情景中赔了钱。该公司需要一个新的商业模型。

尽管两个项目非常不同，但它们有一个共同特征：都知道最终目标，但都不知道详细的解决方案。这两个项目的问题是，作为项目规划基础的一个完整的需求分解结构和完整的工作分解结构都没有被建立。在这种情况下，你将如何继续管理这样的项目？这两个组织都会或多或少地使用传统线性方法管理项目。大家都看出那个方法不能完成工作，但应该怎么做呢？这时，你需要一些不一样的东西。这是与项目本身相一致的 HPM 框架发展的动力。结果，这两个项目都成功完成，HPM 框架也成为现实。此后，HPM 框架已经成功应用于很多不同的组织中。我知道它被应用于为大型保险公司开发新金融产品项目、设计和开发基于商业和短期目标的计算机系统、消费品公司的新产品研发项目、药品研究项目和其他项目。

我依然把 HPM 框架看作当下项目的热点，并通过我的咨询项目及其他人分享的经验去扩展和完善它。

3. 范围是可变的

在复杂项目世界中，解决方案在项目一开始就是未知的，发起人会为交付物进行投资（通常是资金，也有其他资源，如人力或设备）并设定截止日期。解决方案是根据高级需求和期望的商业价值来定义的。需求指定了项目中的"什么"而不是"如何"。"如何"能够通过项目迭代得以发现。有些需求及其伴随的商业价值或许也能实现，而有的只能部分实现或根本实现不了。因此，在时间和预算约束下，项目经理应该与他们的客户合作以创造最大的商业价值。项目团队最终能够交付什么是不清楚的，而这也意味着范围是可变的。

这是复杂项目景观的现实，它需要发起人和其他高级经理调整心态。出于条件反射，他们会问："你要我给你 50 万美元和 6 个月，而你不能告诉我，我能得到什么？"最好的回答是："在客户的协作下，我们利用你所愿意投入的时间和金钱，创造最大的商业价值。"

4. HPM 框架是即时规划框架

因为范围是可变的，HPM 框架项目规划就具有了全新的意义。一个 HPM 框架项目潜在的基本观点是不要计划未来。未来是不可知的，别管它。部分解决方案存在于未来，等待被发现。当它被发现的时候，它将会被整合到解决方案之中。HPM 框架规划并不预测未来，更不会为此做规划。HPM 框架不是被动模型。它的确试图发现未来——通过"探索行动"来发现未来，这一主题在后面还会进一步讨论。试图预测未来是在浪费时间、徒增项目中的非增值工作。最初的规划是基于功能的，并在高层次上完成。TPM 规划是活动的，也是基于任务的。在 HPM 框架中，微观层面上的规划是在每个周期中完成的。它始于一个中观层次的组成要件或基于功能的 RBS，结束于微观层次的活动和基于任务的 WBS。我喜欢把它看成一个即时规划。应用 HPM 框架时，要记住的一个关键词是"当有疑问时，就把它放在一边"，意思是包含在每个周期内的，只有那些显然会成为部分最终解决方案的活动的详细规划。换句话说，就是每个周期包含你所详细计划的内容，只有你知道什么是真实的。因此，规划在即时环节就已经完成。这个环节的一个周期包括只需要几周就能完成的工作。周期如此短，以至于它通常不符合普通项目对持续时间的要求。所以，尽管一个周期要使用很多传统方法中的工具、模板和过程，它仍然是 HPM 框架项目的一个独特的产物。

5. 变化是预料之中的

不像线性和增量 PMLC 模型，你可以把范围看成不变的，希望避免变更。敏捷和极限 PMLC 模型需要变更，以使项目获得成功。在两类模型中，变更能引导缺失特征和功能（适应性 PMLC 模型）的发现和学习，或者更清晰地关注目标（极限 PMLC 模型）。从周期到周期追踪有两个有用的指标：每个周期范围库的增加数量和每个周期导致进一步定义解决方案的增加数量。

复杂项目是鼓励变更的，它们通过不断交付产品或过程为进一步变更征求建议。没有这个建议（输入），复杂项目就可能失败。客户团队有效的参与和协作对于变更过程是非常重要的。

6. HPM 框架项目合同

这可能是 HPM 框架项目中最难完成的部分。这一部分要向那些想法还停留在 TPM 世界的经理做出证明。简单地解释 HPM 框架合同，就是有了客户有效的参与，合同将会在客户指定的时间和成本约束下产生最大的商业价值。换个方式说，就是客户并不清楚项目最后能产生什么，只知道可能产生最大的商业价值，而且他们在做决定中扮演了重要的角色。客户投入了时间和金钱，在他们和开发团队所了解的解决方案的信息的情况下，他们也将得到尽可能多的解决方案。这都可以归结为需要客户团队和开发团队之间的互信和坦诚，联席项目经理之间也是如此。

要记住，HPM 框架项目必须完成。你不能等着别人指出需求是什么，因为这是永远不会发生的。你必须在信息不完整的情况下继续开展项目。你只能期望自己选择的方法能识别缺失的功能和特征，而且项目也能产生可接受的商业价值。

7. HPM 框架项目是关键任务项目

从前文的叙述中可知，HPM 框架项目对企业来说是很重要的。这是因为：
- 没有一个完整的解决方案是已知的。
- 找到完整的解决方案的可能性很高。
- 项目的成功很关键。
- 没有一个熟悉的线性和增量 PMLC 模型会起作用。
- APF 是有希望发现一个可接受的解决方案或部分解决方案的唯一的模型。

尽管 HPM 框架可能不是你所希望找到的法宝，但它是你唯一的选择。HPM 框架方法会产生尽可能多的商业价值。通过客户团队和开发团队的合作努力，最好的解决方案可能被开发出来。它可能不是最完美的解决方案，但它把所能做到的都做了。我们希望随着解决方案的实际应用，第二个和后继的版本能更加合理。

8. 客户和项目经理在 HPM 框架项目中的角色

如果缺乏有效的客户参与，使用 HPM 框架方法就会比较愚蠢。事实上，缺乏有效的客户参与、不考虑正在使用的模型而开展任何项目都是有风险的。每个 PMLC 都需要某种程度的客户参与。然而，对于一个 HPM 框架项目，关于客户联席经理的作用和开发联席经理的作用还有很多话可说。你最好把两个人都看成共担责任的项目经理——他们是联席项目经理，但各自责任不同。

在 HPM 框架项目中，开发团队经理更多地担任咨询角色。他们使客户团队专注于可行的方向，并进一步建议客户从一些可行的选择中做出最好的选择。当然，客户会在一组备选方案中做出最后的决定。对于某些传统项目经理，这个角色是难以接受的。他们必须分享领导权和决策权，而不是全面负责。对于一些客户来说，这个角色也是难以接受的。他们必须有效地参与进去并做决策，而不是遵照项目经理的安排来走走过场。项目成功或失败的责任是由客户团队经理和开发团队经理共同承担的。

从客户的角度来看，这个角色与项目经理所习惯的不一样。第一个区别是传统项目经理必须迅速地习惯于这个事实，即他们不再负责项目，至少不是只有他自己负责。他们现在要和客户分享这个责任。这要求传统项目经理不仅自己做好，而且不能指责别人。的确是不一样了，不是吗？客户方面的责任是 HPM 框架的一个优势。项目成功了，项目经理和客户都能获得利益。如果不这样做，就可能阻碍项目的顺利实施，使得成功不再可能。

第二个区别是客户必须愿意站出来，明确而公开地表达他们的观点。他们和项目经理及项目团队的关系必须是坦诚的；他们必须感觉项目团队是一个平等的团队；他们不能再找借口说这是一个科技项目，而自己不懂科技。这是一个商业项目，他们与项目团队中的任何人一样都具有同样的话语权和同样的权力。双方对同一个项目具有完全不同的观点，就能产生巨大的协同效应。你要找到一种方法，将这种力量变成你公司的优势。

9. HPM 框架不是一个可以盲目使用的秘方

我不是在做秘诀业务。在 HPM 框架项目中，你不会有无止境的事情要做，否则将是浪费时间，HPM 框架专家们不会浪费时间。阅读和研究以下内容后，作为 HPM 框架的联席项目经理，你应该明白如何开始思考关于你正在做的事情，以及如何与你的联席经理一起工作。如果你们中的任何一人做的事没有意义或者可能不做事，就应该改变这种情况或者根本就不应该做这件事。作为HPM框架的联席项目经理，你将会知道如何如识别这种情况，并做出适当的改变。对于有些传统项目经理来说，这仍然是艰难的调整。他们宁愿不用考虑要做什么，而仅仅是按配方来做。我希望你开始考虑，使用你所拥有的原料来创建新的配方。这样的话，你就能掌控项目，而不是受制于它。

如果你需要一个配方来管理项目，HPM框架是不适合你的。有效的HPM框架联席项目经理是一位高水平的经理：他不仅熟知大量的工具、模板和过程，而且更重要的是，他还知道何时使用它们、如何使用它们，以及如何调整它们——这样的联席项目经理就是我之前所说的主厨。

10．我们为什么需要HPM框架

HPM框架为其他方法和模型不能完成的那类项目提供了唯一的方法。HPM框架是为非软件开发项目而设计的，已经成功应用于过程和产品设计、改进项目和一系列研发项目。这些都是关键任务项目，其解决方案并不完全知道，只有通过项目实践才能了解。在这些项目中，TPM方法不起作用。但是这些项目是必须做的，而且必须寻找一些有效完成项目的方法。你没有选择！这需要用HPM框架。HPM框架不是唯一的敏捷项目管理方法，但它是唯一为任何类型的项目而设计的，不仅是软件开发项目。其他的敏捷方法都是受限制的。联席项目经理和探索泳道的使用是HPM框架工作的两个独特发明，也正是它们使HPM框架与其他敏捷PMLC模型区别开来。

11．与其他方法相比，APM的益处有哪些

与其他方法相比，APM能产生很多商业价值，这也是客户关注的焦点。商业价值的交付是最重要的项目成功标准。

①APM项目比TPM项目完成得更快。如果我们有两次机会做同样的项目，一次使用TPM线性PMLC模型，另一次使用HPM框架，你就会发现HPM框架项目每次都能被更快地完成。原因是很明显的。因为HPM框架挤掉了所有非增值工作（是的，它是一个精益框架），它比那些使用传统方法的项目要做的事情少。花时间做规划就是很好的例子。线性和增量PMLC模型计划整个项目，然后当变化出现并被批准时，从变更点到结束点的项目任务就需要被重新规划。在整个项目中，这种情况要重复多次。这也意味着许多最初的规划工作变成了非增值工作。批准的变更越多，就会产生越多的非增值工作。APM没有这些多余的包袱，因此它能保证比传统方法更早地完成项目。

②APM项目比TPM项目花费少。非增值工作会耗费资金，至少会有花时间规划那些因为频繁的范围变更而永远不会做的活动和任务的劳力成本。这最终会浪费资金。

③APM项目比TPM项目有更好的业务终止政策。大部分痛苦的或失败的TPM项目都中止得太晚，因为等到发现项目没有产生预期结果且应当终止的时候，可用的预算和时间基本都花完了。发生这种情况的原因是第一个交付物在项目生命周期中出现得非常晚，而且已经花费了大部分时间和资金。APM就不是这样的。APM的第一个交付物提交得早而且

频繁，如果出了差错，它将比 TPM 项目发现得更早。APM 项目将在任何多余的时间或金钱被不必要地花掉之前终止。但这并不意味着项目不会完成，只是说明项目不会按照最初计划的那样完成。其他使用 HPM 框架的方法也是需要的，尽早终止而节省的时间和资金将会用于换个方向寻找解决方案。

④APM 项目比 TPM 项目产生的交付物质量更高。客户在 APM 项目中的深度参与意味着客户能提早看到中期交付物，并有机会去调整它们，最终产品的质量也因此超过 TPM 项目。

TPM 项目都会受到范围变更的影响。最初的设计也会因变更而改变。变更得越频繁，设计改变得越多，最终的 TPM 解决方案（如果还有最终方案）也将会变成拼凑的解决方案。

⑤APM 项目能在给定的时间和成本下产生最大的商业价值。APM 项目的不断调整和改变方向意味着提交的每个东西都是需要的，而且是客户所期望的质量。与你合作的客户将会决定每个迭代中的解决方案是什么。比期望交付物差或少的话，这个方案将不会在 APM 项目生命周期中生存下来。如果一个 APM 项目被终止了，至少你还能得到部分解决方案和一些商业价值。

12．APM 的核心价值

正如你所看到的，APM 不仅仅是一种框架结构，它实际上是一种为客户考虑并为客户服务的新思维。客户在 APM 项目中是被关注的焦点，他们控制了项目的方向并决定哪里可以创造或增加商业价值。APM 项目受客户指挥并需要得到他们的批准。这种思维方式体现在以下将要介绍的 6 项核心价值中。这些核心价值是不变的。它们必须在每个 APM 项目中得到实践，没有例外。将来，APM 团队将因其核心价值的可见实践而被认可。我曾经与这样的团队合作过，他们定期地奖励那些在职责范围之外实践 APM 核心价值的团队成员。核心价值就是如此重要。

①关注客户。我在为核心价值找一个合适的名字的时候，"穿着客户的鞋走路"经常会出现在我的脑海里。它是关注客户的执行部分。这是核心价值最重要的一部分。只要在职业道德的范围内，客户的需求必须永远是第一位的。这个价值永远不能打折扣，而且不仅仅是记住就可以了——必须落实到你和开发团队成员的行动上，落实到与客户团队成员的合作上。

对于少数坚持旧有实践的项目经理来说，关注客户的态度将会是巨大的挑战。我的一些客户会给他们的客户提供模板，用来提交描述他们想要什么及会有什么样的商业价值。我也看过这样的问题：需求系统会影响其他哪些系统？我无法理解这些项目经理是如何期望客户回答这个问题的。有些客户可以回答，但我怀疑大部分客户不能回答。其他人会通过帮助客户填写文件来让这个过程没有那么痛苦。这种做法比较好，但不是最好的。这个方法依然认为客户可以说明他们想要什么（或者更准确地说，他们需要什么）。很少有客户能做到那样，因为今天的项目充满了复杂性和不确定性。简单的项目都已经做过很多次了。最好能够让客户一起讨论他们需要什么，并形成前进的策略。

不要认为我是在提倡被动地接受客户的任何要求，而这种被动的做法近乎失职。关注客户意味着超越他们要求你做的事情，同时意味着你在保护他们的最大利益。本着开放的精神，你有责任去对任何想法、希望和需求提出质疑，只要你相信这样的质疑是必要的。你的目标就是尽可能地使客户的商业价值最大化，即使你需要拒绝他们的要求。你必须有自己的解决方案，就像客户有他们的解决方案一样。不这样做就是不关注客户。你需要有正确的理由去做正确的事，而且要善始善终。

②由客户驱动。我的一个指导方针就是让客户尽可能地参与到我们的所有工作中来。我不仅要让他们非常有效地参与进来，还要让他们感觉到他们自己才是对项目前进方向做决策的人。从某个极端的角度而言，由客户驱动这个价值观也意味着客户要承担起项目经理的角色和职责。在最近 20 年的项目管理咨询和实践生涯中，我只经历过几次这样的情况。这是极好的经历！这的确需要思想从支配式到支持式的极大转变。这种极端的情况并不经常发生，但是这种例子也不少见。我和我的客户所坚持的一种折中的有效制度安排就是建立联席项目经理制——让 1 名来自客户方的人和 1 名本组织的员工共同成为联席项目经理。在这种制度下，两个项目经理都对项目的成功或失败负全部责任。这种制度有明确的共同所有权。我自己的实践和客户的反馈都表明这种方式是项目成功执行的关键。项目成功了，客户就能获得利益，客户也将不惜一切来保证项目的成功。我们的声誉和信誉也都在此一举。我说这是一个成功的 APM 项目的关键成功要素。

在有些客户早期使用 APM 的历史中，你必须注意一个学习曲线。你与客户进行的第一个 APM 项目开始时应当有一个研讨会，目的是帮助客户了解什么是 APM 及为什么使用 APM，更重要的是让客户知道如何在 APM 项目中成为一个好的客户。和这个客户合作第二个和后面的项目时，你就能对他们有更多的期望，你最终甚至能够让他们和你一起成为项目经理，并担任顾问、教练和导师的角色。作为敏捷项目团队有贡献的成员，客户在 Scrum 项目中成为产品经理是其成长和发展过程的最后一步。

③提早并经常提交增量结果。本着原型精神，在 APM 项目中，你要尽可能早且频繁地向客户提交解决方案。当你尽了最大的努力而客户真正的需要还没有显露的时候，尽早提交解决方案就显得尤其可贵。项目第一个周期的功能可能受限制，但在任何情况下都有用。在有些情况下，第一次迭代可能是概念的证明。即使它的功能有限，但也应当产生商业价值。它可以提前给客户最终交付物的感觉。给客户一起工作的机会总比让他们对模糊的概念或餐巾纸背后的草图做出反应或者让他们迷失在无尽的功能规范里要好得多。

提早并经常提交增量结果可以帮助客户有效地参与项目并保持对整个项目过程的参与。客户的部分所有权由此形成，而这对项目的成功是非常重要的。没有客户的有效参与，APM 项目则注定会失败。客户必须理解这一点，你也必须去促成这一点。如果你不能促使客户参与，那就换种方式，因为此时 APM 不是恰当的选择。

④持续提问与反省。这个核心价值观说明客户团队和开发团队之间必须公开和坦诚，双方必须致力于尽可能做最好的商业决策。而这只有通过公开和坦诚的对话才能实现。如果具有实现这种对话的环境，双方的个性就必须被放在一边。

反复建立解决方案提供了创造性的机会。它创造了更多的机会，以调整更好更多的有价值的特性或功能。随着周期建立的进行，客户团队和开发团队都应该寻求解决方案或促使功能和特征得到提升。检查之前的周期并询问是否已经尽力做到了最好。所有这些学习和发现大多能在范围库里看到（见第6章），并在客户检查点阶段汇聚。这里，客户和你的项目团队将建议、讨论、审批进一步的解决方案的开发力度。

真正意义上的公开是必需的。任何一方都不应该害怕提出或质疑一个观点或某些当前及未来交付物的真正价值。我经常对团队说，不论任何成员，如果他有一个想法，但不跟团队其他人分享，我将把这种行为看成失职。有些人认为渴求知识是力量之源，而在APM项目中，这是死亡之吻！但对客户同样是真理。然而这个核心价值的成功实践很大程度上取决于是否存在真正的团队环境。

⑤改变是走向更佳解决方案的途径。我有一个同事，他经常对别人说："明天的你肯定比今天的你聪明。"他的原意是说随着时间的推移，可以提高任务工期的估计。他的话同样适用于APM。版本范围阶段开始于请求者和提供者定义什么是需要的，通过满意度条件的实现知道应该交付什么（参见第6章）。尽管他们尽了最大的努力，此时所能做的仍是最大限度地猜测要去做什么。这个猜测可能被证明是最好的猜测或仅是部分猜测，但这都不重要。随着早期交付物的提交，双方能够根据早期的可交付成果对未来的成果有更明确的认识。利用早期可交付成果的帮助，大家变得更加"聪明"了。聪明的结果就是改善未来周期的解决方案。

为了获得最佳的解决方案，变更是必需的，但太多的变更会传递完全不同的信号。我建议客户使用的一个指标是追踪随着时间的推移变更请求的频率。预期结果是解决方案近似最终的方案。这首先表现为变更请求数量从一个周期到另一个周期间不断增加，然后在项目后期逐渐减少。如果这种情况没有发生，则可能是因为项目不仅没有产生可接受的解决方案，相反是偏离了。

⑥切勿预测未来。总有人尝试去预测未来。我曾经看到客户团队和开发团队毫无理由地这样做。这种做法经常被看作不可避免地侵入WBS和项目管理的其他方面。APM项目必须抵制这种意图。APM项目摒除了所有非增值工作，预测未来只会徒增非增值工作。所以，当对预测未来有疑问时，就把它放在一边。APM是为将客户的钱花在产生商业价值而不是非增值工作上而设计的。

> **注意** 当对预测未来有疑问时，就把它放在一边。

如果发现自己在建立RBS或WBS时，你或客户会猜测里面应该包含什么，那么你可能使用了错误的方法。决定最适PMLC模型时，高层级RBS是最好的输入。

13. HPM框架生命周期概述

我们先看看APF。图15-14描绘了APF的项目建立和项目执行部分。首先要注意的是，APF和所有敏捷PMLC模型一样都是迭代过程。迭代出现在一个周期内和周期之间。每个周期都给开发团队和客户团队提供了学习和发现的机会。HPM框架能够有效地利用这些机会。随着继续研究每个阶段，你会了解定义学习和发现的周期内容是HPM框架真正的优势。

正是这一优势将 HPM 框架和其他 PMLC 模型区分开来。

①HPM 框架项目的构思阶段。因为对解决方案知之甚少，因此构思阶段是 PMLC 模型的高层级活动。对于混合 PMLC 模型而言，构思活动仅设定了边界及高层级参数，它们奠定了继续学习和发现的基础。构思阶段回答了如下问题：

第一，项目将要处理的商业情景是什么？

第二，处理这种商业情景需要做什么？

第三，你将做什么？

第四，你将如何去做？

第五，你如何知道目标是否实现？

②HPM 框架项目建立阶段。项目建立阶段是 HPM 框架所独有的。它基于项目的独特性决定项目管理模型这样的假设。HPM 框架项目建立阶段的内容如图 15-14 所示。它包括如下部分：

- 研究满意条件（见第 6 章）。
- 获取需求（见第 6 章）。
- 评估需求完整性（见第 6 章）。
- 在蓝图中对项目进行分类（见第 1~2 章）。
- 决定最适 PMLC 模型（见本章）。
- 评估项目特征（见第 1 章）。
- 选择并调整特定的 PMLC 方法。

决定性因素将会是：

a．已选定的 PMLC 模型所需要的条件不存在。培训、培训，不断地培训，通常能解决这个问题。如果是客户方面的问题，我的解决办法是在项目实施的同时进行培训，也可以召开与每个阶段相对应的研讨会。如果是团队方面的问题，短期的解决方案可能是将那些必要的技能及欠缺的能力部分外包出去。

b．内部环境不支持已选定的 PMLC 模型。这表明复杂项目中出现了搅局者。项目发起人、客户和其他高级经理需要了解潜在的风险，以及平缓风险的建议。

c．外部环境不稳定。较短的项目持续时间和较短的增量、迭代和周期持续时间是应对市场变更影响的最好措施。

③HPM 框架项目的执行阶段。既然已经为项目选择了最适 PMLC 模型，而且该模型与项目特征和内外部条件相适应，那么项目就可以实施了。项目实施是一个强大的过程，包括所有的 PMLC 模型和任何作为特别案例的调整。但是实施不是静态的努力，必须注意从项目执行阶段的检查点到项目建立阶段的评估需求完整性的反馈环。检查点包括检查关于当前需求的解决方案，而这会导致最适 PMLC 模型发生变化。

a．版本范围。HPM 框架项目始于被说明的商业问题或机会。这和 TPM 项目的开头是一样的，即提出建立所述问题或商业机会的解决方案的请求。此时，你并不知道这是什么样的项目或你应该如何从方法论的角度接近它。请求者和提供者之间关于满意度条件的谈话更清晰准确地定义了需要什么，以及为了满足需要必须做什么。这可能要有需求收集过程，并建立 RBS。RBS 能帮助决定这个项目属于哪类项目管理，即属于 TPM、APM、xPM、MPx 中的哪一类。一旦选择了类别，就要利用项目特征来决定哪个模型是最合适的。考虑到本节的内容，你会选择或猜测 RBS 是不完整的，缺失的功能和特征表明要采用 APM 方法。如果你选择了 HPM 框架，就要填写项目范围文件，特别是 POS。POS 基本概括了 COS 和 RBS，只要其中任何一个是可用的。POS 是一个概要（经常是 1 页纸，可能包括附件）的文档，包括以下 5 个部分的内容：

- 问题或机会的说明（做这个项目的原因）。
- 目标说明（概括性说明：将要做什么）。
- 目的说明（概括性说明：可能如何去做）。
- 可量化的商业产出（将获得什么样的商业价值）。
- 对于风险、假设和成功障碍的概要评论。

这个阶段的第 2 个可交付成果是 COS 要求并同意的项目功能的优先级排序列表。RBS 中包含这些信息。双方都知道这个排序表可能变化。但是在项目的这个时点，列表反映的是项目的最佳信息，然而这些信息可能是不完整的。随着项目的开始，信息可能有所增加、减少或变化。

这个阶段的第 3 个可交付成果是中层的工作分解结构。因为 RBS 是不完整的，WBS 也会是不完整的。如果有 RBS，它可能被用作定义 WBS 的起点。RBS 将详述要做什么，WBS 也将进一步分解 RBS 来定义它将如何做。在本文中，在一个简约的 WBS 中，层级 0 表明的是项目目标，层级 1 表明的是主要功能，层级 2 表明的是次要功能。通常，这样一个 WBS 会有 2~3 个层级的分解结构。层级的数目并不重要，重要的是至少要有 1 个层级的分解结构，将工作分解到已经被确定的许多功能和特性上。就这一点来说，任何其他的 WBS 细节都是多余的，原因在于周期计划阶段细节就很清楚了。

传统的项目管理者对这一点可能感到迷惑，因为在整个传统项目管理知识中，计划和进度的制订都是根据一个完整的 WBS 而来的。但是我们认为，在这个时候花时间建立一份完整的 WBS 无疑是在浪费时间。我再次提醒你，不要对我们一无所知的未来进行计划。在这种情况下，缺失的部分就是你不能确定的如何交付的功能。你知道什么功能是必须交付的，所以你会利用手头的信息制定一个简约的 WBS 而不是完整的 WBS。当我们掌握了足够的信息和资源后，我们会逐步制定出完整的 WBS，但这要在周期计划—周期建立—客户检查点这 3 个阶段重复调整的基础上才能完成。你要在需要的时候而不是提前制定出完整的 WBS。在 WBS 被真正制定出来之后，你会知道这是准确的而不是猜测的。

这个阶段的第 4 个可交付成果是定义范围三角（时间、成本、资源可用性、范围、质量）变量的优先级排序。这个优先级顺序在后面将会被用来帮助制定决策和解决周期建立阶段的问题。

b. 周期计划。POS 已经被填写并与已知功能优先级顺序表一起被提交。客户和项目经理相信，他们需要这个优先级顺序表来利用商业机会或解决商业问题。有些高层规划制定得很快，它们将功能按优先级放到一些开发周期时限里。典型的周期长度是 2~6 周。这是文件化的，并得到了双方的同意——随着期望的变化，项目工作开始后，它也会发生变化。

项目完成之前，周期计划阶段将会重复很多次。第 1 个周期计划阶段有作为输入的 POS、优先范围三角、本周期内将建立的功能及简约的 WBS。后续的周期计划也将有作为输入的范围库。

到目前为止，我们已经讨论了与不断发展的解决方案所增加的细节相关的特定周期内容。周期内容的另一方面也是同样重要的。你要考虑到一个周期包括两个主要的泳道。这是并行发生的建造活动流。一个泳道致力于向发展的解决方案增加更多的细节，这种泳道被称作综合泳道。另一个泳道致力于发现解决方案到目前为止还未知的方面，这种泳道就是我所说的探索泳道。一个周期建立阶段内，每种类型都可能有几个泳道。团队成员可能寻求这些问题的解答，如"我怀疑这是否解决那部分问题的方法或我怀疑这能否起作用"。

在探索泳道中，你要求客户团队和开发团队具有解决问题的技能和创造性技能。在综合泳道中，你要求两个团队具有执行和控制过程的技能。不同类型的泳道需要不同的技能。你所面临的挑战是建立一个具有以上两类技能的团队。

我不认为这很简单。它绝对不简单。大部分困难源自客户团队或开发团队没有开放的思想，拘泥于早期想法的那些人难以放弃自己的想法而去支持其他想法。HPM 框架项目要想成功，开发团队和客户团队都必须具有开放的思想，而且不对之前讨论过的功能扬扬自得。

这个方法最大的好处就是客户的参与是有效且持续的。客户是未来活动中的决策者。他们的工作是在全面了解之前发生了什么之后才开始做的，而且得到了开发团队的支持；他们知道功能的变化是如何产生商业价值的，而且时刻准备采取行动；他们的存在不断提醒开发团队注意自己工作的商业价值，以及为了保护商业价值要做什么改变。要记住，客户参与是非常重要的一点，因为它能保证最终建立的成果能符合客户需要。

c．周期建立。与你所想的相反，周期建立计划是低技术含量的行为。你当然可以使用项目管理软件工具，但我发现白板、便条和马克笔同样是很有效的，而且它简化了项目文件，并允许团队关注增值工作。对于那些项目管理软件迷来说，这个建议可能听起来有点极端，所以请让我解释一下。典型的周期长度一般是 2~6 周。在这个周期内，可能有几个小型团队（典型的小型团队有 1 个架构设计者和 1~2 个开发人员），相互独立、并行地围绕某一个功能开展工作。每个小型团队在这个阶段都会为周期建立做规划，然后在下个阶段实施这个周期建立。基于以上描述，一个最小的工作计划都是有意义的。

周期规划工作可能是这样的：

第一，接受客户团队的指导和建议，从 WBS 中提取活动，这些活动确定了将在这个周期中建立的特性和功能。

第二，把提取的 WBS 分解到任务层级。

第三，建立这些任务之间的依存关系。

第四，将任务划分成不同的组，并给每组任务分配工作团队。

第五，每个团队建立一个微观层次的时间表，并给每个团队分配资源，使它们的任务能够在时间和预算的约束下完成。

这里不提供计算和管理关键路径的方法。持续时间最长的泳道就是关键路径。你要时刻关注着它！这类项目的生命周期是如此短，以至于还没有来得及规划和分析，项目就结束了。更糟糕的是，如果你去做周期规划，你所做的工作反而成了非增值工作。低技术含量的方法用在这里则正合适。你不需要在周期里放乱七八糟的非增值工作。整个工作只需要白板、便条和马克笔即可，有专门的"作战室"就更好了。团队可以在作战室贴上他们的计划、时间表、范围库、问题日志等，也可以在这里召开每天15分钟的进度报告会、每周与客户的状态会议和问题解决会议。

　　分配到周期功能上的详细规划也要编制。周期工作已经开始并受到全程监督，只要有必要就会进行调整。当时间用完时，周期也就结束了。在这个周期中，任何不完整的功能都会被重新考虑并在后续的安排中重新设置优先级。一旦周期建立阶段开始，周期建立时限将不会改变。

　　周期建立阶段的第一个工作就是完成周期建立时间表和资源分配。当所有的事情都井井有条且得到团队的理解后，工作就可以开始了。每个团队成员都有每天的任务清单，而且他们被要求在每天的完成情况上写上任务的状态。任何变动都会被尽早发现，改正计划迟早也会被制订。任何变动在一天之内都会被联席项目经理发现。范围库用来记录所有的变更请求和功能改进的想法。问题日志会记录所有的问题并追踪解决方案的状态。

　　d. 客户检查点。这无疑是 HPM 框架项目中最重要的一个阶段。在这个阶段，客户团队和开发团队走到一起并评估已经完成的工作，总结从刚完成的周期中发现和学习到的东西及确定在下一个周期要做什么。这一阶段，客户团队和开发团队联合对刚完成周期中产生的特性和功能进行检查。这是将本阶段的成果与需求和解决方案的一部分及最大商业价值的总体目标做比较，并在高层计划和下一周期的合适时机进行调整。周期计划—周期建立—客户检查点的顺序被重复多次，直到这个版本的时间和预算都花完为止，或者因为没有产生可接受的解决方案或已经产生了可接受的解决方案但不需要进一步的工作而应当终止项目。

　　客户检查点阶段是每个周期建立阶段完成后的一个重要的检查阶段。在周期建立阶段，客户团队和开发团队都会从一些发现和学习中获益。这一阶段将会出现版本功能的变化，并可获得关于交付某些功能的替代方法的建议，而且团队都能通过与其他团队的不断合作来学习。两个团队之间将发展出明确的协同作用。这些都应该与最初分配到下个周期的功能一起考虑，产生的结果就是为下个周期而修订的功能优先排序。要记住的最重要的事情是不要预测未来。下个周期中，你只要优先考虑你确定会在最终解决方案里的功能即可。新产生的优先顺序列表将用来帮助决定下个周期的综合泳道。在刚完成周期建立阶段中的学习和发现将用来帮助决定下个周期的探索泳道。优先的综合和探索泳道的可用资源和资源需求将决定下个周期的内容。

　　e. 版本收尾。在版本范围阶段，你在与客户的讨论中形成了可衡量的商业成果。这些将成为项目为什么被首先开展的理论基础。你可以把这些成果看作成功的标准。换句话说，只有达到这些成功标准的要求，所做的工作才能被认为是成功的。在很多情况下，这些成果是无法在项目完成后的某些时间进行衡量的。以项目影响市场份额为例，它不会在下个星期二发生，它会在几个季度之后发生，所以，时间框架也是成功标准说明书中的一部分。

当分配给这个版本的预算和时间已经花完的时候，标志着项目已经结束。此时，有些计划要完成的功能可能没有被完成，它们将会在下个版本的范围库中出现。审查后续版本的主要关注点在于检查你在成功标准方面做得怎样，在下个版本中是否会用你所学到的知识，在开始考虑下个版本的功能上做怎样。

客户团队和开发团队所认可的最佳功能组合已经被写进解决方案之中。此时，项目已经结束，交付物被提交，解决方案也正在发挥作用。在这个阶段，你需要回答 3 个问题：

- 预期的商业成果实现了吗？
- 可以用来改进解决方案的知识或技能学到了吗？
- 可以用来改进 APF 的有效性的知识或技能学到了吗？

商业成果是用来验证进行这个项目的理由是否成立的首要因素。如果商业成果实现了，把它记在总账中成功的那一边。如果没有实现，则要确定原因，即为了实现这些成果，你还能进一步做哪些事情，并将这些待完成的事情输入下个阶段的功能说明书中。如果不这样做，则要立马终止项目，没有必要为这样的项目继续投钱。

每个人也能从这里获得教训。如果项目被限制在一定的范围内，团队成员失败了而且没有办法去解救他们，你已经减少了失败项目损失的钱。开展更大项目的备选方案是你冒着损失更多钱的风险换来的。如果有方法能够尽早发现项目不能按预期提交产品，你就能减少损失。同样的逻辑，也可应用在从一个周期到另一个周期的任务上。如果你能早点发现一个版本不起作用，就能终止这个版本并节约后面周期的时间和成本。TPM 直到花完所有的钱才会发现项目不起作用，然后就会产生一系列的麻烦促使项目终止。传统的想法是"毕竟，这个项目已经投入了这么多钱，我们不能就这样终止它，我们试着拯救它吧"。其实，这样做是在浪费时间和金钱，实在是没有必要的。

15.5 极限 PMLC 模型

敏捷 PMLC 模型适用于解决方案不是完全已知的项目，极限 PMLC 模型则被应用于目标和解决方案都不是完全已知的项目。通常，极限项目的目标只不过是期望的最终状态。它可能是可实现的，也可能是不可实现的。既然开始的时候没有已知的解决方案，那么目标的可实现性也是未知的。在敏捷项目中，通过迭代期间的学习和发现，可以产生解决方案。这可能会也可能不会产生期望的最终状态或期望的商业价值。很明显，极限项目比敏捷项目的风险要高得多。

15.5.1 特点

定义极限型项目最好的方法就是考虑它的特征。这些特征将在下面介绍。这些特征呈现给项目经理之后，他们虽然不至于百分之百会心惊肉跳，但绝大多数都会这样。不犯任何错误，这是极限型项目里最极限的挑战。这种项目的失败率很高，很多项目在没有完成前就被取消了；而那些侥幸成功的，其成果恐怕也不尽是项目团队认为真正应该实现的结果。这种项目中同样存在所产生的商业价值的问题，即你可能用花费 1 万美元的方案解决了价值 1 000 美元的问题。换句话说，最后实际实现的目标可能与预期的目标大相径庭。这正是极限型项目的特质。我们也将从这一点开始研究如何用 xPM 方法实施这些项目。极限型项目的特征如下：

① 高速度。那些适合使用 xPM 方法的项目都是一些没有前例的、创新的项目，而且对于组织的未来非常关键，或者对项目发起人非常重要。这就意味着项目的结果越早出来越好。快速是好事情，如果你够快，明天就会有人来找你谈项目了；迟缓是件很糟糕的事情，一旦迟缓，那么你明天就得找一份其他的工作。更早地进入市场，是每一个极限型项目商业活动成功的关键性因素。

② 多变更。目标和解决方案的不确定性意味着当项目工作开始之后，和在 HPM 框架项目里一样，发现和学习会接踵而来，而且与 HPM 框架项目相比，xPM 项目里的发现和学习发生得更有规律性，频率也更高，HPM 框架的变更和 xPM 比起来简直就是微不足道。极限型项目中的变更甚至可能完全改变项目的方向。在有些情形下，极限型项目中的变更会最终导致项目被取消。但是根据这些发现和学习，两个甚至更多的项目又从原来的项目被取消的那一天开始运作了。例如，研发项目一般都是极限型项目，5 个阶段中的某个周期里的发现可能导致项目团队和客户决定按照一个完全相反的方向进入下一个周期。

③ 高不确定性。由于极限型项目都是创新的、以研究为导向的，所以没有人知道前面到底会发生什么。在这种项目中，客户团队和项目团队所选择的方向可能与他们真正应该选择的方向差了 180º，但是没有人知道这一点。此外，完成极限型项目所需的时间是不确定的，所需的费用也是没人知道的。简而言之，此类项目中处处都是试验和错误，项目可能一次次开始，又被一次次扼杀。

15.5.2 优点

极限 PMLC 模型具有如下优点：
- 备选方案保持时间长。
- 能够提供大量部分解决方案供早期参考。

1. 备选方案保持时间长

研究各种选择时，你一定不想错过任何发现解决方案的机会。对于任何一个能够产生探索泳道的想法，你都必须抓住不放，直到证明它对解决方案没有帮助。在规划极限项目时，项目团队可以通过头脑风暴推测可能的解决方案或解决方案构成部分，并对各种备选方案进行优先排序。从列表顶端开始，团队启动探索泳道进行进一步研究。此时，消除一个可能的解决方案意味着它要被优先级较低的另一个备选方案所代替。你不要这样做，除非你有绝对的把握可以确定可能的解决方案事实上是不可行的。

2. 能够提供大量部分解决方案供早期参考

对于所有被排了优先级的备选方案，你都要加以考虑，因为其中的任何一个都可能激发几个没有被列在优先级清单上的方案。要记住，你正在寻找一个直到现在还难以捉摸的解决方案。如果解决方案很简单，它早就被发现了。

15.5.3 缺点

极限 PMLC 模型具有如下缺点：
- 可能在所有错误的地方寻找解决方案。
- 不能保证项目交付结果具有商业价值。

1．可能在所有错误的地方寻找解决方案

在项目的早期阶段寻找解决方案非常关键。如果你能在这一阶段合理地消减优先排序的备选方案，你就应该取消项目，在另一个方向重新开始项目。

2．不能保证项目交付结果具有商业价值

即使你找到解决方案并说明解决方案能够满足目标，但如果目标没有足够的商业价值，或者解决方案对于要满足的目标成本太高，项目仍然可能失败。

15.5.4 特定的极限 PMLC 模型

我知道两个极限 PMLC 模型。我把自己创建的模型称为 INSPIRE。另一个模型是由我的同事 Doug DeCarlo（2004）在《极限项目管理：面对波动使用领导力、原则和工具产生价值》一书中建立的。

15.5.5 INSPIRE 极限 PMLC 模型

由于其本质，xPM 项目是没有结构的（见图 15-15）。xPM 项目和敏捷项目的项目管理是在同一个主题下产生的两种演变形式。这个主题就是在不断的增量、周期或阶段中推动项目，以学习和寻找解决方案。INSPIRE 极限 PMLC 模型是我根据 Doug DeCarlo 于 2000 年出版的《极限项目管理研修》（*Extreme Project Management Workshop*）中介绍的弹性项目模型改造而来的。INSPIRE 是由启动（INitiate）、推测（SPeculate）、酝酿（Incubate）和评审（REview）的字母缩写组成的，如图 15-15 所示。

INSPIRE 是一个迭代方法，就像所有的适应性 PMLC 模型都是迭代型一样。INSPIRE 在一个不确定数量的短期阶段（通常是 1～4 周）中迭代，为某些目标寻找解决方案。它可能发现可接受的解决方案，或者可能在没有找到解决方案时就被取消。和 APM 模型的不同之处在于，INSPIRE 的目标未知，或者是在最好的情况下，有些人对目标由什么组成有些模糊的概念但并不具体。这样的客户可能说："等我见到它，我就知道了。"这对有经验的项目经理来说并不新鲜——他们之前已经听过好多次了。不过，寻找解决方案仍是项目经理的工作（当然要在客户的帮助下）。

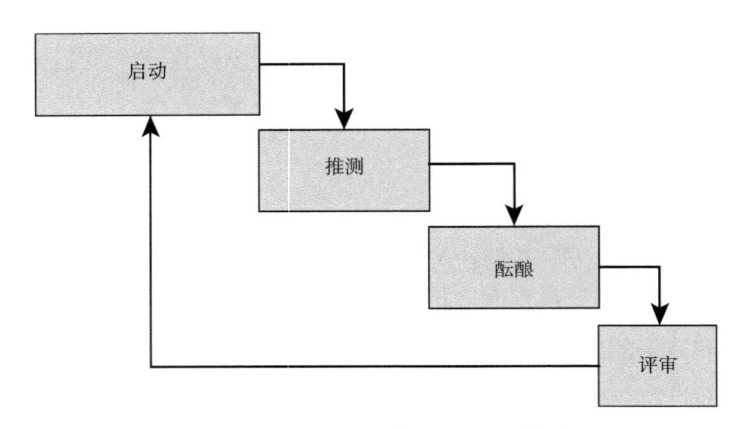

图 15-15　INSPIRE 极限 PMLC 模型

INSPIRE 方法还有一点和 APM 不同，那就是 INSPIRE 方法要求客户同时参与周期内和周期之间的工作，而 APM 只要求客户参与周期之间的工作。药品研究就是一个比较典型的极限项目管理的例子。假设现在有一个药品研究的项目，其目标是发现一种能够治疗感冒的药品。这是一个范围相当开放的项目。用固定的预算或固定的时间来限制这种项目是毫无意义的。更可能的是，项目团队先选择某个或某些调查性的方向，并希望中途的发现和结果可能造成这样两种后果：

①刚刚结束的阶段将把下一个阶段和未来的阶段引向一个信息更明确的、生产性的方向。也就是说，和敏捷模型一样，INSPIRE 方法也包括学习和发现的过程体验。

②更重要的一点是，项目的投资方将视这些学习与发现为潜在的回报，所以愿意继续提供资金支持。

在 INSPIRE 中，没有传统项目管理和 APM 中的三角形约束。在 TPM 和 APM 中，时间和资金的约束是有意义的。"在 10 年内将一个人送到月球并且安全返回"就是很好的例子。它有一个内在的终止机制，即当金钱或时间被用完的时候，项目就结束了。INSPIRE 也有终止机制，但是与上面所说的终止机制截然不同。INSPIRE 有两种终止机制：

第一种是当找到解决方案后，项目结束。如果解决方案所支持的目标具有足够的商业价值，项目视同成功，则实施解决方案；如果解决方案不能支持具有足够商业价值的目标，项目视同失败，则进行另一种尝试（也许）。

第二种是当发起人不愿意再投入资金的时候，项目结束。发起人也许撤回资金，因为项目没有任何实质性的进展，即项目不能逐渐产生一个可接受的解决方案和目标。换言之，项目失败！

下面将简要介绍 INSPIE 的 4 个组成部分。

1. 启动

启动阶段是一个乱哄哄的阶段。这一阶段包括很多工作：推销新的创意；建立项目的商业价值；用头脑风暴法发现可能的方法；形成项目团队；把所有人召集起来并激发他们对本项目的热情。这是进行团队建设及建立与客户的良好合作关系的绝佳时刻。

这时，可能有一个人的头脑中突然产生了一个新产品或新服务的创意，并提议组织开始一个项目，对其创意进行调研，并且在可行的情况下进一步培育这个创意。但是在任何项目开始之前，申请人必须说服管理层，让管理层相信这确是一个值得培育的创意。申请人必须自己来证明这一点，他必须亲自编写这个项目的商业价值说明书并加以演示证明。这里，我们还是推荐你曾经在 TPM 和 APM 中使用过的 POS 文档来推销这个创意。INSPIRE 的 POS 与其他版本的 POS 有所不同。

①定义项目目标。和敏捷项目的目标不同，极限型项目的目标更像对于某种未来状态的想象。"等我见到它的时候，我就知道它是什么样子了。"这大概就是我们唯一能做的项目目标的说明，因为此时项目目标的模糊性只能让我们对它进行想象。这种项目与冒险具有相同的特点，即对于它们来说，目的地只是个模糊的概念。但是随着项目生命周期的进展，极限型项目的目标就会慢慢地显露出来。这种项目目标不是通过计划可以得到的，它必须靠你和你的客户在过程中去发现。正因为如此，发现的过程也是特别令人激动的过程，它可能耗尽项目团队和客户所有的新想法。与这种项目目标相反的是敏捷型项目的目标。在敏捷型项目中，其目标是已知的、明确的，只有解决方案是未知的，且方案会随着项目的开展而逐渐展现。总体来说，在 INSPIRE 项目中，客户更占主导地位；而在敏捷型项目中，项目团队更占主导地位。

在这个项目的初始阶段，任何对于项目目标的定义实际上都是对于未来的想象。当然，在这个时候讨论一下项目的可交付成果的使用者或客户将如何使用该产品或服务也是一件不错的事情。毕竟，我们不能太限制自己的思维。我的一个同事经常说："选择多一点，随时准备抓住机会。"形成一个对最后状态的想象和其他事情一样是一种头脑风暴练习。不要拒绝任何创意，说不定有些创意最后会被证明是有用的。

②INSPIRE 项目概要说明书。举例说明这个问题，可能让读者心中有点概念。我们假设这个项目是寻找预防感冒的方法。正如本书之前的各章所讨论的那样，项目概要说明书对于 TPM 方法和 APM 方法而言都是相当重要的文件，对于 xPM 项目也是如此。但是由于在 TPM 和 APM 项目中，项目目标都是已知的，而 xPM 项目的目标是未知的，所以两种 POS 是有区别的。我们不妨用例子来说明这一点。图 15-16 就是一份寻找预防感冒方法的 POS。

下文中，我们将列举这个 INSPIRE 项目的 POS 的所有要素，以帮助你理解这种 POS 与 TPM 及 APM 项目的 POS 的区别。

a．问题/机遇。这里并没有什么特别的内容。这是一份很简单的说明，陈述了自人类文明开始感冒就是医务工作者与婴儿母亲的大敌。

b．总目标说明。这个特定的项目是要看看是否能够找到一种防止感冒发生的预防性方法。和 TPM 与 APF 的总目标说明不同，这里并没有规定具体的时限。对于这种研究性项目而言，规定具体的时限是毫无意义的。

项目综述	项目名称 感冒预防项目	项目编号 18-01	项目经理 Carrie deCure
问题/机遇			
目前还没有能够预防感冒的药物			
总目标			
寻找预防感冒发生的方法			
具体目标			
1. 发现一种能够预防感冒发生的食物添加剂 2. 改变免疫系统，预防感冒的发生 3. 找到一组可以预防感冒发生的食谱和锻炼计划			
成功标准			
• 解决方案必须对于任何年龄的人都有效 • 解决方案不会带来任何有害的副作用 • 解决方案必须是患者可以负担得起的 • 解决方案必须是 FDA 认可的 • 解决方案必须是容易获得的 • 解决方案必须创造可能的盈利机会			
假设、风险与困难			
• 感冒可以预防 • 解决方案可能带来有害的副作用			
撰写人 Earnest Effort	日期 2018-9-14	审批人 Hy Podermick	日期 2018-9-16

图 15-16　寻找预防感冒方法项目的 POS

c. 具体目标说明。这些目标说明确立了研究工作的大方向。我们会发现，这些目标说明不符合本书第 6 章所讲的目标"SMART"的原则。在大多数情况下，目标说明应该为项目团队的前进指出明确清晰的方向。但是与 TPM 和 APM 项目不同，这些目标本身就不是必需的、充分的目标。即使这些目标都成功实现了，也不能保证实现总体的目标。事实上，在我们得到初期几个阶段的发现和学习之后，我们可能摒弃部分目标。因为项目目标没有被定义清楚，所以不要指望这个项目的目标说明能与 TPM 及 APF 项目里的目标说明起同样的作用。

d. 成功标准。总目标说明可能跟任何成功标准具有同样的作用。所以，这份 POS 的成功标准实际上可以留成空白。在这个例子里，你已经为一个可接受结果的特征设定了界限。成功标准是用来量化总体目标达成的情况的，而你在 xPM 项目中还不知道最终的总目标是什么。

e. 假设、风险与困难。在这一点上，xPM 与 TPM 及 APF 是没有区别的。这份 POS 里的这项说明重点说了一下假设问题。其实，不得不做这样的假设也正是这种项目的本质特点。我已经介绍过项目从明确到不明确时的风险会如何增加，有些风险应该在 POS 的这一部分中体现出来。

③建立项目时限和成本。与 APM 项目不同，INSPIRE 项目并不受固定的时限或成本上

限的约束。项目人员最好把 xPM 项目的时间和成本参数看作给项目团队的某种指导，用以了解客户的期望。客户有时会说："我希望在×个月内看到结果。为了得到项目结果，我最多可以投入××美元的资金。"事实上，在每个阶段成果的评审中，项目决策人都会做出是继续进行项目还是放弃项目的决定。这个决定并不一定与和客户之前说好的时间和成本参数有什么必然的联系。实际上，如果在寻求解决方案的过程中突然出现了额外的进展，客户也许放宽时间和成本的参数。换句话说，如果可以保证这个进展的完成日期，那么多余出来的时间和资金将由项目团队自己处理。

④建立阶段数量和阶段长度。在项目刚开始的阶段，我们建议你使用短的阶段。我想起一个 xPM 项目，它的前面几个阶段都处于探索之中。我们与客户合作寻找可行的方向。对于这个项目，前面几个阶段也就只有 1～3 天的长度。因为这时正处于测试新想法的时候，很多想法都可能遭到拒绝。新创意验证可能是前几个周期的一部分工作，此时项目团队不应该从事复杂的工作和任务。当项目团队对发展方向比较清晰的时候，我们就可以适当延长周期了。预先设定好阶段的长度和阶段的数量，实际上就是在一定程度上确认隔多长时间进行一次项目阶段评审，以及如何进行项目阶段评审。在每个项目阶段评审时，项目团队都有可能对剩下的项目阶段的数量和长度进行调整，以适应情况的变化。在一个探索型的项目里，将项目团队和客户与那些跟项目不相关的阶段捆绑在一起是一种错误的做法。记住，灵活性才是 INSPIRE 项目成功的关键。APM 项目中的周期和迭代时间比 xPM 的阶段时间更稳定。

⑤范围三角形的平衡。尽管 INSPIRE 是没有固定结构的方法，但是确认范围三角形中变量的优先级仍然是非常重要的。当我们进行项目工作的时候，如果出现了问题，那么哪些变量是项目团队与客户愿意牺牲的呢？我们在第 1 章已经讨论过，项目中的变量包括：

- 范围。
- 质量。
- 成本。
- 时间。
- 可用资源。
- 风险。

在第 1 章中，你看到了范围三角形矩阵。为了方便，这里将重新展示一次（见图 15-17）。

矩阵中显示了最不应被牺牲的变量。如果出现必须牺牲某种变量的情况，你会选择牺牲哪个变量呢？答案是依具体的项目而定。比如，如果项目的内容是找到预防感冒的方法，那么可以肯定质量是最不应该牺牲的因素，时间则可能是被第一个牺牲的变量。如果你发现竞争对手也在开展同样的项目，时间还会是首选的牺牲目标吗？恐怕是不会的。这时，成本就是最可能被牺牲掉的因素了，因为产品进入市场的时间已然成为最重要的项目成功因素。

指标	优先级				
	关键 （1）	（2）	（3）	（4）	灵活 （5）
范围				×	
质量			×		
时间	×				
成本					×
可用资源		×			

图 15-17　范围三角排序矩阵

在极限项目里，范围是非常有意思的一个变量。我们还是拿预防感冒项目做例子。现在我们假定，你知道你的竞争对手也在研究预防感冒的方法。这个时候，谁先进入市场突然变得特别重要。而在项目的早期阶段，项目团队已经发现某种食物添加剂不是可以治愈感冒的药品，但是它可以在感冒发展到任何阶段时，发现感冒病毒并消灭这些病毒。也就是说，一旦服了那种食物添加剂，感冒就不会继续恶化下去。此外，这项早期发现看起来很有希望继续发展，最终成为你真正想寻找的感冒预防方案。但是这一点仍然有待证明。不过，你觉得如果现在就把这个早期发现投入市场，将为同类产品的市场准入设置障碍，竞争对手有可能因此而停止并可能放弃他们的项目，而你也因此赢得了继续开展原定目标研究的时间。如果按照这种情况执行，当前项目的范围就被缩减了，因此项目也就被成功地完成了。之后，组织会再成立一个新项目，沿着原来这个项目开创出来的道路继续前进。

2．推测

这部分是一个新阶段的开始，通常会以一个头脑风暴会议作为出发点。这个阶段的输入既可以是完全空白的，也可以是之前的"启动—推测—酝酿—评审"周期的输出。无论是哪种情况，项目团队、客户、产品或服务的最终用户都应该参与这个头脑风暴会议。这个会议的目标是探索各种想法，并为下一个酝酿阶段确认几个可能的方向。由于 INSPIRE 项目本身就是一种特别具有探索性质的项目，所以它不应该忽略任何想法。到了下一个周期，这些不同的方向也许并行开展工作。同时，在推测阶段，周期长度、可交付成果和其他编制规划的工具也会被确定下来。

比萨快递业务（PDQ）：物流子系统

物流子系统非常复杂。虽然其复杂性在一开始并不明显，但它始于目标说明。你可能希望有一个目标说明，用来说说关于从订单录入到订单完成的这段时间内的事情。你想让时间最短吗？这肯定是比萨客户想要的。或者你更愿意缩短订单准备送出到比萨送达的时间。这就是 PDQ 对有效订单交付的想法。你会选择 HPM 框架和 INSPIRE 中的哪种模型呢？答案是哪种模型都可以。重要的是，你的选择要基于哪种方法能让客户最满意这一条件。

"推测"这个词的含义包括深入地思考，认真进行几种可能路径的调查，然后从其中选择 1～2 种可能的方向，剩下的就是你的运气了。很多人会这样问自己："我很怀疑，这样真能行吗？"上述这些其实就是 INSPIRE 项目的推测阶段里所有的工作。

①确定如何做这个项目。在 INSPIRE 项目中，项目团队在第一个阶段遵循的最初研究方向可能有很大的不同。有一个不错的方法可以解决这个问题，那就是以 POS 的目标说明作为指导开展工作。项目团队必须同步地更新 POS，以反映项目最新的状态，而它的目标说明可以成为未来工作的向导。在后面的阶段，项目团队与客户将受益于之前阶段中的学习和发现。为了方便讨论，我们还是先将这两种情况区分开来。这里，假设你在编制第一个阶段的规划。

②确定是否使用 COS。我们曾经在第 6 章详细地讨论过 COS，所以这里就不再继续讨论了。对于 TPM 和 APF 项目而言，COS 是一种很好的工具，可以帮助获得所需要的项目可交付成果。但是在 xPM 项目里，是否使用 COS 是随意的。当项目目标变得越来越难以捉摸时，COS 也就失去了它的价值。如果客户对于目标仅仅有一个模糊的概念，那么即使围绕需求和项目可交付成果进行再多的讨论，也无法帮助项目各方真正了解状况。在推测阶段初期，反倒是那些我们要在下文中讨论的其他规划编制的工具更有用一些。

如果你选择在 INSIRE 项目中使用 COS，则要将它认为是一个头脑风暴的过程。项目团队和客户可以在这个阶段研究各种想法，并产生要做什么的清单。

③确定按优先级排序的需求。场景、故事与使用场合的集合，可以帮助我们深入了解项目可交付成果应该满足的需求。对于客户来说，对这种集合进行优先级排序远远比对需求进行优先级排序来得简单。优先级排序是推测阶段的下一个步骤。对集合里的条目进行优先级排序的方法有好几种。

下面这些内容是我们需要考虑的优先级排序的其他方面：

a．一种妥协的方法可能是根据这些条目与特定功能的关系，将它们分成不同的组，然后在各个功能之内和功能之间进行优先级排序。这里的策略是，将所有与某特定功能有关联的条目都分配到一个子团队里去，以利于它们的发展。在任何给定阶段，同时开展几个子团队的工作都是可以的。

b．根据项目目标被理解的程度编制初始推测阶段计划不失为一个明智的选择，因为这样项目团队就能够调查尽可能多的选择和选项。这个策略注重在项目早期而不是晚期消除不可靠的选项。这可以让成功可能性更高的方法获得更多的资源。

c．如果合适，我们可以考虑将原型当作项目第一个阶段可交付成果的一部分。这里的策略是不把太多的时间花在开发真正的项目可交付成果上，然后对集合或功能里的条目进行优先级排序。让客户熟悉最终解决方案，可以帮助客户得到足够的信息，这样客户和项目团队不仅可以削减集合里的条目数量，还可以对有希望的条目或功能进行优先级排序。这种情况的典型案例就是 B2C 应用方案。原型为用户和应用互动提供了多种方式。通过检查，客户就可以根据实际体验增加或删除某些功能或条目。

我们应该将前一两个周期看成探索性质的，它们的目的就是发现可能的方向，并且使后面的周期遵循这些方向。

④确认第一个阶段的可交付成果。一旦建立了优先级，我们就可以决定将优先级清单

里的哪些条目安排到第一个阶段。一定要记住,既然你希望项目早期的阶段短一点,那么你就必须限制第一个阶段的可交付成果的数量,从而将周期压缩到 1 周或 2 周。

> **注意** 通过这种方法,你已经引起了项目客户的兴趣,这一点非常重要。APM 项目也采用了同样的策略。一旦客户完全参与到这个项目里,我们就可以将后面的周期适当延长。

由于项目团队的资源有限,所以你必须面对这样的难题:是挖掘可交付成果的深度,还是拓展可交付成果的宽度。换句话说,是拓展宽度以容纳更多的功能,还是深入发掘某一项功能。在初始阶段,我们需要得到每个功能的详细信息,这样才能很好地把握这些功能的未来发展方向。也许到时只需查看某项功能,你就可以知道它能不能成为最终的解决方案的一部分。就是这么简单的查看,可以省下大量可能花在某项无用的功能上的劳动,并可将这部分劳动用在更重要的工作上。

⑤做出前进或停止决策。我们说过,初始阶段是一个探索性的阶段,所以项目发起人在这个阶段结束之后可以有机会对初始阶段的计划进行审查判断,并决定项目继续下去是否还有意义。项目可能出现这样的情况:利用第一个阶段里的方法,根本无法实现客户最初的想法。如果这样,第一阶段的成果就会让客户觉得他的想法根本就是毫无意义的。如果项目继续进行下去,项目团队则必须采取另外的方法,但是此时还不可能知道是什么方法。前进或停止决策会在每个阶段结束后进行。终止某个项目的决定更多时候发生在早期的阶段而不是晚期的阶段。当然,晚期阶段是受益于早期阶段的结果的,也正是这些早期结果证明了这个项目是可行的并且应该继续下去的。

⑥为后续阶段编制规划。前面阶段评审的输出可以给后续阶段带来某些好处。它们可以为紧随推测阶段之后的阶段规划编制活动提供信息。在每个阶段评审中,项目团队都会得到一个关于项目目标的更加明确的认识和定义。这个更加明确的认识可以让项目重新调整前进的方向,重新调整随后的酝酿阶段的可交付成果的优先级排序清单。这份新的清单的内容也许包括上一个阶段没有完成的可交付成果,还没有完全成为酝酿阶段一部分的可交付成果及项目中通过学习和发现得到的其他可交付成果——这些可交付成果都将出现在新近到来的酝酿阶段中。无论是哪种情况,项目团队在计划下一个酝酿阶段要做的工作的时候,肯定会把这份重新修改过的优先级排序清单考虑在内。现在,我们的情况又和最初的推测阶段的情况一样了。接下来的工作就是将项目可交付成果分派给各个子团队,安排未来工作的进度和负责这些工作的人。

3. 酝酿

INSPIRE 项目中的酝酿阶段类似于 APF 项目中的周期建立阶段,两者有很多共同点。当然,两者也有很多不同的地方。我们可以从下述方面考虑这些不同之处:

①尽管项目处于酝酿阶段,但本阶段也有一个将要产生的可交付成果的优先级排序清单,INSPIRE 项目必须具有探索精神。这是一种学习与发现的体验。这些发现和学习会带着探索中期阶段的纠正措施。这些不会在 HPM 框架项目中发生。

②尽管在 HPM 框架执行项目计划的过程中也会从学习和发现中得到好处,但是它并不

更改计划。学习和发现是客户检查点的输入，只有在这个地方，计划才会被更改。

上述几点是 INSPIRE 项目和 APF 项目之间的重大区别。并行工作的子团队将会执行上一个推测阶段开发出来的计划，但是如果想取得推测阶段的成功，还必须要有开放和协作的环境。团队之间必须彼此分享各自的想法，并交换彼此的学习和发现所得。这不仅仅是一个执行计划的时期，而且还是一个进行探索与动态互换的时期。客户协助完成的中期阶段的纠正措施有望成为子团队一起学习和发现的机会。新的想法、重新调整的方向或目标的澄清，都有可能从这些学习和发现的经验中得到或解决。

①分配资源。酝酿阶段的第一件事情就是，根据本周期里的可交付成果的优先级顺序，进行团队成员的分配。这项分配工作应该是整个团队的行为。INSPIRE 项目的探索性质注定团队参与是相当重要的。团队成员需要表达他们对一个或几个可交付成果的兴趣，还要将他们的想法分享给其他的团队成员。同时，利用这段分配时间，项目团队也可以招募一些与他们有同样兴趣、愿意和他们一起开发可交付成果的人。项目经理也不应该放过这样一个机会：利用相同的兴趣，在团队成员和那些将并行工作于不同可交付成果的子团队之间创造团结协作的气氛。任何一个建立合作的工作气氛的机会都会增加团队成功的可能性。你会看到同地协作工作的 xPM 团队是多么重要。这种自发的分享理念而产生的兴奋只有在同地协作工作的 xPM 团队中才有。

②建立阶段计划。在项目子团队各自就位并收到委派的任务之后，团队成员就可以开始计划如何生产指派给他们的项目可交付成果了。决定一个团队如何生产可交付成果，与我们在第 7 章所讨论的一模一样。实际上，第 7 章里面讨论的很多工具也可以用在这里，帮助项目团队建立阶段计划，而且效果一点都没变。举例来说，我们在第 7 章的讨论中，将阶段计划当作某种画在白板上的、具有时间顺序的图表。这份图表显示了每天要完成的工作，以及谁将负责这份工作。

> **注意** 别忘了 INSPIRE 项目的阶段计划的不同点。在 INSPIRE 项目中，项目团队必须随时应付可能发生的变化。项目的探索性经常会把项目团队领到不得不改变项目方向的地步。这些情况出现后，项目团队需要与客户合作，并决定该如何前进。

③协作产生可交付成果。协作是 INSPIRE 项目的精髓。在 INSPLRE 项目中，子团队之间必须进行协作。我们之前举的例子就是这种情况。在本章的开始，我们就曾经讨论过极限项目的探索性本质。因为项目是探索性的，所以没有人可以保证能有一个明确的解决方案，甚至连目标都是含混不清的。这就意味着项目的目标和解决方案只能通过坚实的团队协作努力来获得。INSPIRE 项目和头脑风暴之间有很多共同点。如果单纯谈论某一个想法，我们可能觉得它毫无价值，但是如果把所有想法都结合起来，它们就会突然产生很大的价值。同地协作能够实现这种改变。

4．评审

INSPIRE 项目的评审阶段与 APF 项目的客户检查阶段有很多相似之处。在刚刚结束的酝酿阶段里产生的所有的学习和发现，都将被带入另一个头脑风暴会议中。在评审阶段，项目团队要分享下列问题的答案：
- 我们学到了什么？
- 我们应该做什么，以增强获取目标的可能性？
- 有哪些新产生的且值得进一步跟踪的想法？
- 在下一个阶段，我们应该怎么做？

在这个阶段，最重要的决定就是项目是否应该继续开展下去。当然，这是一个应该由客户做出的决定。此时，我们应该考虑以下问题：到目前为止，我们得到的结果是不是达到了我们的期望？项目是否正走向一个可接受的解决方案？这些问题的答案将决定项目是继续开展下去，还是应该被立刻终止。在每个阶段结束时，HPM框架项目和INSPIRE项目都会做这样的决定。当然，由于HPM框架项目对于解决方案的了解更多一些，所以取消项目的概率相对来说要小一点。INSPIRE项目则正好相反，它充满了探索性，又常常是研究型项目，所以经常发生取消项目的事情。

INSPIRE项目的每个阶段结束时，都会对刚刚结束的酝酿阶段进行评审。客户与项目团队都将参加这个会议。评审阶段的目的就是反馈一下发生的事情和得到的学习与发现。这个会议的产出是下一阶段活动的定义。

①应用以往周期中的学习与发现。在项目早期，客户和项目团队经常会有重大发现，并且经常调整未来工作的方向。当项目发展并深入后期阶段时，项目范围上的变更将逐渐减少，因为此时项目团队已经形成了一个比较明确的目标，并逐渐接近一个可接受的解决方案。

> **注意** INSPIRE项目的这部分过程与APF项目的过程不尽相同。在APF项目中，项目总目标一般都是被明确定义好的，而且随着HPM框架周期的逐个完成，项目解决方案也越来越清晰。在INSIRE项目的这一阶段，总目标和解决方案都变得更加清晰。

②修正项目总目标。客户与项目团队应该经常翻阅前面的阶段评审所产生的总目标说明，并且问自己以下这些问题：
- 刚刚完成的酝酿过程中都发生了什么？
- 我们得到了哪些新信息？
- 我们取消了哪些方法？
- 哪些新发现建议我们变更方向与定义？
- 我们是否正在慢慢形成一个定义越来越清晰且具有商业价值的总目标？

对项目总目标的修正是非常重要的一步，所以不能太过轻视。在这一步，客户与项目团队需要对新的总目标达成一致意见；而且在得到新的总目标说明后，要及时更新POS。

③重新对需求进行优先级排序。修正了项目总目标之后，客户和项目团队就要重新审查可交付成果和需求。此时，以下问题将被提出：
- 新的总目标说明会如何影响可交付成果清单？
- 是否需要清除某些条目？
- 是否应该增加某些条目？

- 新的总目标说明里的功能是如何被影响的？

通过回答这些问题，客户与项目团队可以对新需求重新进行优先级排序，并将总目标说明里的变更更新到 POS 上。

④制定下一个周期的前进或停止决策。这一步，是否需要再进行一个"启动—推测—酝酿—评审"周期呢？这个问题也可以这样问：我们是否已经得到了一个可接受的、明确定义的目标和可接受的解决方案呢？客户会权衡已经花费的时间和金钱来考虑这个问题：继续这个项目是否还有商业上的意义？考虑这个问题时，我们可以将更新后的 POS 作为输入。

15.6 项目建立阶段和执行阶段中的挑战

在复杂项目世界中，变更是很复杂的，而且经常以意想不到的方式影响项目；同时风险也很高，一个比较周到的风险管理计划对于项目的成功是很关键的。根据我自己的经验，我编辑了一个列表，它包括复杂项目管理的 4 个最重要的挑战，以及为了预防和减缓它们，我们需要做什么。

15.6.1 项目发起人很难接受变量范围

毫无疑问，组织向管理复杂项目这个现实转变的过程中不断会有挑战出现。在这个过程中，项目发起人和基层执行人员会经历一段特别困难的时期。首先，这些高级经理必须理解，复杂项目的成功需要客户团队和开发团队间的新的协作，开诚布公的协作伙伴关系能够创造性地学习和发现解决方案，而这个解决方案对于未满足的业务需要是很重要的。开始的时候，没有人知道会有怎样的解决方案，以及能产生怎样的商业价值。项目的风险很高，但如果成功，则能得到很高的回报。项目发起人和客户必须有效地参与到下一个挑战中。

15.6.2 在选定的 PMLC 模型的各个阶段，实现并维持客户的有效参与

这是成功的关键因素，特别是在复杂项目里。我的咨询模型经常强调有效的客户参与，而我也会通过寻找一个负责任的客户伙伴作为联席经理来实现客户的有效参与。我们共同决策，共同承担项目成功与失败的责任。这样做迅速建立了与客户的强健的共同所有权。自从他们的名字与这个项目的管理联系在一起时，他们就不会让项目失败。就我所知，共同所有权对项目的成功具有巨大的贡献。

15.6.3 使所选择的 PMLC 模型适应变化的环境

项目是动态的，它会因为一系列的原因而变更，包括商业状况和优先顺序的变化，以及其他内、外部环境因素的变化。这就需要我们为了适应变化和重新规划而不断地审视所选择的 PMLC 模型。例如，在 Scrum 项目中迭代的某个时刻，客户会说"现在我知道完整的解决方案是什么样的了"，项目经理回复道"我知道我们可以生成这个解决方案"。这是

否意味着应当抛弃 Scrum 而用其他模型，如分阶段交付瀑布模型。这个问题很难回答，因为这个项目有如此多的活动部分。例如，有些较为明显的影响是：
- 资源需求变更。
- 进度变更和资源的可用性。
- 放弃 Scrum 而用分阶段交付瀑布模型来替代所产生的成本。
- 预算的影响。

我们应当用收益来平衡这些增加的成本，具体包括：
- 产品或服务的价格变更。
- 销售和市场对产品或服务推出时间的影响。
- 已避免的成本影响。

APF 是唯一的适应性 PMLC 模型，专门用来适应项目中期 PMLC 模型的变更。

15.6.4 在复杂项目蓝图中交付商业价值

预期增加的商业价值是验证、批准一个项目并设置优先级的主要指标。图 15-18 是可能成果的概念图。

首先，要理解从项目中交付的商业价值是由项目发起人和客户一起估计的，目的是获得批准实施这个项目。正如图 15-18 所示，这个估计会有误差。

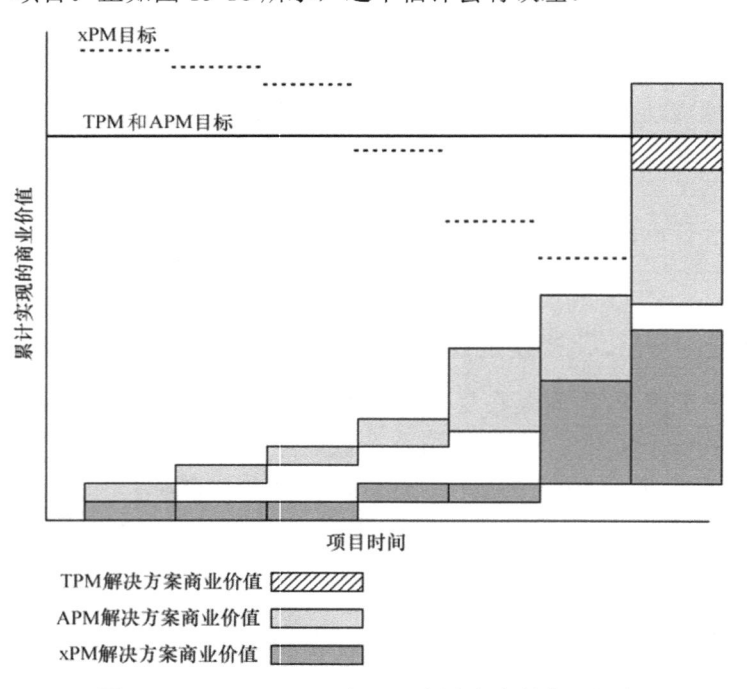

图 15-18 TPM、APM 和 xPM 解决方案的商业价值

对于 TPM 项目来说，所有的商业价值都是在项目完成之后才交付的，与 APM 和 xPM 相比所估计的误差也是比较小的。

对于 APM 项目来说，情形是完全不同的。在 APM 项目中，每个迭代或周期将会产生

第 15 章
比较 TPM 和 CPM 模型

特定的商业价值。估算的精确程度会影响项目的生命周期。例如，图 15-18 展示了所产生的商业价值可能远低于估计目标实现时的商业价值，也可能所产生的商业价值超过估计目标实现时的商业价值。很明显的是，APM 项目没有产生预期的商业价值的风险要比 TPM 项目大得多，但回报也会高很多。

xPM 项目跟任何 APM 项目都不同。在 APM 项目中，目标是明确的，当出现解决方案时，它很有希望能实现目标并交付期望的商业价值，但同样存在很高的风险。在 xPM 项目中，目标和解决方案都是不固定的。目标可能表现为期望的最终状态，但不去想象最终状态如何实现甚至能否实现。这就需要在项目中学习和发现。当解决方案出现时，根据当前的技术条件和解决方案的理解程度，目标的某些方面会难以达成，因此目标就会变化。但目标和它的解决方案将很有希望慢慢显现并产生商业价值。然而，项目发起人或客户可能不会接受这个商业价值，那么我们将再一次面临一个高风险的情境。

讨论题

1. 你如何把项目分解到有意义的商业模块中以备增量方法使用？说出你要遵循的规则。
2. 你已经完成了最初几个增量并提交了交付物给客户。他们现在要对已交付产品进行一些变更。这些变更是合理的，但如果把它们整合到下一个增量中，则会让你的项目进度失效。此时，你会做什么？
3. 你如何在增量 PMLC 模型中管理增量之间的时间？增量间隔过长会增加延误客户整合增量交付物的压力，而缩短增量间隔能减轻流失项目成员的风险。你如何平衡这些矛盾的要求？你在增量间隔之间如何管理团队成员，即你让他们干什么？
4. 使用快速开发瀑布模型代替线性 PMLC 模型对你的风险管理计划有什么影响？也就是说，哪些风险会增加，你的应对措施是什么？请详细说明。
5. 在 PDQ 案例研究中，会有项目从本章研究的任何 PMLC 模型中获益吗？
6. 客户通常在规划时不愿意过多参与。你将怎样向他们推销参与的理念，让他们知道要想让 HPM 框架项目成功必须全面参与？
7. 你的一名团队成员是从旧学校中出来的系统分析员，不能适应 APF 项目。她的问题是：客户对你的软件开发项目的执行方向有决策权，而客户不懂技术。你将如何处理这种困境？
8. 你是公司中第一个 HPM 框架项目的项目经理，你在客户参与方面遇到了麻烦。你会怎么办？
9. 假设一个项目应该使用 TPM 方法，却使用了 APM。请说明两者有什么不同。是不是传统的方法能给你更好的结果？为什么是及为什么不是？请详细说明。
10. 你是公司的一位高级项目经理，你拥有 15 年的项目管理经验，所成功实施的项目为你带来了盛誉。靠自己的力量，你如何让你的组织欣赏并承认 APF 的价值？在推行计划的时候，你也许遇到什么样的阻力？对于走出限制，你有什么感受？
11. 在一个极限型项目中，如果在项目的形成阶段使用 HPM 框架方法而不是 xPM 方法，是否有明显的不利之处？如果有，请确认这些不利之处。考虑一下你的答案，看看哪些是你真正知道的，哪些只是猜测，并想想猜测会产生什么问题。

12. 如果项目在完成前被终止，哪种方法管理的项目浪费客户的时间和金钱会少一些？是 HPM 框架项目，还是 xPM 项目？在回答这个问题的时候，你必须考虑项目终止决定是在这两个项目的什么阶段做出的，以及在项目终止时什么是已知的。请用细节来支持你的论断。

13. 仔细想想贯穿本章的独特价值，分析两种独特价值对你所在组织的最大影响和商业价值。面对这些影响，你将怎样去应用这两种独特价值。你估计会遇到什么难题？

附录 A
案例研究：劳动力和商务发展中心
Case Study: Workforce and Business Development Center

——罗伯特·K. 威索基博士，亚玛逊公司授权使用

A.1 假说

将劳动力发展规划和商务发展规划整合为基于项目的、团队驱动的单一培训规划，是一种突破性创新。它能够为个体经济和小型企业的形成与增长提供指导，支持可持续的经济复苏。

A.2 概要

现在，美国工人、企业家、小型企业主及高等教育体系都陷入了困境，他们迫切需要获得帮助。美国在世界工业国家排名中一直处于滑落趋势。如今，它比任何一个国家都急需改革。美国需要在以下几个方面进行突破性创新：
- 恢复美国工人在国际经济大家庭中的位置。
- 将新企业的建立和发展视为坚实的基础。
- 大力支持教育/培训产业。

形成这样的环境氛围并非易事。如果仅仅对现有教育/培训模型进行轻微整改，根本就无法完成这个任务。我们所知道的这个世界是老旧的，没有人能够确定有谁会取代它。但无论如何，它必将产生突破性创新。

A.3 需求

美国工人已经被孤立，并且在主流经济中茫然失措。他们找不到工作、失业下岗，试图在没有所需技能的情况下进入劳动市场；他们失去信心，不再积极寻找工作，期望建立自己的一番事业，却不知如何在疲软的经济中找到立足之地。与此同时，美国工人又是具

有创意的、坚韧的且勇于面对挑战的。显然，他们有很大的潜力，却与经济失联。这个障碍必须除掉才行。遗憾的是，可用的培训和教育界没有准备好应对这一问题的挑战。

> **注意** 现在是时候在成人教育和培训领域进行突破性创新了，这也是 WBDC 模型的目标所在。

创业者和小企业的发展受到经济的阻碍。失业工人期望建立自己的企业，却不愿意把自己置入一个不具有可持续性发展的创业风险中。技术和互联网把市场改变为国际市场。你的竞争者可以在世界上任何一个地方的自家客厅的桌子上操纵企业。当企业的业务从胚胎期走向可持续的未来时，企业家就需要一个战略来帮助他们挖掘新想法及凝聚他们所需要的支持。如今，企业的发展常常受到过程和产品的设计与发展的阻碍。现存过程并不符合公认的绩效标准，仍然存在许多问题。国际竞争的入侵让企业的商业模型面临危机，企业家需要进攻性的战略。

> **注意** 现在是时候进行突破性创新以支持新企业的形成和发展了，这也是 WBDC 的目标所在。

A.4 问题

劳动力与商务发展问题是复杂的，是充满不确定性的和不断变化的。我将为该问题提供一个全局性视角，并提出一个适应性解决方案。为了了解这个问题的范围，我先在随后的部分从 3 个独立的方面做出解释说明。这 3 个方面是企业环境、劳工环境和学习环境。

①企业环境。我们知道，地区、洲、国家和全球工商界正在走下坡路，最聪明的人也只能猜测到如何做才能修正错误。许多人认为资本主义和自由市场是自我修正的，不需要外界干预或建议。还有人认为只有政府激进地干预市场才能实现经济复苏。美国的两个主要政党在政府职能和政府应当如何做的问题上争论不休。政治地缘中发生的党派之争似乎永远不会停止，也没有什么有意义的进展。与此同时，小型企业茫然若失，工人无所事事、绝望地看着这些争斗。政治欺骗给这个问题又蒙上了一层阴霾。经济学家已经提出了尽可能多的解决方案，但我们如今面临的复杂局面是前所未有的，他们所提出的解决方案只不过是一些猜测。日益衰落的制造业，使美国公司进一步将高技术工作岗位转移到海外以降低成本，这更加剧了问题的严峻性。尽管我们有可用的资质优良的美国公民，美国公司却录用海外员工到美国境内的技术性工作岗位上，以降低工资成本。使这个问题更加严峻的是，有的工作岗位已经被技术永久性地取代了。

> **注意** 尽管处境艰难，但依旧有一线希望。我们并未充分挖掘可用技术。美国工人的创意和能量正蓄势待发。他们需要的只是一些推动力量，WBDC 模型正是为此而设计的。

事实上，每一个企业都是国际经济的参与者。我这么说并不是指它们把商品和服务拿到国际市场上进行销售。我的意思是，我们的公司正与国际同行开展竞争，而后者在我们的后院做生意且成本要比我们低。渔业就是一个很好的例子，人工呼叫中心也是。所以说，我们的竞争者无处不在，他们的市场入侵行为也无处不在。

在这样的国际市场中，要想取得胜利，企业就必须开发技术以保护并提高自己的市场地位。为了提高收益、降低成本、改进服务，企业需要找到创新方法并将其运用到产品或服务供给上。为了取得成功，企业需要将工作岗位设计得不那么容易外包出去。然而，不是所有的新就业岗位都具备这种属性，我们需要好好考虑这个问题。劳工也要为这些新工作岗位做好准备。我相信，只有进行诸如本书所述的 WBDC 模型这样的突破性创新，才能实现这一目标。

② 劳工环境。最新数据显示，美国的失业率为 10% 以上。这是大萧条以来的最差数据。如果算上放弃继续找工作的工人数量及接受了低级岗位的工人数量，那么真实数据可能接近 20%。这显然是不可接受的。但这个问题在前述复杂而持续变化的企业环境的影响下更加恶化了。技术进步、国际市场及离岸转向发展都在加剧这种恶化。企业环境的变化产生了大量失业技工，他们苦苦寻找工作或干脆不找工作（他们放弃了），同时产生了许多无家可归的工人和未充分就业的工人。此外，大量从未就业的或新近就业的成人，迫于财政压力，不得不承担起养家糊口的责任。他们受到的挑战尤其多，因为他们当中的许多人没有足够的技能在如今这个高技术市场中完成工作。他们中的许多人将寻找商业世界的切入点，而这个世界期望拥有的是不同级别的技术知识和技能。这些切入点在哪里，究竟需要怎样的技能，要如何获得这样的技能，这些都是亟待解答的问题。还有一个潜在的问题，那就是这些岗位的可持续性问题。这些岗位是否具有持久力呢？由政府刺激计划产生的大多数就业岗位是不具备持久力的，它们都是一些没有结果的项目。一些人觉得不得不开办家族企业，但不确定究竟应该开什么样的企业，以及如何继续下去。不过，这些人都需要识别那些无法外包出去的工作岗位，并为之做好准备。许多提供增长机会的、更可靠的工作岗位对技术是有一定要求的。

还有一些人认为，技术也是问题的一部分，而解决办法就是设置的职位或成立的企业，干脆不将技术作为竞争优势。以服务为导向的需要和与客户进行实际接触的企业为我们提供了范例（水管工人、电工、画师、糕点师、出租车司机、公务员等）。对这些职位而言，长期的职业发展就成了一个问题。

底线是工人希望尽快获得可持续的工作。那么，凡是工人有意向的培训规划，是否就必须保障能让他们尽快得到工作？

③ 学习环境。不论劳动力发展解决方案需要什么，它都必须有高中、社区学院、学院、大学乃至研究生教育和再培训环节的支持。我们生活在信息时代，我们的目标工作是那些能创新地将信息技术融入各种类型、各种规模的企业和实体过程中去的工作。即便在艰难时期，也有很多这样的机会等待挖掘。我们所需要的是一些有创意的、不寻常的思考。WBDC 模型旨在挖掘机会并支持开启这些机会的培训规划。

我认为一个主要的阻碍是我们需要将现今教育中教授的概念、理论、原理扩展到真实世界的理论应用之中。单一授课模型必须让位于创业团队驱动及基于项目的学习模型。对一些院校来说,这是一个颇受欢迎的挑战,当然也会被迅速接受。但对其他技能来说,这就很难了。事实上,对一些院校来说,这个挑战甚至是不可完成的。一个迫在眉睫的问题是,在这种新范式下,这个技能扮演着怎样的角色。我认为,除了主题专家,它们还有第二个角色,那就是引导者。他们不可能有足够多的经验和知识储备来满足所有情况的需求,但他们必须知道学生去哪里能获得信息和特定的支持。互联网是不可或缺的。支持这些培训规划的关键是院校是否有能力将企业环境整合到学习环境中去;反之亦然。WBDC 模型能够提供所需的资源和支持,以有效地实现这个目标。

A.5 解决方案

至于全面劳动力培训和发展问题,我相信现有的交付系统必须做出改变,否则与其正在解决的风险就是不相关的。在交付培训规划中广泛使用的单一交付模型是不解决问题的。

不论你如何看待政府试图重振经济的做法,有一件事是可以肯定的,那就是每一个州都迫切需要培训入门级劳工和再培训更换职业的人。挑战就在眼前,教育界需要好好自省,并在职业和专业教育上做出创新。我们不要让源自工业时代的老旧模型禁锢了思想,而要跳出传统思维。美国并没有失去创新精神,它只是冬眠了,如今也该苏醒了。

尽管我能够理解所涉及的复杂性及存在于 WBDC 模型中的 3 种环境的相互依赖性,我仍认为我整理出了一个能够行得通的全面适应性解决方案。对这 3 种环境,我都经历过。WBDC 模型的一个主要特点就是可测量性、适应性和可持续性。执行这个模型取决于在当地高等教育院校中找到归属并积极参与地区商务活动。这个模型建立之后,它就会开始工作,即便最初的参与企业都是小型企业。随着这个劳动力培训与发展规划中的学生数量不断增加,这个模型也会扩大、加深。培训规划拥有的非营利性企业数量也会增长,并为 WBDC 的参与者提供更多的直接工作机会。

WBDC 模型为个人提供终身职业服务。这包括学习、发现、商业经验应用等。通过 WBDC 模型,劳工能发展并维持终身职业规划,并实现这个规划。

①WBDC 模型的构成。WBDC 模型充分并有效地将学术界、学生、工人、企业家和商人整合到一起,建立了一个以创业团队为中心的训练和学习经历。每一个创业团队通常由 5~6 名学生组成,他们来自各个行业,有着不同的职业发展和业务兴趣。每一个创业团队还有一位学术界顾问和来自工商界的导师。这里一共有 3 种环境,它们之间的关联如图 A-1 所示。

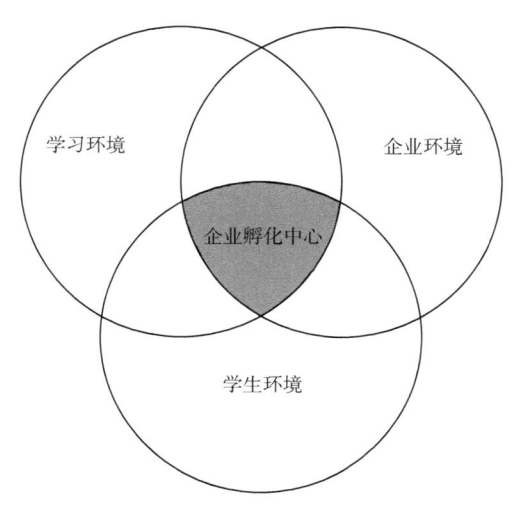

图 A-1　WBDC 蓝图

②学习环境。在 WBDC 蓝图里，教室并非你所想的那样。WBDC 模型是采用"教室无处不在"的概念设计的。也就是说，哪里需要学习，哪里能学习就在哪里学习。这也包括传统的教室，但是比传统教室的学习环境更为丰富。在学术界顾问和商业界导师的指导和建议下，创业团队将会识别学习目标，也应当制订计划来实现这个目标。为了达成目标，他们要去所需要去的地方，获取所需要获取的知识和技能。这可能发生在传统的教室中，也可能在一个当地的企业里，或者在互联网上、在其他大学、在博物馆，或者在世界上任何地方的一位专家那里，甚至在一次专家社团的会议上或一次教会礼拜中。如果达成了学习目标，他们就会获得创新。1973 年，Saul Gellerman 介绍了一个我成功使用过的模型（《没有管理发展的发展经理》，世界大企业联合会会议文集，1973 年 7 月，32～37 页）。我把该模型应用于创业团队环境中，并将其纳入 WBDC 模型中。

学习环境建设是高中、社区学院、大学通力合作的结果。它们都会提供不同级别的课程和培训规划，最重要的是如何理顺各种培训机构的学历证明之间的衔接关系。任何一家培训机构的学生都可以从 WBDC 课程中受益——充实并提升他们自己的培训规划。

所有的培训规划都会有核心课程。这些课程会被当作 WBDC 的一部分来讲授。其他课程都来自参与院校的现有课程。与参与院校进行合作，学生会根据校方毕业要求获得学位或职业培训结业证书。因为培训规划的适应性特质，独立学习和基于项目的学习单元便会存在，但它们都必须符合学位要求。

③企业环境。当地企业从多个方面为培训规划做出贡献。例如：
- 它们为学习环境提供嘉宾演讲、座谈小组等。
- 它们邀请学生参观公司或参加公司的商务会议、问题解决会议或其他活动。
- 它们提供教学设备和其他类型的服务。
- 创业团队在 WBDC 的所有企业工作时为它们提供辅导和建议。

④学生环境。WBDC 的学生具有多样性。他们是：
- 高二或高三的学生。

- 未进入大学的高中毕业生。
- 大学生。
- 大学毕业生。
- 有经验的工人。
- 刚工作的新人。
- 失业者或未就业者。
- 潜在企业家。

他们需要职业指导、技能发展和新企业或现存企业的就业机会。他们对那些浪费时间的培训规划不感兴趣。

⑤企业孵化中心。企业孵化中心（Business Incubation Center，BIC）是 WBDC 模型的核心所在。WBDC 中的大多数活动都是支持 BIC 的资源。BIC 的商业概念会在实验室进行测定，也会实际建立企业并运营。这些都是 WBDC 所有的、雇用学生的非营利性企业。其中有的企业可能最终获得投资，成为真正的营利性企业，并独立于 BIC 进行运营。BIC 在整个企业生命周期中会拥有很多非营利性企业。这些企业都由学生团队来管理，由学术顾问和商业界导师提供建议和指导。许多 WBDC 公司都为学生提供机会。想想这些优异的青年的成就吧。事实上，BIC 是现实商业世界的微观展示。创业团队会把正在课堂上学习的原理和概念应用到实际商业情境中去。相反，实际情况中出现的商务项目和问题也能被运用到课堂教学中去，从而促进学习和探索过程的发展。

> **注意**　BIC 是真实商业世界的微观展示。

BIC 还是商务过程设计、改进项目、未解商业问题的知识库。这能够促进课程中的学习和探索。项目和问题是大家的共有资产，任何创业团队都可以在课程中使用这些资产。

WBDC 模型还包含任何种类的新企业建立。它是 WBDC 模型的"臭鼬工作室"(一个不受正常规则的约束，独自开发项目产品，以研发关键性突破技术的创新中心。臭鼬工作项目组通常能够在有限的时间和有限的资源下，突破技术上的限制，推出令人极为惊讶的产品。——译者援引自百度)。技术库是许多公司的纽带所在，但又不是唯一的纽带。例如，家庭式企业所关注的利益也一定可以为 WBDC 模型所支持。

总之，如果 BIC 具有如下特点中的任何一个，那么它在当今都是时髦的：

- 基于创业团队的企业形成新想法。
- 新产品开发项目或服务扩展项目。
- 运营基于创业团队的非营利性企业。
- 成员企业的过程设计或过程改进项目。
- 成员企业的问题解决项目。
- 成员企业的包工服务项目。

A.6　WBDC 模型联动

除了上述 3 种环境，WBDC 还包括一些描述这些环境是如何整合和运行的联动。它们形成了一个完全整合的和相互依赖的设置。

①学习↔企业联动。这个联动为学生创业团队进行学习和探索提供了新的场所。这是一个双向的联动。企业执行官将会受邀就学生正在学习的相关话题讲课，或者观察并点评创业团队的展示结果。企业也会相应地邀请创业团队和学生到企业来，创业团队可能做汇报，或者观摩特定企业会议或商务活动；学生可能为他们的 WBDC 项目收集数据或信息。通过这个联动过程，商业界和学术界能够在学习和探索的过程中充分融合并进行交流。

②学习↔学生联动。BIC 是学习和探索的逼真实验室。雇用学生的企业有需求，因而它们就会在课堂上介绍企业的现有实际项目和存在的问题。相反，在教室中所学到的概念将会被应用到 BIC 企业中去。事实上，BIC 企业是所有学生学习、实验和探索的逼真实验室。BIC 的功能就是商业项目和问题的处理中心。

③企业↔学生联动。本地企业协会的所有企业都是 BIC 企业的资源。BIC 企业也会积极征询本地企业家的意见和看法。他们也"曾经经历过并做过"，把真实的世界带到 BIC 胚胎企业和商务概念中去，这对于创业团队来说是无价之宝。每一个 BIC 企业都有一位来自商业界的导师和一位学术界的顾问。

BIC 是企业↔学生联动的重要单元。在这里，新企业概念能够在臭鼬工作室中得到测试。学生创业团队能够研究新企业概念，设计或修正企业流程，为其他合作伙伴带来低成本且无风险的利益。企业可以永远将 BIC 当作示范站点：把它作为员工培训和顾客展示的基地。

A.7　WBDC 企业解决方案实例

我不是一位专业的教育学科研究人士，但 40 多年来，我为数以千计的本科生和研究生设计、开发和讲授过有学分和无学分的课程，也为数以千计的世界各地的专业人士做过培训。在我的整个职业生涯中，为了满足从高中到研究生院及更高层次的各类学员的在职学习、生涯规划和发展的需要，我总是高度重视此类交付成果和过程。人们也赞赏我，说我在这方面做得很好。我把这些经验整理出来，并将它们融入了我的 WBDC 模型中。所以，我认为我有权向教育专家建议，把我体验和总结的经验与他们分享。我创造了构成一个有效的 WBDC 模型的基本内容。

尽管今天几乎没有什么培训规划吸纳了我的知识，但我相信，需要它的时代已经来临。经济衰退的地方政府和高失业率的现状，是时候讨论这个问题了。基于我的标准和研究，现在，我敢发誓，我没有发现任何有效的 WBDC 模型可以长期发挥作用，至少在美国没有。我从问题环境的整体观点上提出的这个设想，包括劳动力培训和规划，企业规划和支撑的基础设施。这种全盘考虑问题的观点，包括从高中到研究生院及更高层次的各类学员，以及各种从成立到成熟的企业和企业流程。工人和企业都是与问题及问题后的解决方案紧密相连的。许多教育学科的研究专家分享了我的观点，都赞成用于各种 WBDC 的指导者驱动的交付模型在中学后教育市场已经破碎了。破损程度是如此严重，以至于仅仅通过增量变更，根本无法调适这些培训规划。这些培训规划只能通过由学员和团队驱动的方法整体替代由教员驱动的方法才能适合当前状况。在由学员和团队驱动的方法中，以项目或问题中心来设计课程内容是其核心。

> **注意** 当前的培训和教育模型，只能用团队为中心的模型且整合基于项目或问题的课程完全替代以教员为中心的模型才能适应。

我相信这是一个发展方向，我们需要去接受有效的 WBDC 模型的新发展，而且我在这本开创性的著作中，一直拥戴这个方向。在本书中，我第一次设计并记录了这种基于项目的以团队为核心的 WBDC 模型。我知道在这个模型中，凝聚了我的朴素的常识性推理和个人经验。推行我的 WBDC 有许多阻碍，主要的阻碍来自如何突破基于教员的培训和规划模型。我提倡的 WBDC 模型与现在的这些模型并不冲突。它与这些模型有许多相似之处。

许多当代组织在一种基于项目的跨职能部门的团队驱动模式下运行。这种"烟囱式"的模型，已经成为过时的实践，近十年被淘汰了。此外，分配给团队的项目和问题不再是简单的，它们变得越来越复杂，团队成员需要经过多技能培训，今后才能为团队型工作提供帮助。这正好说明，为职工制定的职业发展规划，如果是基于团队驱动的方法去培训和规划的，将更有意义。对我来说，这听起来很简单。但作为团队成员的工作会呈现他们作为个人工作时没有遇到的挑战。学习怎样去调适工作习惯的差异、处理冲突情况、解决问题和自己做决策，这些仅仅是挑战的一小部分。所有挑战中最重要的就是协作性工作。作为团队成员要更多地将精力集中在项目或问题的协作上，而不只是个人埋头蛮干。团队成员将互相学习，创造出一种有力的协同效果。这样做，项目才能完成，问题方得解决。否则，事情办不好，也不能彰显团队的力量。这些都使我觉得，能够体现现实工作环境的 WBDC 模型才是最有效的模型。我的 WBDC 模型就能够提供像任何学习和培训经验中所能提供的一样多的现实工作环境。

所以，我要求你们保持一种开放的心态，在你们考虑 WBDC 模型时，问问自己，是否应用了我一直提倡的这种有效模型，是否像我一样走在正确的道路上。我认为，我一直提倡的模型是一种优秀经典的共同意识，是基于我多年的经验和观察的结果。但是为 WBDC 模型制订计划，并有效地执行这个计划，将要求我们做出重大变革和努力，因为将要动摇我们长期存在的教育观念的许多内核。主题专家容易形成定式，对变革产生抵触。变革常常要求人们走出自己的舒适区，所以他们自然会抵触。我们已经面临了这种迫切需要，在这里，我们失败的痛苦超过了我们变革的痛苦。我们已撞南墙，是时候进行变革了！

我认识到，我一直提倡的这种模型与大多数 WBDC 模型（即使不是全部）又十分不同。现存的模型多年来已经形成了巨大的惯性，要让用惯了旧模型的人去开放地接受新的模型，将是困难的，但我们不得不这样做。尽管我给了这个 WBDC 模型重要的思想，但它依然是处于变革过程中的一项工作。至于颠覆性的变革什么才是正确的，大多都依赖实践去检验。但至少我能够提供一个平台，早在 20 世纪 70 年代，就开始用这个模型的部分方法去记录我的实践数据。

A.8 WBDC 模型部署的基本步骤

无论你现在从你使用的何种模型向 WBDC 模型转换，都是意义重大的。如果我要去实施它，我将先花相当多的工作坊时间与关键成员互动，确信他们理解了承诺的工作范围，也理解了这是一项值得努力的事业。在这里，创造宽松和开放的项目范围和需求信息收集练习是成功的基本要素。应用这种模型的机制需要我们理解 WBDC 模型是一种动态的模型，要想获得成功，就必须预见变革的条件和持续地应用。

图 A-2 所示的是一个 WBDC 模型的全景式实施模板。在开始应用 WBDC 时，你应该知道，任何 WBDC 模型的任何应用都是为适应一种状况的战略组合而密切定制的。实施 WBDC 需要制订三年计划，从需求分析到应用程序审批，再到第一个培训班开学。等到 WBDC 运行三年后，它就变成一个自组织系统了。

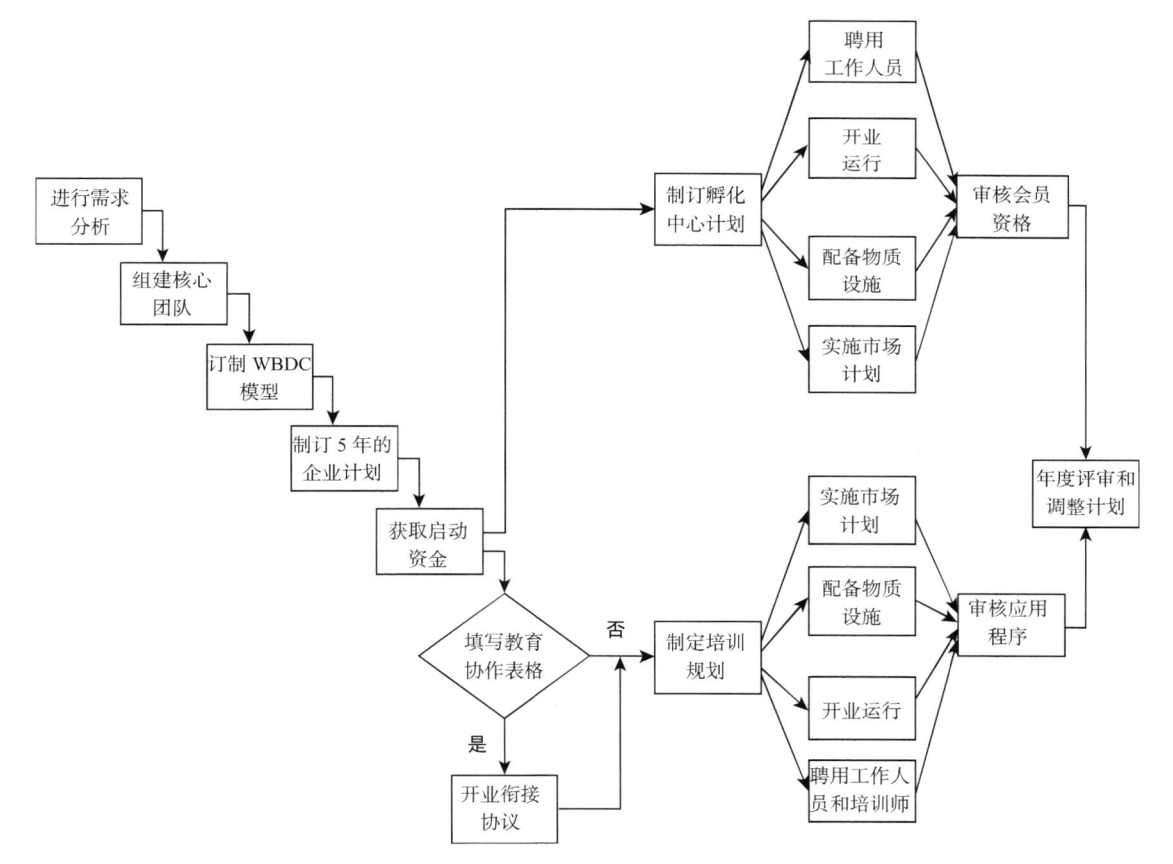

图 A-2 一个典型的 WBDC 模型部署的战略步骤

A.9 小　结

据我所知，我在本章所描述的 WBDC 模型是独一无二的。我将其视为一个动态的逼真的培训规划。在定义其内容和授课的过程中，作为教育者和培训师，我们将会不断受到挑战，而且必须不断重塑自我，因为我们都会受到自己创造力的制约。WBDC 模型是一个基于以创业团队为中心的、基于项目的学习模型，它会自动地与企业的商务需要保持一致，并培养出真正体验过 WBDC 且能满足企业需要的毕业生。有了这样的教育和实战经历，学员就具备了有力的资质，当他们首次进入劳务市场时，能获得合适岗位，或者在待业后有能力再次进入劳务市场。

但是 WBDC 模型会走得更远。该模型能在员工的整个职业生涯中为其提供支持。很多事情都会发生变化，曾经必需的技术会为更强大的技术所取代，新的机会不断产生，生命周期也将周而复始地重复着。职业和专业发展是终身学习的旅程。WBDC 模型也适用于为员工提供终身支持。

附录 B
案例研究：比萨快递业务（PDQ）
Pizza Delivered Quickly（PDQ）

PDQ 是一家既可以在店内用餐，又可以提供外卖服务的连锁（有 40 家门店）比萨饼店。最近 PDQ 因为外卖业务业绩下滑而损失了 30%的销售收入。它将业绩下滑归因于它的主要竞争对手最近推出了一项下单后 45 分钟内送达的服务，而 PDQ 是一小时内送达。PDQ 使用电脑进行店内运营和一般的业务功能操作，但是并没有大量地依赖软件系统来帮助接收、处理和传递外卖订单。电脑运营总监 Repe Ronee 受命开发一个能够识别"比萨工厂"位置的软件应用程序，并且制作运营这些工厂所需的软件系统。在委托这个项目时，董事长 Dee Livery 说要排除万难，勇往直前。她进一步表明，PDQ 的未来取决于这个项目。她要求项目完成后，PDQ 连锁店能够实现在 30 分钟内送达未烤制的比萨饼，或者在 45 分钟之内送达已烘烤的比萨饼。

比萨饼工厂将没有任何零售空间。它们唯一的职能是接收订单、准备和递送比萨饼。距离消费者最近的工厂将从订单中心接收订单，根据客户的需求，在 30 分钟或者 45 分钟内送达未烤制或已烘烤的比萨饼。

Repe 识别出了 6 种软件应用程序作为解决方案。

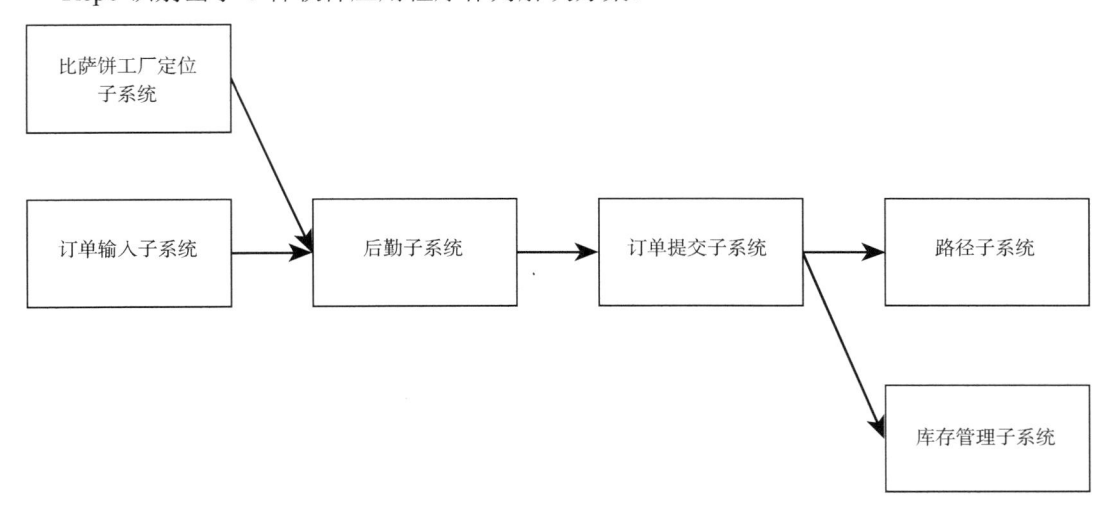

B.1 比萨饼工厂定位子系统

第一个软件是找出比萨饼工厂位置的子系统。比萨饼工厂的数量和每家工厂的位置都是未知的。这些都将由软件子系统来决策。显然，这个子系统是个非常复杂的应用程序。目标能够被清晰地定义，但是解决方案不是完全明了的。这个子系统必须使用一种非常复杂的建模工具。需求、功能和特性都不是完全明显的。部分解决方案是可以想象的，但是很明显，整个解决方案在项目早期是很难定义的。如何精确地建模在早期也是未知的。这些只有在研发项目进行的过程中才有可能发现。

B.2　订单输入子系统

第二个是支持门店和工厂操作的订单输入子系统。电话订单将会被集中到一个单独的地方输入，然后自动分配到合适的门店或者工厂。这个系统关注日常业务功能，应该容易定义。现成的商业（Commercial off the Shelf，COTS）软件将成为支持门店和工厂操作的重要部分。这个子系统将使用 COTS 订单输入软件系统。

B.3　后勤子系统

这个子系统是 6 个系统中最复杂的一个。它需要站在全局的角度考虑整个 PDQ 系统。它的复杂性产生于比萨饼配送车是移动性运送设备。所以，当需要完成订单配送，向比萨饼配送车分配订单时，必须考虑该车可能在哪儿。

B.4　订单提交子系统

这个子系统将向门店、工厂和比萨饼配送车发送订单。后勤保障并不完全明确，因此，子系统的设计将会比较复杂。

B.5　库存管理子系统

最后一个应用程序是库存控制系统，用于管理所有门店和工厂的库存，并自动向 PDQ 的单一供应商再订货，这家供应商在 PDQ 开业时就与它合作了。供应商表明，如果使用自动再订货功能，PDQ 将得到折扣。这个应用程序也应当是 COTS 的应用程序。

很明显，这些应用程序是非常不同的软件开发项目，需要非常不同的管理方法。比萨饼工厂定位子系统将是一个非常复杂的建模工具。需求、功能和特征并不完全明确。部分解决方案是可以想象的，整个解决方案在项目早期是很难定义的。如何精确建模在开始阶段是未知的。只有研发项目启动之后才有可能发现解决方案。订单输入子系统能够使用 COTS 订单输入软件，该软件需要增强前端功能，以便将订单分配至最近的工厂，并且在后端完成提供配送路线及其他任务。这个子系统的需求、功能和特征可能还存在疑问。

B.6 路径子系统

这个软件应用程序将会为配送车提供实时路线。这个应用是简单的，可能涉及在配送车上安装 GPS 系统。

这 6 个组成 PDQ 解决方案的子系统可能各需要一种不同的项目管理方法。本书许多章节都包含与案例相关的练习，为了完成这些练习，需要形成策略并做出若干决策，以便找到并保持最适项目管理方法。

反侵权盗版声明

  电子工业出版社依法对本作品享有专有出版权。任何未经权利人书面许可，复制、销售或通过信息网络传播本作品的行为；歪曲、篡改、剽窃本作品的行为，均违反《中华人民共和国著作权法》，其行为人应承担相应的民事责任和行政责任，构成犯罪的，将被依法追究刑事责任。

  为了维护市场秩序，保护权利人的合法权益，我社将依法查处和打击侵权盗版的单位和个人。欢迎社会各界人士积极举报侵权盗版行为，本社将奖励举报有功人员，并保证举报人的信息不被泄露。

举报电话：（010）88254396；（010）88258888
传 真：（010）88254397
E-mail： dbqq@phei.com.cn
通信地址：北京市万寿路 173 信箱
     电子工业出版社总编办公室
邮 编：100036